JN002978

スラスラ覚える

国内・総合

一挙
合格ゼミ

旅行業務
取扱管理者

トラベル＆コンダクターカレッジ [編著]

新星出版社

は　じ　め　に

　資格試験の勉強方法はさまざまですが、私の経験では、あるテキストを①繰り返し読むこと、②そして最後までやり遂げること、この２つがまさに受験勉強の真実であり、結局は合格への最短の道である、と確信しています。

　私は旅行管理者試験対策を始めて今年で35年目、この分野においては第一人者と自負していますし、執筆した講師陣もこの道一筋のベテランです。そして本書の執筆にあたって、「最初から最後まで読み通せる」、つまり、当校で行う講義のように「より具体的でわかりやすく」を心がけたつもりです。

　トラベル＆コンダクターカレッジの受講生たちの合格率は、ここ十数年間、国内管理者の合格率92〜100％、総合管理者の合格率60〜75％と全国平均をはるかに上回っています。本書は当カレッジで使用しているテキストをベースに編集してありますから、これで勉強されれば優に合格圏内の実力が身につくはずです。

　また、この改訂版では、総合旅行管理者の試験実施機関であるJATA（日本旅行業協会）の元試験部長 岡野 貢氏に共同執筆をお願いしております。

　受験生諸君の健闘を祈ります。

トラベル＆コンダクターカレッジ代表

塚越　公明

　日本旅行業協会 研修試験部長としての勤務経験を基に本書の「Part1 旅行業法」と「Part2 旅行業約款」に筆を執らせていただき、版を重ねてまいりました。「受験参考書」であることを念頭に、過去問題等を精査し、各条項のポイント、出題されやすい事項等をできるだけわかりやすく解説したつもりです。

　旅行業務取扱管理者試験は、毎年その出題傾向が大きく変わるものではありません。合格には「コツ」があります。本書をじっくりと読み込み、効率よく学習してください。

　また、本書と併せて過去問にチャレンジし、実戦感覚を養うことをお勧めいたします。

　皆さんの試験突破を心よりお祈り申し上げます。

岡野　貢

国内・総合旅行業務取扱管理者 一挙合格ゼミ

もくじ

Part 1　旅行業法及び これに基づく命令

Section 1　旅行業法総則 …………………… 18

Section 2　旅行業等 ………………………… 23

Section 3　旅行業協会 …………………… 77

Section 4　その他雑則、罰則 ………… 88

Part 2 旅行業約款、運送約款及び宿泊約款

Part 3 国内旅行実務

Part 4 海外旅行実務

本文デザイン：宮嶋まさ代
本文イラスト：大橋健造
図版作成：原川デザイン事務所

■本書の使い方

　本書は「国内旅行業務取扱管理者試験」「総合旅行業務取扱管理者試験」の両試験に対応しています。国内旅行業務取扱管理者試験受験者は Part1・2・3 を、総合旅行業務取扱管理者試験受験者はすべての Part を勉強してください。

　国内旅行業務取扱管理者試験受験者 ➡ Part ①・②・③

　総合旅行業務取扱管理者試験受験者 ➡ Part ①・②・③・④

●これが「合格ゼミ」のベテラン講師陣だ！

桜井　幸夫
（さくらい・ゆきお）
受講者人気 NO.1 の若手講師で旅行関連法令のスペシャリスト。「Part 1 旅行業法」「Part 4 出入国法令と実務」を担当。

佐藤　秀和
（さとう・ひでかず）
年数十回の海外添乗の合間に講義を行う超多忙人間。「Part 3 国内航空運賃」「Part 4 国際航空運賃」を担当。

逸見　昌子
（いつみ・まさこ）
わかりやすい講義と受講者への親切な指導で定評があるベテラン講師。「Part 2 旅行業約款」を担当。

後藤　浩
（ごとう・ひろし）
国内外の紀行番組を観るのが趣味という旅行地理のスペシャリスト。「Part 3 国内観光地理」「Part 4 海外観光地理」を担当。

岡島　忠義
（おかじま・ただよし）
受験者が最も苦手とする JR 運賃・料金を懇切丁寧に解説。「Part 3 JR 運賃・料金」「宿泊料金」「貸切バス運賃・料金」などを担当。

小倉　沙也加
（おぐら・さやか）
趣味である海外旅行とアメリカ留学の経験を生かし、旅行実務関連の講義を行う。「Part 4 海外旅行実務」「語学」を担当。

国内総合 旅行業務取扱管理者 ガイダンス

■旅行業務取扱管理者は旅行業務のスペシャリスト

　旅行業には、ツアーの企画、旅行プランの作成、航空チケット等の予約、添乗業務（ツアーコンダクター）、コンサルティングといった仕事があります。

　こういった旅行業務における取引上のトラブルを防いだり、解決したりするためには、旅行業務に熟知した専門家が必要です。その専門家がいわゆる旅行業務取扱管理者です。

　旅行業を営むにあたってさまざまな決まりを定めている法律に旅行業法があります。その中で「旅行業者または旅行業者代理業者（旅行業者と同じ意味）は、営業所ごとに、1人以上の旅行業務取扱管理者を選任すること」と定めており、また国土交通省令によって、旅行業務取扱管理者には合計10の業務が定められています。

●旅行業務取扱管理者の主な業務

①旅行者に対して取引条件を説明する

②旅行者に対して契約書面を交付する

アメリカ西海岸1週間コース

③適正な広告業務を実施する

わかりました。新しいチケットを手配いたします。

④苦情の処理を的確に行う

■旅行業務取扱管理者の必要性はますます高まる

　旅行業法ではさらに「旅行業者または旅行業者代理業者が旅行者と契約を結ぶときには、その場に必ず選任された旅行業務取扱管理者がいなければならない」と定めています。航空チケット1枚の購入契約であっても、営業所に選任された旅行業務取扱管理者がいなければ、契約を結んではならないのです。

　また、「営業所・支店に必ず1名選任する」となっていますが、行政指導により、10名以上の営業所については複数選任することが求められています。

　なぜこのような厳しい制度になっているかというと、この制度のねらいが、多様化され、年々より高度の知識が必要となってきた旅行業務・旅行契約に対応できる旅行業務取扱管理者を育て、一般消費者である旅行者の保護と業界の体質改善・向上を図るためにあるからです。

　将来的に旅行業法が改正される場合も、この一般消費者に対する保護等についての部分が当然強化されると思われます。つまり、支店の責任者としての旅行業務取扱管理者資格の必要性は今後ますます高まってくると予想されます。

　そういった背景があって、大手旅行会社の多くは社員に対してこの旅行業務取扱管理者資格の取得を義務づけたり、資格手当（5,000円から10,000円）等によりその取得を奨励しているのです。

■旅行業務取扱管理者は旅行業のスペシャリスト

　旅行業務取扱管理者には次の3つがあります。

①地域限定旅行業務取扱管理者

　国内の旅行のうち営業所の所在する市町村他省令で定める地域のみについて取り扱う旅行業務取扱管理者として選任されます。

② 国内旅行業務取扱管理者

　国内旅行のみを取り扱う営業所の旅行業務取扱管理者として選任されます。

③ 総合旅行業務取扱管理者

　国内・海外のあらゆる旅行を取り扱う営業所の旅行業務取扱管理者として選任されます。

　総合旅行業務取扱管理者はどんな旅行の業務も扱える「旅行業のスペシャリスト」で、旅行業に関する広範な知識を正確に習得する必要があります。総合旅行業務取扱管理者試験が難しい理由はそのためなのです。

国内旅行業務取扱管理者試験
受験案内

■試験の概要

●国内旅行業務取扱管理者及び地域限定旅行業務取扱管理者になるには

観光庁長官が行う「国内旅行業務取扱管理者試験」に合格しなければなりません。この試験の実施は一般社団法人全国旅行業協会（ANTA）が代行します。

●国内旅行業務取扱管理者試験受験の流れ

試験日は試験の約3ヵ月前に官報で公示されますが、ANTAが配布する試験実施要綱によって知ることができます。またホームページでも公開されています。例年以下のようなスケジュールで行われていますが、正確なスケジュールは試験要項またはホームページを参照してください。

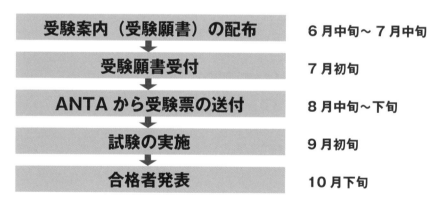

受験案内（受験願書）の配布	6月中旬～7月中旬
受験願書受付	7月初旬
ANTAから受験票の送付	8月中旬～下旬
試験の実施	9月初旬
合格者発表	10月下旬

●受験資格

年齢、国籍、学歴に関係なく誰でも受験できます。ただし、試験のときに不正行為を行った場合は受験を停止させられ、合格が無効になり、一定期間は試験を受けることができません。

●試験の実施場所

例年、全国の8～9都市で実施されます。試験会場は定まっていないので、試験施行要領で確認してください。

●試験方法

4択マークシート方式の筆記試験で行われます。面接はありません。

■試験科目

国内旅行業務取扱管理者試験は以下の3科目によって行われます。

1　旅行業法及びこれに基づく命令

2　旅行業約款、運送約款及び宿泊約款

3　国内旅行実務

（イ）運送機関及び宿泊施設の利用料金その他の旅行実務に関する料金

（ロ）旅行業務の取扱いに関する実務処理

●試験が免除される場合

旅行業者に過去5年以内に3年以上勤務されている方のみを対象に「国内旅行業務取扱管理者研修」を年1回実施します。本研修修了者は科目合格とされ、試験科目「3：国内旅行実務」が免除されます。

●国内旅行業務取扱管理者試験　問題数と配点

試験科目	試験時間	問題数（配点）	配点
1　旅行業法及びこれに基づく命令		25問（各4点）	100点
2　旅行業約款、運送約款及び宿泊約款		25問（各4点）	100点
3　国内旅行実務 （イ）運送機関及び宿泊施設の利用料金その他の旅行実務に関連する料金 （ロ）旅行業務の取扱いに関する実務処理	13：30～15：30	（イ）13問 　　4点×11 　　3点× 2 （ロ）25問 　　2点×25	100点
合　計	120分	88問	300点

＊最近行われた試験の例。今後この問題数と配点で行われるとは限らない。

●合格ラインについて

合格ラインは各受験科目60点以上の得点となっています。受験生の得点パターンは毎年同じで法令・約款は高得点、国内旅行実務、特に国内観光地理の部分が不出来で60点を切り不合格というパターンが多いようです。国内旅行実務の部分は70点ぐらいを目指し学習したいものです。

総合旅行業務取扱管理者試験
受験案内

■試験の概要

●総合旅行業務取扱管理者になるには

観光庁長官が行う「総合旅行業務取扱管理者試験」に合格しなければなりません。この試験の実施は、一般社団法人日本旅行業協会（JATA）が代行します。

●総合旅行業務取扱管理者試験受験の流れ

試験日は試験の約3ヵ月前に官報に公示されますが、JATAが配布する試験施行要領によって知ることができます。例年、以下のようなスケジュールで行われていますが、正確なスケジュールは試験要領を参照してください。

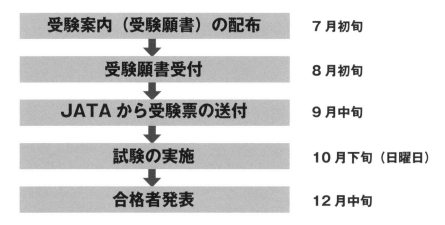

受験案内（受験願書）の配布	7月初旬
受験願書受付	8月初旬
JATAから受験票の送付	9月中旬
試験の実施	10月下旬（日曜日）
合格者発表	12月中旬

●受験資格

年齢、国籍、学歴に関係なく、誰でも受験できます。ただし、試験のときに不正行為を行った場合は受験を停止させられ、合格が無効になり、一定期間は試験を受けられなくなります。

●試験の実施場所

例年、札幌・仙台・東京・名古屋・京都・広島・福岡・那覇の8都市で実施されています。試験会場は定まっていないので、試験施行要領で確認してください。

●試験方法

マークシート方式の筆記試験で行われます。面接はありません。

■試験科目

総合旅行業務取扱管理者試験は以下の4科目によって行われます。

1 旅行業法及びこれに基づく命令
旅行業法、旅行業法施行令、旅行業法施行規則等の法令に関する知識

2 旅行業約款、その他関連約款
旅行業約款、運送約款および宿泊約款に関する知識

3 国内旅行実務
①日本の運送機関および宿泊施設の利用料金等料金に関する知識

②その他日本国内の旅行業務に関する実務処理の能力

4 海外旅行実務
①海外の運送機関の利用料金および旅行業務関連の料金知識

②旅券の申請手続き、通関手続き、検疫手続き、為替管理その他海外の旅行業務に必要な法令に関する知識

③日本や主要国での出入国に必要な手続きに関する実務処理の能力

④主要国の観光に関する知識

⑤海外の旅行業務に必要な語学に関する知識

⑥その他海外の旅行業務に関する実務処理の能力

●試験が免除される場合

次にあげる資格を持つ人は手続きをすることによって、一部の科目が免除されます。

①JATAが実施した「総合旅行業務取扱管理者指定研修」（例年7月頃実施）を修了した人は、研修会の実施年度とその翌年度の2年間、「1：旅行業法及びこれに基づく命令」「2：旅行業約款、その他関連約款」の2科目を受験。

②国内旅行業務取扱管理者の資格をもつ人は、「2：旅行業約款、その他関連約款」「4：海外旅行実務」の2科目を受験。

③上記①②の資格をもつ人は、「旅行業約款、その他関連約款」の1科目を受験。

④科目合格免除受験制度（平成19年度より導入）……科目合格免除の対象となるのは「国内実務」と「海外実務」の2科目。例えば、前年度の試験で不合格だったものの、「海外実務」が合格点に達していれば次年度に限り「海外実務」は受験免除になる。つまり、次年度は「法令」「約款」「国内実務」を受験すればよいことになる。

　このほかさまざまなパターンが考えられるので、詳細は当トラベル＆コンダクターカレッジのホームページ（https://www.tc-college.jp/）または日本旅行業協会（JATA）のホームページ（https://www.jata-net.or.jp/）で確認のこと。

①にあげた JATA 免除に関しては「旅行業界で働いていれば無条件で旅行業務取扱管理者資格を取得できる」等の誤解が多いようです。

　JATA の実施する旅行業務取扱管理者研修に参加するには、①旅行業の登録のある会社（旅行会社）に勤務、②最近5年間のうち3年以上海外旅行業務に携わっている、③所属の旅行会社の推薦、この3点が必要です。

　また、研修は全員が修了（合格）できるとは限りません。合格率は例年70％前後ですから、最初の参加資格と合わせるとこちらも厳しい関門だといえるでしょう。「業界に入れば無条件で旅行業務取扱管理者資格が取得できる」などと甘く考えてはいけません。

●問題数と配点

試験科目	試験時間	問題数（配点）	配点
1　旅行業法及びこれに基づく命令	1と2で80分（例年午前中に実施）	25問（各4点）	100点
2　旅行業約款、その他関連約款		30問（4点×20　2点×10）	100点
3　国内旅行実務 　①　運賃料金 　　（JR・航空・宿泊等） 　②　国内旅行実務 　　（国内観光地理）	3と4で120分（例年午後に実施）	①12問（各5点） ②20問（各2点）	100点
4　海外旅行実務 　①国際航空運賃 　②出入国法令実務 　③海外観光地理 　④海外旅行実務 　⑤英語		①8問（各5点） ②8問（各5点） ③20問（各2点） ④8問（各5点） ⑤8問（各5点）	200点
合　　計	200分	139問	500点

＊今後この問題数と配点で行われるとは限らない。

●合格ラインについて

　合格ラインは各受験科目60点以上を得点した人となっています。

　受験生の得点傾向を見ると法令、約款は比較的高得点ですが、国内旅行実務、海外旅行実務で60点を切って不合格というパターンが多いようです。今後この合格ラインが適用されるかどうかは不明ですが、万全を期す意味で、法令と約款は平均得点85点程度、国内旅行実務と海外旅行実務は70点程度を目標に学習したいものです。

Part ① 旅行業法及び これに基づく命令

最も高得点が期待される科目。本章を読んで過去問題を徹底的に解けば100点も夢ではないよ。旅行業法等は総務省やＪＡＴＡのホームページで公開されているから、それをプリントアウトして解説を読み進めていこう！

01 旅行業法の目的と旅行業の定義

「旅行業法の目的」、「旅行業の定義」は旅行業の根幹ともいうべきもの。これらが述べられている旅行業法第1条、法第2条は毎年必ず1問ずつ出題される重要項目だ。

旅行業法の目的（法第1条）

旅行業法の最初の条文、法第1条には旅行業法の目的が書かれている。大切な条文だから3つの目的と3つの手段（方法）に分けて完全に暗記しよう。

> **法第1条（旅行業法の目的）**
> 旅行業法は、旅行業等を営む者について登録制度を実施し、あわせて旅行業等を営む者の業務の適正な運営を確保するとともに、その組織する団体（旅行業協会）の適正な活動を促進することにより、旅行業務に関する取引の公正の維持、旅行の安全の確保及び旅行者の利便の増進を図ることを目的とする。

 この法第1条より、次のことを理解しよう。

▼

POINT 1-1-1

●**旅行業法の目的は次の3つ。**
①旅行業務に関する取引の公正の維持
②旅行の安全の確保
③旅行者の利便の増進

 この目的を達成するために次の手段（方法）を実施することになっている。

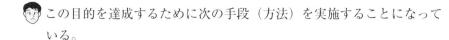

●旅行業法の3つの目的を達成するための手段（方法）は次の3つ

①登録制度の実施➡旅行業は誰にでもすぐできるというものではない。「登録」という名のライセンスが必要。

②旅行業を営む者の業務の適正な運営の確保➡約款を掲示したり、取引の諸条件を旅行者に説明したりといった取引に関する業務が適正に行われるための各種の規制がある。

③団体（旅行業協会）の適正な活動の促進。

 次の（ア）～（オ）の記述から、法第1条（目的）に定められているものをすべて選んでいるものはどれか。

（ア）旅行業等を営む者の業務の適正な運営の確保
（イ）旅行者の利便の増進
（ウ）旅行業等を営む者の取引の公正な競争の維持
（エ）旅行の安全の確保
（オ）旅行業等を通じた観光立国の推進

a）（ア）（イ）（エ）　　b）（ア）（ウ）（オ）
c）（ア）（ウ）（エ）　　d）（イ）（エ）（オ）

 a）➡前記の解説が理解できていれば簡単に正答できる。

 混乱を招くような表現で出題されるが、法第1条は短い条文だから確実に暗記をすること！

旅行業の定義（法第2条）

法第2条
旅行業法でいう「旅行業」とは、**報酬**を得て、**事業**として（継続的に）第1号から9号までの**行為（旅行業務）**を行うことをいう。

👤 旅行業とはどのような職種（業態）なのか。法第2条によると次の要件が挙げられる。これを**旅行業の3要件**というんだ。

旅行業とは

👤 次の3つの要件をすべて満たさなければ旅行業とはならない。

要件① **報酬（利益）を得て** ➡ この報酬（利益）とは、旅行者または関係機関（ホテル、バス会社など）のどちらから得るかを限定しているわけではないので、どこから収受してもかまわない。つまり旅行者からもホテル等からももらえる。旅行業と同じような行為を行ってもそれが無報酬（ボランティア）であるならばこの要件を満たさない。したがって、旅行業の登録は不要ということになる。

要件② **事業として行う** ➡ 事業の条件としては、例えば看板を出し、その旨を意思表示し、継続的に行うこと等が考えられる。タクシーの運転手がたまたま旅行者を旅館に紹介し手数料をもらったからといって、それは継続性がないので事業とはいえない。

要件③ **一定の行為** ➡ 法第2条の1号から9号までの行為（旅行業務）を行う。

第1号 企画旅行※における運送または宿泊のサービス（運送等サービス）を旅行者に確実に提供するために、自己の計算において、運送等サービス提供者と契約を締結する行為。

第2号 1号の行為に付随して、運送または宿泊サービス以外の旅行に関するサービス（運送等関連サービス）を旅行者に確実に提供するために、自己の計算において、運送等関連サービス提供者と契約を締結する行為。

第3号 旅行者のために運送等サービス（運送または宿泊のサービス）について代理、媒介、取次ぎ等、手配を行う。

第4号 運送等サービス提供者のために旅行者について代理または媒介を行う。

第5号 運送等サービス提供者を利用して旅行者に直接これらのサービスを行う。

第6号 旅行者のため第3号から第5号の行為に付随して運送等関連サービス（レストラン、遊園地）について、代理、媒介、取次ぎを行う。

第7号 運送等関連サービス提供者（レストラン、遊園地）のため第3号から第5号の行為に付随して、代理、媒介、取次ぎを行う。

第8号 第1号および第3号から第5号の行為に付随して旅行者の案内、パスポートの受給の手続きの代行、その他の行為を行う。（渡航手続代行）

👤 第8号は、本来行政書士の業務だが、旅行業法で特例として認められているものである。

第9号 旅行相談業務。（旅行業者代理業者は行えない）

※企画旅行の定義については、標準旅行業約款 Part2 POINT2-1-3（P95）を参照。

これらを要約すると、「**自ら旅行者に旅行サービスを提供するのではなく、運送・宿泊業者などの旅行サービスを提供する機関と旅行者との間に入り代理・**

媒介・取次ぎ・利用という法律行為を通して、手配する」のが旅行業であり、運送機関の代理行為（キップ、チケットの販売）のみを行う場合、及び付随的旅行業務のみを単独で行うことは旅行業務に該当しない。

 旅行業者と類似の行為をしていても登録の必要のないもの（旅行業務に該当しないもの）もある。例えばそれは、次のような事業だ。

▼

POINT 1-1-3

●次の行為を行っている者は旅行業の登録の必要なし！
（旅行業者と類似の行為を行っているが旅行業の登録が不要な者）
①運送機関の代理行為（キップ、チケットの販売）のみを行っている業者。
航空券、ＪＲの乗車券のみの販売を行っているコンビニエンスストアやチケットショップあるいはバスの切符・回数券を販売しているガソリンスタンドなど。（宿泊の手配も行っているような場合は旅行業の登録が必要。）
②運送・宿泊以外のサービス（レストランでの食事、遊園地の入園等）についてのみの手配、提供を行う業者。
チケットぴあ、プレイガイド、ドライブインサービスセンター（ドライブインでの食事の手配業者）など。
③運送業者、宿泊業者が自ら（運送・宿泊を）行う行為。
例えば、バス会社が自らが所有する車輌を利用し、実施する日帰り旅行・はとバスでの東京都内めぐり（ただし、宿泊を伴う場合は宿泊施設の媒介または取次ぎという行為が発生するので旅行業の登録が必要）。また自らの旅館・ホテルの予約、案内を行っている案内所も旅行業の登録は必要ない。

 平成30年の旅行業法改正により、新たに「旅行サービス手配業（手配代行者／ツアーオペレーターと呼ばれている）」の登録制度が新設された。旅行業法第2条第6項に次のように書き加えられた。旅行業者のためであり、旅行者のためではないことに注意しよう。

この法律で「旅行サービス手配業」とは、報酬を得て、旅行業者（海外の旅行業者を含む）のため運送・宿泊機関等と媒介・代理・取次をすること。

つまり、日本国内・海外の**旅行業者から依頼されて**日本国内の運送・ホテル等の手配を行う者は「旅行サービス手配業」の登録を取りなさい、ということ。

●旅行者と旅行業者、旅行サービス手配業者

旅行者━━━旅行業者━━━旅行サービス提供者（バス・ホテル・土産店等）

┄┄┄┄┄ 旅行サービス手配業者 ┄┄┄┄┄

（直接旅行者との取引はしない）

 報酬を得て、次の行為を事業として行う場合、旅行業の登録が必要なものをすべて選びなさい。
a）観光案内所が、旅行者の依頼により宿泊施設を予約する行為
b）派遣会社が、旅行業者の依頼により宿泊を伴う旅行に添乗員を派遣する行為
c）留学をあっせんする会社が、留学希望者の依頼を受けて、留学のあっせんに付随して留学先までの航空券及びホテルを手配する行為
d）航空会社と航空運送代理店契約をしているコンビニエンスストアが、航空券の購入者の依頼により観光タクシーを予約する行為

 a）c）d）● d）タクシーを手配しているので登録が必要。登録が不要なのは運送の代理のみ。

 第2条に関する問題は、このように「旅行業務に該当するか否か」に関する問題がほとんどだ。前記のポイントをきちんと理解しておこう！

平成30年1月に旅行業法が改正になった。改正の主なポイントは、「旅行サービス手配業」に「登録」を義務づけたこと。標準旅行業約款第4条の手配代行者がこれに当たる。

しかし、手配代行者＝「旅行サービス手配業」というわけではない（登録を義務づけたのは国内の手配に限り、海外の手配については含まれない）。つまり、旅行業との相違は明白だ。旅行業はその対象が一般顧客（旅行者）であるが、旅行サービス手配業は相手が「旅行業者」だということ。つまりB to Bが旅行サービス手配業なんだ。過去問題ではほとんどB to Bについては触れていないから、この旅行業者との相違点のみ理解しておけばよいだろう（P75参照）。

01 旅行業の登録制度

旅行業法第3条～法第6条の4までは「旅行業の登録」についての条文。特に「登録の申請」（法第4条）と「登録の拒否」（法第6条）からの出題が多いよ！

旅行業の登録とその業種・業務範囲（法第3条、規則第1条）

 旅行業は、その取り扱う業務の範囲（内容）により区分して登録される。

POINT 1-2-1

●旅行業の種別と業務の範囲・登録行政庁

種　　別		業　務　の　範　囲（内容）	登録行政庁
旅行業	第1種旅行業	すべての旅行業務を実施可能	観光庁長官
	第2種旅行業	海外の募集型企画旅行は不可 その他はすべて実施可能	都道府県知事
	第3種旅行業	募集型企画旅行は原則不可 （国内募集型企画旅行は地域を限定して実施可能 ＊）	
	地域限定旅行業＊＊	海外旅行は原則実施不可（他社の受託販売は可能） 募集型・受注型・手配ともに地域を限定して実施可能 ＊	
旅行業者代理業		旅行業者（第1種～第3種・地域限定）の代理業務のみ	

＊ 旅行の催行区域を営業所のある市町村、これに隣接する市町村に限定している。

＊＊ 平成25年度より「地域限定旅行業者」が加えられた。特に第3種旅行業者との相違に注意して業務の範囲（内容）を理解しよう。

登録業務範囲に関する次の記述の内、誤っているものをすべて選びなさい。

a）第1種旅行業者は、旅行業務のすべてを取り扱うことができる。

b）第2種旅行業者は、その営業所に総合旅行業務取扱管理者を選任していても、参加する旅行者を募集することにより実施する本邦外の企画旅行を実施することはできない。

c）第3種旅行業者は、参加する旅行者の募集をすることにより実施する国土交通省令に定める条件を満たす企画旅行は実施できる。

d）第3種旅行業者は、本邦外の旅行を取り扱うことはできない。

e）地域限定旅行業者は、海外の手配旅行を実施することができる。

d）e）● b）本邦外の旅行（海外旅行）を取り扱うにはその営業所に総合旅行業務取扱管理者を選任していなければ実施できないが、そもそも第2種は海外募集型企画旅行を募集実施することはできない。

 第1種はオールマイティだから、逆に第2種、第3種、地域限定旅行業者、旅行業者代理業者は「何ができないのか」を押さえておこう（P90上の表参照）。

登録の拒否（法第6条・規則第3条）

 しかし！　申請しさえすれば登録される訳ではない。次の場合はその登録を拒否されるんだ。

POINT 1-2-2

●登録を拒否される場合（1つでも該当すれば拒否される）

①過去に旅行業等（代理業、旅行サービス手配業含む）の登録を取り消された法人・個人（個人営業の場合）は登録取消の日から5年間は再登録不可。法人の場合はさらに、取消を受けた当該法人の役員であった者（聴聞の期日の公示日前60日以内を含む）もその取消の日から5年間は登録不可となる。

②禁固以上の刑を受けた者、または旅行業法に違反して罰金刑に処せられた者は5年間（刑の終了後）は登録不可。

③暴力団員（暴力団員でなくなった日から5年間も含む）

④申請前5年以内に旅行業務又は旅行サービス手配業務に関して不正行為のあった者。

⑤営業に関し成年者と同一の行為能力を有しない未成年者でその法定代理人（通常は父母）が①〜④又は⑦に該当する者がいるときは登録不可。

⑥心身の故障により旅行業若しくは旅行業者代理業を適正に遂行することができない者として国土交通省令で定めるもの又は破産手続開始の決定を受けて復権を得ない者

⑦法人は登録申請する場合その役員の中に①〜④又は⑥に該当する者がいるときは登録不可。

⑧暴力団が支配する会社

⑨法第11条の2の規定による旅行業務取扱管理者を選任できない場合

⑩登録業務範囲により次の財産的基礎を有しないもの（表を参照）

⑪旅行業者代理業を営もうとするものはその代理する旅行業を営むもの（**所属旅行業者**という、通常**親会社**と呼ばれる）は1社に限る（1社専属・責任の所在をはっきりさせるため）

登録業務範囲	財産的基礎（基準資産額）
第1種旅行業	3,000万円以上
第2種旅行業	700万円以上
第3種旅行業	300万円以上
地域限定旅行業	100万円以上

次のうち、登録拒否要件に該当しないもの（拒否されないもの）はどれか。
a）法人であって、代表取締役でない役員のうち1人に破産者がいるとき
b）第2種旅行業を営もうとする者の基準資産額が、500万円の場合
c）法人であって、役員のうちの1人に、2年前、選挙違反で罰金刑に処せられた者がいる場合
d）旅行業者代理業でその代理する旅行業者が複数あるもの

----

 c）➡ POINT1-2-2の②に該当しそうだが、選挙違反での罰金刑だから（旅行業法に違反したわけではないので）これは該当しない。

 POINT1-2-2の11件はすべて丸暗記しておく。あとは問題を数問解けば万全だ。

登録の有効期間（法第6条の2）

　旅行業の登録の有効期間は**登録の日から**起算して（数え始めて）**5年間**となっている。

●登録の有効期間

2018年10月1日登録　　　　　　　　　2023年9月30日まで

（5年間）

更新登録が必要となる

注：旅行業者代理業には登録有効期間は定められていない。したがって更新登録の必要もない。

有効期間の更新の登録（法第6条の3）

　　条文のタイトルは「有効期間の更新の登録」。一読しただけでは何のことかよくわからないと思うが、旅行業を登録有効期間満了後も続ける場合の更新のことだ。

　旅行業の登録を更新するには、1種、2種、3種、地域限定とも有効期間満

了日の**2ヵ月前**までに申請書を提出する必要がある。申請をしてその更新の通知（更新可または不可）がくるまでは今までの登録が有効である（たとえ有効期間を経過しても今までの登録のままで営業が可能）。

　更新された場合は、従前の登録の<u>有効期間満了日の翌日からまた新しい5年間が始まる</u>。（更新の度に「登録月日」が変わるのではない）

●登録の更新

有効期間満了
2ヵ月前までに申請

さらに5年間有効期間
が更新される

2ヵ月

2023年7月30日までに
申請書を提出

2023年9月30日
有効期間満了

2028年9月30日まで

この「2ヵ月」という期限はここにしか出てこない！ よく出題される。「2ヵ月前申請」と覚えておこう。

更新の登録について述べた次のもののうち、正しいものはどれか。

　a）第1種旅行業者を所属旅行業者とする旅行業者代理業者は、主たる営業所の所在地を管轄する都道府県知事に、更新登録申請をしなければならない。

　b）9月30日に従前の登録の有効期間が満了になる旅行業者が、7月15日に更新登録申請をした場合において、10月5日に更新登録の通知がなされた場合、従前の登録の有効期間満了後の10月1日から10月4日までの間については当該旅行業者は無登録営業をしたことにはならない。

　c）旅行業務取扱管理者に変更があった場合は、更新登録時にその旨の届出が必要である。

　d）更新登録の申請は、有効期間の満了の日の前日から起算して60日にあたる日より前になされなければならない。

- -

こたえ b）●a）旅行業者代理業者には有効期間はない。したがって更新も必要なし。c）旅行業務取扱管理者選任報告書により報告する。届出事項ではない。d）60日ではなく、2ヵ月。

「登録」には3種類ある。「新規登録」と「更新登録」「変更登録」だ。それぞれの違いをきちんと理解しておこう。

POINT 1-2-3

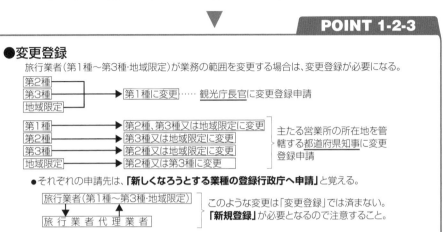

●変更登録
　旅行業者(第1種〜第3種・地域限定)が業務の範囲を変更する場合は、変更登録が必要になる。

```
第2種
第3種   ──────→ 第1種に変更 …… 観光庁長官に変更登録申請
地域限定

第1種 ──────→ 第2種、第3種又は地域限定に変更
第2種 ──────→ 第3種又は地域限定に変更          主たる営業所の所在地を管
第3種 ──────→ 第2種又は地域限定に変更          轄する都道府県知事に変更
地域限定 ────→ 第2種又は第3種に変更            登録登録申請
```

●それぞれの申請先は、**「新しくなろうとする業種の登録行政庁へ申請」**と覚える。

```
旅行業者(第1種〜第3種・地域限定)    このような変更は「変更登録」では済まない。
   ↓           ↑                  「新規登録」が必要となるので注意すること。
旅 行 業 者 代 理 業 者
```

●登録事項変更の届け出
主たる営業所の住所、代表者等登録事項が変更になった場合に登録行政庁にその旨届け出る。
◆対象となる登録事項：①代表者の氏名 ②主たる営業所の住所 ③商号 ④従たる営業所名および住所 … これらを変更したら変更のあった日から**30日以内**に届け出る。
◆旅行業務取扱管理者は登録事項ではないので、選任されている旅行業務取扱管理者が変更になっても届け出る必要はない。よく出題されるので、注意すること。

 それでは、ここで3種類の「登録」（新規、更新、変更）と「登録事項変更の届け出」について整理するよ。きちんと理解してね。

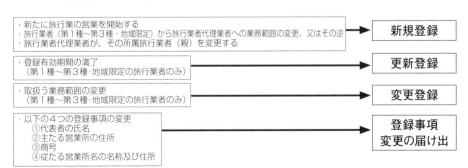

```
・新たに旅行業の営業を開始する
・旅行業者（第1種〜第3種・地域限定）から旅行業者代理業者への業務範囲の変更、又はその逆  ──→  新規登録
・旅行業者代理業者が、その所属旅行業者（親）を変更する

・登録有効期間の満了                                                    ──→  更新登録
　（第1種〜第3種・地域限定の旅行業者のみ）

・取扱う業務範囲の変更                                                  ──→  変更登録
　（第1種〜第3種・地域限定の旅行業者のみ）

・以下の4つの登録事項の変更
　①代表者の氏名                                                        ──→  登録事項
　②主たる営業所の住所                                                        変更の届け出
　③商号
　④従たる営業所名の名称及び住所
```

変更登録等に関する次の記述から、誤っているものをすべて選びなさい。

a）第2種旅行業者が第1種旅行業への変更登録を申請しようとするときは、主たる営業所の所在地を管轄する都道府県知事を経由して観光庁長官に変更登録申請書を提出しなければならない。

b）第3種旅行業者が第2種旅行業への変更登録の申請をしようとするときは、主たる営業所の所在地を管轄する都道府県知事に変更登録申請書を提出しなければならない。

c）旅行業者代理業者が第3種旅行業者に業務の範囲を変更しようとするときは、都道府県知事に変更登録申請書を提出しなければならない。

d）旅行業者代理業者は、主たる営業所又は他の営業所の名称を変更したときは、その日から60日以内にその旨を登録行政庁に届け出なければならない。

---

 a）c）d）➡ a）変更登録申請書は、新しくなろうとする業種の登録行政庁に申請すればよい。古い登録行政庁を経由する必要などない。c）変更登録ではなく、新規登録が必要。d）「60日」ではなく「30日」である。

 次のうちで登録事項の変更の届出が必要なものはどれか。

a）第2種旅行業者がその業務の範囲を第1種に変更する。

b）所属旅行会社（親会社）をA社からB社に変更した。

c）旅行業協会に加入した。

d）会社の名称を変更した。

e）選任旅行業務取扱管理者を変更した。

---

 d）➡ 商号の変更に当たるので届出が必要。● a）業務の変更（例2種⇒1種）であるから変更登録を行う。b）旅行業者代理業者がその所属旅行業者を変更する場合は一旦現在の所属旅行業者との代理業務の契約を解除しなければならない（6条―登録の拒否―により複数社との契約はできない）のでその時点で旅行業者代理業者ではなくなる。従って新たに新規登録申請を行うことになる。c）届出の必要なし。e）旅行業務取扱管理者は登録事項ではないので不要。

 3種類の登録（新規登録・更新の登録・変更登録）と変更の届出、このそれぞれの内容（どのような場合にどのような手続が必要か）を正確に覚えておくこと。

02 営業保証金

営業保証金の供託から旅行業営業開始までの手続については毎年出題されているんだ。特に営業保証金の額等数字の暗記は完璧にしておこう！

営業保証金の供託とその額（法第7条、法第8条、規則第6条の2）

営業保証金とは、旅行業者（第1種～第3種・地域限定）が、旅行会社をまじめにお客様に迷惑をかけないように営業することをお約束（つまり保証）しますとして、一定の財産を国に供託する（預ける）消費者保護のための制度である。この制度は旅行業者代理業者には適用されない。また、この制度と類似のものに旅行業協会の行う弁済業務保証金制度（P83～）がある。あわせて理解しよう。

 業種ごとに必要とされる営業保証金の最低額をとにかく暗記しよう！

POINT 1-2-4

●営業保証金の額の算定

旅行者^(注)との取引の額に応じ、第1種～第3種・地域限定ごとにその必要額が定められている。

（注）旅行者となっているところに注意。すなわち旅行業者間の取引額は含まれない。旅行業者の売上額ではない。

また、その取引の額は毎事業年度終了後**100日以内**に登録行政庁に報告しなければならない。　　　　　　　**（「100日報告」**と覚えよう）

その報告額により営業保証金の額が変更になる可能性がある。

●営業保証金の額

次のように定められている。最低必要額を暗記しよう。

1年間の旅行者との取引額	第1種旅行業	第2種旅行業	第3種旅行業	地域限定旅行業
400万円未満	7,000万円	1,100万円	300万円	15万円
400万円以上 5,000万円未満	7,000万円	1,100万円	300万円	100万円
5,000万円以上 2億円未満	7,000万円	1,100万円	300万円	300万円
2億円以上 4億円未満	7,000万円	1,100万円	450万円	450万円
〜	〜	〜	〜	〜
1兆円以上 2兆円未満	4億5,000万円	1億7,000万円	1億2,000万円	1億2,000万円
2兆円以上 1兆円につき	1億円	3,000万円	2,500万円	2,500万円

●供託場所及び期日

主たる営業所（通常は本社）の最寄りの供託所（法務局＝国の機関）に現金または国債、有価証券類で供託し、登録の通知を受けた日から**14日以内にその供託書の写しを**登録行政庁に届け出なければならない。

旅行業の登録さえすれば、旅行業者はすぐに営業を開始できるわけではない。営業保証金を供託し、登録行政庁に「私は、このように確かに営業保証金を供託いたしました」と供託書の写しを提出した後でなければ営業開始はできないぞ。なかなか厳しいね〜。

＜旅行業営業開始までの流れ＞……（例）取引額1億5,000万円の第1種旅行業者

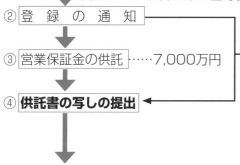

① 観光庁長官に登録を申請 ……3,000万円の財産的基礎が必要

　　　　　審査 ………法第6条の登録拒否要件に該当しなければ

② 登 録 の 通 知

③ 営業保証金の供託 ……7,000万円

④ **供託書の写しの提出**

⑤ 旅行業の営業開始 ＯＫ

14日以内に届け出る

14日以内に届出がない場合は登録行政庁は7日以上の猶予期間を置いて早く供託書（写し）を提出するように催告する。

＜それでも提出をしなければ…＞

登録の取消　ＯＵＴ！

 さて、それでは旅行業者代理業者はどうすればいいのか？
旅行業者代理業者は営業保証金を供託する必要などない。

 次の文章のうち、正しいものはどれか。
a）旅行業の登録を受ければ営業してもよい。
b）旅行業の登録を受け、営業保証金を供託すれば営業してもよい。
c）旅行業の登録を受け、営業保証金を供託しその旨を届け出れば営業してもよい。

- -

 c）営業開始には供託と届出が必要。

対策 「旅行業者の事業の開始時期はいつか」。

 次の（　　）内に適切な数字を入れなさい。
観光庁長官は、旅行業の登録をした場合において、登録の通知を受けた日から（　a　）日以内に旅行業者が営業保証金を供託した旨の届出をしないときは、その定める（　b　）日以上の期間内に届出すべき旨の催告をしなければならない。

- -

 a 14　b 7

対策 営業保証金の供託は「14」「7」と覚えておく。

「営業保証金」に関する次の記述のうち、誤っているものをすべて選べ。

a）営業保証金は、国債証券、地方債証券をもって、これに充てることができる。

b）旅行業者は、営業保証金を供託した旨の届出を登録行政庁にした後でなければ、その事業を開始してはならない。

c）旅行業者は、毎事業年度終了後100日以内に、その事業年度における旅行業務に関する旅行者との取引の額を登録行政庁に報告しなければならない。

d）営業保証金の供託は、登録行政庁の最寄りの供託所にしなければならない。

e）第1種旅行業の新規登録を受けた者で、旅行業務に関する旅行者との年間取引見込額が2億円未満の場合の営業保証金額は1,400万円である。

------

 d）e）

d）主たる営業所の最寄りの供託所に供託する。そうでなければ第1種旅行業者はすべてわざわざ東京まで出向いて霞が関の法務局に供託しなければならなくなる。e）第1種旅行業者の営業保証金最低必要額は 7,000 万円である。（1,400万円は後に解説するが、旅行業協会に納付する弁済業務保証金分担金の場合である。）また、設問のように新規に登録を受けた場合は、いまだ旅行者との年間取引額は確定していない訳であるから、その見込額で営業保証金を算出することとされている。

営業保証金の追加供託と取戻し（法第9条）

営業保証金を追加供託しなければならない場合、あるいはその逆に返してもらう（**取戻し**という）場合には次の事項がある。

①省令によるもの

国土交通省令の改正により営業保証金の額自体が変更になった場合

②前年の旅行者との取引額が増減した場合

③旅行業者が変更登録を受けて必要な供託額が増加または減少した場合

2種→1種

2種→3種など

●追加供託しなければならない場合

①省令が改正され現在の営業保証金の額を増やさなければいけないことになった場合は、その省令の施行の日から3ヵ月以内に追加供託し、届出をする。

②前年の旅行者との取引額が増加した場合は、その旅行業者の事業年度終了の日の翌日（新年度初日）から100日以内に追加供託し、届出をする。

③変更登録を受けた場合は法第7条の2項・3項を準用（「さしあたりこの条文を使ってください」ということ）する。

上記のうち、③のケースは少し難しいので簡単に順序を追って解説しよう。まず、

イ：追加供託を行ったらその旨（「営業保証金を追加供託しました」ということ）を届け出る（法第7条2項）。

ロ：届出をしなければその事業（この場合は変更登録後の業務）を開始してはならない（法第7条3項）。

賢明な読者は気づいているかもしれないが、これには「いつまでに」という規定がない。つまり、

イの場合：「追加供託しなかったら届け出なくてもよい」と読めるが、その通り！　いつまでに追加供託しなさいと規定がないから、その事業（変更登録後の）を開始するまでに追加供託すればよいのだ。

営業保証金の取戻しを行う場合

自らが供託した営業保証金を返してもらうことを**取戻し**（後述の「**還付**」と間違えないように！）という。

①省令の改正により営業保証金が現在の額より少なくなって差額が発生した。

②旅行者との取引額が減少し、その結果営業保証金の額が少なくなり差額が生じた。

この①②の場合は法務省令・国土交通省令に定めるところによりすぐに取戻しが可能なんだ。

③変更登録を受けて供託すべき営業保証金の額が変わり差額が生じた。

例 第1種旅行業から第2種旅行業に変更登録
第1種旅行業　営業保証金　7,000万円
第2種旅行業　営業保証金　1,100万円
7,000万円－1,100万円＝5,900万円（差額＝取戻し額）

この5,900万円を取り戻すには①②と異なり、次の規定によることとなるんだ。

イ：当該営業保証金につき権利を有する**旅行者**（還付請求者）に対し6ヵ月をくだらない一定期間内に申し出るべき旨を公告し、その期間内に申し出がなければ取り戻すことができる。

つまり次のような公告をして、その期間内（6ヵ月以上でなければダメ！）に権利者から申し出がなければ取り戻すことができる。公告は通常、官報に掲載する（官報＝法令等政府から一般に告知するために国が発行する新聞のようなもの）。

取戻し公告　　　　　　　　　　　　　　（例）

私塚越トラベル株式会社はこの度第1種旅行業から第2種旅行業に変更登録を受けました。その結果、営業保証金に5,900万円の差額が生じましたので取戻しを行いたいと思います。この5,900万円の取戻しにつき異議のある方は6ヵ月以内*にお申し出ください。

令和○年10月10日

塚越トラベル(株)
東京都知事登録旅行業第2-4788号
住所　東京都渋谷区代々木1-59-1
TEL. 01-2345-6789

＊：この期間が3ヵ月以内や5ヵ月以内ではいけない。もちろん、6ヵ月以上と条文にあるので、10ヵ月以内・1年以内と書くのはかまわない。

営業保証金の取戻しにこのような公告が必要となる場合は、イの他に次の場合がある。ただし取戻しの事由が発生してから10年を経過していれば公告の必要はないんだ。

ロ：登録の抹消（旅行業者でなくなった）があった場合。
ハ：旅行業者が旅行業協会の保証社員となった（旅行業協会に加入して社員になった➡旅行業協会に加入すると営業保証金の供託は必要ないので取り戻すことができる：P83〜84参照）。

次の文章のうち、正しいものはどれか。
　a）営業保証金の額が省令により減額され超過する分を取り戻すには公告が必要である。
　b）前年度の取引額が減少したので営業保証金を取り戻せることになったが公告が必要である。
　c）前年度の取引額が増加し営業保証金を追加供託することになった。3ヵ月以内に追加供託が必要である。
　d）第1種旅行業から第2種旅行業に変更登録をした。その結果、営業保証金を取り戻せることになり公告をすることにした。

- -

d）●a）とb）は公告の必要なし。c）100日以内。

対策 公告が必要な場合と必要ない場合をしっかり区別しよう。つまり、前記のイロハを覚えておけばいい。

03　旅行業務取扱管理者

旅行業務取扱管理者関連の設問は毎年必ず出題される最重要事項だ。特に「選任」については、しっかり覚えておこう。

旅行業務取扱管理者の選任（法第11条の2）

　旅行業務取扱管理者の制度は消費者の保護とサービスの向上を図るためのもの。旅行業者等（旅行業者と旅行業者代理業者）はその営業所に1名以上（行政指導では10名以上の営業所には2名以上）の旅行業務取扱管理者を選任し、旅行者との取引が公正に行われるように管理・監督することになっている。つまり、旅行業務取扱管理者は、営業所における旅行者との契約責任者なのです。

　旅行業務取扱管理者の職務は、次の事項についての管理・監督をすることなんだ。

POINT 1-2-6

●旅行業務取扱管理者の10の職務（管理・監督）

①旅行に関する計画の作成
②営業所における取扱いの料金の掲示
③営業所における旅行業約款の掲示または備え置き
④取引条件の説明
⑤書面（契約書面）を旅行者に交付する
⑥適正な広告の実施
⑦企画旅行の円滑な実施（旅程管理）のための措置を講じること
⑧苦情の処理
⑨契約書類等の明確な記録・保管
⑩取引の公正、旅行の安全及び旅行者の利便を確保するため必要な事項として観光庁長官が定める事項

旅行業務取扱管理者の選任

旅行業務取扱管理者の選任については、次のような決まりもある。

①営業所ごとに（すべての営業所に）1人以上選任しなければならない。

②その営業所において旅行業務取扱管理者が欠けるにいたった場合は（旅行業務取扱管理者が退職してしまった、あるいは法第6条の拒否事由に該当してしまった等）旅行者との新たな契約業務はできない（旅行者との契約業務以外のもの＝添乗・手配等＝は可能）。

③法第6条の登録拒否要件に該当している者を、旅行業務取扱管理者として選任することはできない。

④1人だけの営業所は、その者が旅行業務取扱管理者でなければならない。

⑤旅行業務取扱管理者は、他の営業所の旅行業務取扱管理者として兼任することはできない。（注1：次ページ参照）

⑥総合旅行業務取扱管理者と国内旅行業務取扱管理者・地域限定旅行業務取扱管理者

　1）本邦内（国内）の地域限定の旅行のみを取り扱う営業所➡
　　地域限定旅行業務取扱管理者または国内旅行業務取扱管理者、総合旅行業務取扱管理者を選任する。

　2）本邦内（国内）の旅行のみを取り扱う営業所➡
　　国内旅行業務取扱管理者または総合旅行業務取扱管理者を選任する。

　3）本邦外（海外）のみおよび本邦内・本邦外を取り扱う営業所➡
　　総合旅行業務取扱管理者を選任する。

つまり、海外旅行を取り扱うためには総合旅行業務取扱管理者試験に合格した者を旅行業務取扱管理者として選任しなければならないということだね。

また、第1種旅行業者はすべての営業所に総合旅行業務取扱管理者のみを選任しなければならない、というわけではない。第1種旅行業者だって数ある営業所の内には海外旅行を扱わない『国内旅行専門営業所』があっていいよね。そのような営業所は国内旅行業務取扱管理者を選任することでもよいということになる。

旅行業務取扱管理者の選任について述べた次のうち、誤っているものをすべて選びなさい。

a）旅行業務を取り扱う者が１人である営業所についても、旅行業務取扱管理者を選任せねばならない。

b）破産手続開始の決定をうけて復権を得ない者は旅行業務取扱管理者として選任することができない。

c）旅行業務取扱管理者は他の営業所の旅行業務取扱管理者を兼ねることはできない。（注２）

d）営業所の旅行業務取扱管理者として選任した者のすべてが欠けたときは、7日以内に新たな旅行業務取扱管理者を選任しなければならない。

e）国内旅行のみを取り扱う営業所においては、選任する管理者は国内旅行業務取扱管理者のみである。

f）旅行業務取扱管理者に変更があったときは登録行政庁に届け出る。

g）旅行業者等は、旅行業務取扱管理者について、３年以上5年以内において省令で定める期間ごとに旅行業協会が実施する研修を受けさせなければならない。

- -

 d）e）f）➡ d）このような規定はない。e）総合旅行業務取扱管理者を選任しても可。f）旅行業務取扱管理者は登録事項ではないため、変更届の必要はない。g）平成30年より新設の規定。

 管理者についての諸規定と10の職務は最重要箇所。試験には必出だから、正確に覚えること！

（注１・２）平成30年1月の法改正により「地域限定旅行業務取扱管理者」が新設された。それに伴い「地域限定旅行業者」に限り
①営業所間の距離の合計が「40km以下」
②当該複数の営業所の前事業年度の旅行者との取引額の合計が「1億円を超えない」
この２つの条件を満たしていると旅行業務取扱管理者の「兼任」が認めらることになった。

旅行業務取扱管理者の職務として定められていないものとして、しばしば出題されているものは以下の通りです。参考までに。

●標識の掲示に関する事項	●企画書面の作成
●取引額の報告に関する事項	●旅行者の個人情報に関する事項
●旅行業務取扱料金の設定	●営業保証金の供託に関する事項
●登録事項変更の届け出に関する事項	など

04　料金の掲示

「料金の掲示」は毎年必ず1問は出題される。POINT 1-2-8の「5つのポイント」をしっかり理解しておこう。

料金の掲示（法第12条）

旅行業務取扱料金とは、簡単にいうと、旅行者（お客様）からいただく手数料のこと。旅行業者の利益はこの取扱料金と関係機関（航空会社等の運送機関、ホテル等の宿泊業者、レストラン等）から収受する手数料（コミッション、リベート、R等さまざまな呼び方をする）より成り立っている。

法第12条

旅行業者は、**事業の開始前**に、旅行者から収受する旅行業務の取扱いの料金（**企画旅行に係るものを除く**）を**定め**、これをその営業所において**旅行者に**見やすいように掲示しなければならない。これを変更するときも、同様とする。

2　前項の料金は、国土交通省令で定める基準に従って定められたものでなければならない。

3　旅行業者代理業者は、その営業所において、所属旅行業者が第一項の規定により定めた料金を旅行者に見やすいように掲示しなければならない。

国土交通省が定める基準とは……

▼

POINT 1-2-7

●**旅行業務の取扱料金の基準**

旅行業務の取扱料金は<u>契約の種類</u>（手配旅行契約・旅行相談契約・渡航

手続代行契約等）及び内容に応じ定率、定額、その他の方法により定められ、旅行者にとって明確であることと定められている。

　つまり、定率（例．旅行代金総額の10％）、定額（例．1件につき1,000円）またはそれの併用等、とにかく旅行者に対して明確に定められていて掲示するということが絶対条件。

●旅行業務取扱料金５つのポイント
① 旅行業者が定める。➡ 旅行業者代理業者（子）は所属旅行業者（親）が定めたものを掲げる。勝手に作ってはいけない。
② 事業の開始前に定める。
③ **企画旅行に取扱料金の概念はない。**
④ 旅行業者は自分で随意に定めてよい。➡ **「認可」「届出」の必要はない。**
　　ただし、旅行者にとって明確なものである必要がある。
　　また、適正でなければ、是正の業務改善命令を受ける。
⑤「旅行者に」見やすいように掲示する必要がある。➡「公衆に」ではないことに注意。

旅行業務取扱料金について述べた次のうち、正しいものはどれか。
　a）企画旅行の取扱料金は、定率で定めねばならない。
　b）取扱料金を変更した場合は、遅滞なく観光庁長官に届出なければならない。
　c）旅行業者代理業者は、所属旅行業者の定めた料金の範囲内で取扱料金を定め、営業所において旅行者に見やすいように掲示するか、閲覧できるよう備え置かねばならない。
　d）取扱料金は、事業の開始前に契約の種類及び内容に応じて定率、定額、その他の方法により定められ、旅行者にとって明確でなければならない。

- -

d）➡ POINT1-2-8 を参照。● a）企画旅行に取扱料金はない。b）取扱料金に関して届出の必要はない。c）旅行業者代理業者は、所属旅行業者（親会社）の定めた料金をそのまま使用、掲示する（備え置くだけでは不可）。

企画旅行にかかる取扱料金は定める必要はない（「企画旅行に取扱料金なし」と覚えよう）。

05 旅行業約款

法第12条の2「旅行業約款」、法第12条の3「標準旅行業約款」は毎年1問は出題される頻出項目だ。

旅行業約款（法第12条の2）

旅行業約款とは、旅行業者が旅行者と締結する旅行契約に関して定めた「契約条項」のこと。大量の取引を迅速に行おうとする場合、取引相手とその都度契約条件を取り決めるのではなく、あらかじめ定めた契約条項を適用する。この「あらかじめ定めた契約条項」が約款であり、1社はひとつの約款しか持てない。

 旅行業約款は、旅行業者が自分に都合のよいものを作成しないようにチェックするため、登録行政庁による認可制となっている。

POINT 1-2-9

●**旅行業約款の認可**

　旅行業者は旅行業約款を定め登録行政庁の認可を受けなければならないと規定されている。その認可を受けた約款を営業所に掲示または備え置かなければならない。変更したときも同様に認可を受けなければならない（「認可を受け直す」ということ）。ただしその変更が軽微な（ささいな）場合はあらためて認可をとる必要はない。

軽微な変更（認可を受け直す必要がないもの） ＊以下が軽微な変更

　①保証社員の場合（保証社員についてはP78～参照）

　　➡所属旅行業協会の名称または所在地の変更

　　➡弁済業務保証金からの弁済限度額の変更

　②保証社員でない場合

　　➡営業保証金を供託している供託所の名称または所在地の変更

標準旅行業約款（法第12条の3）

標準旅行業約款とは、観光庁長官および消費者庁長官が定め公示した旅行業約款のことで、これを自社の約款としなければならないという規定はないが、現在はほとんどすべての旅行業者がこの標準旅行業約款を自社の約款として定め使用している。標準旅行業約款と同一の内容の約款を旅行業者が定めたときは、その旅行業約款は**認可を受けたものとみなされる**。

 つまり、「約款」は、登録行政庁の「認可」を受けなくてはならないんだ。だけど、たくさんある旅行業者からの認可申請を受け、一つひとつ審査していたのでは、認可に長時間を要する。さらに旅行業者ごとに異なった約款を採用していると不公平な取引が起きたり、旅行者が混乱したりするかもしれない。これらの弊害を排除するために観光庁長官及び消費者庁長官が標準（モデル）旅行業約款を定めて、「これと同じものを自社の約款とするならば、いちいち認可申請しなくてもいいよ」としたわけなんだ。だから、ほとんどの旅行業者は標準旅行業約款を自社の約款として定めているんだよ。

また、旅行業者代理業者は「旅行業務取扱料金」と同じように約款を自ら定め、認可を受けることはできない。所属旅行業者（親）と同一の旅行業約款を使用することになる。

 旅行業約款について述べた次のうち、正しいものをすべて選べ。
- a）すべての旅行業者等は、旅行者と締結する旅行業務の取扱いに関する契約に関し、旅行業約款を定め、登録行政庁の認可を受けなければならない。
- b）旅行業者は、旅行業約款を変更したときはただちに登録行政庁に届け出なければならない。
- c）旅行業約款は、旅行者の正当な利益を害するおそれがないものでなければならない。

- -

こたえ c）●a）旅行業者**等**というと旅行業者と旅行業者代理業者のことなので、旅行業者代理業者は自ら約款を定めることはない。b）旅行業者は約款を変更する際は登録行政庁の**認可**を受ける（当然変更前）。

対策 「約款は認可が必要。登録でも届出でもない」と覚えておこう。

06 取引条件の説明と書面の交付

年によっては2問以上出題されるが、受験生の最も苦手とするところだ。それぞれの記載事項をしっかり比較・整理して覚えることが肝心だ。別表を参照してチェックしておこう。

取引条件の説明と取引条件書面の交付（法第12条の4）

　旅行業者等は、旅行業務に関し旅行者と契約を締結しようとするときは（契約の前に）旅行者が依頼しようとする旅行業務の内容を確認したうえで必要項目（締結しようとする契約の種類によって異なる。P46〜表参照）を旅行者に説明し、原則、書面（**取引条件説明書面**という）を交付しなければならない。

POINT 1-2-10

●**取引条件の説明**
取引条件は旅行の**契約前**に必ず説明する。その際には書面を交付しなければならない。

●**書面を交付しなくてもよい場合 … クーポン券類を交付した場合**
　旅行代金と引き換えに、旅行に関するサービスの提供を受ける権利を表示した書面（ＪＲ券、航空券、宿泊券等のクーポン券類）を交付した場合は、取引条件説明書面を交付しなくてよい。

●**情報通信の技術（インターネット）を利用してもよい … 旅行者の承諾が必要**
　旅行者が「それでもいいよ」と承諾した場合は、インターネットを利用して取引条件説明書と同じ内容のものを送信し、書面の交付に代えることができる。

　設問は次の2点がポイントになる！
①取引条件説明書面を交付するのは**いつの時点か**（当然契約前）。
②取引条件説明書面を交付しなくてもよい場合はどのような場合か。

次の取引条件の説明について、誤っているものはどれか。

a）取引条件の説明は、旅行業務に関し旅行者と契約を締結する前になされなければならない。

b）取引条件の説明は、旅行者が依頼しようとする旅行業務の内容を確認したうえでなされなければならない。

c）取引条件の説明の際には、旅行代金の額は示さねばならないが、その収受方法については契約後でもよい。

d）旅行に関する相談に応ずる場合であっても、取引条件の説明はせねばならない。

---

 c）収受方法についても取引条件の説明の際に示さなくてはならない。

 次のうち、企画旅行契約において取引条件の説明を要する事項として国土交通省令で定められているものはどれか。すべて選びなさい。

a）責任および免責に関する事項

b）旅行業務取扱料金に関する事項

c）旅程管理業務を行う者が同行しない場合にあっては、旅行地における企画者との連絡方法

d）契約締結の年月日

e）企画旅行会社の名称

f）旅程管理業務を行う者の同行の有無

---

 a）e）●b）企画旅行という設問なので取扱料金はない。c）d）契約書面の記載事項。f）募集広告の必要事項であり、取引条件説明書には記載を義務づけられていない。

 P46〜48にある取引条件の説明事項と契約書面の記載事項との違いといっしょに、整理して覚えておこう。

書面（契約書面）の交付（法第12条の5）

　旅行業者等は、旅行契約を**締結したとき**は、遅滞なく（ただちに）旅行者に対し必要事項（締結しようとする契約の種類によって異なる。P46〜の表参照）を記載した**契約書面**を交付しなければならない。

　ただし、相談業務について契約を締結したときはこの契約書面の交付は必要ない。

　取引条件説明書面（前述）を交付した場合、その記載内容に従った契約がなされたときは、当該記載事項については、重複して同内容のものを交付する必

要はない。また、契約書面は、数種の書面（領収書、最終日程表等）によって要件を満たすことも認められる。

●**契約書面の交付**

　契約書面は旅行の**契約後**ただちに交付する。

●**書面を交付しなくてもよい場合 … クーポン券類を交付した場合 、旅行相談契約の場合**

　　クーポン券類を交付した場合は、取引条件説明書面と同様。

　　旅行相談契約の場合は契約書面を交付しなくてもよい。

●**情報通信の技術（インターネット）を利用してもよい … 旅行者の承諾が必要**

　　取引条件説明書面の場合と同じ。

 次の記述のうち、旅行業者が「企画旅行契約を締結したときに交付する書面の記載事項」として定められていないものはどれか。

　a）旅行の目的地及び出発日その他の日程

　b）旅行に参加する資格を定める場合にあっては、その旨及び当該資格

　c）旅行者が旅行業者に支払うべき対価に含まれていない旅行に関する経費であって旅行者が通常必要とするもの

　d）契約の申込方法及び契約の成立に関する事項

----

 d）「契約書面」は契約後に交付する書面。いまさら契約方法等を記載する必要はないでしょ〜。

取引条件説明書面の記載事項

企画旅行契約	1	企画者の氏名又は名称及び住所並びに登録番号
	2	企画者以外の者が企画者を代理して契約を締結する場合にあっては、その旨並びに当該代理人の氏名又は名称及び住所並びに登録番号
	3	契約に係る旅行業務を取り扱う営業所の名称及び所在地（外務員が書面を交付する場合にあっては、当該外務員の氏名並びにその所属する営業所の名称及び所在地）
	4	契約に係る旅行業務取扱管理者の氏名及び旅行者の依頼があれば当該旅行業務取扱管理者が最終的に説明を行う旨
	5	旅行の目的地及び出発日その他の日程
	6	旅行者が旅行業者等に支払うべき対価及びその収受の方法
	7	旅行者が対価によって提供を受けることができる旅行に関するサービスの内容
	8	対価に含まれていない旅行に関する経費であって旅行者が通常必要とするもの
	9 ○	募集型企画旅行の参加者数が予定人員数を下回った場合は当該旅行を実施しない旨及び当該人員数
	10 △	**契約の申込方法及び契約の成立に関する事項**
	11	契約の変更及び解除に関する事項
	12	責任及び免責に関する事項
	13	旅行中の損害の補償に関する事項
	14	旅行に参加する資格を定める場合にあっては、その旨及び当該資格
	15	旅行の目的地を勘案して、旅行者が取得することが望ましい安全及び衛生に関する情報がある場合にあっては、その旨及び当該情報
	16	専ら企画旅行の実施のために提供される運送サービスが含まれる場合にあっては、当該運送サービスの内容を勘案して、旅行者が取得することが望ましい輸送の安全に関する情報
	17 ○	全国通訳案内士若しくは地域通訳案内士の同行の有無
	18	住宅宿泊事業者の商号、名称又は氏名及び届出番号並びに旅行者が宿泊する届出住宅に関する事項
手配旅行契約	1	契約を締結する旅行業者の氏名又は名称及び住所並びに登録番号
	2	旅行業者代理業者が所属旅行業者を代理して契約を締結する場合は、その旨並びにその旅行業者代理業者の氏名又は名称及び住所並びに登録番号
	3	契約に係る旅行業務を取り扱う営業所の名称及び所在地（外務員が書面を交付する場合にあっては、当該外務員の氏名並びにその所属する営業所の名称及び所在地）
	4	契約に係る旅行業務取扱管理者の氏名及び旅行者の依頼があれば当該旅行業務取

手配旅行契約		扱管理者が最終的に説明を行う旨
	5	旅行の目的地及び出発日その他の日程
	6	旅行者が旅行業者等に支払うべき対価及びその収受の方法
	7	旅行者が対価によって提供を受けることができる旅行に関するサービスの内容
	8	対価に含まれていない旅行に関する経費であって旅行者が通常必要とするもの
	9 ×	旅行業務の取扱いの料金に関する事項
	10 △	**契約の申込方法及び契約の成立に関する事項**
	11	契約の変更及び解除に関する事項
	12	責任及び免責に関する事項
	13	旅行中の損害の補償に関する事項
	14	旅行に参加する資格を定める場合にあっては、その旨及び当該資格
	15	旅行の目的地を勘案して、旅行者が取得することが望ましい安全及び衛生に関する情報がある場合にあっては、その旨及び当該情報
	16	住宅宿泊事業者の商号、名称又は氏名及び届出番号並びに旅行者が宿泊する届出住宅に関する事項
相談契約	1 △	旅行者が旅行業者等に支払うべき対価及びその収受の方法
	2 △	旅行者が対価によって提供を受けることができる旅行に関するサービスの内容

契約書面の記載事項

○企画旅行のみ　×手配旅行のみ　□契約書面のみ　☆企画旅行かつ契約書面のみ

企画旅行契約	1	企画者の氏名又は名称及び住所並びに登録番号
	2	企画者以外の者が企画者を代理して契約を締結した場合にあっては、その旨並びに当該代理人の氏名又は名称及び住所並びに登録番号
	3	契約に係る旅行業務を取り扱う営業所の名称及び所在地（外務員が書面を交付する場合にあっては、当該外務員の氏名並びにその所属する営業所の名称及び所在地）
	4	契約に係る旅行業務取扱管理者の氏名及び旅行者の依頼があれば当該旅行業務取扱管理者が最終的に説明を行う旨
	5	旅行の目的地及び出発日その他の日程
	6	旅行者が旅行業者等に支払うべき対価及びその収受の方法
	7	旅行者が対価によって提供を受けることができる旅行に関するサービスの内容
	8	対価に含まれていない旅行に関する経費であって旅行者が通常必要とするもの
	9 ○	募集型企画旅行の参加者数が予定人員数を下回った場合は当該旅行を実施しない旨及び当該人員数
	10	契約の変更及び解除に関する事項

企画旅行契約	11	責任及び免責に関する事項
	12	旅行中の損害の補償に関する事項
	13	旅行に参加する資格を定める場合にあっては、その旨及び当該資格
	14	旅行の目的地を勘案して、旅行者が取得することが望ましい安全及び衛生に関する情報がある場合にあっては、その旨及び当該情報
	15□	**契約締結の年月日**
	16☆	**旅程管理業務を行う者が同行しない場合に、旅行地における企画者との連絡方法**
	17	専ら企画旅行の実施のために提供される運送サービスが含まれる場合にあっては、当該運送サービスの内容を勘案して、旅行者が取得することが望ましい輸送の安全に関する情報
	18 ○	全国通訳案内士若しくは地域通訳案内士の同行の有無
	19	住宅宿泊事業者の商号、名称又は氏名及び届出番号並びに旅行者が宿泊する届出住宅に関する事項
手配旅行契約	1	契約を締結する旅行業者の氏名又は名称及び住所並びに登録番号
	2	旅行業者代理業者が所属旅行業者を代理して契約を締結する場合は、その旨並びにその旅行業者代理業者の氏名又は名称及び住所並びに登録番号
	3	契約に係る旅行業務を取り扱う営業所の名称及び所在地（外務員が書面を交付する場合にあっては、当該外務員の氏名並びにその所属する営業所の名称及び所在地）
	4	契約に係る旅行業務取扱管理者の氏名及び旅行者の依頼があれば当該旅行業務取扱管理者が最終的に説明を行う旨
	5	旅行の目的地及び出発日その他の日程
	6	旅行者が旅行業者等に支払うべき対価及びその収受の方法
	7	旅行者が対価によって提供を受けることができる旅行に関するサービスの内容
	8	対価に含まれていない旅行に関する経費であって旅行者が通常必要とするもの
	9 ×	旅行業務の取扱いの料金に関する事項
	10	契約の変更及び解除に関する事項
	11	責任及び免責に関する事項
	12	旅行中の損害の補償に関する事項
	13	旅行に参加する資格を定める場合にあっては、その旨及び当該資格
	14	旅行の目的地を勘案して、旅行者が取得することが望ましい安全及び衛生に関する情報がある場合にあっては、その旨及び当該情報
	15□	**契約締結の年月日**
	16	住宅宿泊事業者の商号、名称又は氏名及び届出番号並びに旅行者が宿泊する届出住宅に関する事項

「取引条件説明書面」と「契約書面」の記載事項の相違点についてきちんと整理しておこう！

07　外務員と外務員証

よく出題されるのは外務員証の携帯について。また、旅行業務取扱管理者証についても時々問われることがある。

外務員（法第12条の6）と外務員証

　旅行業者等の役員または使用人のうち、**営業所以外の場所**で、その旅行業者等のために旅行業務について取引を行う者（勧誘員、販売員、外交員他さまざまな名前で呼ばれている）を**外務員**といい、**外務員証（外務員証明書）**を携帯しなければならない。外務員は、外務員としての業務を行うときは、施行規則第28条で定める外務員証を必ず提示しなければならない（旅行者に請求されるされないにかかわらず）。

外務員の行う取引

　旅行業務に関する取引について外務員が旅行者に対してなした裁判外の行為は、外務員が所属する旅行業者等がなした行為とみなされる。ただし、旅行者が、外務員が所属する旅行業者等からその外務員に、当該取引について権限が与えられていないことを知っていながら旅行業務契約を行った場合（**「旅行者が悪意である場合」**という）は除かれる。

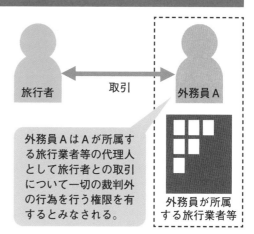

旅行者 ←取引→ 外務員A

外務員AはAが所属する旅行業者等の代理人として旅行者との取引について一切の裁判外の行為を行う権限を有するとみなされる。

外務員が所属する旅行業者等

▼

●外務員証・旅行業務取扱管理者証

①外務員証・旅行業務取扱管理者証は、いずれもその者が勤務する会社が発行するもので、決して旅行業協会または国土交通省等で発行・発給するものではない。

②外務員証は旅行者に<u>請求されるされない</u>にかかわらず、旅行業務を行う前に旅行者に提示する。旅行業務取扱管理者証は<u>請求された場合</u>に提示することでもよい。

 次のうち、誤っているものはどれか。

　a）旅行業者は、販売員、外交員等その名称の如何を問わず、その営業所以外の場所で旅行業務について取引を行う者に、国土交通省令で定める外務員証を携帯させなければ、その業務に従事させてはならない。

　b）外務員は、営業所で旅行業務について取引を行うときでも外務員証を提示しなければならない。

　c）外務員証の様式は国土交通省令で定められており、その外務員の所属営業所も記載事項に含まれる。

　d）外務員はその所属する旅行業者等に代わって、旅行者と旅行業務に関する取引についての一切の裁判外の行為を行う権限を有するものとみなされる。

　e）旅行業務取扱管理者は管理者証を提示すれば外務員証を提示する必要はない。

-----

 b）e）➡ b）営業所では携帯の必要はない。e）このような規定はない。
「外務員証」と「旅行業務取扱管理者証」はまったく別物である。

08　広告と標識

「広告」に関しては消費者保護の立場から重要視されている内容。ということで、毎年2問以上出題される。「標識」も毎年必ず出題される頻出項目だ。

企画旅行の広告（法第12条の7）

　旅行業者等は企画旅行の**募集広告**をするときには、その表示方法と表示事項（必ず表示しなければいけないもの）について規定され、また、消費者保護の立場から、誇大広告の禁止、景品等についても細かく定められている。

旅行業法、旅行業法施行規則の条文がそのまま出題されることが多いので、広告の表示事項と誇大広告として禁止されている事項を明確に区別し理解することが必要だ。

POINT 1-2-13

●広告の表示事項

①広告の表示方法

　イ：企画者以外が募集するときはその者の社名等は企画者より大きくてはいけない等、実施旅行業者名の明確性を確保する。

　ロ：同じ内容の旅行で出発日が別で旅行代金が異なるときはその最低価格と最高価格（例 19,800円〜39,800円）を表示する。

②広告の表示事項とその表示例…必ず表示しなければならない。

　イ：企画者の氏名または名称および住所、登録番号

　ロ：旅行の目的地および日程に関する事項

　　➡例「3泊4日香港の旅」

　ハ：運送、宿泊、食事内容に関する事項

　　➡例「日本航空利用、ご宿泊は○○ホテルまたは同等クラス、朝食3回昼食1回の食事付き」

ニ：旅行者が支払うべき対価（旅行代金）

ホ：旅程管理業務を行う者の同行の有無

➡例「添乗員がお供いたします」「添乗員はお供いたしませんが現地係員がお世話いたします」等

ヘ：最少催行人員

➡例「お客様の人数がパンフレットに記載した最少催行人員20名に達しなかった場合は旅行中止の通知をいたします。」

ト：旅行者が取得することが望ましい輸送の安全に関する情報

チ：旅行業法第12条の4に規定する取引条件の説明を行う旨

➡例「詳しい旅行条件を説明した書面をお渡しいたしますので、事前にご確認のうえお申し込みください」

 次のうち、企画旅行に参加する旅行者を募集するための広告の表示事項として国土交通省令・内閣府令で定められていないものはどれか。

a）最少催行人員　　　　　　　　　　　b）旅行業務取扱管理者の氏名

c）旅程管理業務を行う者の同行の有無

d）旅行者が提供を受けることができる運送、宿泊または食事のサービスの内容に関する事項

e）募集人員　　　　　　　　　　　　f）電話番号

g）旅行業者の住所

h）旅行中の損害の補償に関する事項

- -

 b）e）f）h）➡ POINT1-2-13を参照。h）広告の段階では、ネガティブな事項は不要と覚えておこう。

誇大広告の禁止（法第12条の8）

　旅行業者等は、旅行業務について広告するときは、次の事項について著しく事実に相違する表示をし、または実際のものよりも著しく優良であり、もしくは有利であると人を誤認させるような表示をしてはならないと規定されている。

POINT 1-2-14

●誇大表示をしてはならない事項とその例

①旅行に関するサービスの品質等に関する事項

　➡ 例「超豪華・完璧」等の表現

②旅行者の安全の確保に関する事項

　➡ 海外危険情報等を偽って旅行者に伝える

③感染症の発生の状況その他の旅行地における衛生に関する事項

　➡ 感染症が発生していることを隠して旅行を勧める

④旅行地の景観、環境等に関する事項

　➡ 日程に含まれない場所等の写真、イラストの使用

⑤旅行者が旅行業者等に支払うべき対価（旅行代金）に関する事項

　➡ 客観的事実なく、「優待価格・格安」等の表示をする

⑥旅行中の旅行者の負担に関する事項

　➡（空港施設使用料）等の費用が、旅行代金に含まれているにもかかわらず「無料サービス・特典」等の表示をする

⑦旅行者に対する損害の補償に関する事項

　➡ 企画旅行であれば当然、特別補償があるにもかかわらず、「この旅行は特別に補償がつきます」等の表示をする

⑧旅行業者等の業務の範囲、資力または信用に関する事項

　➡ 第3種旅行業者があたかも募集型企画旅行を実施しているかのように広告をする

 次の記述から、「誇大広告をしてはならない事項」として定められているものをすべて選びなさい。

　a）旅行に関するサービスの品質その他の内容に関する事項
　b）旅行地の景観、環境その他の状況に関する事項
　c）旅行者が旅行業者等に支払うべき対価に関する事項
　d）旅行業者等の業務の範囲、資力又は信用に関する事項

- -

　a）b）c）d）

　「対策」というほどのものでもないが「誇大広告」については上の問題のような形式で出題される。過去の問題ではすべての選択肢を選べば、それが「正解」。なぜなら、誇大広告してもよい事項の選択肢を作成できないから。そもそも**「誇大広告」してもよい事項なんてない**のだ。

標識（登録票）の掲示（法第12条の9）

　旅行業者等は、そのすべての営業所に標識（登録票）を掲示しなければならない。標識は、公衆に見やすいように掲示し、登録を受けた旅行業者等以外の者がこれを掲示することはできない。

POINT 1-2-15

●**標識の様式 …4種類**

＜業務範囲＞

標識（登録票）─┬→旅行業者（第1種～第3種・地域限定）用─┬→ 海外旅行、国内旅行 ⑨
　　　　　　　　　　　　　　　　　　　　　　　　　　└→ 国内旅行のみ ⑮
　　　　　　　　└→旅行業者代理業者用─┬→ 海外旅行、国内旅行 ⑨
　　　　　　　　　　　　　　　　　　　└→ 国内旅行のみ ⑮

●**標識（登録票）の注意すべき記載事項**

・登録有効期間（当然、旅行業者代理業者用には記載欄がない）。
・当該営業所で選任している旅行業務取扱管理者名（旅行業務取扱管理者は登録事項ではないが標識には氏名を掲出する）。代表者名は不要。
・受託取扱企画旅行（「他社の○○ツアーも販売していますよ」ということ）。
・旅行業者代理業者は、所属旅行業者（親）の名称、登録番号を明記する。

標識に関する次の記述のうち誤っているものをすべて選びなさい。

a）旅行業者代理業者は標識に所属旅行業者の登録番号および氏名又は名称を記載しなければならない。
b）標識には、旅行業者等が法人である場合にあっては、その代表者の氏名及び選任した旅行業務取扱管理者の氏名も記載しなければならない。
c）旅行業者は自らが企画する旅行に関し、受託契約を締結している受託旅行業者の氏名又は名称を標識に記載しなければならない。
d）旅行業者等はその営業所において標識を公衆に見やすいように掲示しなければならない。

---

b）c）➡b）代表者名は不要。代表者よりも旅行業務取扱管理者が大切。c）逆である。他社の企画旅行を受託販売している旅行業者の方が委託旅行会社名を記載する。

---

09 企画旅行の円滑な実施のための措置と旅程管理業務

旅程管理の措置の中で一部免除される規定について、また企画旅行に同行して旅程管理業務を行う主任の者すなわち、添乗員についての資格についてもたびたび出題されているよ。

企画旅行の円滑な実施のための措置（法第12条の10）

企画旅行とは定義にあるように、旅行業者が旅行日程、代金等について計画を作成し、実施するものである。

この企画旅行の実施を円滑に確実に行うための措置が**旅程管理業務**です。

 企画旅行を円滑に実施するための措置は、国土交通省令で定められているんだ。

▼

POINT 1-2-16

●**企画旅行の円滑な実施のための措置**

企画旅行を円滑に行うために、企画旅行会社は国土交通省令で定められた次の事項を実施する。

①旅行者への旅行サービスの提供を確実にするために、**旅行の開始前**に必要な予約その他の措置を確実に行う（「募集開始前」でないことに注意！）。

②旅行地（現地）において計画通りのサービスの提供を受けるために必要な手続き、その他の措置（空港・ホテルでのチェックイン業務等）を行う。

③旅行計画に定める内容の変更を必要とする事由が生じた場合、代替サービスの手配および当該サービスの提供を受けるために必要な手続きの実施その他の措置を行う（航空機が欠航した場合は代わりに列車を手配する等）。

④2人以上の旅行者が同一の日程により行動することを要する区間における円滑な旅行の実施を確保するために必要な集合時刻、集合場所、その他の事項に関する指示をすること。

●旅程管理のための措置の免除 …… 次の3条件がすべて揃わないとダメ！

① **国内旅行**であること。

　つまり「海外企画旅行」においては、いかなる場合でも免除はできない。

② 契約締結前に旅程管理のための措置を行わない旨**事前に説明**すること。

③ サービスの提供を受ける権利を表示した書面（**クーポン券、ＪＲ券等**）を交**付**したとき。

「企画旅行の円滑な実施のための措置」に関する次の記述のうち、正しいものはどれか。

　a ）旅行業者は、本邦外の企画旅行であって、契約の締結前に旅行者に旅程管理のための措置を講じない旨を説明した場合は、旅行地において旅行に関するサービスの提供を受けるために必要な手続きの実施その他の措置を講じなくてもよい。

　b ）旅行業者は、企画旅行に関する計画に定めるサービスの旅行者への確実な提供を確保するために旅行の募集前に必要な予約その他の措置を講じなければならない。

　c ）旅行業者は、本邦内の企画旅行であっても、2人以上の旅行者が同一の日程により行動することを要する区間における円滑な旅行の実施を確保するため必要な集合時間、集合場所その他の事項に関する指示をしなければならない。

　d ）旅行業者は、本邦内の企画旅行であって、当該旅行に関する計画に定めるサービスの提供を受ける権利を表示した書面を交付した場合に限り、旅行に関するサービスの内容の変更を必要とする事由が生じた場合でも代替サービスの手配および当該サービスの提供を受けるために必要な手続きの実施その他の措置を講じる必要がない。

- -

c ）●a ）本邦外の企画旅行は免除することはできない。b ）「募集前」ではなく「開始前」である。d ）3つの条件が揃っていないので免除はできない。契約前にその旨の説明が必要。

旅程管理業務を行う主任の者（法第12条の11）

　企画旅行に同行して**旅程管理業務を行う主任の者**とは、一般的に**添乗員**と呼ばれている人のことをいう。添乗員になるための要件は次のように定められている。

● 「旅程管理業務を行う主任の者」になるための要件

①旅行業法第6条第１項①〜⑥の拒否事由に該当しないこと（P24）

②観光庁長官の登録研修機関が実施する「旅程管理業務に関する研修」を
　修了すること

③実務経験（添乗研修等）を有すること

　「研修」は、一度修了すれば永久的に有効であるが、「実務の経験」は研
　修の課程の修了前後１年以内に１回以上または研修の課程の修了後３年
　以内に２回以上の経験が必要。

旅程管理業務研修の修了	➡	研修修了前１年以内に１回の実務経験 または
	➡	研修修了後１年以内に１回または３年 以内に２回以上の実務経験

添乗員になるための要件をもっと詳しく見ていくと…

「研修」「実務経験」のいずれも海外旅行実務にかかわるものは海外にも国内にも有効。つまり海外添乗の実務経験は国内添乗の実務経験とみなされるが、国内添乗の実務経験は海外添乗の実務経験とはみなされないんだ。

　この資格は企画旅行の主任添乗員となる場合にのみ求められるもので、手配旅行団体に同行する添乗員についてはこの規定は適用されない。それは、手配旅行の場合は、旅行者の意思が旅行の運営に反映されるものであり、法によって規制する必要がないためなんだ。ただし、添乗員としての旅程管理業務の実務経験は、それが手配旅行団体に同行したものであっても経験回数に含めることができるよ。

　主任の者とは、同一の団体に複数の添乗員が同行する場合はその中の主任となる者１名をいう。したがって、それ以外の添乗員についてはこの要件が満たされていない者であっても差し支えない。なお、１名の添乗員しかいない場合は、当然常にその者は「主任の者」でなければならない。

10　企画旅行を実施する旅行業者の代理

「受託契約」については、まず言葉の意味を正確に覚えることが先決。右ページの図を参考にして、それぞれの立場を明確にしよう。この分野からは毎年1問出題されている。

企画旅行の受託契約（法第14条の2）

　旅行業者は他の旅行業者の実施する企画旅行（参加する旅行者を募集するためのものに限る。いわゆる募集型企画旅行）について、旅行業者代理業の登録を受けずにその業者を代理して企画旅行契約を締結できる（他社の企画旅行を販売することができる）という規定がある。これは旅行業者は、他の旅行業者が実施する企画旅行についてその旅行業者と**受託契約**を結ぶことにより、旅行業者代理業の登録を受けなくてもその旅行業者を代理して企画旅行契約を締結することができるというものである。

つまり、他社の募集型企画旅行（パッケージツアー）を自社で販売できるということ！

　旅行業者の営業店舗には他社の旅行パンフレットもたくさん並べられていることがある。この制度があるからだよ。また、この制度により本来海外募集型企画旅行を企画実施できない、第2種～地域限定・旅行業者代理業者も海外募集型企画旅行を販売できることになる。

▼
POINT 1-2-18

●企画旅行の受託契約

　受託契約で、受託旅行業者を親とする旅行業者代理業者にも委託旅行業者の企画旅行を取扱わせる旨を定めたときは、その旅行業者代理業者も委託旅行業者の企画旅行契約を締結することができる。

　旅行業法では他の旅行業者に自己の企画旅行契約の締結（他社に販売さ

せる）を任せる方の旅行業者を委託旅行業者といい、この者の委任を受け（代理して）旅行者と企画旅行契約を締結する方の旅行業者を受託旅行業者という。

受託契約と委託旅行業者、受託旅行業者の関係

ある委託旅行業者と受託旅行業者の締結した受託契約を図示すると、次のようになる。

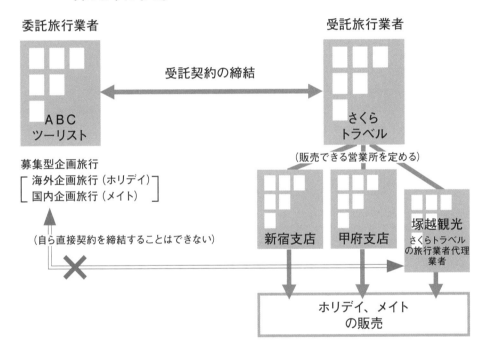

さくらトラベルは ABC ツーリストと受託契約を結ぶことにより、ABC ツーリストの企画旅行商品であるホリデイとメイトをお客様に販売することができる。また、その受託契約の際にさくらトラベルの旅行業者代理業者である塚越観光も企画旅行商品であるホリデイ、メイトを取り扱える（販売できる）と定めておけば、塚越観光においても販売が可能になるのだ。

次の（　　）内に適切な言葉を入れなさい。

旅行業者は（　a　）を他の旅行業者と締結すれば（　b　）の登録を受けなくても、当該他の旅行業者を代理して企画旅行契約（募集型）を締結することができる。

---

 a 受託契約　b 旅行業者代理業

 次の記述のうち、誤っているものはどれか。

a）旅行業者代理業者は、所属旅行業者が他の旅行業者と締結する受託契約において当該旅行業者代理業者を受託営業所として定めていなければ、当該他の旅行業者の企画旅行（募集型）を代理して旅行契約を締結する（販売する）ことはできない。

b）総合旅行業務取扱管理者を選任している第2種旅行業者は、受託契約を締結することにより、他の旅行業者が実施する本邦外の企画旅行（募集型）について代理して企画旅行（募集型）契約を締結することができる。

c）旅行業者Aを所属旅行業者とする旅行業者代理業者Bは、他の旅行業者Cが実施する企画旅行（募集型）を代理して契約を締結しようとするときは、直接Cと受託契約を締結しなければならない。

d）総合旅行業務取扱管理者を選任している第3種旅行業者は、受託契約を締結すれば、他の旅行業者が実施する本邦外の企画旅行（募集型）について代理して企画旅行（募集型）契約を締結することができる。

e）旅行業者は複数の旅行業者と受託契約を締結してはならない。

f）第1種旅行業は第1種旅行業と受託契約を締結してはならない。

g）第3種旅行業と第3種旅行業ではいかなる場合も受託契約を締結することはできない。

---

 c）e）f）g）➡ c）旅行業者代理業者自らは旅行業者と受託契約を締結することはできない。受託契約を締結できるのは旅行業者同士。e）複数の旅行業者との受託契約は可能。f）このような規定はない。g）POINT1-2-1に記載した通り、地域限定の国内募集型企画旅行については受託契約が可能であるので、いかなる場合も不可ということはない。

 P59の図を参考にしながら受託契約の意味を理解しよう。

11　旅行業者代理業者

旅行業法第14条の3と法第15条の2は、旅行業者代理業者の「旅行業務」と「登録」について定めている。直接この条文から出題されることはさほど高くないが、他の条文と関連して出題されることがあるので、基本的な事項は押さえておこう。

旅行業者代理業者の旅行業務等（法第14条の3）

旅行業者代理業者とは、旅行業者の代理人または代理者として、旅行業務を取り扱う者のことをいう。

旅行業法では、旅行業者代理業者としての責任の明確化と、その遵守事項、および登録の失効等について次のように定めている。

POINT 1-2-19

●旅行業者代理業者の旅行業務等

　旅行業者代理業者は、所属旅行業者が他の旅行業者と受託契約を結んでいる場合を除き、他の旅行業者のために旅行業務を取扱ってはならない。
①原則として所属旅行業者以外の代理はできない。

　旅行業者代理業者は、取引の相手方に、所属旅行業者の名称および旅行業者代理業者である旨を、明示しなければならない。

　　　「私どもは○○ツーリストの旅行業者代理業者です」等
②旅行業者代理業者は営業所において、所属旅行業者を誤認させるような表示、あるいはあたかも旅行業者であると誤認させるような表示をしてはならない。
③旅行業者代理業者が旅行者に与えた損害については、所属旅行業者（親）が損害賠償をする。

旅行業者代理業の登録の失効（法第15条の2）

旅行業者代理業の登録が効力を失うときは次の場合である。

●旅行業者代理業の登録が失効する場合
①所属旅行業者（親会社）との旅行業者代理業業務委託契約（いわゆる代理店契約）が効力を失ったとき。
②所属旅行業者の登録が抹消された（抹消の理由はさまざまであるが所属旅行業者自体の登録がなくなってしまった）とき。➡（親）がいなくなったら（子）も消滅してしまう。

 では、ここで旅行業者代理業者について整理しておこう。

旅行業者代理業者について整理

項　目	内　容
登　録	①登録が必要…＜申請先＞主たる営業所の所在地を管轄する都道府県知事あて。 　　　　　　　　　　所属旅行業者（親）を登録申請書に明記する。 ②財産的基礎…定められていない。必要ない。 ③所属旅行業者（親）…1社だけ。親は1人だけ。 　　（逆に旅行業者（親）は、複数の旅行業者代理業者（子）を持つことができるので注意。親は子供をたくさん持てる。） ④登録の有効期間…定めがない。→ 更新登録の必要がない。 ⑤登録の失効…所属旅行業者（親）の登録が抹消になったとき。 　　　　　　　所属旅行業者（親）との契約が解除されたとき。
営業保証金	供託の義務はない。
標　識 （登録票）	所属旅行業者（親）とは異なる旅行業者代理業者専用の様式を公衆に見えやすいように掲示する。
取扱料金	所属旅行業者（親）の定めた料金と同一のものを営業所に掲出する。旅行業者代理業者は独自に設定できない。
約　款	所属旅行業者（親）と同一のものを掲示するか、備え置く。 また、所属旅行業者（親）が他社の企画旅行の受託販売を認めた場合はその旅行業者の約款も掲示するか備え置く。
受託契約	所属旅行業者（親）が指定すれば、他旅行業者の募集型企画旅行を販売できる。自らが、旅行業者と契約を締結することはできない。

旅行業者代理業者に関する次の記述のうち、正しいものをすべて選べ。

a）旅行業者代理業者の従業員に対する外務員証はその所属旅行業者が発行する。

b）旅行業者代理業者は、所属旅行業者の登録が抹消されたときは、所属旅行業者の変更の届出をしなければならない。

c）旅行業者代理業者の旅行業務取扱管理者は所属旅行業者に所属する者のうちから選任する。

d）旅行業者代理業者は、その営業所において所属旅行業者を誤認させるような表示をしてはならない。

e）旅行業者代理業者はその営業所を変更したときは30日以内に届け出る。

f）旅行業者代理業の登録申請は所属旅行業者が代理して行わなければならない。

g）旅行業者代理業者は報酬を得て相談業務を行うことはできない。

h）旅行業者代理業を営もうとする者は、地域限定旅行業者を所属旅行業者とすることができる。

----

 d）e）g）h）●a）当然その従業員の勤務する会社である旅行業者代理業者自らが発行する。b）所属旅行業者の登録が抹消されるとその代理業者の登録もなくなってしまうので、事業を続けるのであれば新規登録をしなければならない。c）所属旅行業者とは俗にいう親会社のことである。旅行業者代理業者といえども当然のことながら自社（代理業者自身）に勤務する者を旅行業務取扱管理者として選任する。f）当然当該旅行業者代理業者自身で行う。g）P20「第9号」参照。h）現実的ではないだろうが、地域限定旅行業者も「旅行業者」であるから、法的には可能。

12 事業廃止・旅行業者死亡時の届出

ここでは30日と60日という日数がポイント。これまでに出てきた登録に関する日数と混同しないようにしよう。

事業の廃止、旅行業者死亡時の届出（法第15条）

　旅行業法では、旅行業者等が事業を廃止（清算、倒産、譲渡等）、または個人で旅行業を営んでいる者が死亡した場合の規定が定められている。

POINT 1-2-21

●**事業廃止の届出**
　旅行業者等は次の場合、その日から30日以内に登録行政庁（観光庁長官または都道府県知事）に届出をしなければならないとされている。
①事業を廃止したとき
②事業の全部を譲渡したとき
③法人が合併により消滅したとき（届出人はその事業を執行する役員であった者）

POINT 1-2-22

●**旅行業者死亡時の届出**
　旅行業者等（個人で登録していた場合＝個人旅行業者）が死亡した場合の届出については、相続人は旅行業者の「死亡を知った日から30日以内」に登録行政庁に届出なければならないと定められている。
　この場合、相続人が被相続人の死亡の日から60日以内に旅行業の登録申請を行えばその登録の可否の通知があるまで旅行業務を続けることができ、可の通知のあった場合はその相続人の登録は被相続人が死亡した日に

受けたものとみなされる。

この場合、営業保証金もその相続人が供託したものとみなされる。この規定はあくまで例外的なもので「旅行者の保護＝すでに旅行契約を済ませた人」のためのものなのだ。

次の記述のうち誤っているものはどれか。
a）旅行業者等がその事業を廃止した時はその日から30日以内に届け出なければならない。
b）法人が合併により消滅した時はその事業を執行する役員であったものが届け出る。
c）旅行業者等が死亡した場合、相続人は死亡後30日以内に届け出る。
d）旅行業者の死亡後相続人が引き続き旅行業等を営む場合は、旅行業者の死亡後60日以内に登録の申請をした場合は登録の通知を受ける日まで引き続き旅行業等を営むことができる。

c）➡ 死亡を知った日から30日以内に届け出る。

13　営業保証金の還付・不足額の供託・保管替え

最近は目立った出題はないが、「営業保証金の還付」と「追加供託のしくみ」については営業保証金の性質を知るためにも大変重要な内容だからしっかり覚えておこう。

営業保証金の還付と不足額の供託（法第17・18条）

　旅行業者と「旅行業務に関し取引を行った旅行者」がその旅行業者に対し債権を有した場合、旅行者に対し営業保証金から還付されるという規定である。

POINT 1-2-23

●営業保証金の還付と不足額の供託
①旅行者以外（ホテル、航空会社など）は、営業保証金から還付を受けることはできない。
②権利が実行された（営業保証金から還付があった＝弁済された）場合は規定の営業保証金の額に不足するから、旅行業者はその不足額を追加供託することになる。
　このとき旅行業者は追加供託が必要との通知を受けた日から14日以内に供託し届出をしないとその登録は効力を失う（旅行業の登録がなくなってしまう）と規定されている。

この営業保証金制度を図でまとめておこう！

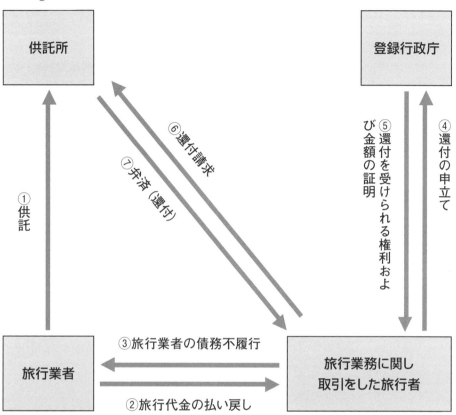

供託所

登録行政庁

⑥還付請求

⑦弁済（還付）

①供託

⑤還付を受けられる権利および金額の証明

④還付の申立て

③旅行業者の債務不履行

旅行業者

旅行業務に関し取引をした旅行者

②旅行代金の払い戻し

 次の場合で営業保証金の追加供託および届出がただちに必要になる場合があるもののはどれか。

a）第1種旅行業者が新たに20社と受託契約を締結した場合
b）第2種旅行業者がその営業所を増設した場合
c）第3種旅行業者が第2種旅行業者に変更登録を受け国内の企画旅行を実施しようとする場合
d）第1種旅行業者が旅行業協会に加入した
e）省令により営業保証金の額が増加した
f）第1種旅行業者が国内の企画旅行を実施しようとするとき

---

 c）●a）これらの結果、取引額が増加して翌年の営業保証金の額がアップする可能性はある。しかし、設問では「ただちに」とあり、これらはただちに届出を

必要とするものではない。d）逆に取り戻しができる。e）3ヵ月以内に追加供託し、届出をする。

営業保証金の保管替え等（法第18条の2）

　営業保証金はその旅行業者の主たる営業所の「最寄りの供託所」に供託すると規定されているが、その主たる営業所が移転した場合はどういった取扱いをするのかを見ていこう。

　営業保証金を、次の2つに分けて理解しよう。
　①金銭（現金）のみで供託している場合
　②その他の場合（現金＋有価証券・有価証券のみ）

POINT 1-2-24

●営業保証金の保管替え
①金銭のみで供託している場合は保管替えを請求。
　現在供託している供託所に対し費用を予納（前もって手数料を支払い）して移転後の供託所に保管替えを請求する。銀行間の送金手続きと同じようなものと理解する。
②その他の場合は、いったん「移転後の最寄りの供託所（新しい供託所）」に営業保証金を供託して「移転前の供託所」より取り戻すことになる。つまり、一時的にではあるが、2倍の営業保証金が必要になる。この取戻しには公告は不要である。

　上記②の場合の順序を間違えないように！
　まず新しい供託所に供託してから→移転前の供託所より取り戻す。

14 禁止行為と業務停止等の行政処分

法第13条にある「禁止行為」は旅行業者の常識ともいえるべきもので、毎年出題されている重要項目だ。業務改善命令は、登録行政庁がどんな場合にその命令を出すのかを押さえておこう。

旅行業者等が禁止されている行為（法第13条）

旅行業者等は次の行為が禁止されている。

POINT 1-2-25

●旅行業者等の禁止行為
①掲示した取扱料金を超えて料金を収受する行為
　➡ 掲示した取扱料金を下回る、あるいは収受しないことは別にかまわない。
②重要事項について、事実を告げず、または不実のことを告げる行為
③旅行業務に関する取引によって生じた債務の履行を不当に遅延する行為
　➡ 旅行業者がその集客力を背景に旅館、バス会社等への支払いを遅らせる等の行為をいう。

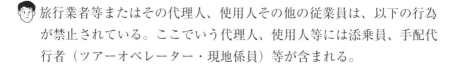

旅行業者等またはその代理人、使用人その他の従業員は、以下の行為が禁止されている。ここでいう代理人、使用人等には添乗員、手配代行者（ツアーオペレーター・現地係員）等が含まれる。

POINT 1-2-26

●旅行業者等またはその代理人、使用人その他の従業員が禁止されている行為
①旅行者に対し、旅行地において施行されている法令に違反する行為を行うことをあっ旋し、またはその行為を行うことに関し便宜を供与すること

➡️ **例** 現地で禁止されている売買春、賭博行為等をあっ旋すること等。

②旅行者に対し、旅行地において施行されている法令に違反するサービスの提供を受けることをあっ旋し、またはその提供を受けることに関し便宜を供与すること

➡️ **例** 白バス（運送事業者ではないバス業者）等の手配行為をする等。

③上記についてあっ旋または便宜の供与を行う旨の広告をし、またはこれに類する広告をすること

④旅行者の保護に欠け、または旅行業の信用を失墜させる行為

➡️ **例** 旅行地において、土産物の購入を強要する等。

 旅行業法に定められている禁止行為に関する次の記述のうち、誤っているものはどれか。

a）旅行業者等は、旅行業務に関し取引をした者に対し、その取引によって生じた債務の履行を不当に遅延する行為をしてはならない。

b）旅行業者等は旅行者に対し、旅行地において施行されている法令に違反する行為を行うことをあっ旋してはならない。

c）旅行者の保護に欠け、または旅行業の信用を失墜させるようなことをしてはならない。

d）旅行業者等は営業所において旅行者の承諾を得れば掲示した旅行業務の取扱いの料金を超えて料金を収受することができる。

- -

 d）➡️ たとえ旅行者が承諾していようとダメ。

 POINT1-2-25 と 1-2-26 を理解すること。「代理人、使用人、その他の従業員」とは、現地係員も含むことを覚えておこう。

名義利用等の禁止（法第14条）

　旅行業者等はその名義を他人に利用させてはならない（いわゆる **「名義貸し」の禁止**）。また旅行業者等は、いかなる方法をもっても他人にその名において旅行業を経営させてはならない。「名義貸し」は法第１条に定める登録制度を

根底から覆すことになる。したがって、これに違反した者に対しては登録の取り消しなどが課せられる。

つまり旅行業法では、先にあげた「誇大広告の禁止」とここで取り上げた「禁止行為」「名義利用等の禁止」の３つの禁止事項がうたわれているんだ。

業務改善命令（法第18条の3）

　観光庁長官または都道府県知事（合わせて**登録行政庁**という）は旅行業法第１条の目的である、取引の公正、旅行の安全、旅行者の利便の増進を害する事実があると認めるときは、**業務改善命令**を出すことができる。

登録行政庁は旅行業者等に対し、次の業務改善命令を出すことができるんだ。

POINT 1-2-27

●業務改善命令が出される場合
①当該営業所の旅行業務取扱管理者の解任
　➡解雇（会社を辞めさせる）ではないことに注意！
②旅行業務取扱料金または旅行代金（対価）の額の変更
　➡「旅行業務取扱料金が高すぎる、あるいは旅行代金が安すぎるからまともなサービスができない。もう少し高くしてクレームのないようにしなさい」といった命令が出される。
③旅行業約款の変更（標準旅行業約款以外で認可を受けていた場合）
　➡旅程保証制度が導入されていない約款の変更等
④旅程管理措置の改善
　➡現地での顧客のクレームがあまりに多い等
⑤損害賠償を担保するための保険契約の締結
　➡資力に問題がある旅行業者が債務不履行に陥った場合等に備えて賠償保険への加入の命令
⑥業務運営の改善に必要なその他の措置
　➡その他、必要と思われる措置

この業務改善命令は観光庁長官だけではなく都道府県知事も、自己の管轄地内（その県内）にある営業所（1種、2種、3種、旅行業者代理業を問わず）に対して出すことができることを覚えておこう。

旅行業者に対し観光庁長官が行うことができる業務改善命令として、具体的に定められていないものは、次のうちどれか。
a）企画旅行を円滑に実施するための国土交通省令で定める措置を確実に実施すること。
b）当該旅行業者に選任された旅行業務取扱管理者を解任すること。
c）旅行業務の取扱の料金または企画旅行に関し旅行者から収受する対価を変更すること。
d）当該旅行業者に選任された旅程管理業務を行う主任の者を解任すること。
e）旅行業務取扱管理者を解雇すること。
f）旅行業約款を変更すること。

d）e）➡ POINT1-2-27 を参照。

業務停止、登録の取消、抹消（法第19・20条）

観光庁長官の行政上の処分をここで定めている。処分には**業務停止または登録の取消**があり、その結果として**登録の抹消**が行われる。

観光庁長官は旅行業者等が旅行業法令に違反した場合、**6ヵ月以内**の期間を定めて業務停止、または登録の取消処分を行うことができる。

▼

POINT 1-2-28

●業務停止、登録の取消
次の事項に該当した場合、旅行業者等は登録の取消、業務停止処分を受ける。
①この法律（旅行業法）、この法律に基づく命令（旅行業法施行規則等）に違反、または処分に違反したとき
②法第6条第1項①、②、③、⑤、⑥、⑦、⑧各号（P24）に該当することとなったとき

③不正の手段により旅行業の登録を受けた者

④旅行業者等が登録を受けてから**1年以内に事業を開始しない**とき、または引き続き**1年以上事業を行っていない**とき

登録の「取り消し」「失効」と「抹消」の関係について解説すると…。

POINT 1-2-29

● 「登録の抹消」までの流れ

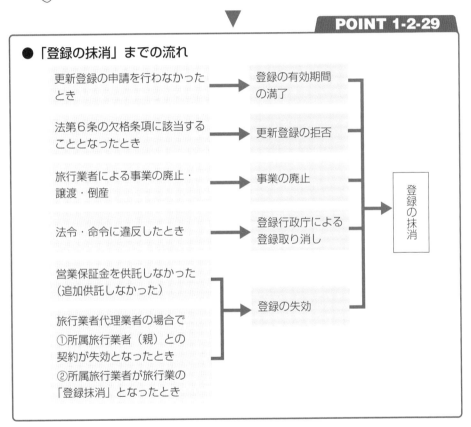

つまり**「登録取消」**は登録行政庁がその権限を発動する行政処分なんだ。そして、いくらお役所（登録行政庁）でも、「問答無用」で登録取消を行うわけではない。「申し開き（釈明）することがあれば申してみよ」と**「聴聞」**という手続を経たのちに行われる。

そして**「登録の抹消」**とは、登録簿から消し去るという行政手続だ。

登録が抹消されたときの営業保証金の取戻しについても覚えておこう。

POINT 1-2-30

●抹消による営業保証金の取戻し

　抹消により営業保証金を供託しておく理由がなくなった場合（旅行業者でなくなったわけだから、当然営業保証金の供託というようなことは必要ないので）は、その営業保証金を取り戻すことができる。

　しかし、営業保証金を取り戻すには、**還付請求権者**に対し、６ヵ月以上の公告を行わなければならない。ただし、取戻しの事由が発生してから10年を経過していれば公告の必要はない。

この場合も、P34と同じように「取戻し公告」を行う必要がある。

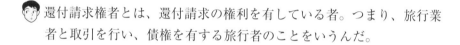

還付請求権者とは、還付請求の権利を有している者。つまり、旅行業者と取引を行い、債権を有する旅行者のことをいうんだ。

　次のうち、誤っているものをすべて選びなさい。
　ａ）観光庁長官は旅行業者等が登録を受けてから１年以内に事業を開始しないときは、登録を取り消すことができる。
　ｂ）観光庁長官は、旅行業者等が旅行業法に違反したときは、１年以内の期間を定めて業務の全部もしくは一部の停止を命ずることができる。
　ｃ）観光庁長官は旅行業者等の登録を抹消するときは、聴聞を行う。
　ｄ）観光庁長官は旅行業者等がその事業を廃止したときは、その届出がなくても当該旅行業者等の登録を抹消することができる。

- -

　ｂ）ｃ）➡ ｂ）×１年→○６ヵ月　　ｃ）取消の場合は聴聞を行う

　抹消と取消の違いに注意しよう。抹消は単なる「手続」にすぎない。

15　旅行サービス手配業

平成30年の旅行業法改正により「旅行サービス手配業」
「旅行サービス手配業務取扱管理者」の制度が定められ
た。今後1問程度の出題が予想される。

旅行サービス手配業者とは（法第23条〜38条）

　旅行サービス手配業者とは約款でいうところの「手配代行者」です。下図の
ように旅行サービス手配業者は国内・海外の旅行業者から依頼され日本国内の
運送・宿泊等を手配することを業務としています。都道府県知事に登録が必要
です。それに伴い旅行業と同じく**旅行サービス手配業務取扱管理者**の資格制度
が定められました。

　　アンダーラインの部分に注意してください。通常旅行サービス手配業
　　者（手配代行者）はツアーオペレーター・ランドなどと呼ばれています。

★この業務を行うためには都道府県知事に登録が必要です。
★業務には運送・宿泊のほか「免税手続きを行う土産物店」「有償で通訳案内をする者の手
　配（通訳案内士を除く）」が含まれます。
★日本国内の旅行業者に依頼されて海外のホテル等を手配する行為については定められて
　いませんので登録等は不要です。

旅行者　➡　　旅行業者　➡　旅行サービス手配業者　➡　旅行サービス提供者
　　　　　　　　　　　　　　　　　　　　　　　　　　　　（バス・ホテル・土産物店等）
　　外国の旅行業者

　　旅行業の登録との相違点を比較してみると（下図参照）

	旅行業	旅行サービス手配業
登録行政庁	観光庁長官又は都道府県知事	都道府県知事
財産的基礎	1種 3000 万円以上　　　2種 700 万円以上 3種 300 万円以上　　　地域限定 100 万円以上	無
営業保証金 （弁済業務保証金 分担金）	1種 7000（1400）万円　　2種 1100（220）万円 3種 300（60）万円　　　地域限定 15（5）万円	無
有効期間	5 年間	無
管理者の選任	営業所に 1 名以上の「旅行業務取扱管理者」を選任	営業所に 1 名以上の「旅行サービス手配業務取扱管理者」又は「旅行業務取扱管理者」を選任
管理者の兼任	地域限定旅行業で条件を満たせば　有	無
管理者の研修	有（3 年以上 5 年以内＝ 5 年毎）	有（同左）

最近の出題からその傾向を見てみよう。このようにごく基本的なこと
が出題されている。当分この傾向が続くと思われる。

旅行サービス手配業に関する次の記述のうち、<u>誤っているもの</u>はどれか。
- a）旅行サービス手配業の更新登録の申請をしようとする者は、主たる営業所の
所在地を管轄する都道府県知事に更新登録申請書を提出しなければならない。
- b）旅行サービス手配業者は、旅行サービス手配業務を他人に委託する場合にお
いては、他の旅行サービス手配業者又は旅行業者に委託しなければならない。
- c）旅行業者代理業者は、所属旅行業者のために、旅行サービス手配業務を行う
場合は、旅行サービス手配業の登録を受けることを要しない。
- d）旅行サービス手配業務取扱管理者は、他の営業所の旅行サービス手配業務取
扱管理者となることができない。

- -

a）c）➡ a）　表を見ると、「旅行サービス手配業」には有効期間がない（定めら
れていない）ので当然更新登録はない。ただし「旅行サービス手配業務取扱管理者」
は5年毎に登録研修機関が実施する研修を受けさせなければならない。　c）34
条　旅行業者代理業者は所属旅行業者のためでなければ旅行サービス手配業務を行
うことはできない⇒ということは旅行業者代理業者は<u>他の旅行業者</u>のために旅行
サービス手配業務を行うためには「旅行サービス手配業」の登録を受けなければい
けないということになる。旅行業者は旅行サービス手配業務を行うことが可能。
b）33条　　d）28条　旅行業務取扱管理者資格の規定とほぼ同じ

旅行サービス手配業に関する次の記述のうち、<u>正しいもの</u>をすべて選びなさい。
- a）旅行サービス手配業とは、報酬を得て、旅行業を営む者（外国の法令に準拠
して外国において旅行業を営む者を含む。）のため、旅行者に対する運送等サー
ビス又は運送等関連サービスの提供について、これらのサービスを提供する
者との間で、代理して契約を締結し、媒介をし、又は取次ぎをする行為（国
土交通省令で定めるものは除く。）を行う事業をいう。
- b）旅行業を営む者（外国の法令に準拠して外国において旅行業を営む者を含む。）
のため、旅行者に対する本邦外における運送等サービス又は運送等関連サー
ビスの提供について、これらのサービスを提供する者との間で、代理して契
約を締結し、媒介をし、又は取次ぎをする行為のみを行う場合であっても、
旅行サービス手配業の登録を受けなければならない。
- c）旅行サービス手配業者は、営業所ごとに、1人以上の旅行サービス手配業務
取扱管理者を選任しなければならない。
- d）旅行サービス手配業者は、旅行サービス手配業務に関し取引をする者と契約
を締結したときは、国土交通省令で定める場合を除き、遅滞なく、当該取引
をする者に対し、旅行者に提供すべき旅行に関するサービスの内容その他の
国土交通省令で定める事項を記載した書面を交付しなければならない。

- -

a）c）d）●b）旅行業法施行規則第1条により。
旅行業法第2条第6項の「旅行サービス手配業」の定義をうけて同規則第1条に
より本邦外の手配については除外されている。
※簡単に言うと<u>海外の運送・ホテル等の手配</u>については特に登録等は必要ない。

---

01 旅行業協会の指定と社員についての規則

旅行業協会の部分からの出題は例年2問前後で、まさに後半のメインといったところ。この項からの出題はほとんどないが、旅行業協会の全貌を知るうえで重要な内容なので、おろそかにしないように！

旅行業協会とは

旅行業協会とは、旅行業者によって組織され、観光庁長官から一定の業務を行う者として指定を受けた団体のことをいう。現在、指定を受けている団体には
①**一般社団法人日本旅行業協会（JATA）**
②**一般社団法人全国旅行業協会（ANTA）**
の2つがある。

旅行業協会が行う業務は旅行業法で規定されており、法第1条に規定されているようにそれらの業務を通じて業界全体の質的向上を図ろうとしている。

旅行業協会の指定（法第41条）

旅行業協会として観光庁長官の指定を受けるための要件とは、次の通りである。

POINT 1-3-1

●旅行業協会として観光庁長官の指定を受けるための要件
次の要件を備える者から申請があり法定業務について適正な計画を有し、確実にその業務を行うことができると認められるときは、観光庁長官はその者を旅行業協会として指定することができる。
①申請者が一般社団法人であること。
　➡財団法人でも株式会社でもないことに注意！
②申請者が旅行業者等および旅行サービス手配業者のみを社員（会員）とするものであること。

➡申請者（社団法人）の構成メンバーは旅行業者、または旅行業者代理業者および旅行サービス手配業者であること。もちろん、原則として組織（会社）として加入することになっている。個人（役員、従業員）として旅行業協会に加入するわけではない。

③申請者の定款（業務を行ううえでの基本規則）が、社員の資格を得ることや失うことについて、旅行業法第43条（社員の資格および加入）の規定に適合するものであること。

④申請者が旅行業協会としての指定を取り消され、その取消の日から5年を経過していない者でないこと。

➡旅行業の登録と同じく、一度その指定を取り消された者は5年間は申請してもその申請は拒否される。

⑤申請者の役員のうちに法第6条（登録の拒否）第1項第1号から第4号まで、または第6号のいずれかに該当する者がないこと。

➡これも旅行業の登録の拒否の規定とほぼ同じ。

⑥旅行業協会はその名称、所在地等を変更しようとするときは、あらかじめ（事前に）その旨を観光庁長官に届け出る。

➡2週間前までに書面により届け出ることになっている。

（注）旅行業の場合は30日以内（変更してから）に届出を行う。

②に関して、旅行業協会の構成メンバー（加盟会社＝会員）を**社員**（保証社員）という。航空会社や旅館等の関係機関は社員にはなれないことに注意！

社員の資格、加入、脱退（法第43条）

旅行業協会の構成メンバー、すなわち**社員の資格**には次のような制限がある。

▼

POINT 1-3-2

●旅行業協会の社員の資格

①旅行業協会は、社員の資格について、旅行業者と旅行業者代理業者または旅行サービス手配業者との別以外の制限を加えてはならない。

②旅行業協会は、社員としての資格を有する旅行業者等または旅行サービス手配業者が旅行業協会に加入しようとするときは、正当な理由がない限りその加入を拒否できない。

③加入について、現在の社員が加入の際に付された条件より困難な条件を付すことはできない。

① について

これは言い換えると旅行業者と旅行業者代理業者の別（区別）はしてもよいということになる。実際 JATA（Japan Association of Travel Agents ＝日本旅行業協会）も ANTA（All Nippon Travel Agents Association ＝全国旅行業協会）も旅行業者代理業者および旅行サービス手配業者の社員としての加入は認めていない。

それ以外の条件、例えば資本金の多寡、あるいは従業員の人数等では加入の制限はできないのだ。

② について

これも言い換えれば正当な理由があればその加入を拒否できる。例えば、過去に旅行業協会を除名になった旅行業者等の取締役だった者が加入しようとする法人の取締役に就任しているような場合等がこれにあたるんだ。

③ について

ANTA の加入には社員２社の推薦が必要とされているが、それを特定の会社に故意に「５社の推薦が必要！」というようなことにはできないんだ。

　旅行業協会は社員の脱退、加入について報告の義務がある。それについては次のように定められている。

POINT 1-3-3

●旅行業協会の社員の脱退、加入の報告

　旅行業協会は、社員の加入または社員がその地位を失ったときは、ただちに、その旨を観光庁長官に報告しなければならない。

02 旅行業協会の業務

旅行業協会からの出題は、この項で解説する「苦情の解決」「弁済業務の規則」、「供託の期限」についてのものがほとんど。特に前述の営業保証金と弁済業務保証金分担金との関連、届出、供託の期限等覚えることが多く、受験生の最も苦手とするところだ。心して取り組もう！

旅行業協会の業務（法第42条）

旅行業協会は、次の業務を適正かつ確実に実施しなければならないと定められている。これを**法定5業務**という。

POINT 1-3-4

●**旅行業協会の法定5業務**

①苦情の解決：旅行者および旅行に関するサービスを提供する者（バス会社、旅館、ホテル等）から旅行業者等又は旅行サービス手配業者の取扱った旅行業務に対する苦情の解決を行うこと。

➡ 社員（会員）以外の旅行業者等および旅行サービス手配業者が取扱った旅行業務に対する苦情についても取り扱う。

②研修：旅行業務又は旅行サービス手配業務の取扱に従事する者に対する研修を行うこと。

➡ 社員以外の旅行業者等および旅行サービス手配業者の従業員に対しても研修を実施する。他業種（異業種）の従業者は当然除かれる。

③弁済業務：旅行業務に関し社員である旅行業者または当該旅行業者を所属旅行業者とする旅行業者代理業者と取引をした旅行者に対し、その取引によって生じた債権に関し弁済をする業務を行う。

➡ この弁済業務は旅行業協会に弁済業務保証分担金を納付した保証社員だけのためと定められている。旅行業者代理業者はその所属旅行業者が保証社員である場合には旅行業協会が弁済業務を行う。

④指導：旅行業務の適切な運営を確保するための旅行業者等又は旅行サービス手配業者に対する指導を行う。

⑤調査・研究・広報：旅行業務に関する取引の公正の確保または旅行業および旅行業者代理業の健全な発達を図るための調査、研究および広報を行う。

 法定5業務が具体的にはどのような業務であるのか、解説を進めていこう。

苦情の解決（法第45条）

旅行業協会は、旅行者または旅行に関するサービスを提供する者（バス会社、旅館、ホテル等）から旅行業者等又は旅行サービス手配業者の取扱った旅行業務に関する**苦情**について解決の申し出があったときは、次のように解決をしなくてはならない。

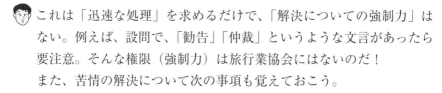

POINT 1-3-5

●旅行業務に関する苦情について解決の申し出があったとき
①その相談に応じ、
②申出人に必要な助言を行い、
③当該苦情に係る事情を調査し、
④当該旅行業者等に対して苦情の内容を通知して、その迅速な処理を求めなければならない。

 これは「迅速な処理」を求めるだけで、「解決についての強制力」はない。例えば、設問で、「勧告」「仲裁」というような文言があったら要注意。そんな権限（強制力）は旅行業協会にはないのだ！
また、苦情の解決について次の事項も覚えておこう。

POINT 1-3-6

●苦情の解決に関する旅行業協会の処理と社員の対応
①旅行業協会は、社員以外の旅行業者又は旅行サービス手配業者に対する

苦情も扱わねばならず、苦情の解決について必要あると認められるときは、当該旅行業者等に対して文書もしくは口頭による説明を求め、または資料の提出を求めることができる。

②社員は、旅行業協会から説明または資料の提出を求められたときは、正当な理由なくこれを拒むことはできない。(社員以外は拒むことができる)

③旅行業協会は、苦情に係る事情およびその解決の結果については社員に周知させなければならない。(社員以外には周知しなくてもよい)

 つまり、苦情の解決は

・**社員以外の**旅行業務に関する**苦情も扱う。**

・説明、資料提供を求められた**社員は**正当な理由がないのにこれを**拒んではならない。**

・解決の結果は、**社員にのみ周知**すればよい。

旅行業務又は旅行サービス手配業務の研修（法第46条）

旅行業協会は一定の過程を定め次の研修を実施する。

1　旅行業務取扱管理者の職務についての知識および能力についての研修

①旅行業務取扱管理者研修および②旅行業務取扱管理者の定期研修（選任されている旅行業務取扱管理者は5年ごとに研修を修了する）

2　旅行サービス手配業務取扱管理者の職務についての必要な知識および能力についての研修

1，2とも旅行業協会に加盟している会社の従業員だけではなく加盟していない会社の従業員も受講することができる。

旅行業協会に関する次の記述のうち、正しいものはどれか。

a) 旅行業協会は、社員以外の旅行業者等が取扱った旅行業務に関する苦情の解決についても、旅行者から申し出があったときは、その相談に応じ、当該苦情に係る事情を調査する等、その迅速な処理に尽力しなければならない。

b) 旅行業協会が実施する旅行業務の取扱いに関する研修は、社員以外の旅行業者の従業員は受けることができない。

c) 旅行業協会は、旅行業者等が取扱った旅行業務に関する苦情に係る事情およびその解決の結果について、社員以外の旅行業者にも周知させなければなら

ない。

d）旅行業協会の社員以外の旅行業者も、旅行業協会が行う弁済業務制度の適用を受けることができる。

e）旅行業者は、旅行業協会には必ず加入しなければならない。

f）旅行業協会は、旅行業務の適切な運営を確保するための旅行業者等に対する立入検査を実施することができる。

---

 a）● b）社員以外の旅行業者等にも研修を公開している。c）社員以外に周知させる必要はない。d）保証社員以外の旅行業者は適用外。e）任意加入。f）立入検査ができるのは登録行政庁だけ。

 苦情の解決について、**誤っている**ものはどれか。

a）旅行業協会は、当該苦情の申出人と当事者である旅行業者等の間に入り、和解を勧告することができる。

b）旅行業協会は当該苦情の申し出、苦情に係る事情およびその解決の結果について、社員に周知させなければならない。

c）旅行業協会は、申出人に対して、必要な助言ができる。

d）旅行業協会は、苦情の解決の申し出がなされた場合には、その相談に応じることができる。

e）旅行業協会は、社員以外の旅行業者等が取扱った旅行業務に関する苦情についても、その解決に尽力しなければならない。

---

 a）和解の勧告はできない

旅行業協会の弁済業務（法第47条〜）

弁済業務保証金制度は、営業保証金制度と同様に、旅行業務に関して取引を行った旅行者の保護を目的としたものである。

この制度は旅行会社が倒産した場合などに旅行者に旅行代金を弁済できるように、旅行業協会が多くの**保証社員**（旅行業協会に弁済業務保証金分担金を納付した社員を保証社員と言う）から営業保証金の**1／5を「分担金」**として納付してもらい、それを旅行業協会が「弁済業務保証金」として国に供託し、旅行者には営業保証金と同額の弁済を行う制度である。そして**保証社員は営業保証金を供託しなくてもよい**。

現在の弁済業務保証金分担金額は営業保証金の5分の1（つまり第1種旅行業者で営業保証金が7,000万円必要である場合は1,400万円の弁済業務保証金分

担金でよい）である。このような経済的メリットからほとんどの旅行業者は旅行業協会の保証社員となっている。

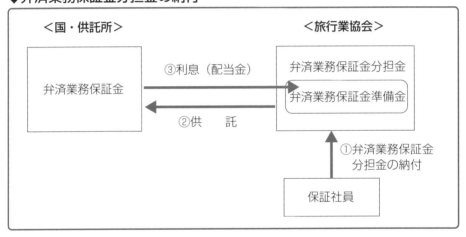

つまり、弁済業務保証金制度は営業保証金の５分の１の負担額で、旅行業協会が多くの保証社員から集めた分担金から営業保証金と同額の弁済を行う旅行業界の共済制度と言える。

また、営業保証金を供託していた旅行業者が、新しく保証社員となり営業保証金を取り戻す場合は、その旨を公告して６ヵ月以上経過しなければ取り戻せない。

◆弁済業務保証金分担金の納付

①旅行業者が本来国に供託すべき営業保証金の**１／５の額**を旅行業協会に納付する。当然、**旅行業者は営業保証金を供託しておく必要はなく取り戻すことができる。**

②旅行業協会は保証社員から納付された弁済業務保証金分担金を７日以内に国に供託する。

③旅行業協会は国債等で国に供託しているが、その利息（配当金）は還付充当金の納付がなかった場合等弁済業務保証金が不足する場合に備え、準備金として積み立てる。

弁済業務保証金分担金の旅行業協会への納付の時期等に関しては営業

保証金の場合と同じように法第7条の規定が準用される。この規定に従わなければ、その旅行業者は「保証社員」としての地位を失い、改めて5倍の「営業保証金」を国に供託しなければならない。

◆弁済業務保証金の還付

還付とは、営業保証金と同様に旅行業者が旅行業務に関し取引をした**旅行者に対し**、倒産するなどして債務を履行しなかった場合（旅行を実施しなかったことなど）に、旅行者が旅行業協会により国に供託されている弁済業務保証金から支払いを受けることである。

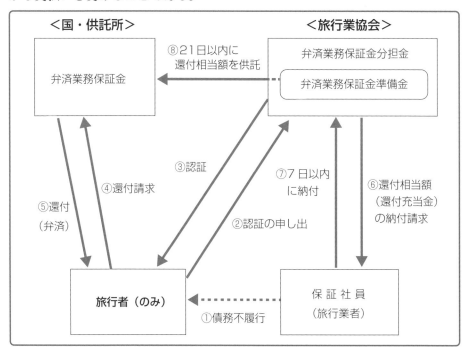

①旅行業者が旅行者から旅行代金を徴収していながら**倒産**して旅行の催行が不可能となった場合等

②旅行者は旅行業者との契約状況を証明する書類（契約書面、領収書等）を基に「私は、その旅行業者と旅行契約を結んでいました。ひどいじゃないですか！お金かえして！」と**旅行業協会（登録行政庁ではない！）**に申し出る。

③旅行者からの申し出を審査して「確かに、あなたは契約を締結していました

ね。分かりました、弁済業務保証金から弁済しましょう」という通知が来る。

④旅行者は、旅行業協会からの認証通知を持って供託所に還付の請求を行う。

⑤供託所から還付（弁済）が行われる。ただし、**弁済限度額総額は当該旅行業者の営業保証金相当額**（1,400万円の分担金の場合は7,000万円）である。したがって、被害者が大勢いて被害総額1億円でその旅行業者の弁済限度総額を超えた場合は、1億円が弁済されるのではなく旅行者に被害額が満額弁済されず、70％しか返ってこない。

⑥一方、旅行業協会は当該旅行業者に対して「弁済業務保証金から○○万円旅行者に還付したから○○万円（還付充当額と同額であり、分担金額（1／5）ではないことに注意）を**7日以内**に旅行業協会に納付してね」と請求する。

⑦当該旅行業者が倒産したのではなく、今後も旅行業を継続する意思があるなら**7日以内**に還付相当額を旅行業協会に納付する。多くの場合、旅行業者は倒産しているので、還付充当額を納付できない。このような場合当該旅行業者は保証社員としての地位を失うとともに、最終的には旅行業者の登録を抹消されることとなる。

⑧旅行業協会は、当該旅行業者から還付相当額の納付を受けた場合はその額を**21日以内に国に供託しなければならない。**

旅行業者から還付相当額の納付がなければ、旅行業協会が国に納付している弁済業務保証金に不足額（つまり、このケースの場合5,600万円）が発生するので、「弁済業務保証金準備金」から充当して供託される。

一度に多くの旅行業者が倒産してしまい、多額の還付が行われ、準備金さえ底をついてしまった場合は、旅行業協会はすべての保証社員に「準備金もなくなってしまい、○○万円不足することになったので皆さんで不足額を○万円ずつ負担してね」と連絡する。まあ、旅行業協会にはたっぷり準備金があるらしいから、このような事態にはならないと思うが……。

弁済業務保証金も営業保証金と同様に、還付の対象となるのは旅行業務に関して取引を行った旅行者のみだよ。

旅行業協会の社員に関する次の記述のうち、誤っているものはどれか。

a）旅行業者が、旅行業の登録を受けてから1年以上経過している場合は、旅行業協会に加入してから14日以内に弁済業務保証金分担金を納付すればよい。

b）旅行業協会は、社員の資格について、旅行業と旅行業者代理業者の別以外の

制限を加えてはならない。

c）旅行業協会は、社員としての資格を有する旅行業者等が旅行業協会に加入しようとするときは、正当な理由なく、その加入につき現在の社員が加入の際に付されたよりも困難な条件を課してはならない。

d）旅行業協会は、新たに社員が加入したときは、その旨を観光庁長官に報告しなければならない。

----

 a）➡ 弁済業務保証金分担金は協会に加入する日までに納付する（現金に限る）。

 旅行業協会の保証社員について述べた次のうち、誤っているものはどれか。

a）保証社員が取扱った旅行業務に関する取引によって生じた債務については、旅行業協会が供託している弁済業務保証金から、その債務を弁済する。

b）保証社員とは、旅行業協会に加入し弁済業務保証金分担金を納付した旅行業者をいう。

c）保証社員となったときは、営業保証金をただちに取り戻すことができる。

d）保証社員となるためには、弁済業務保証金分担金を旅行業協会に納付しなければならない。

----

 c）➡ 6ヵ月の公告期間が必要。

 弁済業務保証金に関する次の記述のうち、誤っているものをすべて選びなさい。

a）旅行業協会が供託している弁済業務保証金から弁済を受ける権利を実行しようとする旅行者はその債権について観光庁長官の認証を受けなければならない。

b）保証社員の営業所の賃貸料等の旅行業務以外の取引に係る債権については、弁済業務保証金の還付の対象とならない。

c）弁済業務保証金制度により、旅行業者と取引をした旅行者が、その取引によって生じた債権に関し弁済を受けることができるのは、当該旅行業者が旅行業協会に納付している弁済業務保証金分担金の額の範囲内である。

d）保証社員は、毎事業年度終了後においてその弁済業務保証金分担金の額が増加することとなるときはその終了の日の翌日から14日以内にその増加することとなる額の弁済業務保証金分担金を旅行業協会に納付しなければならない。

----

 a）c）d）➡

a）弁済業務保証金は旅行業協会に申し出て、旅行業協会の認証を受ける。b）営業保証金と同様に旅行業務以外の取引は弁済の対象とはならない。c）旅行業者は弁済業務補償分担金として、本来国に供託する営業保証金の1／5を納付しているが、当該旅行業者の弁済限度額は営業保証金と同額である。d）営業保証金と同様に100日以内である。14日は変更登録をしたことによりその額が増加した場合。

01　意見の聴取・聴聞、その他雑則

「意見の聴取と聴聞」「職権の委任」「報告および立入り検査」については例年1問程度の出題がある。難しい内容ではないので、全部暗記してしまおう。

意見の聴取、聴聞（法第64条・65条）

登録行政庁が旅行業者等に対して、旅行業者等にとって不利益な処分を行おうとするとき、公開にて**意見の聴取、聴聞**を行う。

POINT 1-4-1

①**意見の聴取**　登録（更新の登録・変更登録も含む）の拒否をするとき観光庁長官は公開で意見の聴取を行う。

②**聴聞**　観光庁長官は次の場合には公開で聴聞を行う。
・旅行業者等に業務改善命令を出す場合（業務改善命令参照）
・業務停止、登録の取消をする場合

次のうちから正しいものを選択せよ。
a）観光庁長官は登録を拒否する場合は聴聞を行う。
b）観光庁長官は更新登録を拒否する場合は意見の聴取を行う。
c）観光庁長官は業務停止を命ずるときは意見の聴取を行う。
d）観光庁長官は業務改善命令を出す場合は意見の聴取を行う。
e）旅行業務取扱管理者を解任する場合は聴聞が必要である。
f）約款の変更を命ずる場合には意見の聴取が必要である。

b）e）　●a）×聴聞→○意見の聴取　c）×意見の聴取→○聴聞　d）×意見の聴取→○聴聞　f）×意見の聴取→○聴聞

「聴聞」と「意見の聴取」の違いを正確に把握しよう。

報告徴収および立入り検査（法第70条）

　観光庁長官は、旅行業法の目的を達成するため必要な範囲内で、旅行業者等、登録研修機関、旅行業協会等に、その業務に関して報告をさせることができる。

POINT 1-4-2

●報告徴収と立入り検査

①観光庁長官は、旅行業法の目的を達成するため必要な範囲内で、旅行業者等、登録研修機関、旅行業協会等の事務所に職員を立入り関係書類等を検査し、関係者に質問させることができる。

②立入り検査をする職員は身分証を携帯し、関係者の請求があったときは提示しなければならない。

③立入り検査の権限は、犯罪捜査のためではない。

旅行業法 ワンポイント

◆旅行業の種類と業務範囲・財産的基礎・営業保証金等

これはとても重要な表だ。しっかりと理解しよう。

旅行業の種類	募集型企画旅行		受注型企画旅行		手配旅行		登録行政庁	財産的基礎（万円）＊最低額	営業保証金（万円）
	海外	国内	海外	国内	海外	国内			
第1種	○	○	○	○	○	○	観光庁長官	3,000	7,000
第2種	×	○	○	○	○	○		700	1,100
第3種	×	△	○	○	○	○	都道府県知　事	300	300
地域限定	×	△	×	△	×	△		100	15
代理業者	旅行業の代理のみ							—	—

◆覚えておきたい数字

覚えやすいように簡単に数字だけを掲げている。数字を見て内容が正確に思い浮かばなければ、もう一度テキストで確認しよう。

	数字、日数、金額等	内　　容	ページ
1	**2ヵ月前**申請	更新登録の申請手続	25
2	**3,000万円、700万円、300万円、100万円**	財産的基礎	24
3	**2つ以上**はダメ	子が持てる親の数	24
4	**5年を経過**していない悪事等はダメ	登録の拒否要件	24
5	有効期間は**5年**（子には関係ない）	登録有効期間	25
6	**30日以内**に届出	登録事項の変更届出	27
7	**14日以内**に提出　　**7日以上**の期間を定めて催告	営業保証金供託の旨の届出（追加供託も同じ）届出がない場合の行政庁の催告	31
8	**7,000万円、1,100万円、300万円、15万円**	営業保証金の最低必要額	30
9	**100日以内**に報告（100日報告と覚える）	取引額の報告	29
10	前・後**1年以内**に**1回以上**後**3年以内**に**2回以上**の実務経験	旅程管理業務に関する実務経験	57
11	**6ヵ月以内**の期間を定め営業停止、または登録取り消し	登録の取り消し等	72
12	**1年以上**事業を行っていなければ登録取り消し	登録の取り消し等	73

Part ❷
旅行業約款、運送約款及び宿泊約款

標準旅行業約款の企画旅行の部が全設問の70%です。最後の追い込みはここを徹底的に！　標準旅行業約款等はJATAのホームページで公開されているから、それをプリントアウトして解説を読み進めましょう！

01 標準旅行業約款の定義

観光庁長官および消費者庁長官が定め公示した「標準旅行業約款」は、ほとんどすべての旅行業者によって使用されているの。出題では、そのうち「企画旅行(特に募集型企画旅行)」に関する設問が半数以上を占めるのよ。

標準旅行業約款とは

旅行業法第12条の2により、「旅行業者は、旅行者と締結する旅行業務の取扱いに関する契約に関し、**旅行業約款**を定め、観光庁長官の認可を受けなければならない(以下略)」とされている。この規定によって、旅行業者は旅行業約款を定めその営業所(支店)に掲示または備え置いている。

本来約款は旅行業者自身で作成し**観光庁長官**の認可を受けるべきものだが、同第12条の3によりほとんどすべての旅行業者は観光庁長官および消費者庁長官が定め公示した**標準旅行業約款**を使用、掲示している。

▼

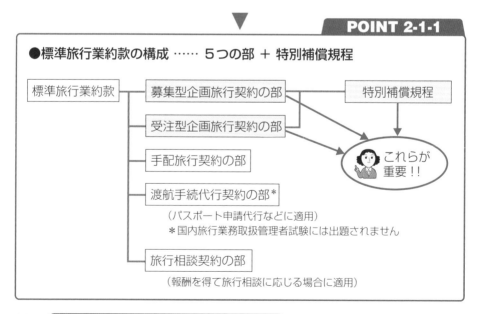

POINT 2-1-1

●標準旅行業約款の構成 …… 5つの部 + 特別補償規程

標準旅行業約款
- 募集型企画旅行契約の部 ── 特別補償規程
- 受注型企画旅行契約の部
- 手配旅行契約の部
- 渡航手続代行契約の部*
  (パスポート申請代行などに適用)
  *国内旅行業務取扱管理者試験には出題されません
- 旅行相談契約の部
  (報酬を得て旅行相談に応じる場合に適用)

これらが重要!!

02 募集型企画旅行契約 —— 総則

標準旅行業約款に関する出題の大半を占めるのが、募集型企画旅行契約に関する部分。その基本原則となる部分は、絶対に外すことはできないわ。

募集型企画旅行契約 と受注型企画旅行契約、手配旅行契約

標準旅行業約款に関する出題は **70%近くが募集型企画旅行契約の部から出題されます**。

旅行業約款は**募集型企画旅行契約の部が基本**となり、旅行者との契約形態の違いにより、その変形として受注型企画旅行契約の部（以下「受注型」という）と手配旅行契約の部（以下「手配旅行」という）があります。募集型をしっかりと理解する必要があります。

受注型も手配旅行も募集型企画旅行契約の部と同じ趣旨の部分がたくさんあります。そこで、このテキストでは募集型企画旅行契約（以下「募集型」という）を中心に説明を進めながら、受注型、手配旅行で異なる部分を **受注型ではこうなる**　　**手配旅行ではこうなる**として説明します。

そして、この募集型と**異なる点は重要なポイント**であり、よく出題されますのでしっかり理解してください。

適用範囲（第1条）

第1条（適用範囲）

旅行業社が旅行者との間で締結する募集型企画旅行に関する契約は、この約款の定めるところによる。この約款に定めのない事項については、法令または一般に確立された慣習による。

2. 旅行業者が法令に反せず、かつ、旅行者の不利にならない範囲で書面

により特約を結んだときは、前項の規定にかかわらず、その**特約**が優先する。

特約が約款に優先するときの条件を確認しましょう。

▼

POINT 2-1-2

●特約が約款に優先するための条件（特約の3要件）
①法令に反しないこと
②旅行者の不利にならないこと ⎤
③書面で結んでいること（口約束はだめ）⎦
この3つがそろわないと
特約は成立しない。
（有効とならない）

※これは、すべての契約（企画旅行契約、手配旅行契約、旅行相談契約、渡航手続代行契約）に共通。

受注型ではこうなる ⎤
手配旅行ではこうなる ⎦
同じ趣旨で、異なる点はない。
（＊以後異なる点がなければこの表示は行わない）

次の（　　）の中に適当な語を入れなさい。
特約は（　a　）に反せず、旅行者の（　b　）にならない範囲で（　c　）により結んだものが約款に優先する。

- -

　a 法令　　b 不利　　c 書面

対策　過去の設問の第1問目はすべてこの特約に関するもの。特約の3要件は、どれか1つが欠けても特約として成立しないことに注意。

次の記述のうち、正しいものをすべて選びなさい。
　a）旅行業者が法令に反せず、かつ、旅行者の不利にならない範囲で口頭により特約を結んだときは、その特約が優先する。
　b）約款に定めのない事項については、法令又は一般に確立された慣習による。
　c）募集型企画旅行契約において、旅行業者にやむを得ない理由がある場合に結んだ特約は、旅行者に不利となるものであっても、約款に優先して適用される。

- -

　b）のみ正しい。
　a）「口頭による特約」は有効とならない。きちんと書面を取り交わすことが必要。
　c）旅行者に不利となるものは「特約」として成立しない。

用語の定義（第2条）

第2条では募集型企画旅行、国内旅行、海外旅行、通信契約、電子承諾通知、カード利用日の用語について定義しています。これらを正確に覚えましょう。

▼

POINT 2-1-3

●各用語の定義のポイント

① **募集型企画旅行** ➡ 旅行業者が、旅行者の募集のためにあらかじめ、旅行の目的地および日程、旅行者が提供を受けることができる運送または宿泊のサービスの内容並びに旅行者が旅行業者に支払うべき旅行代金の額を定めた旅行に関する計画を作成し、これにより実施する旅行をいう。つまり募集性と計画性をもって旅行会社が売り出す「パック旅行」「パッケージツアー」のこと。

② **国内旅行と海外旅行** ➡ 「国内旅行」とは、本邦内（国内）のみの旅行をいう。また「海外旅行」とは、国内旅行以外の旅行をいう。注意しなければいけないのは「北海道を出発して2日間東京観光の後、ハワイに向かう」といった国内と海外の両方が目的地である場合は、その全行程を（つまり東京観光部分も）海外旅行とみなす。

③ **通信契約** ➡ 通信契約とは
・電話・FAX・メール・インターネット等の通信手段を利用して旅行の申し込みをする
・旅行者があらかじめ承諾して、旅行代金をクレジットカード（カード会員規約に従って）で無署名決済する
の両方を満たす契約をいう。

　「受注型企画旅行」とは、旅行業者が、旅行者からの依頼により旅行に関する計画を作成し、これにより実施する旅行をいう。募集性が欠けているわけで、典型的な旅行形態は**「修学旅行」**である。

手配旅行ではこうなる

①**「手配旅行」とは**、旅行業者が、旅行者の委託により旅行サービスの提供を受けることができるように、手配することを引き受けて実施する旅行をいう。旅行業者の募集性も計画性もありません。**企業の業務出張旅行**を考えればよいだろう。

②「旅行代金」＝「運送機関・宿泊機関等に支払う費用」＋「旅行業者が定めた旅行業務取扱料金」、つまり手配旅行では運送機関のチケット代金（実費）のほかに旅行業務取扱料金（旅行業者の儲け分）を「旅行代金」として徴収される。

次の記述のうち、正しいものはどれか。

　a）「通信契約」とは、旅行者が電話、郵便、ファクシミリ、インターネット等の通信手段により旅行契約の申込みを行い、旅行代金を銀行振込みによることを約して締結する契約をいう。

　b）「札幌→成田→グアム→成田→札幌」の行程からなる募集型企画旅行においては、札幌〜成田間は「国内旅行」として取扱われる。

正しいものはない。

　a）旅行代金を銀行振込みすれば、「通信契約」とはいわない。この場合カード決済を行えば「通信契約」となる。b）「札幌〜成田」間も含めて全体が「海外旅行」となる。「国内旅行＋海外旅行」とはならない。

それで旅行業者の責任は終了する（これを**「手配債務の終了」**という）。
・ホテル等の休業、条件不適合で旅行者が旅行サービスを受けられなくて
旅行業者に責任はなく、旅行者は旅行業者に取扱料金を支払わなくてはな
い。

配代行者（第4条）

4条　手配代行者
旅行業者は、募集型企画旅行契約の履行にあたって、手配の全部または
部を本邦内または本邦外の他の旅行業者、手配を業として行う者その他
補助者に代行させることがある。

手配代行者のことを、業界用語では**ツアーオペレーター**とか**ランド**と
いいます。

▼

POINT 2-1-6

●**手配の代行のポイントは次の２つ**
①手配を代行させるにあたって**制限はなく、**手配の全部、一部、本邦外、
　本邦内、依頼する先は個人、会社いずれも可能。
②手配代行者の手配行為は旅行業者の管理下にあり、その責任は旅行業者
　にある（旅行者が損害をこうむった場合、旅行業者が賠償する）。

次の記述が正しい場合は○を、誤っている場合は×を記せ。
旅行業者は、企画旅行契約の履行にあたって、本邦内に限り、手配の全部または
一部を他の旅行業者、手配を業として行う者その他の補助者に代行させてよい。

- -

×➡代行させる手配の内容に制限はなく、「本邦内に限り」という記述は誤り。

まぎらわしい記述の設問が出がちなところ。代行させる手配は、旅行サービスの
一部でも全部でも、また国内でも海外でもかまわない。

旅行契約の内容（第3条）

第3条（旅行契約の内容）

　旅行業者は、募集型企画旅行契約において、旅行者が旅行
旅行日程に従って運送・宿泊機関等の提供する運送、宿泊そ
関するサービス（以下「旅行サービス」という）の提供を受
きるように、<u>手配し、旅程を管理すること</u>を引き受ける。

　企画旅行契約の定義を押さえておきましょう。

▼　　　　　　　　　　　**POI**

●企画旅行契約で旅行業者が行わねばならないこと（旅行者〈

企画旅行契約では、旅行業者は、旅行者が旅行サービス（ホ
たり、列車に乗ったり）を受けられるよう、

①手配する（手配債務）　　　　　　　　　　の両方を行う。
②旅程を管理する（旅程管理債務）

　上記ポイントを具体的にいうと、①はホテル・航空機・
　　　サービス）の予約や手配等、②は旅行者が計画された日
　　　サービスを受けられるように必要な措置（チェックイン
　　　に代わり行う等）を講ずること、となります。

▼　　　　　　　　　　　**POIN**

●旅程管理の具体的業務

①旅行者が計画された日程通りに旅行サービスを受けられるよ
　措置を講ずること。
②措置を講じたにもかかわらず旅行契約の内容を変更せざるを得
　には、その変更を最小限にとどめるよう努力すること。

手配旅行ではこうなる

　手配旅行では、旅行業者に**「旅程管理債務」はない**。手配債務だ
また、旅行業者がプロとしての責任を持って、きちんと手配業務

03 募集型企画旅行契約 ── 契約の締結

さまざまな場合の契約の成立の時期と契約の拒否条件を正確に覚えることは必須。契約の申込みから契約書面および確定書面の交付までの流れもきちんと把握してね。

契約の申込み（第5条）

第5条　契約の申込み

　旅行業者に募集型企画旅行契約の申込みをしようとする旅行者は、旅行業者所定の申込書（以下「申込書」という）に所定の事項を記入のうえ、旅行業者が別に定める金額の申込金とともに、旅行業者に提出しなければならない。

2　旅行業者に通信契約の申込みをしようとする旅行者は、前項の規定にかかわらず、申込みをしようとする募集型企画旅行の名称、旅行開始日、会員番号その他の事項（以下次条において「会員番号等」という）を旅行業者に通知しなければならない。

3　第1項の申込金は、旅行代金または取消料もしくは違約料の一部として取り扱う。

4　募集型企画旅行の参加に際し、特別な配慮を必要とする旅行者は、契約の申込時に申し出なければならない。このとき、旅行業者は可能な範囲内でこれに応じる。

5　前項の申し出に基づき、旅行業者が旅行者のために講じた特別な措置に要する費用は、旅行者の負担とする。

募集型企画旅行に、申込金は欠かせないことを覚えておこう！

受注型は募集性がないから、募集型とは少し違う。契約締結までの流れは次のようになる。

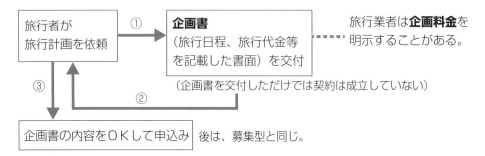

| 旅行者が旅行計画を依頼 | ① → | **企画書**（旅行日程、旅行代金等を記載した書面）を交付 | 旅行業者は**企画料金**を明示することがある。 |

（企画書を交付しただけでは契約は成立していない）

③／②

| 企画書の内容をOKして申込み | 後は、募集型と同じ。 |

電話等による予約 ── 募集型企画旅行契約にのみある項目

第6条　電話等による予約

　旅行業者は、電話、郵便、ファクシミリ、インターネットその他の通信手段による募集型企画旅行契約の予約を受け付ける。この場合、予約の時点では契約は成立しておらず、旅行者は、旅行業者が予約の承諾の旨を通知した後、旅行業者が定める期間内に、前条第1項または第2項の定めるところにより、旅行業者に申込書と申込金を提出または会員番号等を通知しなければならない。

2　前項の定めるところにより申込書と申込金の提出があったときまたは会員番号等の通知があったときは、募集型企画旅行契約の締結の順位は、当該予約の受付の順位によることとなる。

3　旅行者が第1項の期間内に申込金を提出しない場合または会員番号等を通知しない場合は、旅行業者は、予約がなかったものとして取り扱う。

要するに次のようなことが述べられているのよ。

▼

●契約申込みのポイント

①旅行者は、旅行業者に申込書と申込金を提出する。

②申込金は、旅行代金または取消料・違約料の一部として扱う。

★募集型企画旅行契約の場合はさらに

①電話等で予約を受け付けた場合は、旅行者は旅行業者が定める期間内に申込金を提出、またはカード番号を通知する。

②申込金の提出（カード番号の通知）があった場合は、契約の締結の順位（順番ではない。言い換えると優先順位のこと）は予約受付の順位による。

③電話等による予約の時点では旅行契約は成立していない。

募集型企画旅行・予約と契約

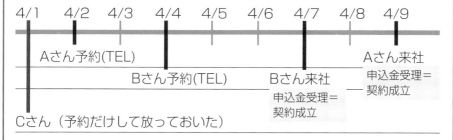

Ｑ 契約の締結の順位はABどちらが上位か？　またCさんは？

Ａ Ａさんのほうが上位。Ｃさんは 4/9 時点では旅行契約は成立していない（申込金の提出があればＣさんの順位が最も上位になる。

受注型ではこうなる　｝両方とも募集する旅行ではないので
手配旅行ではこうなる　｝「予約」という考え方はない。注意すること！

募集型企画旅行の電話予約をした次の旅行者のうち、契約の締結の順位が最も上位の者はどれか（通信契約ではないものとする）。

a) 5月11日に電話予約をし、5月14日の午後に申込金を支払った。
b) 5月12日に電話予約をし、5月13日の午後に申込金を支払った。
c) 5月13日に電話予約をし、当日の午前中に申込金を支払った。
d) 5月14日に電話予約をし、当日の午前中に申込金を支払った。

----

 a) ➡ 電話予約の受付が最も早い旅行者が上位である。

 電話等による予約の場合、申込金の支払いの順位は契約の締結の順位とは無関係。あくまで予約の受付順によることを確認しておこう。
なお、この項目は募集型企画旅行契約にのみある項目である。

契約の締結の拒否（第7条）

次のような場合、旅行業者は旅行者からの募集型企画旅行の申込みを断ることがある。

①旅行業者があらかじめ明示した性別、年齢、資格、技能その他の参加旅行者の条件を満たしていないとき（例：女性だけのツアーに男性が参加希望）

②応募旅行者数が募集予定数に達したとき（満員）

③旅行者が他の旅行者に迷惑を及ぼし、または団体行動の円滑な実施を妨げるおそれがあるとき

④旅行業者の業務上の都合があるとき

⑤通信契約を締結しようとする場合であって、旅行者の有するクレジットカードが無効である等

⑥旅行者が、暴力団員等反社会的勢力であると認められるとき

⑦旅行者が、取引に関して脅迫的な言動、行為を行ったとき

⑧旅行者が、風説等を流布し、旅行業者の業務を妨害したとき

受注型ではこうなる

受注型は旅行者から依頼を受けて作る旅行なので、①旅行条件不適合　②募集定員に達した場合（満員）に関する規定ない。当たり前だけど。

手配旅行ではこうなる

手配旅行も旅行者から委託を受けて作る旅行だから、①、②、③円滑な旅行実施の妨害に関する規定はない。

 募集型企画旅行に関する次の記述のうち、正しいものをすべて選べ。

　a）旅行業者があらかじめ明示した性別、年齢、資格等の参加旅行者の条件を満たしていないときは、旅行業者は契約の締結を拒否することができる。

　b）旅行業者は、応募旅行者数が募集予定数に達したときは、契約の締結を拒否することができる。

　c）旅行業者は、旅行者から契約の申込みがあった場合は、業務上の都合があるという理由だけでは契約の締結を拒否することはできない。

　d）旅行者が、暴力団員、暴力団準構成員、暴力団関係者、暴力団関係企業又は総会屋その他の反社会的勢力であると認められるときは、旅行業者は、契約の締結に応じないことがある。

- -

 a）　b）　d）●c）業務上の都合という理由だけで拒否できる。「契約自由の原則」に基づき、旅行業者が権利を行使できる"究極の権利"だ。旅行者にその拒否理由を説明する必要はない。何回も迷惑をかけるクレーマーなどをこれで撃退することができる。

契約の成立時期（第8条）

①募集型企画旅行契約は、旅行業者が**契約の締結を承諾し申込金を受理したときに成立**する。

②通信契約は、旅行業者が発する契約の締結を承諾する旨の通知が旅行者に到達したときに成立する。

手配旅行ではこうなる

次のような**特則**も
規定されている。　………… **申込金がなくても契約が成立する場合がある。**
　　　　　　　　　　　　　　　　　　　　　　（次の条件が必要）

　　　　　　　　　　　　　　　　・書面による特約が必要
　　　　　　　　　　　　　　　　・その書面に契約成立時期を明記する

また、運送サービス・宿泊サービスのみの手配（新幹線のチケット、旅館の宿泊券）を目的とする契約の場合は旅行代金と引換えに当該チケット類を交付する場合は、申込書がなくても口頭による申込みで契約を成立させることがある。

 次の記述のうち、正しいものをすべて選べ。
　a）募集型企画旅行契約は、旅行業者が契約の締結を承諾し、旅行業者所定の申込書を受理した時に成立する。
　b）募集型企画旅行契約における、通信契約は、旅行業者が発する契約の締結を承諾する旨の通知が旅行者に到達した時に成立する。

 b）●a）申込書を受理しただけでは契約は成立しない。申込金が必要。

契約書面の交付（第9条）

　旅行業者は募集型企画旅行契約の**成立後**、速やかに、旅行者に旅行日程・旅行サービスの内容・旅行条件・旅行業者の責任に関する事項等を記載した書面（**契約書面**）を交付する。なお契約書面は、旅行者からの申し出がなくても交付する。

　契約書面には旅行日程・旅行サービスの内容・旅行条件・旅行業者の責任に関する事項等が記載されているのよ。

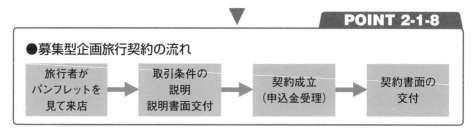

POINT 2-1-8

●募集型企画旅行契約の流れ

| 旅行者がパンフレットを見て来店 | → | 取引条件の説明 説明書面交付 | → | 契約成立（申込金受理） | → | 契約書面の交付 |

受注型ではこうなる

　募集型と同様に契約成立後に交付するが、旅行業者は契約書面に**企画料金**の金額を明示することがある。この企画料金の明示は旅行業者が収受する取消料に関係してくる（詳細は「取消料」の箇所で）。

●受注型企画旅行契約の流れ

| 旅行者が旅行の行程作成見積等を依頼 | → | 企画書面（行程表・旅行代金の見積書）交付 | → | 取引条件の説明説明書面交付 | → | 契約成立（申込金受理） | → | 契約書面の交付 |

手配旅行ではこうなる

乗車券類、宿泊券等の手配のみでそれらを交付したときは、契約書面を交付しないことがある。

 次の記述のうち、正しいものをすべて選べ。

a ）契約書面とは、旅行日程、旅行サービスの内容、旅行代金その他の旅行条件および旅行業者の責任に関する事項を記載した書面であって、契約の成立前に旅行者に交付しなければならない。

b ）旅行業者は契約の成立後、旅行者からの申し出の有無にかかわらず、速やかに旅行日程、旅行サービスの内容その他の旅行条件および旅行業者の責任に関する事項を記載した契約書面を交付しなければならない。

---

 b ）●a ）契約書面は「契約成立後」に交付するものである。「契約前」ではない。

 契約書面に関する問題は「いつ交付するのか」を考えること。

確定書面・情報通信技術の利用（第10条・11条）

契約書面に利用するホテル名・利用航空便名等を確定して記載できない場合は、旅行業者は、その候補を**限定列挙して記載し**、後日**確定書面**（いわゆる最終日程表）を交付する。

この段階（確定書面交付前）では、旅行業者が負う責任範囲は、契約書面に記載するところによる。確定書面を交付した後は、旅行業者が負う責任範囲は、確定書面に記載した内容に特定される。なお確定書面交付前でも、旅行者から問い合わせがあったときは、旅行業者はその時点での状況を回答しなければならない。

取引条件説明書面、契約書面、確定書面は、<u>旅行者の承諾を得て</u>、情報通信の技術（メール、インターネット等）を利用して、提供することができる。ただしその際は、旅行業者は旅行者が使用する通信機器に記載事項が記録されたことを<u>確認しなければならない</u>。

契約書面と確定書面の違いを理解しておきましょう。

●契約書面と確定書面の違い

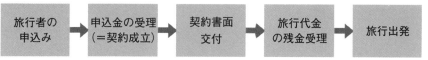

　上記のような流れであれば問題はない。しかし、例えば契約書面の交付時に、まだ宿泊するホテルが決定していない、航空会社も未定というような場合には、確定書面を交付する必要がある。

　そのようなときには、企画旅行契約は

　という流れになる。したがって契約書面は必ず交付するが、契約書面に利用する運送機関・宿泊機関等をすべて確定して記載してあれば、改めて確定書面は交付しなくてもよいこととなる。

●契約書面と確定書面の記載事項

契約書面	確定書面
・ご宿泊のホテルはAホテルまたはBまたはCまたはD ・ご利用の航空会社はE航空またはFまたはG （条文にある「限定して列挙する」とはこのような書き方を意味する） ・確定書面の交付日　　○月×日 （あるいは「出発○日前までに確定書面を交付します」等とする）	（通常は「最終日程表」等と呼ぶ） ・ご宿泊のホテルはBホテル ・ご利用の航空会社はE航空 ・旅程を管理する義務を負う旅行サービスの範囲は、この確定書面に記載するところに特定される。

●確定書面の交付期限

　原則は契約書面に記載した期日までに交付する（遅くても旅行開始日の前日までに交付）。ただし旅行申込みがその企画旅行開始日の7日前以降になされた場合は、旅行開始日までに交付すればよい。

　この交付期限が守られなかった場合は、これを理由に旅行者が企画旅行契約を解除しても取消料を支払う義務はない。

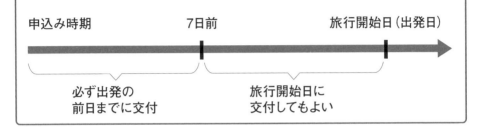

手配旅行ではこうなる

　手配旅行は旅行者が運送機関・宿泊機関を指定して旅行業者に委託するわけだから、確定書面の概念はない。これも当たり前のことだけど。

次の記述のうち、正しいものをすべて選びなさい。

a）旅行業者は、契約書面において、確定された旅行日程、運送もしくは宿泊機関の名称を記載できない場合には、当該契約書面に利用予定の宿泊機関および表示上重要な運送機関の名称を限定して列挙することができる。

b）旅行業者が手配し旅程を管理する義務を負う旅行サービスの範囲は、確定書面を交付した場合であっても、契約書面に記載したところによる。

c）旅行業者は、旅行者からの契約の申込みが、旅行開始日から起算してさかのぼって7日目に当たる日以降になされた場合、当該旅行者に確定書面を交付するときは、旅行開始日の前日までに交付しなければならない。

d）旅行業者は、あらかじめ旅行者の承諾を得た場合は、契約書面の交付に代えて、旅行者に情報通信の技術を利用する方法により当該契約書面に記載すべき情報を提供することができるが、確定書面については、必ず、書面の交付によらなければならない。

---

a）●b）旅行サービスの内容を確定して交付するのが確定書面であるから、当然確定書面に記載したところに従わなくてはならない。c）契約申込みが7日目以降になされた場合、確定書面の交付は旅行開始日当日であってもよい。d）確定書面についてもインターネットを利用することができる（ただし旅行者の承諾が必要）。

募集型企画旅行の旅行代金（第12条）

　旅行者は旅行開始日までの契約書面に記載する期日までに旅行業者に旅行代金を支払う。

04 企画旅行契約 —— 契約の変更

契約の変更に伴う説明義務、また旅行代金の増減等が最大のポイント。どのようなケースで契約の変更が可能なのかは、具体例として把握しておかないと、設問の記述にまどわされるので注意。

契約内容の変更（第13条）

大原則として、契約内容の変更は不可だけど、旅行業者は、以下のような旅行業者の関与し得ない事由が生じた場合（旅行業者に責任がない）、企画旅行契約の内容を変更することができるのよ。そして、募集型企画旅行において契約内容を変更する権限を持っているのは旅行業者だけで、その変更内容について旅行者に承諾を得る必要もありません（ただし説明は必要）。旅行者が変更を申し出ることはできません。

POINT 2-1-11

●企画旅行契約の内容を変更できる場合
①**天災地変、戦乱、暴動**
②**運送・宿泊機関等のサービス提供の中止** ➡ **例** 航空会社のストライキで飛行機が飛ばない・前日の台風の影響でホテルが営業不可能になった等
③**官公署の命令**
④**当初の運行計画によらない運送サービスの提供** ➡ **例** サンフランシスコに到着予定であったが濃霧のためロサンゼルスに変更になった、あるいは到着時刻が遅延した等

POINT 2-1-12

●**契約内容を変更できる条件と手続**
①旅行業者に責任がない

②安全円滑な旅行の実施のために必要な措置として（旅行を続ける・実施するため）

③因果関係を**説明する**（「同意」も「承諾」もいらない）

④ 緊急の場合は変更後の説明でも可

前ページの「契約の内容の変更」には次のような例外があるのよ。

▼

POINT 2-1-13

●契約内容の変更の例外

・変更の原因が、オーバーブッキング（飛行機は飛んでいる・あるいは当該ホテルは営業しているにもかかわらず、座席・客室の不足が発生した等。オーバーフロー・過剰予約などともいう）によるものの場合は、契約内容を変更しても旅行代金の増額はできない。

受注型ではこうなる

　募集型は旅行者に変更権限はないが、受注型は**旅行者にも契約内容の変更権限がある**。契約内容の変更申し出を受けた旅行業者は**可能な限りこれに応じなければならない**。

手配旅行ではこうなる

　旅行者は契約内容の変更を申し出ることができる。その場合、旅行者は、既に完了した手配を取り消す際の取消料、違約料を負担するほか、旅行業者に**変更手続料金**を支払わなければならない。また、当該変更に伴う旅行代金の増減は旅行者に帰属する。

次の記述のうち、正しいものをすべて選べ。

a）旅行業者の関与し得ない事由が生じた場合において、旅行の安全かつ円滑な実施を図るためやむを得ないときは、旅行業者は、旅行者に予め速やかに当該事由が関与し得ないものである旨理由および当該事由との因果関係を必ず事前に説明しなければ、契約内容を変更することはできない。

b）確定書面に利用航空会社として記載したA航空の過剰予約のため、座席の不足が発生したことによりB航空を利用した結果、旅行の実施に要する費用が増加した場合、旅行業者は増加した金額の範囲内で旅行代金を増加すること

ができる。

c) 旅行業者の関与し得ない事由が生じた場合において、旅行の安全かつ円滑な実施を図るためやむを得ないときは、旅行者に予め承諾を得て、旅行日程、旅行サービスの内容その他の契約の内容を変更することができる。

d) A市からB市への移動に際し、確定書面に記載した航空便の欠航によりB市に移動できず、やむを得ずA市に宿泊することになり、そのため旅行の実施に要する費用に増加が生じたが、当該増加分は旅行者に負担してもらうことができる。

----

 d) ● a) 緊急やむを得ない場合は「事後説明」でもよい。このように「必ず」とかの表現で限定している場合は注意が必要。b) オーバーブッキングに起因する変更で、そのための増加額は旅行者に転嫁することはできない。c) 契約内容の変更に際し「旅行者の承諾」は不要。必要なのは「説明」。d) 旅行業者に責任がない増加額を旅行者に転嫁することができる。

旅行代金の額の変更（第14条）

企画旅行において、旅行代金を変更できる場合は第13条の他に次の場合がある。

①運送機関の適用運賃料金の大幅な増減があった場合

ただし変更できるのは、運送機関の適用運賃料金が、通常想定される程度を超えて大幅に増減された場合（1970年のオイルショック等を想定している）のみ。宿泊機関の宿泊料の値上げ等では旅行代金を変更することはできないわ。

このとき、運賃料金が増額された場合は、旅行開始日の前日から起算してさかのぼって15日目にあたる日より前に旅行者に通知しなければならないし、減額された場合は、必ずその減額分だけ減額しなければならないのよ。

②運送・宿泊機関の利用人員により旅行代金が異なる旨を契約書面に記載してある場合で、旅行業者の責任によらないで利用人員が変更になった場合

例えば、5人で1部屋利用の場合は1人19,800円、2人で1部屋利用の場合は1人24,800円という旅行代金の設定がしてある企画旅行で、申込み時は5名だったが都合により2名で1部屋を使うことになってしまったような場合は当然適用料金の変更で増額できるわ。

受注型では旅行者が契約内容の変更を申し出た場合、それに伴う増減額を旅行代金に反映して変更することができる。

次の記述のうち、正しいものをすべて選べ。

a) 募集型企画旅行契約において、利用する予定であったホテルが著しい経済情勢の変化により宿泊料金の値上げを行った場合、旅行業者は旅行業約款に定める日までに旅行者にその旨を通知すれば、旅行代金を値上げすることができる。

b) 旅行業者は、旅行代金の額を増加するときは、旅行開始日の前日から起算してさかのぼって７日にあたる日より前に旅行者にその旨を通知しなければならない。

c) 旅行業者は、運送・宿泊機関等の利用人員により旅行代金が異なる旨を募集型企画旅行の契約書面に記載した場合において、契約成立後に旅行者からの申し出により当該利用人員が変更になったときは、旅行代金の額を変更することができる。

c) ● a) 宿泊機関の値上げを原因として旅行代金を変更することはできない。変更が許されるのは運送機関の適用運賃の変更の場合だけ。b)「７日にあたる日より前」ではなく「15日」。

旅行代金の額の変更は毎年必出の問題。どのようなときに変更できるのか正確に理解しておく必要がある。

旅行者の交代（第15条）

旅行者は、旅行業者の**承諾を得て**、契約上の地位を**第三者に譲渡する**ことができる。その際旅行者は、旅行業者所定の用紙に所定の事項を記入のうえ、所定の金額の手数料とともに、旅行業者に提出しなければならない。

次の文章が正しい場合は○を、誤っている場合は×を記せ。
旅行業者と企画旅行契約を締結した旅行者は、旅行業者の承諾を得なくても、契約上の地位を第三者に譲渡することができる。

× ➡ 旅行者の交代には旅行業者の承諾が必要。

旅行者の交代に伴う手続きについても、確認しておきたい。

05　企画旅行契約 ── 契約の解除

契約の解除については4つのパターンに分類して整理すると覚えやすいわよ。特にそれぞれの違いを理解しておくことが大切。また取消料の支払いが必要なときと不要なときの区別もつけておく必要があるわね。

契約の解除（第16〜18条）

　旅行契約の解除については、旅行者、旅行業者相方にその権利がある。次のようにパターン化し整理して覚えるとわかりやすい。

①旅行者の解除権 ➡ パターンA… 旅行開始前の解除
　　　　　　　　　　　　パターンB… 旅行開始後の解除

②旅行業者の解除権 ➡ パターンC… 旅行開始前の解除
　　　　　　　　　　　　パターンD… 旅行開始後の解除

それでは「パターンA」から順に解説を進めていきましょう！

旅行者の旅行開始前の解除……パターンA

　旅行者は、**いつでも**（旅行開始前でも開始後でも）所定の**取消料**（P121〜別表1参照。通常、取消料というときはこの表を指す）さえ支払えば、企画旅行契約を解除できる。

ただし、次のような場合取消料を支払う必要はないのよ。

POINT 2-1-14

●取消料を支払うことなく契約を解除できるケース
①契約内容の重要な変更（P131別表2の変更）があったとき（出発日・

帰着日の変更、運送機関の等級・名称の変更など）。

②運賃・料金の大幅な増額に伴い、旅行代金が増額になったとき。

③天災地変等、旅行の安全かつ円滑な実施が不可能なとき（企画旅行の目的地で大規模な地震があり旅行を実施できそうにないなど）。

④期日までに、確定書面が交付されないとき。

⑤旅行業者の責に帰すべき事由により（旅行業者の責任で）旅行の実施が不可能になったとき（予定の航空便を手配していない等）。

受注型ではこうなる

　募集型とは次の1点が異なります。P121〜の「募集型」の取消料の表とP122〜の「受注型」の表をよ〜く見比べてみよう。そう、（1）「イ」の部分が異なっている。

受注型では、**企画書に企画料金を明示していれば**（P104を参照。）旅行業者が**取消料を収受することができる初日の設定がないから**、契約が成立すれば、その日から企画料相当額（取消料の表の趣旨から旅行代金の20％以下でしか設定できない）の取消料を旅行者から収受することができる。

極端な例では、

　1年先の修学旅行の実施依頼を受けた旅行業者が、**企画料金を明示**した企画書を提出し契約を締結した。

学校側の都合により修学旅行を取りやめるとの通告があった。

旅行業者は、修学旅行実施の**1年前であろうと、企画料相当額の取消料を収受できる。**

そして、**「ピーク時」の設定がない。**

手配旅行ではこうなる

旅行者は、いつでも手配旅行契約の全部または一部を解除することができる。その際、旅行者は以下を負担しなければならない。

> ① 既に手配済みの運送・宿泊機関に支払うべき**取消料・違約料**
> ② 旅行業務取扱料金
> ③ 取消手続料金

 募集型企画旅行契約の部「旅行者の旅行開始前の解除権」に関する記述のうち、旅行者が契約の解除に当たって取消料の支払いを要するものはどれか（いずれも取消料の支払いを要する時期における解除とする）。

　a）集合場所である空港に向かう運送機関に遅延が生じたために集合時間に間に合わないことが判明し、契約を解除するとき。

　b）台風の影響で旅行地の運送機関が不通となり、かつ官公署から避難命令が発せられたことから、旅行の安全かつ円滑な実施が不可能となる恐れが極めて大きいとき。

　c）旅行開始日前日に利用するホテルが確定書面に記載してあった「Aホテル」から「Bホテル」に変更になったとき。

　d）旅行業者が旅行者に対し、契約書面に定めた期日までに確定書面を交付しなかったとき。

---

 a）➡集合場所までのアクセスは旅行者が各自手配すべきものであって、旅行者の自己責任であり、この場合取消料の支払いが必要。● b）天災地変で、官公署の命令がある場合の解除は、取消料は不要。c）P131 ～の表に掲げる「7」の「契約内容の重要な変更」に該当する。d）旅行業者の債務不履行である。

 P131 ～の「契約内容の重要な変更」を具体的に頭に描きながら覚えておこう！

旅行者の旅行開始後の解除……パターンB

　旅行者はいつでも取消料さえ支払えば企画旅行契約を部分解除できる。したがって、旅行開始後であっても取消料（最大で旅行代金の100％）を支払えば解除が可能である。

> また旅行者に責任がないのに企画旅行契約を解除せざるを得なかった場合には、取消料を支払うことなく、旅行サービスの受領できなかった部分（その時点から先）を解除できます。またその際、旅行業者はその部分にあたる金額を旅行者に払い戻します。

旅行業者の旅行開始前の解除……パターンC

　旅行業者は、次の場合には旅行者に旅行開始前に理由を説明して企画旅行契約を解除することができる。

①参加旅行者の条件を満たさないことが判明したとき ➡ **例** 運転免許保持者のみ参加可能なツアーに申込み後、交通事故を起こして免許取り消しになったなど。
②旅行者が病気等で旅行に耐えられないとき。
③旅行者が旅行の円滑な実施を妨げるおそれがあるとき。
④旅行者が合理的な範囲を超える要求(わがままで、ひどい要求)をするとき。
⑤最少催行人員に達しないとき（通知期限あり）。
⑥スキーツアー等の旅行実施条件が成就しないとき（通知期限なし）。
　➡ **例** 明後日出発の草津のスキーツアーだが、暖冬のため現地に雪が積もっていないなど。
⑦天災地変等のとき。
⑧通信契約でクレジットカードが使えないとき。
⑨旅行者が暴力団員であったり、脅迫的な行為等を行ったとき。

> 上記⑤の最少催行人員に満たないため募集型企画旅行を中止する場合（いわゆるツアーキャンセル）には、旅行者に対する通知期限が次のように定められているわ。

●最小催行人員未達での旅行中止の通知期限（「3」がらみで覚えよう）

国内旅行（日帰り旅行）	旅行開始日の前日より起算してさかのぼって **3日**にあたる日より前までに通知する
国内旅行（宿泊を伴う旅行）	旅行開始日の前日より起算してさかのぼって **13日**にあたる日より前までに通知する
海外旅行（ピーク時以外）	旅行開始日の前日より起算してさかのぼって **23日**にあたる日より前までに通知する
海外旅行（ピーク時：12/20〜1/7　4/27〜5/6　7/20〜8/31の出発）	旅行開始日の前日より起算してさかのぼって **33日**にあたる日より前までに通知する

　旅行者が、契約書面に定めた期日までに旅行代金を支払わないときは、旅行業者は、その定めた期日の**翌日**に旅行者が企画旅行契約を解除したとみなして、契約を解除する。その際旅行者は、その解除した日に適用される取消料（P121〜別表1参照）と同じ額の**違約料**を支払わなければならない。

旅行者の任意解除　　　　　　　　➡ 取消料

旅行者が代金を支払わないため　　➡ 違約料（取消料とはいわない！）
旅行業者が契約を解除

　ただし、違約料は企画旅行契約にしかないことに注意！

受注型ではこうなる

　受注型は募集性がなく、**参加条件の設定、最少催行人員の考え方がないから、**①、⑤の規定はない。これはよく出題される事項だから、しっかり押さえておこう。

募集型企画旅行契約における旅行開始前の旅行業者による契約の解除に関する次の記述のうち、正しいものはどれか（いずれも、取消料適用期間内の解除とする）。
　a）旅行業者は、花見を目的とする国内日帰り旅行において、開花が遅れているという事由で、契約を解除しようとするときは、旅行開始日の前日から起算

してさかのぼって３日目に当たる日より前に旅行者にその旨通知しなければならない。
b）旅行開始日が4月1日の海外旅行の場合、旅行業者は、旅行者の数が契約書面に記載した最少催行人員に達しないため旅行開始日の前日からさかのぼって23日目に当たる日に、旅行者に対し、旅行を中止する旨を通知すれば契約を解除することができる。
c）旅行業者は、旅行者が契約書面に記載する期日までに旅行代金を支払わないときは、当該期日において旅行者が契約を解除したものとし、旅行者は、旅行業者に対し、取消料に相当する額の違約料を支払わなければならない。
d）通信契約を締結した旅行者の有するクレジットカードが無効になり、旅行代金等に係る債務の決済が不可能となった場合は、当該旅行者に理由を説明して契約を解除することができる。

----

 d）●a）スキーツアーの積雪量、花見の開花状況などのように旅行実施条件が成就しない場合の契約解除の通知期限は設定されていない。b）これは実にいやらしい問題だ。「23日目に当たる日に」とある。正しくは「23日目に当たる日より前までに」だからこの部分が誤り。このようないやらしい問題が実際に出題される。c）旅行者が契約を解除したものとみなすのは、当該期日の翌日である。

旅行業者の旅行開始後の解除……パターンＤ

旅行開始後は、旅行業者は次の場合には旅行契約を解除できる。

①旅行者が病気等になり、旅行の継続に耐えられなくなったとき。
②旅行者が添乗員の指示に従わなかったり他の旅行者に対する暴行、または脅迫等により、団体行動を乱し当該旅行の安全かつ円滑な実施を妨げるとき。
③天災地変等が発生し、旅行の継続が不可能になったとき。
④旅行者が暴力団員であったり、脅迫的な行為を行う者であることが判明したとき。

ただし、①または③の場合、旅行業者は、旅行者からの求めに応じて帰路の手配をすることが義務づけられているわ。その費用は旅行者の負担となります。②のような、とんでもない旅行者は、「もう〜知らない！勝手にしなさい」ということで旅行業者に帰路手配義務はない。

●旅行者による解除と旅行業者による解除の違い

①旅行者による解除では

旅行者は、旅行開始前でも開始後であっても、旅行業者に対し所定の取消料（別表1）を支払う。

②旅行業者による解除では

旅行開始前であれば、旅行者は何も支払わなくてよい（支払い済みの旅行代金があれば全額払い戻す）。

旅行開始後は、すでに提供を受けたサービス（もう乗ってしまった航空運賃・泊まってしまったホテル代等）と運送機関・宿泊機関に対する取消料等（これから乗る予定だったJRの払戻手数料・宿泊予定の旅館の違約金・バスの違約料等。別表1規定の企画旅行の取消料のことではない）は旅行者の負担となる。

旅行者に対する払戻金額　＝

旅行代金全額　−（提供を受けたサービス分＋運送・宿泊等の取消料等）

 受注型企画旅行に関する次の記述のうち、正しいものはどれか。

a）旅行業者が、企画書面および契約書面に旅行代金の内訳として企画料金の額を明示し、契約を締結した場合、旅行者の都合により、旅行開始前に当該契約が解除されたときは、旅行業者は解除の時期にかかわらず、取消料を収受することができる。

b）旅行業者が、旅行代金の内訳として企画料金の金額を明示した企画書面を旅行者に交付すれば、旅行者から当該書面に記載された企画の内容に関し、契約の申込みがないときでも、旅行業者は旅行者から当該企画料金を収受することができる。

c）旅行業者は、旅行者の数が契約書面に記載した最少催行人員に達しなかったときは、所定の期日までに旅行を中止する旨を旅行者に通知して旅行契約を解除することができる。

d）旅行者は、契約責任者の承諾を得れば、旅行業者の承諾を得なくても契約上の地位を第三者に譲り渡すことができる。

---

 a）➡ a）企画料金を契約書面に明示していれば契約締結後はいつからでも、企

画料相当額の取消料を収受できる。●ｂ）このような旅行業務はない。企画書を交付しただけでは受注型企画旅行の契約は成立していない。この場合旅行業者は契約の申込み（旅行業者は申込金の受理が必要）がない限り旅行者から報酬等を収受することはできない。旅行業者にとって企画書を立案し、旅行者に提出することが無駄骨になることもあるのだ。ｃ）受注型にはそもそも「最少催行人員」の考え方はないからこの設問は誤り。ｄ）旅行業者の承諾が必要。これは募集型と同一。

 受注型ではこうなる をきちんと押さえておこう。

 手配旅行契約に関する次の記述のうち、誤っているものはどれか。
　　ａ）「旅行代金」とは、旅行業者が旅行サービスを手配するために、運賃、宿泊料その他の運賃・宿泊機関等に対して支払う費用および旅行業者所定の旅行業務取扱料金（変更手続料金および取消手続料金を除く）をいう。
　　ｂ）旅行業者は、運送サービスの手配のみを目的とする契約であって、旅行代金と引き換えに当該旅行サービスの提供を受ける権利を表示した書面を旅行者に交付するときは、口頭による申込みを受け付けることがある。
　　ｃ）旅行者により旅行開始前に契約が解除された場合、旅行者は既に手配が完了している旅行サービスに係る取消料、違約料を負担し、取消手続料金を旅行業者に支払わなければならないが、旅行業務取扱料金は支払う必要はない。
　　ｄ）旅行業者が善良な管理者の注意をもって旅行サービスの手配をしたときは、手配旅行契約に基づく旅行業者の債務の履行は終了する。

- -

 ｃ）➡ 旅行業務取扱料金も支払う必要がある。

 手配旅行ではこうなる をもう一度見直そう。

企画旅行の取消料

　前項まで解説した企画旅行契約に伴う取消料は、次のように決められているのよ。

●別表 1　取消料（第 16 条第 1 項関係）　募集型企画旅行契約

国内旅行に係る取消料

区　　　　　　　　　分	取　消　料
（1）次項以外の募集型企画旅行契約	
イ　旅行開始日の前日から起算してさかのぼって 20 日目（日帰り旅行にあっては 10 日目）にあたる日以降に解除する場合（ロからホまでに掲げる場合を除く）	旅行代金の 20%以内
ロ　旅行開始日の前日から起算してさかのぼって 7 日目にあたる日以降に解除する場合（ハからホまでに掲げる場合を除く）	旅行代金の 30%以内
ハ　旅行開始日の前日に解除する場合	旅行代金の 40%以内
ニ　旅行開始当日に解除する場合（ホに掲げる場合を除く）	旅行代金の 50%以内
ホ　旅行開始後の解除または無連絡不参加の場合	旅行代金の 100%以内
（2）貸切船舶を利用する募集型企画旅行契約	当該船舶に係る取消料の規定による
備考：①取消料の金額は、契約書面に明示する。 　　　②本表の適用に当たって「旅行開始後」とは、特別補償規程に規定する「サービスの提供を受けることを開始した時」以降をいう。	

海外旅行に係る取消料

区　　　　　　　　　分	取　消　料
（1）本邦出国時または帰国時に航空機を利用する募集型企画旅行契約（次項に掲げる旅行契約を除く）	
イ　旅行開始日がピーク時の旅行である場合であって、旅行開始日の前日から起算してさかのぼって 40 日目にあたる日以降に解除するとき（ロからニまでに掲げる場合を除く）	旅行代金の 10%以内
ロ　旅行開始日の前日から起算してさかのぼって 30 日目にあたる日以降に解除する場合（ハおよびニに掲げる場合を除く）	旅行代金の 20%以内
ハ　旅行開始日の前々日以降に解除する場合（ニに掲げる場合を除く）	旅行代金の 50%以内
ニ　旅行開始後の解除または無連絡不参加の場合	旅行代金の 100%以内

（2）貸切航空機を利用する募集型企画旅行契約	
イ　旅行開始日の前日から起算してさかのぼって 90 日目にあたる日以降に解除する場合（ロからニまでに掲げる場合を除く）	旅行代金の 20％以内
ロ　旅行開始日の前日から起算してさかのぼって 30 日目にあたる日以降に解除する場合（ハおよびニに掲げる場合を除く）	旅行代金の 50％以内
ハ　旅行開始日の前日から起算してさかのぼって 20 日目にあたる日以降に解除する場合（ニに掲げる場合を除く）	旅行代金の 80％以内
ニ　旅行開始日の前日から起算してさかのぼって 3 日目にあたる日以降の解除または無連絡不参加の場合	旅行代金の 100％以内
（3）本邦出国時および帰国時に船舶を利用する募集型企画旅行契約	当該船舶に係る取消料の規定による
備考：①取消料の金額は、契約書面に明示する。 　　　②本表の適用に当たって「旅行開始後」とは、特別補償規程に規定する「サービスの提供を受けることを開始した時」以降をいう。	

注：「ピーク時」とは、12月20日〜1月7日まで、4月27日〜5月6日まで、および7月20日〜8月31日までをいう。

●別表 1　取消料（第 16 条第 1 項関係）　受注型企画旅行契約
国内旅行に係る取消料

区　　　　　分	取　消　料
（1）次項以外の受注型企画旅行契約	
イ　ロからへまでに掲げる場合以外の場合（当社が契約書面において企画料金の金額を明示した場合に限る）	企画料金に相当する金額
ロ　旅行開始日の前日から起算してさかのぼって 20 日目（日帰り旅行にあっては 10 日目）にあたる日以降に解除する場合（ハからへまでに掲げる場合を除く）	旅行代金の 20％以内
ハ　旅行開始日の前日から起算してさかのぼって 7 日目にあたる日以降に解除する場合（ニからへまでに掲げる場合を除く）	旅行代金の 30％以内
ニ　旅行開始日の前日に解除する場合	旅行代金の 40％以内
ホ　旅行開始当日に解除する場合（へに掲げる場合を除く）	旅行代金の 50％以内
ヘ　旅行開始後の解除または無連絡不参加の場合	旅行代金の 100％以内

区　　　　　　　　　　　分	取　消　料
（2）貸切船舶を利用する受注型企画旅行契約	当該船舶に係る取消料の規定による

備考：①取消料の金額は、契約書面に明示する。
　　　②本表の適用に当たって「旅行開始後」とは、特別補償規程に規定する「サービスの提供を受けることを開始した時」以降をいう。

海外旅行に係る取消料

区　　　　　　　　　　　分	取　消　料
（1）本邦出国時または帰国時に航空機を利用する受注型企画旅行契約（次項に掲げる旅行契約を除く）	
イ　ロからニまでに掲げる場合以外の場合（当社が契約書面において企画料金の金額を明示した場合に限る）	企画料金に相当する金額
ロ　旅行開始日の前日から起算してさかのぼって 30 日目にあたる日以降に解除する場合（ハおよびニに掲げる場合を除く）	旅行代金の 20%以内
ハ　旅行開始日の前々日以降に解除する場合（ニに掲げる場合を除く）	旅行代金の 50%以内
ニ　旅行開始後の解除または無連絡不参加の場合	旅行代金の 100%以内
（2）貸切航空機を利用する受注型企画旅行契約	
イ　ロからホまでに掲げる場合以外の場合（当社が契約書面において企画料金の金額を明示した場合に限る）	企画料金に相当する金額
ロ　旅行開始日の前日から起算してさかのぼって 90 日目にあたる日以降に解除する場合（ハからホまでに掲げる場合を除く）	旅行代金の 20%以内
ハ　旅行開始日の前日から起算してさかのぼって 30 日目にあたる日以降に解除する場合（ニおよびホに掲げる場合を除く）	旅行代金の 50%以内
ニ　旅行開始日の前日から起算してさかのぼって 20 日目にあたる日以降に解除する場合（ホに掲げる場合を除く）	旅行代金の 80%以内
ホ　旅行開始日の前日から起算してさかのぼって 3 日目にあたる日以降の解除または無連絡不参加の場合	旅行代金の 100%以内
（3）本邦出国時および帰国時に船舶を利用する受注型企画旅行契約	当該船舶に係る取消料の規定による

備考：①取消料の金額は、契約書面に明示する。
　　　②本表の適用に当たって「旅行開始後」とは、特別補償規程に規定する「サービスの提供を受けることを開始した時」以降をいう。

旅行代金の払い戻し（第19条）

　旅行者または旅行業者が旅行契約を解除（旅行を取りやめ）したり、または企画旅行の代金が減額になった場合の代金は、

①旅行開始前の解除の場合……解除の翌日から起算して**7日以内**

②旅行開始後の解除または減額の場合……契約書面に記載した旅行終了日の翌日から起算して**30日以内**

にそれぞれ払い戻す。旅行代金の払い戻しと損害賠償は別もので、旅行業者は旅行代金を払い戻しさえすれば、損害賠償責任を負わなくてもよいということにはならない。

　また、通信契約の場合は、

①旅行開始前の解除……7日以内

②開始後の解除または減額の場合……30日以内に

それぞれ払い戻す額を通知する（これは、通信契約の場合は、クレジットカードでの旅行代金の支払いが行われるため。払い戻しについても、クレジットカード会社経由で行われる。各カード会社によって支払いサイト等が異なるため）。

募集型企画旅行における旅行代金の払い戻しに関する記述のうち、正しいものはどれか（いずれも通信契約ではない場合とする）。

　a）宿泊機関の利用人員によって旅行代金が異なる契約で、旅行者の都合により利用人員が変更になり利用代金が減額になる場合は、旅行業者はその減額分を利用人員変更の申し出があった日の翌日から起算して7日以内に当該旅行者に対し払い戻さなければならない。

　b）旅行者からの契約解除の申し出が旅行開始日の3日前にあった場合に、旅行者に対し払い戻すべき金額が生じたときは、旅行業者は、契約書面に記載した旅行開始日までに当該金額を払い戻さなければならない。

　c）旅行者の数が契約書面に記載した最少催行人員に達しなかったため、旅行業者が契約を解除する場合、旅行者に対し払い戻すべき金額が生じたときは、旅行業者は、解除の翌日から起算して7日以内に、当該金額を払い戻さなければならない。

　d）旅行業者の責めに帰すべき事由により、契約書面に記載した旅行の実施が不可能になったため、旅行開始前に旅行者が契約を解除した場合、旅行業者は、所定の期日までに旅行者に対し旅行代金の払い戻しをすれば、損害賠償責任は免除される。

団体・グループ契約（第21条）

団体・グループで旅行する場合は、責任のある代表者を定めその者を「契約責任者」とする。

団体旅行の幹事さん。家族旅行ではお父さんかな。

契約責任者（第22条）

①旅行業者は、契約責任者と契約を締結する。
②契約責任者は、旅行業者が定める日までに一緒に旅行する者の**名簿**を旅行業者に提出しなければならない。
③契約責任者が一緒に旅行する者に対して負う債務を旅行業者は一切負わない。
④契約責任者が同行しない場合は、契約責任者があらかじめ旅行開始後の責任者を選任する。

手配旅行ではこうなる

①契約責任者に書面を交付したとき契約は成立し、申込金の支払いを受けることなく契約の締結を承諾することがある。
②手配旅行では「一緒に旅行する者の名簿または**人数**」となっている。つまり名簿ではなく「○○名が一緒に旅行します」と通知するだけでもよい。

旅程管理（第23条）

旅程管理とは、旅行者に交付した確定書面（最終日程表）の通りに旅行を進めます、ということである。

①旅行者が旅行サービスを確実に受けられるように努力します。

⬇ …それでもしょうがないときは

②変更するときは、代替サービスを手配します。

③変更は最小限にとどまるよう努力します。

手配旅行ではこうなる

手配旅行では、旅行業者に**旅程管理義務はない**。

😊 旅行業者があらかじめ計画したものではないからです。

旅行業者の指示（第24条）

旅行者は、旅行業者による円滑な旅行の実施を妨げないよう、旅行開始後から旅行終了まで、団体で行動するときは旅行業者（添乗員等を含む）の指示に従わなければならない。

添乗員等の業務（第25条）

旅行業者は、第23条の旅程管理業務を実施するため必要な場合は、添乗員等を同行させることがある。ここで注意しなければいけないのは「させることがある」と規定されているだけで、すべての企画旅行（募集型、受注型）に添乗員を同行させなければならないということではない。

また、**添乗員の業務時間は原則として8時〜20時まで**である。

手配旅行ではこうなる

手配旅行は旅行業者に旅程管理責任がありませんから、添乗員を同行させることはありません。旅行者が搭乗手続、ホテルのチェックイン等の補助を望む場合は、旅行業者は有料で添乗員を派遣することがあります。

😊 もちろん、これは旅程管理義務によるものではありません。

保護措置（第26条）

　旅行業者は、旅行中の旅行者が、疾病、傷害等により保護を要する状態にあると認めたときは、必要な措置を講ずることがある。この場合において、これが旅行業者の責に帰すべき事由によるものでないときは、当該措置に要した費用は旅行者の負担とし、旅行者は当該費用を旅行業者が指定する期日までに旅行業者の指定する方法で支払わなければならない。

 募集型企画旅行契約における旅程管理に関する次の記述のうち、誤っているものはどれか。

a）旅行者は、旅行開始後旅行終了までの間において、団体で行動するときは、旅行を安全かつ円滑に実施するための旅行業者の指示に従わなければならない。

b）旅行業者は、旅行者が契約に従った旅行サービスの提供を確実に受けられるために必要な措置を講じたにもかかわらず、契約内容を変更せざるを得ないときは、代替サービスの手配を行わなければならないが、契約内容の変更を最小限にとどめるよう努力しなければならない。

c）旅行業者は、旅行には必ず添乗員その他の者を同行させて、旅程管理業務その他当該旅行に付随して旅行業者が必要と認める業務の全部または一部を行わせなければならない。

d）旅行業者は、旅行中の旅行者が、疾病、傷害等により保護を要する状態にあると認めたときは、必要な措置を講ずることがあるが、これが旅行業者の責めに帰すべき事由によるものでないときは、当該措置に要した費用は旅行者の負担となる。

- -

 c）第23条の旅程管理業務を実施するために必要な場合は、添乗員等を同行させることがある。「必ず同行させる」とするのは誤り。このように問題文に「必ず」「すべてに」「のみ」「一切（いっさい）」といった文言が出てきたら注意すること。

06 企画旅行契約 —— 責任

ポイントは損害賠償義務の発生要件。手荷物とそれ以外について、通知期限と支払限度額を整理しておきましょう。また旅程保証と損害賠償との関係もつかんでおくこと。

旅行業者の責任（第27条）

　旅行業者は、企画旅行の履行にあたって、旅行業者自身またはその手配代行者が**故意・過失**により旅行者に損害を与えたときはその損害を賠償する。

POINT 2-1-17

●旅行業者の損害の賠償…旅行業者の過失責任

①旅行者から旅行業者への通知期限

　手荷物以外　➡ 損害発生の翌日から起算して**2年以内**に損害を通知する。

　手荷物　➡ 損害発生の翌日から起算して、国内旅行の場合は**14日以内**、海外旅行の場合は**21日以内**に通知する。

②支払限度額

　手荷物以外　➡ 制限なし

　手荷物　➡ 1人あたり（荷物1個についてではない）15万円まで（ただし故意または重大な過失の場合を除く／故意・重過失の場合は制限なし）

　手配代行者のミスも旅行業者の責任となるのよ。

特別補償（第28条）

　特別補償は第27条とは違い、**旅行業者に責任がなくても**旅行者が身体または手荷物の上に損害を被った場合、あらかじめ定められた補償金および見舞金を支払う。

●旅行業者による特別補償 …… 無過失責任

①旅行業者に責任がなくてもあらかじめ定めた額の見舞金および補償金を
支払う

↓

特別補償規程

②旅行業者が損害賠償を請求されたら → 特別補償の補償金を損害賠償額
に充当できる。　　（特別補償の補償金は充当した金額だけ縮減される）

③オプショナルツアー（OP）の取扱い

・同じ旅行業者が実施するOPに参加した場合

……補償金の2重払いはしない（全体で一つのツアーとみなす）

・異なる旅行業者が実施するOPに参加した場合

……それぞれから補償金が支払われる

旅行業者の責任に関する次の記述のうち、誤っているものはどれか。

a）旅行業者は、旅行業者の故意または過失により旅行者に損害（手荷物を除く）
を与えたときは、損害発生の翌日から起算して2年以内に旅行業者に対して
通知があったときに限り、その損害を賠償する責任を負う。

b）旅行業者は、旅行業者が手配を代行させた者が故意または過失により旅行者
に損害を与えたときは、その損害を賠償する責任を負う。

c）旅行業者は、旅行業者の故意または過失により旅行者の手荷物に損害を与え
たときは、損害発生の翌日から起算して、国内旅行にあっては14日以内に旅
行業者に対して通知があったときに限り、その損害を賠償する責任を負う。

d）旅行業者は、旅行業者の故意または過失により旅行者の手荷物に損害を与え
たときは、国内旅行・海外旅行ともに、手荷物1個につき15万円を限度とし
て賠償する。

- -

 d）➡故意または過失の場合、制限額はない。また、制限がある場合は、手荷物
1個ではなく旅行者1名につき15万円。

 通知期限の手荷物以外の2年、手荷物の国内旅行の14日、海外旅行の21日、支
払限度額の1人あたり15万円といった数字は必ず覚えておくこと。

旅程保証（第29条）

　旅行業協会に寄せられる苦情のうち、年々増加傾向にありその30%以上を占めているといわれているのが、いわゆる**オーバーブッキング（オーバーフロー・過剰予約**ともいう）に関する問題。ホテル・航空会社のオーバーブッキングを原因とする企画旅行内容の変更に対処するために、この**旅程保証**という制度ができたといえる。

　旅程保証とは、契約内容の変更に対して旅行業者に一定のペナルティ（変更補償金の支払義務）を課したもので、旅行業者は、別表2（P131）の左の欄に掲げる契約内容の変更があった場合、旅行代金に右の欄に掲げる率を乗じた金額（**変更補償金**）を旅行者に支払う。またこの支払いは旅行終了日の翌日から30日以内に行うよう定められている。

ただし、この変更が明らかに旅行業者の故意または過失によるものであった場合は、この旅程保証の規定によらず、第27条の損害賠償の規定を適用します。

▼
POINT 2-1-18

●**変更補償金の額**
　旅行代金の旅行業者が定めた**15%以上**の額が限度。ただし、1企画旅行につき変更補償金の合計が1,000円未満の場合は支払われない。
●**変更補償金の支払期限**
　旅行終了日の翌日から起算して**30日以内**。

また変更補償金を支払った後に、損害賠償に発展した（旅行業者の故意・過失が判明した）場合は、損害賠償金と変更補償金とを相殺した残額を支払うことになるのよ。

●別表2　変更補償金（第29条第1項関係）　募集型企画旅行契約

変更補償金の支払いが必要となる変更	1件あたりの率（%）	
	旅行開始前	旅行開始後
1. 契約書面に記載した旅行開始日または旅行終了日の変更	1.5	3.0
2. 契約書面に記載した入場する観光地または観光施設（レストランを含む）その他の旅行の目的地の変更	1.0	2.0
3. 契約書面に記載した運送機関の等級または設備のより低い料金のものへの変更（変更後の等級および設備の料金の合計額が契約書面に記載した等級および設備のそれを下回った場合に限る）	1.0	2.0
4. 契約書面に記載した運送機関の種類または会社名の変更	1.0	2.0
5. 契約書面に記載した本邦内の旅行開始地たる空港または旅行終了地たる空港の異なる便への変更	1.0	2.0
6. 契約書面に記載した本邦内と本邦外との間における直行便の乗継便または経由便への変更	1.0	2.0
7. 契約書面に記載した宿泊機関の種類または名称の変更	1.0	2.0
8. 契約書面に記載した宿泊機関の客室の種類、設備、景観その他の客室の条件の変更	1.0	2.0
9. 前各号に掲げる変更のうち契約書面のツアー・タイトル中に記載があった事項の変更	2.5	5.0

注1：「旅行開始前」とは当該変更について旅行開始日の前日までに旅行者に通知した場合をいい、「旅行開始後」とは、当該変更について旅行開始当日以降に旅行者に通知した場合をいう。

注2：確定書面が交付された場合には、「契約書面」とあるのを「確定書面」と読み替えたうえで、この表を適用する。この場合において、契約書面の記載内容と確定書面の記載内容との間、または確定書面の記載内容と実際に提供された旅行サービスの内容との間に変更が生じたときは、それぞれの変更につき1件として取り扱う。

注3：第3号または第4号に掲げる変更に係る運送機関が宿泊設備の利用を伴うものである場合は、1泊につき1件として取り扱う。

注4：第4号に掲げる運送機関の会社名の変更については、等級または設備がより高いものへの変更を伴う場合には適用しない。

注5：第4号または第7号もしくは第8号に掲げる変更が1乗車船等または1泊の中で複数生じた場合であっても、1乗車船等または1泊につき1件として取り扱う。

注6：第9号に掲げる変更については、第1号から第8号までの率を適用せず第9号による。

別表2をわかりやすく解説すると…

●重要な変更

1. 出発日・帰着日の変更
2. 入場する観光地（レストラン名を明記した場合は該当する）の変更

3. 列車・航空機のクラスが<u>下級</u>に変更となった（上級に変更になった場合は支払わない）
4. 運送機関の種類または会社名の変更
5. 出発空港・到着空港の変更
6. 海外旅行の場合の直行便、乗継便、経由便等の変更
7. ホテル・旅館の種類または名称の変更
8. ホテル・旅館の客室の種類・景観・客室条件の変更
9. 上記（1〜8）の項目がツアータイトルに掲げられていた場合のその変更

受注型ではこうなる

受注型では「9」の**ツアータイトルに関する項目がない**。注意しよう。

●別表2　変更補償金（第30条第1項関係）　受注型企画旅行契約

変更補償金の支払いが必要となる変更	1件あたりの率（%）	
	旅行開始前	旅行開始後
1. 契約書面に記載した旅行開始日または旅行終了日の変更	1.5	3.0
2. 契約書面に記載した入場する観光地または観光施設（レストランを含む）その他の旅行の目的地の変更	1.0	2.0
3. 契約書面に記載した運送機関の等級または設備のより低い料金のものへの変更（変更後の等級および設備の料金の合計額が契約書面に記載した等級および設備のそれを下回った場合に限る）	1.0	2.0
4. 契約書面に記載した運送機関の種類または会社名の変更	1.0	2.0
5. 契約書面に記載した本邦内の旅行開始地たる空港または旅行終了地たる空港の異なる便への変更	1.0	2.0
6. 契約書面に記載した本邦内と本邦外との間における直行便の乗継便または経由便への変更	1.0	2.0
7. 契約書面に記載した宿泊機関の種類または名称の変更	1.0	2.0
8. 契約書面に記載した宿泊機関の客室の種類、設備、景観その他の客室の条件の変更	1.0	2.0

注1：「旅行開始前」とは当該変更について旅行開始日の前日までに旅行者に通知した場合をいい、「旅行開始後」とは、当該変更について旅行開始当日以降に旅行者に通知した場合をいう。
注2：確定書面が交付された場合には、「契約書面」とあるのを「確定書面」と読み替えたうえで、この表を適用する。この場合において、契約書面の記載内容と確定書面の記載内容との間、または確定書面の記載内容と実際に提供された旅行サービスの内容との間に変更が生じたときは、それぞれの変更につき1

件として取り扱う。

注3：第3号または第4号に掲げる変更に係る運送機関が宿泊設備の利用を伴うものである場合は、1泊につき1件として取り扱う。

注4：第4号に掲げる運送機関の会社名の変更については、等級または設備がより高いものへの変更を伴う場合には適用しない。

注5：第4号または第7号もしくは第8号に掲げる変更が1乗車船等または1泊の中で複数生じた場合であっても、1乗車船等または1泊につき1件として取り扱う。

▼

POINT 2-1-19

●**旅行業者の免責事由**

　次の理由による変更の場合は、旅行業者は変更補償金を支払う必要はない。

①天災地変

②戦乱・暴動

③官公署の命令

④旅行サービス提供の中止（航空会社の欠航・ホテルの営業停止等）

⑤当初の運行計画によらない運送サービスの提供（運送機関の遅延等）

⑥旅行者の安全確保のため必要な措置

したがって、変更が旅程保証の対象となる（イコール変更補償金を支払う）かどうかの区別が一番重要な部分なんです。

変更補償金支払いの要・否は次のように判断します。

　まず①**変更の原因**を検討し　→　②**変更の内容**を考える

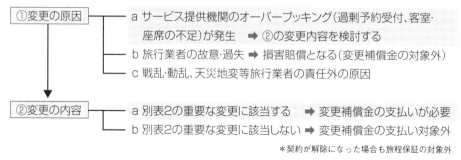

①変更の原因
- a サービス提供機関のオーバーブッキング（過剰予約受付、客室・座席の不足）が発生 ➡ ②の変更内容を検討する
- b 旅行業者の故意・過失 ➡ 損害賠償となる（変更補償金の対象外）
- c 戦乱・動乱、天災地変等旅行業者の責任外の原因

②変更の内容
- a 別表2の重要な変更に該当する ➡ 変更補償金の支払いが必要
- b 別表2の重要な変更に該当しない ➡ 変更補償金の支払い対象外

＊契約が解除になった場合も旅程保証の対象外

変更補償金に関する問題は、問題文中に「過剰予約受付」「客室・座席の不足が発生」等の表現があれば先ず、ピピッと反応すること。それだけでずいぶん楽になりますよ。

旅程保証について述べた次の記述のうち、誤っているものはどれか。

a) 旅行業者が支払うべき変更補償金の額は、旅行者1名に対して1企画旅行につき旅行代金に旅行業者が定める10%以上の率を乗じた額を限度とする。

b) 旅行者1名に対して1企画旅行につき支払うべき変更補償金の額が1,000円未満であるときは、旅行業者は変更補償金を支払わない。

c) 旅行業者が変更補償金を支払うときは、旅行終了日の翌日から起算して30日以内に支払わなければならない。

d) 旅行業者が変更補償金を支払った後に、当該変更となった原因が旅行業者の責任であることが明らかになった場合には、旅行業者は、支払うべき損害賠償金の額と旅行者が返還すべき変更補償金の額とを相殺した残額を支払わなければならない。

---

 a) ➡ 10%ではなく15%。

 次の記述のうち、変更補償金の支払いが必要となるものはどれか。

a) 確定書面に利用航空会社として記載していたA航空の欠航により、契約書面に記載のないB航空に変更になったとき。

b) 利用した航空便が大幅に遅延したため、目的地への到着時刻が遅れ、当日入場する予定であった美術館に入場できなかったとき。

c) 確定書面に利用ホテルとして記載していたAホテルの一部の部屋が消防設備の不備により使用できなくなり、部屋の不足が生じ契約書面に利用予定ホテルとして記載していたBホテルに変更になったとき。

d) 確定書面にAレストランで「地元名物スペイン料理」と記載したものが、Aレストランでの「フランス料理」に変更になったとき。

---

 c) ●a)「航空会社の欠航」は免責事項。b)「運送機関の遅延」に該当し、免責となる。c) 設問の場合、Aホテルが全館休業であれば免責となるが、使用できない部屋が一部である場合は、オーバーブッキングであるから、旅行業者は変更補償金を支払わなければならない。d) メニューの変更は「重要な変更の1～9」に該当しない。

 この種の問題は毎年必ず出題される。過去問等をよく調べていろいろなケースを正しく理解しよう。問題文中の「部屋の不足が生じ」にピピッと反応すれば簡単に解けるはず。

旅行者の責任（第30条）

第30条

旅行者の故意または過失により旅行業者が損害を被ったときは、当該旅行者は、損害を賠償しなければならない。

2　旅行者は、募集型企画旅行契約を締結するに際しては、旅行業者から提供された情報を活用し、旅行者の権利義務その他の募集型企画旅行契約の内容について理解するよう努めなければならない。

3　旅行者は、旅行開始後において、契約書面に記載された旅行サービスを円滑に受領するため、万が一契約書面と異なる旅行サービスが提供されたと認識したときは、旅行地において速やかにその旨を当社、当社の手配代行者または当該旅行サービス提供者に申し出なければならない。

要するに次のようなことが述べられているのよ。

▼

POINT 2-1-20

●**旅行者の責任ポイント**

①旅行者にも損害賠償の義務が発生することがある。

②旅行業者の企画旅行契約の内容をよく理解するよう努める。

③契約書に書かれている内容と違っているなと感じたら、旅行中に申し出る（帰ってからブツブツ言ってもダメ）。

07 特別補償規程（標準旅行業約款企画旅行契約の部別紙）

設問では、損害賠償と特別補償および旅程保証との関係が問われることが多い。また補償金については、死亡補償金と後遺障害補償金は、それぞれ入院見舞金、通院見舞金と重複して支払われる点にも注意すること。

旅行業者の支払責任（第1条）

　特別補償規程とは、標準旅行業約款企画旅行契約の部 第28、29条により、企画旅行（つまり募集型企画旅行、受注型企画旅行）参加中の旅行者が身体・生命（1章〜4章に規定）または携帯品（5章に規定）に損害を受けた場合、責任の所在を問わず旅行業者が一定の補償金を支払うという規定をいう。

　第1条では、<u>企画旅行参加中の旅行者が急激かつ偶然な外来の事故</u>により身体に傷害を被ったときには、旅行者またはその法定相続人に**死亡補償金、後遺障害補償金、入院見舞金、通院見舞金**を支払うとしている。

> 上記の傷害には、有毒ガス等による急性中毒は含まれますが、<u>細菌性食物中毒（いわゆる食中毒）は含まれない</u>点に注意しましょう。

定義（第2条）

POINT 2-1-21

●企画旅行参加中とは

	離脱および旅行会社への通知について	取扱い	補償金の支払い
①	旅行者が、離脱および復帰の予定日時を、あらかじめ旅行会社に届け出て、旅行の行程から離脱した場合	その離脱中は、「企画旅行参加中」とする。	○

②	旅行者が、離脱および復帰の予定日時を、あらかじめ旅行会社に届け出ないで、旅行の行程から離脱した場合	その離脱中は、「企画旅行参加中」とはしない	×
③	旅行者が、再び旅行日程に従って旅行する意思を持たずに離脱したとき（旅行途中から全く別行動をとるとき）	離脱したときから後は、「企画旅行参加中」とはしない	×

補償金等を支払わない場合（第3〜5条）

　旅行者の故意・自殺・犯罪行為・闘争行為（けんか）・無免許運転・酒酔い運転・疾病（病気）等による傷害については補償金は支払われない（ただし第三者がとばっちりで巻き添えを受けた場合は支払う）。

　また原因が、戦争や内乱等の武装事変・放射能被害・細菌性食物中毒・他覚症状のないむちうち症、腰痛による場合は対象外。さらに<u>国内企画旅行参加中に限っては</u>、地震・噴火・津波による場合も対象外。

　さらに、あらかじめ旅行日程に含まれているものでなければ、企画旅行参加中に行った「山岳登はん・スカイダイビング・ハンググライダー等」の危険度の高いスポーツの事故による傷害も補償金支払いの対象にならないのよ。

　旅行者が海外企画旅行中に被った傷害について、**補償金が支払われるものをすべて選びなさい。**
　a）現地滞在中はすべて自由行動のツアーで、ハンググライダーを行ってケガをした場合
　b）津波に遭遇し、避難した際に事故に巻き込まれてケガをした場合
　c）自由行動中にスキューバダイビングを行い、事故でケガをした場合
　d）旅行中に訪れたレストランの食事が原因で、旅行者が細菌性の食物中毒になった場合

- -

　b）c）➡ b）海外企画旅行なので、補償金が支払われる。c）マリンスポーツは危険なスポーツとされていない。

対策　補償金等を支払わない場合の具体例を確認しておこう。

補償金等の額・死亡の推定（第6〜9条）

　旅行業者が、死亡を含む損害を被った旅行者に対して支払う補償金等の額は、次のように規定されている。

●補償金の額

①**死亡補償金**…国内旅行の場合**1,500万円**、海外旅行の場合**2,500万円**
　　　　　　　　事故の日から**180日以内**に死亡した者に対して支払う。

②**後遺障害補償金**…死亡補償金の額の３〜100％（死亡補償金の額が限度）

③**入院見舞金**…**１日**入院しただけでも支払われる。

日　　　数	海外企画旅行の場合	国内企画旅行の場合
180日以上	40万円	20万円
90日〜180日未満	20万円	10万円
7日〜90日未満	10万円	5万円
7日未満	4万円	2万円

④**通院見舞金**
（**3日以上**の通院から支払う。事故の日から**180日**を経過した通院は支払われない）

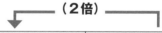

日　　　数	海外企画旅行の場合	国内企画旅行の場合
90日以上	10万円	5万円
7日〜90日未満	5万円	2.5万円
3日〜7日未満	2万円	1万円

死亡補償金と後遺障害補償金は 重複して支払わない
入院見舞金と通院見舞金も 重複して支払わない

同じ「補償金」「見舞金」の枠の
うちでは重複して支払わない。

⬇

「補償金」と「見舞金」は重複しても可

例 「通院見舞金」を支払った後に「死亡補償金」を支払った。

　なお旅行者の搭乗する航空機もしくは船舶が行方不明・遭難し、30日経過しても発見されなかったときは、行方不明または遭難した日に死亡したものと推定する。
　また特別補償規程に基づく補償金等を支払った後に、損害賠償に発展した（旅行業者の責任が判明した）場合は、損害賠償金と補償金とを相殺した残額を支払う。

入院見舞金および通院見舞金の支払いに関する特則（第10条）

第10条（入院見舞金および通院見舞金の支払いに関する特則）

　旅行業者は、旅行者1名について入院日数および通院日数がそれぞれ1日以上となった場合は、前2条の規定にかかわらず、次の各号に掲げる見舞金のうちいずれか金額の大きいもの（同額の場合には、第1号に掲げるもの）のみを支払う。

1　当該入院日数に対し当社が支払うべき入院見舞金。

2　当該通院日数（当社が入院見舞金を支払うべき期間中のものを除く）に当該入院日数を加えた日数を通院日数とみなしたうえで、当該日数に対し当社が支払うべき通院見舞金。

　つまり、①入院見舞金＞通院見舞金の場合は＝入院見舞金を支払う。

　②（入院日数＋通院日数）を通院日数とみなして入院期間の支払額と比べ通院のほうの支払額が大きい場合は大きいほうの金額が支払われる。

👤ややこしい条文なので具体例で解説します。

例 ① 海外企画旅行で負傷　入院８日間、その後１０日間通院した場合

入院８日間……１０万円
通院１０日間……５万円
（この８日間を通院期間として通算）

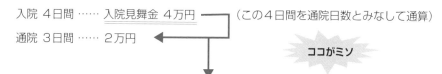

ココがミソ

通院１８日となり、（通算）通院見舞金は５万円

＜この５万円を、入院見舞金１０万円と比較し金額の大きい入院見舞金１０万円を支払う＞
（単純に、入院見舞金（１０万円）　＋　通院見舞金（５万円）＝１５万円　としないこと）

② 海外企画旅行で負傷　入院４日間、その後３日間通院した場合

入院４日間……　入院見舞金４万円
通院３日間……　２万円
（この４日間を通院日数とみなして通算）

ココがミソ

通院（４日 ＋ ３日）　７日となり……（通算）通院見舞金５万円　となる。

入院見舞金４万円＜（通算）通院見舞金５万円　となり、この場合通院見舞金として５万円が支払われる。

過去、本条に関する問題は、②のケースで出題され、すべて**解答は５万円**でした。なぜそうなるのかおわかりですか？　正解が５万円以外のケースでは問題が作れないのです。

特別補償規程に関する次の記述のうち、正しいものをすべて選べ。
a）旅行業者が、企画旅行参加中の旅行者が身体に傷害を被り入院した場合に支払う入院見舞金は、死亡補償金または後遺障害補償金の一部として取り扱われる。
b）国内募集型企画旅行中に地震が発生し、参加旅行者が落下してきた瓦を頭部に受け負傷したがこの場合、特別補償規程による補償金は支払われない。
c）企画旅行に参加中に遭遇した交通事故により身体に傷害を被り、その結果として、平常の業務に従事することまたは平常の生活ができなくなり入院した旅行者が、当該事故発生の日から９０日目に死亡した場合は、死亡補償金のみが支払われる。
d）旅行業者は、いかなる場合においても、企画旅行中の事故発生から１８０日を経過した後の通院に対しては、通院見舞金を支払わない。

携帯品の損害補償（第16〜19条）

　旅行者の携帯品を対象とする携帯品損害補償金は、実損害額（その時、その場所での価格、その物品の購入価格ではない）に応じて、次のように規定されている。

① 1企画旅行につき1人**15万円**が限度。

② 1個1対について10万円を超えるときは**10万円**とみなす。

③ **3,000円以下**は支払わない。

ただし、以下のような場合には携帯品を対象とする携帯品損害補償金は支払われません。

▼

POINT 2-1-23

●**携帯品損害補償金が支払われない場合**

①旅行者の故意・自殺・犯罪行為・闘争行為(けんか)・無免許運転・酒酔い運転・疾病(病気)等による損害（ただし、第3者がとばっちりで巻き添えを受けた場合は支払う）

②瑕疵(キズ)・外観の損傷・カビ・サビ・虫食い・置き忘れ（盗難は支払う）・紛失等による損害

③戦争や内乱・放射能等による損害

④国内企画旅行中の地震、噴火、津波等による損害

⑤液体状の携帯品の流出（ただしそれが原因で他のものに及ぼした損害については支払いの対象となる）

⑥現金・小切手・クレジットカード・クーポン券・航空券・パスポート・義歯・義肢・コンタクトレンズ（メガネは支払いの対象）・動物・花束等の植物・旅行業者があらかじめ指定したものの損害など

前ページの⑥の携帯品は、たとえ盗難でも損害の対象にならないのよ。

 次のうち、携帯品損害補償金が支払われる旅行者の携帯品はどれか。
a）カバンの中に一緒に入れていた液体化粧品が事故で流出し、それが原因でこわれてしまったカメラ
b）空港で盗難にあった旅行者のパスポート
c）旅行業者が日程に定めた自由行動中に紛失したデジタルカメラ
d）カバンとしての機能に支障はないが、外観上キズが多くできたカバン

 a） ➡ この場合、化粧品は対象にならないが、カメラは対象となる。

対策 どのような場合に支払われないのか、具体例を正確にチェックしておくこと。

募集型企画旅行契約と受注型企画旅行契約・手配旅行契約のまとめと相違点

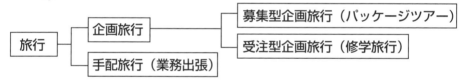

旅行の形態を整理しておきましょう！

 手配旅行契約に関する次の記述のうち、誤っているものはどれか。
a）「旅行代金」とは、旅行業者が旅行サービスを手配するために、運賃、宿泊料その他の運送・宿泊機関等に対して支払う費用および旅行業者所定の旅行業務取扱料金（変更手続料金および取消手続料金を除く）をいう。
b）旅行業者は、運送サービスの手配のみを目的とする契約であって、旅行代金と引き換えに当該旅行サービスの提供を受ける権利を表示した書面を旅行者に交付するときは、口頭による申込みを受け付けることがある。
c）旅行者により旅行開始前に契約が解除された場合、旅行者は既に手配が完了している旅行サービスに係る取消、違約料を負担し、取消手続料金を支払わなければならないが、旅行業務取扱料金は支払う必要はない。
d）団体・グループ手配における契約責任者は、旅行業者が定める日までに、構成者の名簿を旅行業者に提出し、または人数を旅行業者に通知しなければならない。

 c） ➡ 旅行業務取扱料金も支払う必要がある（P115参照）。

	募集型企画旅行契約	受注型企画旅行契約	手配旅行契約
募集性	○	×	×
旅行の計画性	○	○	×
旅程管理義務	○	○	×
旅程保証	○	○	×
特別補償	○	○	×
企画書面の交付 （企画料金の収受）	×	○	×
旅行業務取扱料金の収受	×	△ （企画料金として）	○
契約の拒否事由	**8項目** ・旅行参加条件 ・募集人員 ・円滑実施の阻害 ・旅行業者の都合 ・カード決済不能（通信契約）など	**6項目** ・円滑実施の阻害 ・旅行業者の都合 ・カード決済不能（通信契約）など （募集型と比して、**ないものに注意！**）	**5項目** ・旅行業者の都合 ・カード決済不能（通信契約）など （募集型と比して、**ないものに注意！**）
契約の成立の特則	**なし** 原則は （申込書 ＋ 申込金）	<団体・グループ契約> 申込書のみでOK	<書面による特約> 申込書のみでOK <クーポン券類> 口頭でOK <団体・グループ契約> 申込書のみでOK
契約書面の交付	○	○	△ （クーポン券の場合は不要）
確定書面の交付	○	○	×
旅行業者からの契約内容の変更	○	○	×
旅行者からの契約内容の変更	×	○	○
旅行業者からの旅行開始前の解除権	8項目 ＋（違約料）	6項目 ＋（違約料） **<ないもの>** ・旅行参加条件 ・最少催行人員	5項目 ・旅行代金の不払い ・カード決済不能（通信契約の場合）
旅行業者からの旅行開始後の解除権	6項目 ・旅行継続不能 ・円滑実施の阻害 ・天災地変、暴動	6項目 同左	3項目 暴力団の排除

次の手配旅行契約について、旅行者が（1）及び（2）のそれぞれの状況で契約を解除した場合に、旅行業者が旅行者に払い戻すべき金額の組み合わせのうち、正しいものはどれか。（旅行代金はいずれも全額収受済みとする。）

●旅行サービスに係る運送・宿泊機関に支払う費用 150,000円
●旅行業務取扱料金（変更手続料金及び取消手続料金を除く。） 10,000円
●取消手続料金 10,000円
●旅行者が既に提供を受けた旅行サービスの対価 80,000円
●旅行者がいまだ提供を受けていない旅行サービスに係る
　運送・宿泊機関等に支払う取消料・違約料 40,000円

（1）旅行業者の責めに帰すべき事由により、旅行者が旅行開始後に契約を解除した場合（旅行業者に対する損害賠償の請求は考慮しないものとする。）
（2）旅行者の都合で旅行者が旅行開始後に契約を解除した場合

	（1）の場合の払戻し額	（2）の場合の払戻し額
a）	70,000円	20,000円
b）	70,000円	30,000円
c）	80,000円	20,000円
d）	80,000円	30,000円

---

 c）➡ 手配旅行の（簡単な）計算問題。毎年出題されている。次のポイントを押さえれば、簡単に解答できるはず。

①「旅行代金」＝「運送機関・宿泊機関に支払う費用」＋「旅行業務取扱料金」
②旅行業者に責めがある場合 … 旅行業者は「既に提供したサービスの対価」以外は徴収できない
③旅行者の都合の場合 … 旅行業者は、問題文に掲げてあるものすべてを徴収できる。

では、順に検討していこう。
①旅行代金＝ 150,000 円＋ 10,000 円＝ 160,000 円　である。（ここを間違うとアウト！）
②旅行業者に責めがある場合は、160,000 円－ 80,000 円＝ 80,000 円
③旅行者の都合の場合は、
　　160,000 円－（10,000 円＋ 10,000 円＋ 80,000 円＋ 40,000 円）＝ 20,000 円
したがって、正解は c）。

08　旅行相談契約・渡航手続代行契約

旅行相談契約と渡航手続代行契約それぞれの業務の範囲と特徴を理解しておくこと。特にどちらもポイントは旅行業者の責任にかかわる部分なので、条文をよく読んで理解していきたいものです。

旅行相談契約

旅行相談契約とは、相談料金（旅行業務取扱料金）を収受することを約束して、
①旅行者に対する助言
②旅行計画の作成・見積もり
③情報提供
の業務を行う契約をいう。

　契約は、旅行業者が承諾して申込書を受理したときに成立する。また旅行相談契約は電話でも受け付けるが、この場合は、旅行業者が承諾したときに契約が成立する。

　旅行業者は、業務上の都合があるとき、および旅行者の相談内容が公序良俗・法令に反する場合は、旅行相談契約の締結を拒否できます。

POINT 2-1-24

●旅行業者の責任
①旅行業者に対する旅行者からの損害賠償請求期限は損害発生の翌日から起算して**6ヵ月以内**に通知があったときに限る。
②旅行業者が作成した旅行計画は実際に手配が可能であることを保証するものではない。したがって、作成した計画通りに手配できなくても責任は負わない。

旅行相談契約に関する次の記述のうち、正しいものはどれか。

a) 旅行相談契約では、特約を結ぶことはできない。

b) 旅行相談契約は、旅行業者が契約の締結を承諾し、所定の申込金を受理したときに成立する。

c) 旅行相談契約によって、旅行業者が作成した旅行の計画に記載した運送・宿泊機関等については、実際に手配が可能であることを保証しなければならない。

d) 旅行業者は、申込書の提出を受けることなく電話による旅行相談契約の申込みを受け付けることができる。

- -

 d) ➡ b) は、申込金ではなく申込書を受理したとき。

 契約の成立要件は、申込金ではなく「申込書」の受理という点が最大のポイント。ここを押さえておけば大丈夫。

渡航手続代行契約

渡航手続代行契約とは、旅行業者が旅行者から渡航手続代行料金（旅行業務取扱料金）を収受する約束をして、

①旅券・査証等の取得に関する手続き

②出入国手続書類の作成

の業務を行う契約をいう。また、渡航手続代行契約を締結する対象となる旅行者は、

①その旅行業者において企画旅行契約を締結した旅行者

②その旅行業者において手配旅行契約を締結した旅行者

③その旅行業者にて他の旅行業者が実施する企画旅行について、代理して契約を締結した旅行者

である。つまり「その旅行業者を利用して海外へ旅行する者」が対象となる。

渡航手続代行契約には次のような決まりがあるのよ。

①渡航手続代行契約は、旅行業者が承諾して申込書を受理したときに成立する。ただし旅行業者は、業務上の都合があるときは、渡航手続代行契約の締結を拒否できる。

②旅行業者は、受託業務を行うに当たって知り得た情報を他に漏らしてはならない。

③交通費・郵送費等の費用は旅行者の負担となる。

POINT 2-1-25

●**旅行業者による渡航手続代行契約の解除（第7条）**
①旅行者が期日までに渡航手続書類を提出しない、または提出された書類に不備があるとき。

②旅行者が期日までに渡航手続代行料金を支払わないとき。

POINT 2-1-26

●**旅行業者の責任（第8条）**
①旅行業者に対する損害賠償請求期限は、旅行者から損害発生の翌日から起算して6ヵ月以内に通知があったときに限られる。

②渡航手続代行契約の締結によって、実際に旅行者が旅券を取得できることおよび関係国への出入国が許可されることは保証されない。

渡航手続代行契約に関する次の記述のうち、誤っているものはどれか。
　a）渡航手続代行契約により、実際に旅行者が旅券等を取得できることおよび関係国への出入国が許可されることを保証するものではない。
　b）旅行業者は、受託業務を行うにあたって知り得た情報を他に漏らしてはならない義務を負っている。
　c）受託業務を行うにあたって、郵送費・交通費その他の費用が生じたときは、旅行業者は、これらの費用を旅行者に請求することができる。
　d）旅行業者に対する損害賠償請求期限は、損害発生の翌日から2年以内に通知があったときに限られる。

----

 d）×2年➡○6ヵ月

 渡航手続代行契約では、第8条の旅行業者の責任に関する設問がポイント。

標準旅行業約款 ワンポイント

次の数字を正確に暗記しておきましょう！

	数字、日数、金額等	内　　容	ページ
1	**8 日目**にあたる日**以前**の申込み　**前日まで** **7 日目**にあたる日**以降**の申込み　**当日まで**	確定書面の交付	107
2	開始日の前日から起算して、**15 日目にあたる日より前**に通知	旅行代金の額の変更通知	111
3	国内：開始日の前日から起算して **13 日（3 日）目**にあたる日より前 海外：開始日の前日から起算して **23 日（33 日）目**にあたる日より前 （「3」つながりで覚える）	最少催行人員未達で旅行を中止する場合の通知	117
4	開始前解除：**解除の翌日**から起算して **7 日以内** 開始後解除：**旅行終了日の翌日**から起算して **30 日以内**	旅行代金の払い戻し	124
5	**8 時～ 20 時**まで	添乗員の勤務時間	126
6	**2 年以内**に通知	損害賠償請求（手荷物以外）	128
7	国内：**14 日以内**に通知 海外：**21 日以内**に通知	手荷物に対する損害賠償請求	128
8	**旅行終了日の翌日から起算して 30 日以内**に支払い	変更補償金の支払い	130
9	**15%以上**の額が限度（支払いの上限） **1,000 円未満**は支払わない	変更補償金の額	130
10	事故の日から **180 日以内に死亡**した者に対して支払い	死亡補償金の支払い	138
11	国内：**1,500 万円** 海外：**2,500 万円**	死亡補償金の額	138
12	事故の日から **180 日以降の通院**はダメ	通院見舞金の支払い	138
13	入院：**1 日以上** 通院：**3 日以上** から支払い	見舞金支払いの必要日数	138
14	行方不明・遭難して **30 日経過**	死亡の推定	139
15	**1 個または 1 対**の損害額は **10 万円**を上限とする	携帯品 1 個または 1 対の損害賠償上限額	141
16	旅行者 1 名に対して 1 企画旅行につき **15 万円が上限** **3,000 円以下**は支払わない	携帯品の損害賠償額	141
17	損害発生の日から起算して **6 ヵ月以内**に通知	旅行相談契約の損害賠償請求	145

01 国際航空運送約款の定義

国際航空運送約款の出題は毎年4〜5問ほどです。大きく分けて、規則等に係わる出題、航空券にかかわる出題、手荷物にかかわる出題の3つ。学習のポイントは、国内航空運送約款と比較して覚えること！
（国内旅行業務取扱試験には出題されません）

用語の定義

まず、国際航空運送約款に書かれている用語の定義について解説しよう。

①**手荷物**➡旅行にあたり旅客の着用・使用・娯楽または便宜のために必要な、または適当な、旅客の物品・身廻品その他の携帯品をいい、別段の定めのない限り、**受託手荷物および持込手荷物の両方**を含む。

②**手荷物切符**➡受託手荷物を運送するための**航空券の一部分**で、運送人が受託手荷物の受領証として発行するものをいう。

③**手荷物合符**➡受託手荷物の識別のために運送人が発行する証票で、運送人により個々の受託手荷物に取付けられる手荷物合符（添付合符）と旅客に交付される手荷物合符（引換合符）とをいう。

④**日**➡暦日をいい、すべての曜日を含む。ただし通知のための日数計算にあたっては、通知を発した日を算入しない。また有効期間を決めるための日数計算にあたっては、航空券を発行した日または航空旅行を開始した日を算入しない（翌日起算主義）。

⑤**搭乗用片**➡旅客切符の一部分で、運送が有効に行われる特定の区間を明記している用片をいい、電子航空券の場合は電子搭乗用片をいう。

⑥**電子航空券またはeチケットお客様控え**➡運送人またはその代理人により発行されるeチケットお客様控えおよび電子搭乗用片をいい、電子航空券の一部をなす書類で、運送契約の条件の一部及び諸通知が記載されている。

⑦**航空券**➡旅客または手荷物の運送のために運送人またはその指定代理店により発行される証票で、**旅客切符および手荷物切符もしくは電子航空券**をいう。航空券には、運送契約の条件の一部および諸通知が記載されており、搭乗用片および旅客用片もしくは旅客控または電子搭乗用片およびeチケットお客様控えが含まれる。

⑧**幼児**➡運送開始日時点で2歳の誕生日を迎えていない人をいう。

⑨**小児**➡運送開始日時点で2歳の誕生日を迎え、12歳の誕生日を迎えていない人をいう。

なお、約款は旅客または手荷物が、航空券の最初の搭乗用片により行われる運送開始日に有効なものが旅行終了まで適用されます。

POINT 2-2-1

●**国際航空運賃約款　用語のまとめ**

手荷物➡持込手荷物＋受託手荷物

受託手荷物➡運送人が保管

持込手荷物➡受託手荷物以外の手荷物

手荷物合符➡受託手荷物の識別のために運送人が発行する証票（いわゆるバッゲージタッグ、クレイムタッグのこと）

航空券➡旅客切符および手荷物切符

途中降機➡運送人が事前に承認したもので出発地と到達地との間の地点で旅客が行う旅行の計画的中断

約款➡運送開始日に有効な約款を適用

●**年齢区分のまとめ**

大人…12歳以上　　小児…2歳以上12歳未満　　幼児…2歳未満

次の文章について正しいものには○、誤っているものには×を記せ。

a）手荷物とは、機内への持込手荷物のみを指す。

b）手荷物合符とは、受託手荷物の識別のために運送人が発行する証票で、個々の受託手荷物に取付けられる添付合符と旅客に交付される引換合符とをいう。

c）幼児とは、運送開始日時点で2歳の誕生日を迎えていない人をいう。

d）航空券の有効期間を決めるための日数計算には、航空券発行日または運送開始日を算入する。

e）航空券とは、旅客または手荷物の運送のために発行される証票で「旅客切符および手荷物切符」をいう。

---

a）×➡受託手荷物と持込手荷物の両方をいう。b）○　c）○

d）×➡翌日起算主義により算入しない。e）○

---

02 航空券

航空券の予約、発行、有効期間等に関するルールの項目。
予約からの流れを時系列で覚えるのがポイント!

航空券に関する規則等

航空券には次のような規則がある。

①航空券の有効期間は、運送開始日（翌日起算）から1年間（別段の定めのある場合を除く）。

②航空券は最終区間を有効期間満了日の24時までに使用すること。

③予約は、航空会社の予約システムに座席が確保された時点で成立する。

④航空券は譲渡できない。航空券の不法使用者の死傷、携帯品の紛失・減失・毀損・延着に対して、航空会社は責任を負わない。

管理者試験では次のことを覚えておくだけでOK！

POINT 2-2-2

●航空券に関する規則のまとめ

①航空券➡記名式、譲渡不可。

②有効期間➡運送開始日の翌日から起算して1年間。
未使用の航空券（オープンチケット）の場合は、発券日の翌日から起算して1年間。

③各搭乗用片は、座席が予約された航空便についてのみ有効。

④航空券は有効期間満了日の24時に失効するが、各搭乗用片による旅行は24時までに開始すれば満了日を過ぎても継続可能。

POINT 2-2-3

●予約についてのまとめ

①予約は、予約システムに座席が確保された時点で成立。

②指定した発券期限までに発券を受けない場合、予約が取り消される可能性がある。

③旅客1人につき二つ以上の予約がなされている場合で、かつ、下記のいずれかに該当する場合には、会社の判断によって旅客の予約の全部または一部を取り消すことができる。

（ a ）搭乗区間及び搭乗日が同一の場合

（ b ）搭乗区間が同一で、搭乗日が近接している場合

（ c ）搭乗日が同一で、搭乗区間が異なる場合

（ d ）その他旅客が予約のすべてに搭乗すると合理的に考えられないと会社が判断した場合

④会社に事前に通知することなく予約した航空便に搭乗しなかった場合は予約は取り消されることがある。

●払戻

①航空券の有効期間満了日から30日を経過した後になされた払戻請求については、会社はこれを拒否する。

②紛失航空券の払戻については、紛失の証拠及び払戻の請求を、紛失航空券の有効期間満了日から30日以内に行わなければならない。

 次の文章について正しいものには○、誤っているものには×をつけなさい。

a ）航空券は、有効期間満了日の24時に失効し、各搭乗用片による旅行は、別段の定めのない限り、満了日の24時までに最終目的地に到達しなければならない。

b ）航空券の有効期間は、別段の定めのある場合を除き、運送が開始された場合は運送開始日当日から起算して1年間である。

c ）航空会社は、一旅客に対して二つ以上の予約がされており、かつ、搭乗区間が同一で搭乗日が近接している場合、当該旅客の予約の一部を取消すことはできるが、全部を取消すことはできない。

- -

 a ）×➡航空券は有効期間満了日の 24 時に失効するが、各搭乗用片による旅行は 24 時までに開始すれば満了日を過ぎても継続できる。

b ）×➡運送開始日の翌日から起算して 1 年間。

c ）×➡この場合、会社は予約の一部または全部を取消すことができる。

03　手荷物その他に関する規則

手荷物に関してはよく出題されます。無料手荷物許容量についてはもちろん、盲導犬等介助犬とペットの扱いの違い等、動物に関することについても、最低限覚えておくべきでしょうね。

手荷物に関する規則

無料手荷物許容量とは、無料で運送される受託手荷物と持込手荷物の合計量のことである。

●無料手荷物許容量

持込手荷物

旅客が携帯し保管する身の回りの物品1個の他、3辺の和の合計が115ｃｍ以内の収納可能な手荷物1個。但し、重量の総計が10ｋｇを超えないこと。

受託手荷物

搭乗する路線や航空会社に係らず、全方面において「個数制」が導入されている。但し、その許容量（個数・サイズ・重量）については、航空会社ごとに定められた規則を適用する。

参考（日本航空の場合）

	個数	1個あたりの重量	1個あたりのサイズサイズ（ 3辺の和）
ファーストクラス	3個まで	32ｋｇ以内	203ｃｍ以内
エコノミークラス	2個まで	23ｋｇ以内	203ｃｍ以内
幼児（座席を占有する）	1個	同伴する大人と同じ重量	203ｃｍ以内

※幼児運賃を適用する旅客が利用する「折りたたみ式ベビーカー」「幼児用ゆりかご」「チャイルドシート」は手荷物許容量には含めず、無料で預けることができる。

動物の取扱い

　身体に障害のある人を補助するための犬は、会社規則に従い、その容器および餌とともに、通常の無料手荷物許容量に追加して**無料で運送**する。

　ペット等の動物については、適切な容器に入れ、到達国または通過国で必要とされる有効な健康証明書、予防接種証明書、入国許可書その他の書類を取得し、航空会社の事前の承認がある場合には、その運送を引き受ける。ただしこの場合は、旅客の無料手荷物許容量の適用を受けず、**超過手荷物**となり、容器とペットに対し所定の**超過手荷物料金**がかかる。

つまりペットや一般の動物は、通常の手荷物ではなく別扱い。ただし盲導犬等は例外というわけ。

手荷物の損害賠償の請求期限と訴え出る期限

毀損の場合	発見後ただちに、遅くとも、その受け取りの日から7日以内
延着の場合	受け取った日から21日以内
紛失・滅失の場合	受け取ることができたであろう日から21日以内
航空会社責任に対する出訴期限	到着地への到着の日、航空機が到着すべきであった日または、運送の中止日から起算して2年以内

POINT 2-2-4

●運送の拒否および制限

①会社は次のいずれかに該当する場合は、旅客の運送を拒否し、又は旅客を降機させることがある。手荷物も同様の扱いになる。

（a）会社の特別の扱いを必要とする。

（b）重症病者又は感染症及び感染症の疑いがある場合

（c）他の旅客に不快感を与え又は迷惑を及ぼすおそれのある場合

（d）当該旅客自身、他の人、航空機、物品に危害を及ぼすおそれのある行為を行う場合

（e）乗務員の業務の遂行を妨げ、又は、指示に従わない場合

（ f ） 会社の許可なく、機内で携帯電話、携帯ラジオ、電子ゲーム等機器を使用する場合

（ g ） 機内で喫煙をする場合

※このうち、（ d ）と（ e ）については、拘束もできる。

②従価料金

会社の責任限度額を超える場合は、手荷物の価額を申告することができる。申告すれば申告価額が限度となる（但し実損額は超えない）。

従価料金の申告には、責任限度額を超える部分について100米国ドルまたはその端数につき2米国ドルが必要（ただし、5,000米ドルが上限）。

次の文章について正しいものには○、誤っているものには×をつけなさい。

a ） 航空会社は、旅客が当該旅客自身もしくは他の人、または航空機もしくは物品に危害を及ぼすおそれのある行為を行う場合、旅客の運送を拒否し、又は降機させることができるが、拘束することはできない。

b ） 旅客が航空会社の許可なく機内で携帯電話機を使用する場合、航空会社は当該旅客の運送を拒否し、又は旅客を降機させることができる。

c ） ペットの運送には旅客の無料手荷物許容量に収まる場合は無料となる。

d ） 幼児運賃を支払った幼児には、無料手荷物許容量の適用は一切ない。

e ） 手荷物の紛失があった場合には、手荷物を受け取ることができたであろう日から21日以内に、航空会社に対して書面にて異議を述べなければ、いかなる損害賠償も認められない。

f ） 航空会社に対する責任に関する訴は、到着地への到着の日または航空機が到着すべきであった日から起算して2年以内に提起しなければならない。

- -

a ） ×➡拘束もできる。

b ） ○

c ） ×➡ペットの運送には旅客の無料手荷物許容量の適用はない。

d ） ×➡幼児にも無料手荷物許容量の適用はある。

e ） ○

f ） ○

01　国内航空運送約款の定義

国内航空運送約款の出題は毎年4問ほどです。国際航空約款同様、重要事項を覚えておけば得点できるでしょう。やっぱり、国際航空運送約款と比較して覚えるのがポイントよ。

国内航空運送約款の重要項目

　まず、国内航空運送約款に書かれている用語の定義、そして重要項目について解説しよう。

①**手荷物**➡ 他に特別な規定がない限り、旅客の所持するもので<u>受託手荷物および持込手荷物</u>をいう。

②**受託手荷物**➡ 航空会社が引渡しを受け、かつこれに対し手荷物合符（引換券）を発行した手荷物をいう。

③**持込手荷物**➡ 受託手荷物以外の手荷物で航空会社が機内への持ち込みを認めたものをいう。

④約款は、旅客が航空機に搭乗する日において有効なものを適用する。

⑤約款は、予告なしに変更されることがある。

⑥航空機に搭乗するには座席の予約を必要とする。

航空券に関する規則等

　航空券に関する規則は次の通り。P151〜の国際航空運送約款の規則と比較して覚えよう。

①航空券にはeチケット（電子航空券/航空会社の電子データベース上に記録されているもの/いわゆるチケットレスなので紙片はないが、通常は控えを携帯することになる）と従来の紙片のチケットの2種類がある。

②航空会社の事業所にはインターネット上のウェブページも含まれる。

③搭乗予定便の記載のあるものは、当該搭乗予定便に限り有効。

④搭乗予定便の記載のないもの（オープンチケット）

　航空券発行日及び発行日の翌日から１年間有効。

⑤座席の予約申込み

　日本航空：搭乗希望日の330日前から受け付ける。

　全日空：搭乗希望日の355日前から受け付ける。

⑥航空券は記名式であり、他人に譲渡できない。

⑦紙片の航空券を紛失した場合は、あらためて全搭乗区間または、未搭乗区間
　の航空券を購入しなければ搭乗できない。

　紙片の航空券をなくした場合は次の手続きをとる必要があるのよ。

POINT 2-3-1

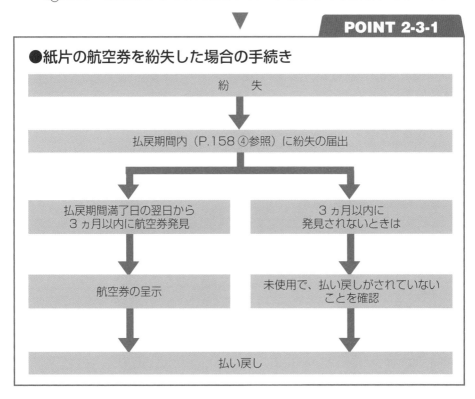

●紙片の航空券を紛失した場合の手続き

●国内航空運賃約款　用語の定義のまとめ

①**手荷物**

　・手荷物➡持込手荷物＋受託手荷物

　・手荷物合符➡受託手荷物の識別のために発行する証票

②**約款**

　・搭乗日に有効な約款を適用する。

　・予告なしに変更される。

③**年齢区分**

　・大人➡12歳以上　　小児➡3歳以上12歳未満　　幼児➡3歳未満

　※上記は実務上の区分（約款上は規定なし）

　※幼児が無償になる場合…12歳以上の旅客に同伴される、座席を使用しない3歳未満の旅客は、同
　　伴者1人につき1人に限り無償。

④**払い戻し**

　・**日本航空**：有効期間満了日の翌日から30日以内。

　　全日空：有効期間満了日の翌日から30日以内。

　・払戻手数料440円。

　・取消手数料（運賃の種類等により別に定める）

⑤**航空券の有効期間の延長**

　・病気、その他の事由で旅行不能の場合等➡

　　　日本航空：有効期間満了日より30日まで延長。

　　　全日空：有効期間満了日の翌日から30日以内まで延長。

⑥**予約**

　・座席予約申込みは、

　　日本航空：搭乗希望日の330日前から受け付ける。

　　全日空：搭乗希望日の355日前から受け付ける。

⑦**適用運賃および料金**

　・搭乗日に有効な運賃・料金を適用。

⑧**不正搭乗があった場合**

　・不正搭乗区間の運賃・料金とその区間の最も高い運賃料金の2倍を支払う。

運送の拒否および制限

次の者は運送を拒否されるのよ。

▼

●運送を拒否・制限される場合

①重傷病者又は8歳未満で付添人のない場合。ただし、6〜7歳は、誓約書の提出等の条件を満たせば1人旅が可能。

②他の旅客に不快感を与え、又は迷惑を及ぼすおそれのある場合。

③下記のような場合は拘束されることもある。

・当該旅客自身もしくは他の人または航空機もしくは物品に危害を及ぼすおそれのある行為を行う場合。

・航空会社係員の業務の遂行を妨げ、または、その指示に従わない場合。

> 非常脱出時における援助者の確保のため、次に該当すると認めた場合は、当該旅行の非常口座席への着席を拒絶し、他の座席へ変更することができる。
>
> ①満15歳未満の者
>
> ②身体上、健康上またはその他の理由によって、非常脱出時における援助に支障がある者または援助することにより、旅客自身の健康に支障をきたす者
>
> ③会社の示す脱出手順または会社係員の指示を理解できない者
>
> ④脱出援助を実施することに同意しない者

次の文章について正しいものには○、誤っているものには×をつけなさい。

a）日本航空の搭乗予定便の記載のない航空券の有効期間は発行日の及び発行日の翌日から起算して1年間である。

b）12歳以上の旅客に同伴された座席を使用しない3歳未満の旅客については、同伴者1人につき2人無償で運送を受け付ける。

c）全日空の航空券を払い戻す場合は、有効期間満了日の翌日から10日以内に行なう。

---

a）○➡全日空でも同様。

b）×➡同伴者1人につき1人に限り無償。

c）×➡有効期間満了日の翌日から起算して30日以内。日本航空も30日以内。

02 手荷物等

ポイントは国際航空運送約款との違い。設問も、記述の
正誤を問うときに、国際約款と国内約款とを混在される
ケースが多いので注意が必要よ。

手荷物等に関する重要項目

旅客に同伴される愛玩動物については、受託手荷物として運送を引き受ける。この場合は、無料手荷物許容量の適用を受けず、旅客は会社が別に定める1檻あたりの料金を支払わなければならない。

手荷物にかかわる賠償請求期限

手荷物にかかわる損害に関する通知は次の通り。

日本航空の場合：その受取の日から**7日以内**に文書で通知する。また引渡しがない場合は、受け取るはずであった日から**21日以内**に文書で通知する。

全日空の場合：受取の日の<u>翌日から</u>**7日以内**に通知する。引渡しがない場合は、受け取るはずであった日の<u>翌日から</u>**21日以内**に通知する。

POINT 2-3-4

●**重要項目のまとめ**

①**手荷物**

・受託手荷物として拒否するもの……白金、金、貴金属、その他高価品等。

・搭載量の関係上、やむを得ない事由があるときは旅客と別の便で運送することがある。

②**無料手荷物許容量**

・日本航空：受託手荷物20kg（ファーストクラスは45kg）＋持込手荷物10kg

・全日空：受託手荷物20kg（プレミアムクラスは40kg）＋持込手荷物10kg

※幼児・愛玩動物（ペット）には適用なし。

③**受託手荷物**

・日本航空：旅客1名につき、100kgまで。1個あたり32kg以内でかつ50cm×60cm×120cm以内

・全日空：1個あたりの重量32kg以内で計100kgまで。1個あたりの3辺の和が203cm以内

④持込手荷物

1 3辺の長さの和が115cm以内（座席数100席未満の航空機の場合は100cm以内）のもの1個。重量10kg以内。

2 前項に加え、身回品等を収納するショッピングバッグその他カバン類1個に限り、機内持ち込みを認める。

3 前2項に定める機内持ち込みの手荷物の合計重量は10kgを超えることはできない。

4 前3項の規定にかかわらず、次にあげるものは機内に持ち込むことができる。

・飛行中に座席に装着して使用するチャイルドシート（会社の指定するものに限る）

・身体障害者旅客が自身で使用する松葉杖、ステッキ、添え木その他義手、義足類

・身体障害者が自身のために同伴する盲導犬、介助犬および聴導犬

・飛行中に必要な小児用品を入れたカバン類

・携帯用ゆりかご

・その他会社が機内持ち込みを特に認めた物品

⑤動物の運送　愛玩動物（ペット）の場合……受託手荷物として運送。

⑥責任限度額　旅客1名につき15万円が限度。

⑦従価料金　責任限度額を超える場合は、価額を申告することができる。なお申告を行うと、申告価額が限度となる（ただし実際の価額は超えない）。

 従価料金の申告には、責任限度額を超える部分について1万円毎に10円が必要。

 次の文章について正しいものには○、誤っているものには×を記せ。

a）搭載量の関係で旅客の搭乗する便で受託手荷物を運送できない場合は、その受付を拒否する。

b）受託手荷物は旅客1人につき50kgまでである。

c）盲導犬は別に定める料金を支払えば運送を引き受ける。

- -

 a）×➡旅客と別の便で運送することがある。 b）×➡100kgまで。

c）×➡盲導犬、介助犬、聴導犬等は無料。

対策 国際約款と国内約款との違いが最大のポイント。見慣れた数字だから正しいと思っても、どちらの約款のものかを正確に把握していないと正答できない。

01　モデル宿泊約款

モデル宿泊約款からの出題は、毎年1～2問。必須項目について理解しておけば得点できるはずです。

モデル宿泊約款　基本事項

まずは、次の基本事項を押さえておこう。

①**特約**…法令、慣習に反しない範囲で結ばれた特約は、約款に優先する。

②**宿泊契約の成立時期**…ホテル（旅館）が宿泊契約の申込みを承諾したときに成立。

③**申込金**…宿泊契約が成立したときは、宿泊期間の基本宿泊料を限度としてホテル（旅館）が指定する日までに申込金を支払う。ただし、宿泊期間が3日を超えるときは3日間の基本宿泊料を限度とする。

POINT 2-4-1

●宿泊契約締結の拒否

①宿泊契約の締結に応じない場合
- ・申込みが約款によらないとき　　　　・満室（員）
- ・法令の規定、公序良俗に反するとき
- ・暴力団員、反社会的勢力関係者の宿泊申込み
- ・他の宿泊客に著しい迷惑を及ぼす言動をしたとき
- ・伝染病者
- ・合理的な範囲を超える負担を求められたとき
（極端な値引きを求められたとき等）
- ・天災、故障、やむを得ない事　　　・都道府県条例に該当するとき

②ホテル（旅館）の契約解除

　ホテル（旅館）が宿泊契約を解除したときは、宿泊客が未だ提供を受けていない宿泊サービス等の料金は受け取らない。

料金の支払い

　宿泊料金は、宿泊客の出発の際またはホテル（旅館）が請求したときに支払う。また通貨に代わり得るもの（旅行小切手、宿泊券、クレジットカード等）で宿泊料金を支払うときは、宿泊の登録時（フロントにて氏名等の登録時）に呈示しておく。

　なお客室の提供があった後、任意に宿泊しなかった場合でも宿泊料金は収受する。

客室の提供ができないとき

　宿泊客の了解を得て、できる限り同一の条件による他の宿泊施設をあっ旋する。あっ旋が不可能なときは、違約金相当額の補償料を支払う。その補償料は、損害賠償額に充当する。

寄託物の取扱い

①**フロントに預けた物品の損害**…損害を賠償する。ただし不可抗力の場合は除く。なお現金、貴重品については、あらかじめ種類、価額の明告を求め、それを宿泊客が行わなかったときは限度額がある。

②**フロントに預けなかった物品の損害**…ホテル（旅館）の故意または過失があった場合のみ損害を賠償する。

③**手荷物・携帯品の保管**…宿泊客の手荷物が先に到着したときは、ホテル（旅館）が了解した場合に限り、責任をもって保管する。

④**置き忘れがあった場合**…所有者に連絡し指示を求める。なお所有者が判明しない場合は、発見日を含め7日間保管し、その後最寄りの警察署に届ける。

駐車の責任

　車両のキーの寄託の如何にかかわらず、ホテル（旅館）は場所を貸すだけであり、車両の管理責任まで負うものではない。ただし、ホテル（旅館）の故意または過失によって損害を与えたときは賠償する。

●頻出項目のまとめ

①宿泊契約は、申込みを承諾したときに成立する（企画旅行のように、申込金の収受は、契約成立の要件としていない）。

②申込金として収受できるのは、宿泊期間の基本宿泊料まで。ただし、3日を超えるときは、3日間を限度とする点に注意。

③客室の提供ができないときは、同一レベルの他の宿泊施設をあっ旋する。あっ旋できないときは、違約金相当額の補償料を支払う（モデル宿泊約款でいう違約金とは、通常の取消料、キャンセル料と同じ意味）。

④寄託物をフロントに預けなかった場合は、ホテル（旅館）の故意または過失があった場合のみ損害を賠償する。

⑤置き忘れがあった場合は、発見日を含め7日間保管し、その後最寄りの警察署に届ける。

⑥駐車の責任については、ホテル（旅館）は、駐車場という場所を提供するだけ（車のキーを預かっていても同じ）。ただし、ホテル（旅館）の故意または過失によって損害を与えたときは賠償する。

次の文章について正しいものには○、誤っているものには×を記せ。

a）ホテル（旅館）は、宿泊客に契約した客室を提供できないときは、宿泊客の了解を得て、できる限り同一の条件による他の宿泊施設をあっ旋しなければならない。

b）宿泊客がフロントに預けた物品または現金ならびに貴重品について、滅失・毀損等の損害が生じたときは、それが不可抗力によるものであっても、ホテル（旅館）は、その損害を賠償しなければならない。

c）ホテル（旅館）は、宿泊客が置き忘れた手荷物の所有者が判明しないときは、発見日を含め7日間保管すれば、その後破棄してもよい。

d）宿泊客がホテル（旅館）の駐車場を利用する場合、車両のキーの寄託の如何にかかわらずホテル（旅館）は車両の管理責任までは負わない。ただし、駐車場の管理にあたり、ホテル（旅館）に故意または過失があった場合を除く。

---

  a）○ b）×➡不可抗力の場合は損害賠償の責任はない。
c）×➡7日間保管し、その後最寄りの警察署に届ける。 d）○

02　一般貸切自動車運送事業標準運送約款

正式名称は上記のように長いのですが、通常「貸切バス約款」と呼ばれています。運送契約の際のバス会社と旅行会社の関係（契約は誰と結ぶのか？）に注目しましょう。総合旅行管理者試験では、出題されないこともあります（国内管理者試験では必ず1問出題されます）。

運送の引受けおよび継続の拒絶

　次の各号に当てはまるときは運送の引受けまたは継続を拒絶し、または制限をすることがある。

①運送の申込みがこの運送約款によらないとき

②当該運送に適する設備がないとき

③運送に関して、申込者から特別な負担（大幅値引き等）を求められたとき

④法令の規程または公序良俗に反するものであるとき

⑤天災等

⑥旅客が乗務員の指示に従わないとき

⑦持ち込みに関し、禁止された物品を携帯しているとき

⑧泥酔したもの等、他の旅客に対して迷惑となる恐れのある者

⑨監護者（保護者）を伴わない小児

⑩付添人を伴わない重病者

⑪感染症患者等

運送の申込み

　運送を申込む者は、次の事項を記載した申込書を提出する。

①申込者の氏名・名称・住所・連絡先

②契約責任者（バス会社と運送契約を結ぶ者）の氏名・名称・住所

③旅客の団体名

④乗車人員

⑤乗車定員別または車種別の車両数

⑥配車の日時および場所

⑦旅行の日程

⑧運賃の支払方法

⑨運賃の割引適用（学校等）を受けるときはその旨

⑩特約事項（ある場合）

運送契約の成立

運送契約は次の場合、成立する。

①運送の申込みがあり運送申込書の提出があった場合、契約責任者に対して運賃・料金の支払いを求める。

②所定の運賃料金の**20%以上**の支払いがあったとき（特別の定めを除く―官公署・学校等の場合は後払いもある）は、乗車券を契約責任者に交付する。

③運送契約は乗車券を**契約責任者に交付したとき**に成立する。

POINT 2-4-3

●契約の成立

運送申込 ➡ 20%以上の支払い ➡ 契約責任者に乗車券発行 ＝ 契約成立

乗車券の再発行

契約責任者等が乗車券を紛失・滅失した場合は、その請求により**配車日の前日**に再発行に応じる。

乗車券の無効

次の場合乗車券は無効とする。

①不正使用　②不正取得　③解約　④書き換えまたは**再発行した場合の原券**

😀運賃料金について現在は届出制です。

運送に関する経費

ガイド料・有料道路利用料・航送料（フェリー等の運賃）・駐車料・乗務員の宿泊費等は、契約責任者の負担である。

😀ガイド・運転手の宿泊料はお客様の負担です。

違約料

契約を解除する場合は、次の区分で違約料（いわゆる取消料のこと。バス業界ではこういう）が発生する。

期　　　間	違約料
配車日の **14** 日前から **8** 日前まで	運賃料金の **20%**
配車日の **7** 日前から **24** 時間前まで	運賃料金の **30%**
配車日の **24** 時間前以降	運賃料金の **50%**

＊ただし、この規定は契約責任者がその都合により、配車車両数の20％以上の減少を伴う運送契約の内容の変更（一部解除）をするときも、この違約料が発生する。

😀つまり、**11** 台 → **9** 台に変更（**2** 台取消）＝違約料不要。
　　11 台 → **8** 台に変更（**3** 台取消・**20**％以上の減少）＝ **1** 台につき上記の違約料が発生するのです。

配車日時に旅客が乗車しない場合

乗車券の券面に記載した配車日時に配車した場合、**出発時刻から30分**を経過しても旅客が乗車についての意思表示をしないときには、運送契約の全部が終了したものとみなす。

運賃および料金の精算

運行行程の変更その他の事由により運賃料金に変更を生じたときは速やかに

精算し、その結果に基づいて運賃料金の追徴または払い戻しの措置を講じる。

①自動車故障その他バス会社の責めに帰すべき事由により運行を中止したときは、次の区分により運賃料金の払い戻しを行う。

・目的地の一部にも達しなかった場合➡ 全額

・上記以外の場合➡ **運行を中止した区間に係る運賃料金**

この場合、バス会社がその負担において前途の運送の継続またはこれに代わる相当の手段を提供し、旅客がこれを利用したときは払い戻しを行わない（例：バスが故障したので代わりに列車を利用して帰京した）。

旅客に対する責任

バス会社はその自動車の運行により旅客の生命身体を害したときは、これによって生じた損害を賠償する。また、その旅客に対する責任はその損害が車内において、または旅客の乗降中に生じた場合に限る。

旅行業者とバス会社の関係

バス会社は旅行業者から旅客の運送の申込みがあった場合には、その旅行業者と旅客または契約責任者との関係を次の区分により明確にするよう求める。

①旅行の企画の場合➡ **旅行業者が契約責任者**となる。

②旅行の手配の場合➡ 旅行業者に**手配を依頼した者**（旅行者）と運送契約を結ぶ。

POINT 2-4-4

●旅行会社とバス会社、お客様との関係

企画旅行＝バス会社は旅行業者と契約

手配旅行＝バス会社はお客様と契約

次の記述の誤りを指摘しなさい。

バス会社は自動車の運行によって旅客の生命身体を害したときは、その損害が車内において生じた場合に限り、損害を賠償する責任を負う。

- -

車内だけではなくバスの乗降中も含まれる。

03　フェリー標準運送約款（フェリー約款）

　旅客運送の部、受託手荷物および小荷物運送の部、特殊手荷物運送の部、自動車航送の部の4部から成り立っています。小荷物運送、特殊手荷物については出題されません。そこで旅客運送＝フェリーに乗るお客様（バス航送含む）についての規定と自動車航送＝主にバスでそのままフェリーに乗るお客様についての規定の共通部分を中心に学習しましょう。例年1問は出題されます。

Ⅰ：旅客運送の部

●定義
①大人＝**12**歳以上の者（除く小学生）
②小児＝**12**歳未満の者（含む**12歳以上の小学生**）
③手回り品＝旅客が携帯または同伴して船室に持ち込むもので次のもの
- **3辺の長さの和が2m以下で、かつ、重量が30kg以下の物品**
- 車いす（旅客が使用するものに限る）
- 身体障害者補助犬（**盲導犬**・介助犬・聴導犬等）

●運送の引受けの拒絶・解除
　次のものは運送を拒絶または解除する。
①**1**類・**2**類または指定感染症の患者、所見のある者
②泥酔者、薬品中毒者その他乗船者の迷惑となる恐れのある者
③重傷病者または小学校に就学していない小児で付添人のない者
④運送に関し、特別の負担を求められた場合

●手回り品の持込等
　旅客は手回り品を**2個**に限り、持ち込むことができる。ただし次のものは持ち込みを拒絶することがある。

①臭気を発するもの、銃砲、刀剣、爆発物その他

②遺体、**生動物**（身体障害者補助犬は除く）

●運賃および料金の額等

運賃料金は、地方運輸局長に**届け出**たところによる。

①運賃料金に食事代は含まれていない。

②次に該当する**小児は無料**、ただし指定席の**座席または寝台を1人で使用する場合**はこの限りではない。

　・**1**歳未満の小児

　・**大人に同伴されて乗船する1歳以上の小学校に就学していない小児1人まで**

③重量が**20kg**以下の手回り品は無料（**30kg**まで持ち込むことはできるが有料）

④身体障害者補助犬（**盲導犬**・介助犬・聴導犬等）は無料

> 手回り品は20kg までが無料（30kg まで持ち込める）で、盲導犬等も無料になります。

●運賃料金について

自動車航送を行う場合であって、当該自動車の運転者が2等船室以外の船室に乗船しようとする場合は、その**差額**が必要となる。

●乗船券の通用期間

片道券

1）100km 未満	発売当日限り
2）100～200km 未満	発売当日を含め 2 日間
3）200～400km 未満	発売当日を含め 4 日間
4）400km 以上	発売当日を含め 7 日間

往復券…片道の2倍の期間

回数券…発売日を含めて2ヵ月間

その他…旅客の疾病または不可抗力によるものについては**7日間**を限度として延長する

（👤）乗船変更は、1回に限り無料で変更に応じられます。

●指定便発航後の乗船変更

　旅客が指定便にかかる乗船券について、当該指定便の発航後変更を申し出た場合は**2等船室への変更**に応じる。

●乗船券の紛失

　旅客が乗船券を紛失したときは再購入する。紛失した乗船券を発見したときは、その通用期間経過後1年以内に限り払い戻しできる。

●不正乗船

　不正乗船の場合は、運賃料金の他に2倍に相当する増運賃料金を支払う。つまり、**全部で3倍の支払い**が必要である。

Ⅱ：受託手荷物および小荷物運送の部

●定義
受託手荷物＝旅客が委託する物
小荷物＝旅客が委託する物とは限らない（荷物だけを運送する）

●運賃の額等

　運賃には、受託手荷物または小荷物の積 卸 料が含まれている、また集荷配達料は含まれていない。

（👤）この部からはこの項以外ほとんど出題されません。

Ⅲ：特殊手荷物運送の部

●定義
特殊手荷物＝原動機付自転車・自転車・乳母車等

（👤）この部からはほとんど出題されません。

Ⅳ：自動車航送の部

●運賃の額等

自動車航送にかかる運賃には、**運転者1名**が2等船室に乗船する運送の運賃が含まれる（**ガイドも添乗員も無料ではない**）。

この部のその他の事項については、Ⅰ：旅客運送の部と同一。

 運転手は運賃が無料、ガイド・添乗員（ツアーコンダクター）は運賃がかかります。

 次の記述で誤っているものを選べ。
a）フェリー運送において、重量の和が20kg以下の手回品は無料となる。
b）道路運送車両法に規定する原動機付自転車は自動車航送の適用を受ける。
c）旅客が指定便にかかる乗船券について当該指定便の発航後に乗船便の変更を申し出た場合には、フェリー会社は、当該乗船券の券面記載の乗船日に発航する他の船便に輸送力に余裕がある場合に限り、当該乗船券による2等船室への乗船変更の取扱いに応じる。
d）フェリーへの自動車の積込みおよび陸揚げは、船長またはフェリー会社の係員の指示に従い、自動車の運転者が行う。

- -

こたえ b）➡ 原動機付自転車は特殊手荷物扱いである。

Part ③ 国内旅行実務

01 運賃・料金計算の基礎

国内旅行実務は大きく国内地理と国内運賃・料金から成り立ち、国内運賃・料金で大きな比重を占めるのがJR運賃・料金。特に年齢区分のところはよく出題される。また、国内航空との比較による出題も目立つ。

旅客鉄道会社

旅客鉄道会社、いわゆるJR（Japan Railways）には、次の6つの会社がある。

① **北海道旅客鉄道会社（JR北海道）**

② **東日本旅客鉄道会社（JR東日本）**

③ **東海旅客鉄道会社（JR東海）**

④ **西日本旅客鉄道会社（JR西日本）**

⑤ **四国旅客鉄道会社（JR四国）**

⑥ **九州旅客鉄道会社（JR九州）**

JR東日本・JR東海・JR西日本の3社を**本州3社**、JR北海道・JR四国・JR九州の3社を**JR3島**と呼ぶんだ。

運賃と料金

① **運賃**…運送賃の略。運送の対価、すなわち「乗車券代」。JRに乗車する際には必ずかかるもの。

② **料金**…特別なサービスに対する対価で、運賃に付随するもの。

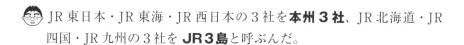

例　　速さの対価　➡特急料金・急行料金

　　　快適な設備の対価　➡グリーン料金・寝台料金・座席指定料金

旅客の年齢区分

 JR の年齢区分は次の通り。

POINT 3-1-1

● JR の年齢区分

区 分	年 齢 区 分	運 賃
①大人	**12 歳以上**	一般運賃
②小児	**6 歳以上 12 歳未満**（ただし 12 歳でも小学生は含まれる）	大人の半額（10 円未満切り捨て）
③幼児	**1 歳以上 6 歳未満**（ただし 6 歳でも**小学校入学前**の未就学児は含まれる）	大人または**小児** 1 人につき**2 人**まで無賃
④乳児	**1 歳未満**	何人でも無賃

POINT 3-1-2

●年齢区分の注意点

①12 歳以上から大人だが、**12 歳の小学生**の場合は**小児**扱いとなる。

②6 歳以上から小児だが、**6 歳の小学校入学前**は**幼児**扱いとなる。

③小児は大人の運賃・料金の半額だが、**10 円未満の端数が出た場合は切り捨て**。ただしグリーン料金と寝台料金は小児でも大人と同額。

幼児・乳児の扱い

原則として、大人や 6 歳以上の**小児**が幼児を随伴する場合は**幼児 2 人**まで運賃・料金は不要。**乳児**の場合は**何人でも**不要。

 ただし幼児・乳児であっても小児運賃・料金が必要となるときがある。それが次の場合だ。

●幼児・乳児が小児運賃・料金を必要とする場合

①幼児が**単独**でまたは**幼児だけ**で旅行するとき

②随伴する幼児が2人を超える場合の3人目からの幼児

③遠足等で幼児が団体で旅行するとき

④幼児または乳児が**単独で指定席**や**寝台を利用**するとき

次の記述の誤りを指摘しなさい。

大人1人、12歳の小学生1人、6歳の幼稚園児1人、3歳児1人、0歳児1人の合計5人がJRに乗車する場合、最低大人乗車券1枚と小児乗車券2枚が必要である。

大人と12歳の小学生（小児）の乗車券が必要。➡ 12歳の小学生は小児、6歳の幼稚園児は幼児、3歳児は幼児、0歳児は乳児の扱い。つまり大人1人、小児1人、幼児2人、乳児1人の5人連れとなり、幼児は大人（小児）1人につき2人まで乗車券不要で、乳児は何人でも不要となる。

旅客鉄道会社（JR）の小児及び幼児の取扱いに関する記述のうち、正しいものはどれか。

a）12歳になった小学生の児童は大人の運賃・料金が必要である。

b）7歳の者が5歳の弟と3歳の妹を随伴する場合は、3人とも小児運賃を支払う。

c）5歳の幼児が単独で旅行する場合は、小児の運賃・料金が必要である。

d）大人に随伴された3歳の幼児が、大人とは別に幼児だけで特急の普通車指定席を利用する場合は、小児料金だけが必要となる。

---

c）➡ 大人・小児に随伴される幼児は2人まで無賃であるが、幼児単独の場合は、小児の運賃・料金がかかる。●a）12歳でも小学生は小児運賃・料金でよい。b）7歳の小児が一緒であるので5歳と3歳の幼児2人は無賃となり、1人分の小児運賃だけでよい。d）幼児が単独で指定席を利用する場合は小児運賃・料金が必要となる。料金は運賃に付随するものなので、料金だけかかり運賃がかからないということはない。料金が必要な場合は、運賃も必要。

02 　普通運賃の基本

> JR各社ごとの運賃の違い、利用路線ごとの計算方法の違い、および基準額・加算額等をきちんと整理しておくこと。出題はそれらを組み合わせた設問が多いが、基本を押さえておけば大丈夫。

普通運賃——用語の意味

●幹線と地方交通線

　JRの路線はすべて幹線と地方交通線に区別されている。

①**幹線**…主要な路線。時刻表の索引地図で黒色の路線（ただし新幹線は赤色）。

②**地方交通線**…幹線以外の路線。時刻表の索引地図で青色の路線。

●営業キロ・換算キロ・擬制キロ・運賃計算キロ

①**営業キロ**…実際のキロ数（距離）。運賃・料金を計算する基本となる。

②**換算キロ（賃率換算キロ）**…営業キロを1割増にしたキロ数。

　JR本州3社とJR北海道の地方交通線に存在し、幹線とまたがる場合に使用する。

③**擬制キロ**…JR四国とJR九州の地方交通線に存在する。換算キロとほぼ同じ。

④**運賃計算キロ**…幹線の営業キロと地方交通線の換算キロ（擬制キロ）を合計したもの。幹線と地方交通線にまたがる場合の運賃計算で使用する。

　　上記を図式化すると以下のようになる。

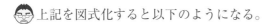

幹　　　線	▶営業キロ
地方交通線	▶**営業キロ** ▶**換算キロ** （擬制キロ…JR 四国・JR 九州の場合）

●新幹線と在来線

列車の種類（走行区間）		列車名
新幹線	東海道新幹線（東京～新大阪）	「のぞみ」「ひかり」「こだま」
	山陽新幹線（新大阪～博多）	
	上越新幹線（東京～新潟）	「とき」「たにがわ」
	東北・北海道新幹線 （東京～新青森～新函館北斗）	「はやぶさ」「はやて」「やまびこ」「なすの」
	北陸新幹線（東京～金沢）	「かがやき」「はくたか」「あさま」「つるぎ」
	九州新幹線（博多～鹿児島中央）*	「みずほ」「さくら」「つばめ」
	西九州新幹線	「かもめ」
在　来　線		新幹線以外の路線

＊「みずほ」「さくら」は新大阪～鹿児島中央間を走行

山形・秋田新幹線は、新幹線という名称がついているが、在来線を新幹線規格につくり直したもの。そのため山形新幹線の福島～新庄間と秋田新幹線の盛岡～秋田間は、制度上、在来線扱いとなっている。

運賃計算の手順

JRの運賃は**対キロ制運賃**で、乗車するキロ数で運賃を算出する。さらに長い距離乗車した方が1キロあたりの運賃が安くなる**遠距離逓減制**を採用しているので、できるだけキロ数を足していき、それから運賃を算出する方法が基本となる。

POINT 3-1-4

●運賃計算の手順

①「一筆書き」の書けるところまで、キロ数を足す。

②キロ数合計後、1キロ未満端数は1キロ単位に切り上げ。

③該当する運賃表から運賃を算出。

＊ただし運賃はJR各社で異なるので、利用する会社の運賃表を参照すること。

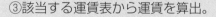

運賃計算のしくみ──その1

●JR本州3社内のみ乗車する場合

①幹線のみ···営業キロをJR本州内の幹線の運賃表で見る。

幹線

Ⓐ ──────────────── Ⓑ

営業キロ　62.4 キロ

62.4 キロ　➡　63 キロ
1 キロ単位に切り上げ

幹線の運賃表から
大人　1,170 円
小児　1,170 ÷ 2 = 585　➡　580 円
　　　　　　　　　　　10 円未満切り捨て

幹線　　　　　　　　　　　　幹線

Ⓐ ──────────── Ⓑ ──────────── Ⓒ

営業キロ　267.2 キロ　　　　営業キロ　13.1 キロ

幹線の運賃表から
267.2 キロ + 13.1 キロ = 280.3 キロ　➡　281 キロ　大人　5,170 円

②地方交通線のみ···営業キロを地方交通線の運賃表で見る。

地方交通線

Ⓐ ──────────────── Ⓑ

営業キロ　83.5キロ
（換算キロ　91.9 キロ）

83.5キロ　➡　84キロ
1キロ単位に切り上げ

地方交通線の運賃表から
大人　1,690円

③幹線＋地方交通線···運賃計算キロを幹線の運賃表で見る。

幹線　　　　　　　　　　　　地方交通線

Ⓐ ──────────── Ⓑ ──────────── Ⓒ

営業キロ　267.2 キロ　　　　営業キロ　13.1 キロ
　　　　　　　　　　　　　（換算キロ　14.4キロ）

267.2キロ + 14.4キロ = 281.6キロ　➡　282キロ：運賃計算キロ
　　　　　　　　　　　　　　　　　幹線の運賃表から
　　　　　　　　　　　　　　　　　大人　5,170円

> 幹線の営業キロ＋地方交通線の換算キロ＝運賃計算キロ
> （擬制キロ）

●JR北海道内のみに乗車する場合

JR本州3社内と同様。ただし、運賃表は**JR北海道の運賃表を見る**。

●JR四国内のみ・JR九州内のみに乗車する場合

①幹線のみ…JR本州3社内と同様。該当する会社の運賃表を見る。

②地方交通線のみ…擬制キロを該当する会社の運賃表で見る。

＊JR四国・JR九州の運賃表は幹線と地方交通線とに分かれていないため、擬制キロを使用して計算する。

JR 九州　地方交通線

Ⓐ ―――――――――――――― Ⓑ

営業キロ　83.5 キロ

（擬制キロ　91.9 キロ）

91.9キロ　➡　92キロ　　　JR九州の運賃表から
1キロ単位に切り上げ　　　大人　1,850円

③幹線＋地方交通線…JR本州3社内と同様。該当する会社の運賃表を見る。

上記に説明したのは、JR本州3社内、またはJR3島それぞれの会社内のみに乗車する場合の計算方法。JR本州3社とJR3島とにまたがって乗車する場合の運賃計算を行うには、まずJR本州3社とJR3島の境界駅を知る必要がある。

▼

POINT 3-1-5

● JR 本州 3 社と JR3 島の境界駅

境界駅

JR東日本	◄ 在来線・東北新幹線	新青森	北海道新幹線 ►	JR北海道
JR四　国	◄ 瀬戸大橋線	児　島	瀬戸大橋線 ►	JR西日本
JR九　州	◄ 在来線	下　関	在来線 ►	JR西日本
JR九　州	◄ 在来線	小　倉	山陽新幹線 ►	JR西日本
JR九　州	◄ 在来線・九州新幹線	博　多	山陽新幹線 ►	JR西日本

＊山陽新幹線はJR西日本の管轄なので、九州に入っても新幹線に乗車の場合は本州扱いとなる。よって、本州と九州との境界駅は、乗車する列車により下関・小倉・博多のいずれかになる。

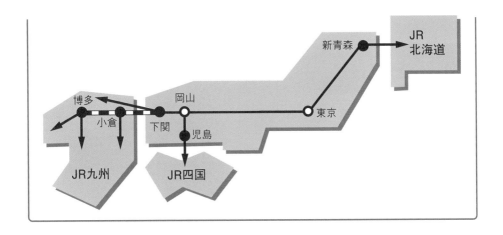

運賃計算のしくみ──その2

　JR本州3社とJR3島とにまたがって乗車する場合は、以下のように計算する。ただし計算の際に営業キロ・換算キロ・擬制キロのどれを使用するのか、どの運賃表を見ればよいのかは前記の運賃計算と同様だ。

　基本の計算式は以下の通り。

> **本州3社とJR3島にまたがる場合の運賃　＝　基準額　＋　加算額**

①**基準額**……**全区間**のキロ数を**本州３社内の運賃表**で見る。
②**加算額**……**境界駅から北海道内・四国内・九州内のキロ数**を該当する**加算額表**で見る。

	JR 西日本 幹線		JR 四国 幹線	
大阪	━━━━━━━━━	児島	━━━━━━━━━	高松
	営業キロ　204.3 キロ		営業キロ　44.3 キロ	
基準額	204.3＋44.3＝248.6	➡ 249キロ	4,510円	
加算額		44.3 ➡ 45キロ	320円	
			計4,830円	

●加算運賃

次の区間を乗車する場合は、全区間の大人普通運賃に加算運賃を足す。

千 歳 線	南千歳〜新千歳空港	20 円
瀬戸大橋線	児島〜宇多津	110 円
関西空港線	日根野〜関西空港	220 円
	日根野〜りんくうタウン	160 円
	りんくうタウン〜関西空港	170 円
宮崎空港線	田吉〜宮崎空港	130 円

●本州と北海道にまたがる場合の加算額

●道内が幹線＋地方交通線…運賃計算キロをJR北海道の加算額表で見る。

例 本州3社＋JR北海道

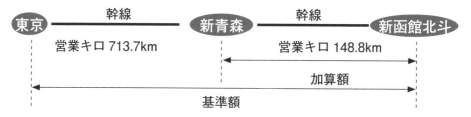

①**基準額** ［東京〜新函館北斗］

営業キロ713.7＋営業キロ148.8＝862.5km→ 863km

【本州3社内の**幹線**の普通運賃表】より11,550円

②**加算額** ［新青森〜新函館北斗］

営業キロ148.8＝149km 【JR北海道の**幹線**の加算額表】より550円

③**基準額** 11,550円＋**加算額** 550円 ＝ **大人普通運賃 12,100円**

運賃計算のしくみ――まとめ

JR各旅客鉄道会社の運賃は、JR本州3社とJR北海道、JR四国、JR九州の各社でそれぞれ異なる。どういうときに営業キロ・換算キロ・擬制キロを使用するのか、次の表で再確認しておこう。

●JR運賃計算に用いられるキロ

乗車地域	幹線・地方交通線の区分	運賃計算に用いるキロ	
本州3社内 JR東日本 JR東海 JR西日本	①幹線のみ ━━━━━▶ ②地方交通線のみ ━━━▶ ③幹線・地方交通線 ━━▶	営業キロ 営業キロ 運賃計算キロ	
JR北海道内	①幹線のみ ━━━━━▶ ②地方交通線のみ ━━━▶ ③幹線・地方交通線 ━━▶	営業キロ 営業キロ 運賃計算キロ	
JR四国 JR九州内	①幹線のみ ━━━━━▶ ②地方交通線のみ ━━━▶ ③幹線・地方交通線 ━━▶	営業キロ 擬制キロ 運賃計算キロ	
本州3社〜 JR北海道	本州内　　　JR北海道 ① 〈幹〉　＋　〈幹〉 ━━▶ ② 〈地・幹〉＋〈幹・地〉━▶	基準額 営業キロ 運賃計算キロ	加算額(JR北海道内) 営業キロ 運賃計算キロ
本州3社〜 JR四国・ JR九州内	本州内JR四国・JR九州 ① 〈幹〉　＋　〈幹〉 ━━▶ ② 〈地・幹〉＋〈幹・地〉━▶ ③ 〈地・幹〉＋　〈幹〉 ━▶ ④ 〈幹〉　＋〈幹・地〉━▶	基準額 営業キロ 運賃計算キロ 運賃計算キロ 運賃計算キロ	加算額(JR四国・九州内) 営業キロ 運賃計算キロ 営業キロ 運賃計算キロ

凡例　幹：幹線　地：地方交通線　運賃計算キロ：営業キロ＋換算キロ（擬制キロ）

 次の文章の誤りを指摘しなさい。

賃率換算キロは、本州と北海道の地方交通線内の各駅相互発着となる区間を乗車する場合に、旅客運賃を算出するために適用されるキロである。

- -

 「賃率換算キロ」は単に「換算キロ」といい、本州と北海道の地方交通線に存在する。幹線と地方交通線にまたがる区間の運賃を算出する場合に使用する。

 ただし、JR本州3社とJR北海道の場合は営業キロを使用し、地方交通線の運賃表で算出する。区別して覚えておこう。

●本州の3社内の幹線の普通運賃表

営業キロ 運賃計算キロ (km)	片道運賃 (基準額) (円)
1～3	150
4～6	190
7～10	200
11～15	240
16～20	330
21～25	420
26～30	510
31～35	590
36～40	680
41～45	770
46～50	860
51～60	990
61～70	1,170
71～80	1,340
81～90	1,520
91～100	1,690
101～120	1,980
121～140	2,310
141～160	2,640
161～180	3,080
181～200	3,410
201～220	3,740
221～240	4,070
241～260	4,510
261～280	4,840
281～300	5,170
301～320	5,500
321～340	5,720
341～360	6,050
361～380	6,380
381～400	6,600
401～420	6,930
421～440	7,150
441～460	7,480
461～480	7,700
481～500	8,030
501～520	8,360
521～540	8,580
541～560	8,910
561～580	9,130
581～600	9,460
601～640	9,790
641～680	10,010
681～720	10,340
721～760	10,670
761～800	11,000
801～840	11,330
841～880	11,550
881～920	11,880
921～960	12,210
961～1,000	12,540
1,001～1,040	12,870
1,041～1,080	13,200
1,081～1,120	13,420
1,121～1,160	13,750
1,161～1,200	14,080
1,201～1,240	14,410
1,241～1,280	14,740
1,281～1,320	15,070
1,321～1,360	15,290
1,361～1,400	15,620

●本州の3社内の地方交通線の普通運賃表

営業キロ 運賃計算キロ (km)	片道運賃 (基準額) (円)
1～3	150
4～6	190
7～10	210
11～15	240
16～20	330
21～23	420
24～28	510
29～32	590
33～37	680
38～41	770
42～46	860
47～55	990
56～64	1,170
65～73	1,340
74～82	1,520
83～91	1,690
92～100	1,880
101～110	1,980
111～128	2,310
129～146	2,640
147～164	3,080
165～182	3,410
183～200	3,740
201～219	4,070
220～237	4,510
238～255	4,840
256～273	5,170
274～291	5,500
292～310	5,720

●JR北海道の幹線の普通運賃表

営業キロ 運賃計算キロ (km)	片道運賃 (基準額) (円)
1～3	200
4～6	250
7～10	290
11～15	340
16～20	440
21～25	540
26～30	640
31～35	750
36～40	860
41～45	970
46～50	1,130
51～60	1,290
61～70	1,490
71～80	1,680
81～90	1,890
91～100	2,100
101～120	2,420
121～140	2,860
141～160	3,190
161～180	3,630
181～200	4,070
201～220	4,510
221～240	4,840
241～260	5,280
261～280	5,610
281～300	5,940
301～320	6,270
321 340	6,490
341～360	6,820
361～380	7,150
381～400	7,370
401～420	7,700
421～440	7,920
441～460	8,250
461～480	8,470
481～500	8,800
501～520	9,130
521～540	9,350
541～560	9,680
561～580	9,900
581～600	10,230
601～640	10,560
641～680	10,780
681～720	11,110
721～760	11,440
761～800	11,770
801～840	12,100
841～880	12,320
881～920	12,650
921～960	12,980
961～1,000	13,310

●JR北海道の地方交通線の普通運賃表

営業キロ 運賃計算キロ (km)	片道運賃 (基準額) (円)
1～3	200
4～6	250
7～10	300
11～15	340
16～20	440
21～23	540
24～28	640
29～32	750
33～37	860
38～41	970
42～46	1,130
47～55	1,290
56～64	1,490
65～73	1,680
74～82	1,890
83～91	2,100
92～100	2,320
101～110	2,420
111～128	2,860
129～146	3,190
147～164	3,630
165～182	4,070
183～200	4,510
201～219	4,840
220～237	5,280
238～255	5,610
256～273	5,940
274～291	6,270
292～310	6,490
311～328	6,820
329～346	7,150
347～364	7,370
365～382	7,700
383～400	7,920
401～419	8,250
420～437	8,470
438～455	8,800
456～473	9,020
474～491	9,350
492～510	9,680
511～528	9,900
529～546	10,230
547～582	10,450
583～619	10,780

●JR四国・九州内の 普通運賃表

営業キロ 擬制キロ 運賃計算キロ	JR 四国	JR 九州
km	円	円
1～3	190	170
4～6	240	210
7～10	280	230
11～15	330	280
16～20	430	380
21～25	530	480
26～30	630	570
31～35	740	660
36～40	850	760
41～45	980	860
46～50	1,080	950
51～60	1,240	1,130
61～70	1,430	1,310
71～80	1,640	1,500
81～90	1,830	1,680
91～100	2,010	1,850
101～120	2,310	2,170
121～140	2,750	2,530
141～160	3,190	2,860
161～180	3,630	3,300
181～200	3,960	3,740
201～220	4,400	4,070
221～240	4,730	4,400
241～260	5,170	4,840
261～280	5,500	5,280
281～300	5,830	5,610
301～320	6,160	5,940
321～340	6,380	6,160
341～360	6,710	6,490
361～380	7,040	6,820
381～400	7,260	7,040
401～420	7,590	7,370
421～440	7,810	7,590
441～460	8,140	7,920
461～480	8,360	8,140
481～500	8,690	8,470
501～520	9,020	8,800
521～540	9,240	9,020
541～560	9,570	9,350
561～580	9,790	9,570

●JR北海道内・四国・九州内の 加算額表

境界駅からの 営業キロ （運賃計算）	JR 北海道	JR 四国	JR 九州
km	円	円	円
1～3	—	—	20
4～6	—	—	20
7～10	—	—	30
11～15	—	—	40
16～20	—	210	50
21～25	—	220	60
26～30	—	230	60
31～35	—	260	70
36～40	180	280	80
41～45	—	320	90
46～50	—	330	90
51～60	—	360	140
61～70	—	370	140
71～80	—	410	160
81～90	—	420	160
91～100	—	430	160
101～120	440	440	190
121～140	550	550	220
141～180	550	660	220
181～200	660	660	330
201～260	770	770	330
261～	770	770	440

（注）本州3社とJR北海道、JR四国、JR九州と
をまたがって利用する場合のJR北海道、JR四
国、JR九州内のキロ数に対応する加算額。

03　普通運賃の特例

基本は理解しているという前提で、運賃計算の特例の部分がよく出題される。基本がわからないと、なぜこれが特例なのかもわからなくなるので、まずはしっかり基本を押さえよう。

運賃計算の基本ルール

①乗車経路が一方向に連続している場合

➡ **運賃計算に用いるキロを通算する。**

営業キロ a ＋ b による運賃　＝　全体の運賃

②JR鉄道区間の中間に通過連絡運輸扱いの会社線が入る場合

➡ **前後のJR鉄道区間のキロを通算して運賃を算出し、これに中間の連絡会社線の運賃を加算する。**

営業キロ a ＋ b による運賃　＋　連絡会社線の運賃　＝　全体の運賃

連絡運輸扱いの会社線には、盛岡〜八戸間の「IGR いわて銀河鉄道」と「青い森鉄道」、六日町〜犀潟間の「北越急行」、河原田〜津間の「伊勢鉄道」、上郡〜智頭間の「智頭急行」等がある。

③乗車区間が途中で1周する場合

　➡ **1周となる駅で鉄道のキロを打ち切り、残りは別区間として計算する。**

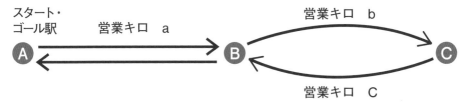

営業キロａｂｃの合計による運賃　＋　営業キロａによる運賃　＝　全体の運賃

④乗車区間の一部で往復する場合

　➡ **折り返しとなる駅でキロを打ち切る。**

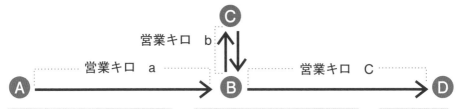

営業キロａ＋ｂによる運賃　＋　営業キロｂ＋ｃによる運賃　＝　全体の運賃

＊上記行程の場合、〈a＋cによる運賃〉＋〈bの往復運賃〉の方が安いときは、安い運賃を使用してもよい。

次の区間の大人普通運賃はいくらか。ただし北越急行線は JR 線と通過連絡運輸扱いを行っている（P184 運賃表使用）。

<table>
<tr><td>上越線
幹線</td><td>北越急行線</td><td>信越・北陸本線
幹線</td></tr>
</table>

越後湯沢 ———— 六日町 ……………… 犀　潟 ———— 魚　津

　　営65.2キロ　　　　運賃1,090円　　　　営99.4キロ

- -

こたえ　3,890 円：

JR　65.2 ＋ 99.4 ＝ 164.6 ⇒ 165 キロ		3,080 円
北越急行線		1,090 円
	計	4,170 円

対策　運賃計算をマスターするために、実際に市販されている時刻表大型版のピンクのページも参照すること。

運賃計算の特例

●特定都区市内

特定都区市内にある駅とその中心駅から（まで）**営業キロ200キロを超える**駅（201キロ以上の駅）との運賃は、中心駅を起点・終点として計算する。つまり中心駅以外から乗車しても中心駅から計算し、中心駅以外で降車しても中心駅までで計算する。以下は11の特定都区市内と中心駅である。

また、後で学習する有効日数においても、中心駅から計算する。

特定都区市内	中心駅	特定都区市内	中心駅
札幌市内	札幌	仙台市内	仙台
東京都区内	東京	横浜市内	横浜
名古屋市内	名古屋	京都市内	京都
大阪市内	大阪	神戸市内	神戸
広島市内	広島	北九州市内	小倉
福岡市内	博多		

201キロ以上

中心駅　スタート

スタート　特定都区市内

他の駅から
出発しても
中心駅から

例　品川〜浜松乗車の場合

東京 ・・・・・・・・・・・・・・・・ 品川 ━━━ 幹　線 ━━━ 浜松

営 6.8 キロ　　　　　営 250.3 キロ

東京都区内

品川は東京23区内の駅。

東京（東京23区内の中心駅）〜浜松

営6.8キロ＋営250.3キロ＝営257.1キロ＞営200キロ

200キロを超えているので、品川からの乗車だとしても東京から計算する。

営257.1キロ ➡ 営258キロ【本州幹線の運賃表】より　4,510円

乗車券は東京都区内発となり、券面には「**東京都区内**→浜松」と区間表示される。

●東京山手線内

　東京駅から（まで）営業キロが**100キロを超えて200キロ以下**の駅との運賃は、山手線内の各駅で乗降しても、東京駅を起点・終点として計算する。また有効日数も東京駅から（まで）計算する。

●東京都区内を通過する場合

　実際の乗車経路にかかわらず、**最短経路**の営業キロで計算する。

●大都市近郊区間内のみの場合

　東京・大阪・福岡・新潟・仙台の大都市近郊区間内の運賃は、実際の乗車経路にかかわらず、**最短経路**により計算する。

●特定区間

　下記の特定区間は経路が2通りあり、どちらの経路を乗車しても○印のついている**短い方の経路**のキロ程で計算することができる。また、この特例は料金の計算にも適用する。

　さらに、乗車区間の営業キロが100キロを超えていれば、どちらの経路でも途中下車できる。

●特定区間（経路特定区間は料金計算のときも短い方の経路で行う）

	区　　　間	経　　　路		運賃・料金計算の経路
JR北海道	大沼〜森	函館本線（大沼公園経由）…… 22.5km	○	函館本線 （大沼公園経由）
		函館本線（東森経由）………… 35.3km		
JR東日本	赤羽〜大宮	東北本線（川口・浦和経由）… 17.1km	○	東北本線 （川口・浦和経由）
		東北本線（戸田公園・与野本町 経由） 18.0km		
	日暮里〜赤羽	東北本線（王子経由）………… 7.4km	○	東北本線 （王子経由）
		東北本線（尾久経由）………… 7.6km		
	品川〜鶴見	東海道本線（大井町経由）…… 14.9km	○	東海道本線 （大井町経由）
		東海道本線（西大井経由）…… 17.8km		

JR東日本	東京〜蘇我	総武本線・外房線 ……………… 43.0km 京葉線 ………………………… 43.0km	○	総武本線・外房線
JR西日本	大阪〜天王寺	大阪環状線（天満経由）……… 10.7km 大阪環状線（福島経由）……… 11.0km	○	大阪環状線 （天満経由）
	山科〜近江塩津	湖西線 ………………………… 74.1km 東海道本線・北陸本線 ……… 93.6km	○	湖西線
	三原〜海田市	山陽本線 ……………………… 65.0km 呉線 …………………………… 87.0km	○	山陽本線
	岩国〜櫛ヶ浜	岩徳線 ………………………… 43.7km （換算キロ：48.1km） 山陽本線 ……………………… 65.4km	○	岩徳線

＊上記のkm数は、岩徳線の換算キロ以外はすべて営業キロ。

〔注1〕岩国〜櫛ヶ浜の場合…山陽新幹線で新岩国〜徳山間を利用する場合もこの特例から短い岩徳線のキロを使用する。岩徳線は地方交通線のため、新幹線でも運賃計算キロが存在する。

〔注2〕一方の経路を通過し、再び同区間の他の経路を乗車する場合は、実際の乗車経路によって計算することができる。

 次の行程を途中下車しないで乗車する場合の大人片道普通旅客運賃を求めなさい。（P184-185 運賃表使用）

	幹　線		幹　線	
浜松	━━━━━━	大阪	━━━━━━	桜島
	営業キロ　299.3キロ		営業キロ　7.7キロ	

＊「桜島」は大阪市内の駅である。

- -

こたえ　大阪市内は特定都区市内の１つである。「桜島」は大阪市内の駅で、また中心駅の大阪駅までの営業キロが 200 キロを超えているので、大阪を終点として計算する。

計算　営 299.3 キロ　➡　300 キロ
本州３社内の幹線の運賃表より、5,170 円

●新幹線と在来線が並行する区間

　新幹線は並行する在来線と同じ路線とみなして、在来線のキロ数を使用する。

東海道・山陽新幹線＝東海道本線・山陽本線・鹿児島本線

東北新幹線　　　　＝東北本線（東京〜盛岡）*

上越新幹線　　　　＝東北本線・高崎線・上越線・信越本線

九州新幹線　　　　＝鹿児島本線

*東北新幹線は現在、盛岡から新青森まで延長されて東京〜新青森間となっているが、延長された際に、盛岡
　〜新青森間の在来線はJRから「IGRいわて銀河鉄道」と「青い森鉄道」に移管された。そのため、盛岡〜新
　青森間の在来線は存在しない。

　ただし、下表の区間内の駅を始点もしくは終点（当該区間の両端の駅
　は除く）または乗り換えとする場合は、別の線とみなして、実際の乗
　車経路によりキロ数を計算する。

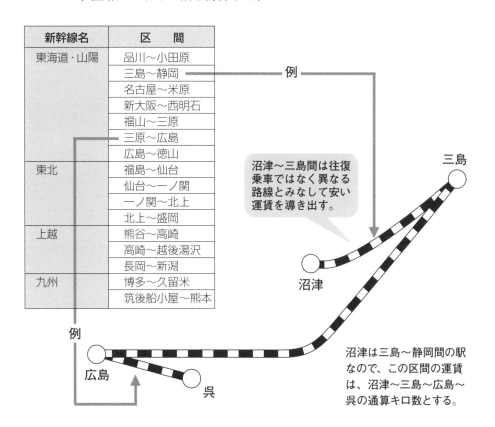

新幹線名	区　　間
東海道・山陽	品川〜小田原
	三島〜静岡
	名古屋〜米原
	新大阪〜西明石
	福山〜三原
	三原〜広島
	広島〜徳山
東北	福島〜仙台
	仙台〜一ノ関
	一ノ関〜北上
	北上〜盛岡
上越	熊谷〜高崎
	高崎〜越後湯沢
	長岡〜新潟
九州	博多〜久留米
	筑後船小屋〜熊本

例

沼津〜三島間は往復
乗車ではなく異なる
路線とみなして安い
運賃を導き出す。

三島

沼津

例

広島

呉

沼津は三島〜静岡間の駅
なので、この区間の運賃
は、沼津〜三島〜広島〜
呉の通算キロ数とする。

04　割引運賃

割引の適用できる条件や割引率はきちんと覚えること。また実際の行程から割引が適用できるかどうかも判断できるようにしておきたい。特に条件のキロ数は営業キロで判断することに注意しよう。

割引運賃

運賃の割引にはさまざまなものがある。最低でも以下の割引は覚えておこう。

●主な割引運賃

内　　容		割　引　率
往復割引		
鉄道・航路の片道の営業キロが **600km** を超え、有効期間内に往復する場合		往路 **1 割引** 復路 **1 割引**
学生割引		
中学生以上の学生・生徒が鉄道・航路の営業キロが **100km** を超える区間を乗車する場合 ＊学生・生徒旅客運賃割引証が必要		**2 割引**
身体障害者割引・知的障害者割引		
①第 1 種（介護者付）	距離条件なし　＊介護者も割引	運賃・急行料金 5 割引
②第 1 種（単独） 　第 2 種	JR 線・連絡社線の営業キロ 100km を超える区間	5 割引

通常、上表の割引は運賃のみだが、身体障害者・知的障害者割引の第 1 種（介護者付）の場合は、急行料金も割引になる。また JR の割引は航空と異なり小児も適用できる。

POINT 3-1-7

●割引計算の注意点
①**打切区間**（運賃を計算する区間）**ごとに割引**……端数は 10 円未満切り

捨て

　普通運賃×（1－割引率）■10円未満切り捨て➡割引運賃

②小児の割引……小児普通運賃から割り引く。

　＊大人の割引運賃を半額にするのではない点に注意！

③**重複割引は不可**……ただし例外として、**往復割引**と**学生割引**（1割引か
らさらに2割引）は可。

〈重複割引の例〉大人普通運賃（片道）11,330円の場合

　往復割引（1割引）→11,330円×0.9＝10,197円　→　10,190円

　学生割引（2割引）→　10,190円×0.8＝　8,152円　→　　8,150円

　往　　復　　分　→　　　8,150円×2＝16,300円

④**学生割引**……**打切区間ごと**に営業キロ100kmを超えているか判断する。

例

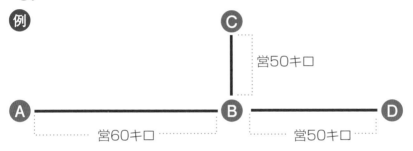

A～B～C、C～B～Dの行程

A～B～C　営60キロ＋営50キロ＝営110キロ＞100キロ➡学生割引可

C～B～D　営50キロ＋営50キロ＝営100キロ＝100キロ➡学生割引不可

往復割引の特例

　往復割引は、往路と復路を同一区間・同一経路で乗車するのが条件の１つだが、新下関～博多間を新幹線と在来線とで相互に経由する場合は往路と復路で経路・運賃が異なっても往復として扱い、片道の営業キロが600kmを超えれば往復割引が適用となる。

　東京～博多間を往路は新幹線、復路は在来線を利用して往復する場合の例を次に示そう。

往路　新幹線

博多 ← → 東京

復路　在来線

東京〜博多…営業キロ　1174.9km（運賃計算キロ1179.3km）

JR九州内〈下関〜博多〉…営業キロ　79.0km

➡大人運賃の計算

往路…運1179.3km 　　　　→　1180km　14,080円

復路…基準額：運1179.3km　→　1180km　14,080円

　　　加算額：営79.0km 　　　　　　160円

　　　基準額14,080円＋加算額160円＝計　14,240円

➡小児運賃の計算

往路……14,080円÷2＝7,040円

復路……14,240円÷2＝7,120円

➡大人の往復割引の計算：往路・復路それぞれ1割引

往路……14,080円×0.9＝12,672円　→　　12,670円

復路……14,240円×0.9＝12,816円　→　　12,810円

往復 　　　　　　　　　　　　　計　25,480円

➡小児の往復割引の計算：片道の小児普通運賃をそれぞれ1割引

＊大人の往復割引運賃を半額にするのではない点に注意！

往路……7,040円×0.9＝6,336円　→　　　6,330円

復路……7,120円×0.9＝6,408円　→　　　6,400円

往復 　　　　　　　　　　　　　計　12,730円

 次の文章の誤りを指摘しなさい。
学生・生徒旅客運賃割引証（学生証）を提出した生徒・学生が、片道の営業キロ600kmを超えて往復乗車する場合、学生割引と往復割引を重複適用できない。

- -

 原則としては重複割引はできない。しかし例外として、学生割引と往復割引は重複して適用できる。

 往復割引と学生割引の設問は多い。重複適用するときの計算は、先に1割引し、次に2割引。この手順を間違えると数値（値段）が変わってしまうので注意！

05 団体運賃・料金

計算・穴埋め・文章問題といろいろな形で出題されている。穴埋めや文章問題対策として、何人からや割引率等の数字は、しっかり暗記しておくこと。無賃扱いにも注意すること。

団体の種別

団体は以下のように種別できる。

学生団体	**8 人以上の生徒・学生**と付添人、教職員、または同行する旅行業者で構成された団体で、**教職員が引率**するもの。 ただし、へき地校あるいは特殊学校の生徒・児童の場合は 8 人未満でも学生団体とする。
訪日観光団体	**8 人以上の外国人観光客**と同行する旅行業者（ガイド含む）で構成された団体で責任ある代表者が引率するもの。 ただし、日本国在外外交官・入国審査官、(社)日本旅行業協会または（社）全国旅行業協会会長の発行した証明書を持っているものに限る。
普通団体	大人・小児を問わず、上記以外の旅客で構成された **8 人**以上の団体で、責任ある代表者が引率するもの。

大口団体と小口団体

団体は、**大口団体**と**小口団体**に区別される。

大口団体		専用臨時列車を利用する団体
小口団体	A 小口団体	31 人以上
	B 小口団体	8 人以上 30 人まで

団体運送の引き受け

●団体の申込受付期間
①大口団体——出発日の9ヵ月前から2ヵ月前まで
②小口団体——出発日の9ヵ月前から14日前まで
＊上記は原則で、期間を過ぎても引受可能なら受け付ける。

●個人割引旅客の引き受け
　学生割引、身体障害者割引等の個人割引旅客は、団体の構成人員に含めて引き受けることができる。ただし、個人割引を含めた団体総人員の**5割以内**となっている。

●学生団体
　学生団体はJRの運送上の都合による場合を除き、**グリーン車やA寝台は利用できない**。利用する場合は普通団体として扱う。同行する写真業者やPTA役員は団体割引適用外。

団体割引運賃

●団体運賃の割引

団体の区分		取扱期間	鉄道・航路
普通団体	一般の団体	第1期 第2期	1割引 1割5分引
	専用臨時列車 利用の団体	第1期 第2期	5分引 1割引
学生団体	大人（中学生以上）	通年	大人運賃の5割引
	小児（小学生以下）	通年	小児運賃の3割引
	教職員・付添人*1	通年	大人運賃の3割引
訪日観光団体		通年	1割5分引

＊1）旅行業者は、その学生団体100人につき1人の割合でこの割引率が適用される。
100人まで……1人が3割引
101人〜200人……2人が3割引
201人〜300人……3人が3割引

＊上表の割引率は運賃にのみ適用され、料金には適用されない。すなわち、料金の団体割引は存在せず、団体割引といえば運賃を割引する制度である。

●普通団体の第1期・第2期

第1期	12月21日〜1月10日、3月〜5月（JR北海道内相互発着は3月〜4月）、7月〜8月、10月
第2期	上記以外の時期

＊JRの乗車船日が第1期と第2期にまたがる場合は、**全行程**に対して**第2期**の割引率を適用する。
＊学生団体、訪日観光団体には第1期・第2期の区分はない。

●団体の無賃扱い

①訪日観光団体	**15〜50人で1人無賃**	＊①②とも以降50人増えるごとに無賃扱い
②普通団体	**31〜50人で1人無賃**	が1人増える。
③学生団体	**無賃扱いなし**	

＊運賃が無賃の者は、料金も無料。
＊大人と小児が混乗の場合は、有利な大人を無賃とする。
＊個人割引旅客も団体構成人員に含め、無賃扱いを考える。

団体運賃・料金計算

POINT 3-1-8

●団体割引運賃の計算手順
①1人あたりの普通運賃を算出する。
②割引　➡　10円未満の端数は切り捨て。
③無賃扱いを考えて、人数倍する。

●団体割引の計算式

1人あたりの普通運賃　×（1−割引率）＝ A（10円未満切り捨て）

A　×（人数−無賃人数）＝　団体運賃

　団体運賃は、不乗通算や分岐線を別に計算する等、有利な打切区間による計算ができる。

　不乗通算とは、実際に乗車しない区間があっても乗車したものとみなして計算できるもので、承諾さえ受ければ不乗通算扱いが可能。

😊 団体運賃は、区間ごと、片道ごとに割引しない。個人の割引の場合と
異なるので注意！

計算例

往路：8月30日、復路：9月1日に往復する普通団体、大人31名の総額運賃

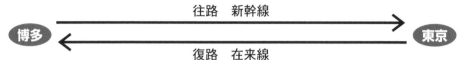

東京～博多間…営業キロ　1174.9km（運賃計算キロ1179.3km）
JR九州内＜下関～博多＞…営業キロ　79.0km

①1人あたりの大人の普通運賃（JR運賃表を参照）

往路　14,080円　＋　復路　14,240円　＝　28,320円

**②割引…普通団体の場合、第1期・第2期で割引率が異なるため日付に気をつ
ける。**

往路：8月30日　➡　第1期　　　復路：9月1日　➡　第2期

第1期・第2期にまたがる場合は、全行程に第2期の割引率（1割5分引）を適用。
また、団体の場合、個人の割引と異なり往路・復路別々に割引をするのではな
く、往復の運賃総額から割引する。

　　　28,320円×（1−0.15）＝24,072円　➡　24,070円（10円未満切り捨て）

③無賃扱いを考えて人数倍

普通団体の場合、31名から1人無賃扱いとなる。

　　　24,070円×（31−1）＝722,100円

●団体料金

　団体割引は運賃のみで料金の割引はない。団体の場合の料金計算は、後で学
習する個人の場合の料金計算と同様。ただし、**無賃扱い**の人は**料金も無料**。

　料金は運賃に付随しておこってくるものなので、運賃がかからなければ料金
もかからないと思えばよい。

次の文章の誤りを指摘しなさい。
東京～新大阪間を往復、新幹線の普通車指定席に乗車する普通団体で、往路5月
30日、復路6月1日に乗車する場合は、往路は第1期の割引率、復路は第2期の割
引率で計算する。

 乗車日が第1期と第2期にまたがるので、全行程、第2期の割引率を適用する。
小口団体なら1割5分引き。

 過去には計算問題も出題されている。特に団体運賃の割引計算は個人の場合と大
きく異なるので、区別して覚えておこう。

06　料金の基本

最近は、選択肢が解答だけでなく計算式であることが多く、自分で手計算することは少なくなってきた。ただし、自分で学習するときは実際に計算し、頭にすぐ計算手順が思い浮かぶようにしておきたいもの。特急料金の変動は、要チェックだ。

料金の種類

①**急行料金**……特別急行料金（**特急料金**）

　　　　　　普通急行料金（**急行料金**）

②**座席指定料金（指定席料金）**

　　小児は大人の半額。
　　10円未満の端数は切り捨て。

③**特別車両料金（グリーン料金）・**

　グランクラス料金

④**寝台料金**

　　小児も大人と**同額**。

旅客営業規則上、急行料金というと特別急行料金と普通急行料金の両者を指す。ただし、一般的には特別急行料金を特急料金、普通急行料金を急行料金と呼んでいるので、以下、特急料金・急行料金として説明する。また、グリーン料金の正式名は特別車両料金だが、これも同様に扱う。

▼

POINT 3-1-9

●**料金計算の基本原則**
①必ず**営業キロ**で算出する。
②乗車する**列車ごと**に算出する。

上記が料金計算の２大原則だ。常にこれを踏まえておくこと。

特急料金と急行料金

😀 特急料金と急行料金のしくみを理解するには、まず特急列車と急行列車の考え方の違いを知る必要がある。

▼

●**特急料金と急行料金の違い**
特急列車は指定席、急行列車は自由席が基本となっているので、
特急料金➡指定席料金を含む
急行料金➡指定席料金を含まない
という考え方となる。

したがって、急行で指定席に乗車する場合は、急行料金の他に指定席料金が必要となる。また逆に特急で自由席に乗車する場合は、特急料金から指定席料金に相当する額を差し引く。

同様に、グリーン車・グランクラス・寝台車も指定席が基本なので、グリーン料金・グランクラス料金・寝台料金には指定席料金が含まれる。そのため特急のグリーン車（またはグランクラス、寝台車）に乗車する場合は、特急料金にもグリーン（またはグランクラス、寝台）料金にも指定席料金が含まれ、二重となっている。そこで、その場合には特急料金から指定席料金に相当する額を差し引く。

●**料金一覧表**

<table>
<tr><td colspan="2">種別</td><td>特急列車</td><td>快速列車・普通列車</td></tr>
<tr><td rowspan="2">グリーン車</td><td>指定席</td><td>（自由席）特急料金・グリーン料金（A）
グランクラス料金（A）（B）</td><td>グリーン料金（B）</td></tr>
<tr><td>自由席</td><td></td><td>グリーン料金（B）</td></tr>
<tr><td rowspan="2">普通車</td><td>指定席</td><td>特急料金</td><td>指定席料金</td></tr>
<tr><td>自由席</td><td>（自由席）特急料金</td><td>不要</td></tr>
<tr><td colspan="2">A 寝台車</td><td>（自由席）特急料金・A 寝台料金</td><td></td></tr>
<tr><td colspan="2">B 寝台車</td><td>（自由席）特急料金・B 寝台料金</td><td></td></tr>
</table>

特急料金

| 特急料金 | ①新幹線用……区間ごと |
| | ②在来線用……キロ制
　A 特急料金
　B 特急料金（B 特急と表示があるとき） |

　特急料金は新幹線用と在来線用と大きく2つに分類され、**新幹線は区間ごと**に、**在来線**は列車の営業キロで算出する**キロ制**となっている。さらに、在来線は区間・列車により**A特急料金**と**B特急料金**に分かれる。

　試験の設問では、B 特急の場合は表示がある。A ともB とも表示がなく、ただ特急とされている場合はA 特急と判断すること。

●A特急料金とB特急料金の例

通常期指定席特急料金	区分	51〜100km まで	101〜150km まで	301〜400km まで	401km 以上	601km 以上
	A 特急 料金	1,730 円	2,390 円	3,170 円	3,490 円	3,830 円
	B 特急 料金	1,480 円	1,890 円	2,730 円	3,070 円	

＊JR北海道内のA特急料金は上表と異なる。また、上表のB特急料金はJR東日本のもので、JR東海、JR西日本、JR九州とは多少異なる。

特急列車の普通車指定席

　特急の普通車指定席の場合は、乗車日によって4区分（一部の在来線は、年間同額）に分かれ、料金が異なる。通常期を基準に**繁忙期は200円増、閑散期は200円引**となる。このとき、小児料金はあらかじめ200円増減してから半額にする。また、区間によっては、400円増となる最繁忙期が設定されている。

　　　　　A特急料金　1,730円の場合

例　繁忙期　　大人　1,730円＋200円　　　　＝　　　1,930円
　　　　　　　　　小児（1,730円＋200円）÷2　＝　965→960円
　　　閑散期　　大人　1,730円－200円　　　　＝　　　1,530円
　　　　　　　　　小児（1,730円－200円）÷2　＝　765→760円

●JR東日本の一部列車の乗車日の区分

通常期	「事前料金」と「車内料金」の区分がある特急列車
	ひたち・ときわ・スワローあかぎ・あずさ・かいじ・富士回遊・はちおうじ・おうめ・あかぎ・日光・きぬがわ・スペーシアきぬがわ➡年間同額

＊列車名を覚える必要はない。問題文や資料に「事前料金」「車内料金」の記述があれば通年同額と覚えよう。

 JR北海道内の乗車日の区分は通常期のみ。JR九州内の乗車日の区分は最繁忙期と繁忙期、通常期がある。

特急列車の普通車自由席・グリーン車・寝台車

　特急の普通車自由席・グリーン車・寝台車に乗車する場合は、通常期の特急料金から**530円引**で、さらに乗車日によって、最繁忙期は400円増、繁忙期は200円増、閑散期は200円引と加算したり減算したりする。

　なお小児料金は、あらかじめ530円を差し引き、さらに乗車日による加算または減算をした上で半額にする。

POINT 3-1-11

> ●特急料金のまとめ
> ①特急列車の普通車指定席
> 　　**繁忙期**　通常期の特急料金**＋200円**　　2,390＋200＝2,590円
> 　　通常期　　　　　　　　　　　　　　　　　　　2,390円
> 　　**閑散期**　通常期の特急料金**－200円**　　2,390－200＝2,190円
> ②**特急列車の普通車自由席**
> 　　通常期の特急料金**－530円**……**年間同額**
> ③**特急料金のグリーン車・寝台車料金**　通常期の特急料金－530円をした上で区分により＋400円、±200円をする。
> ④**小児の特急料金**は、＋400円、±200円または－530円した後に半額。

急行料金

急行料金は、在来線特急のように営業キロで算出する**キロ制**。ただし繁忙期や閑散期といった乗車日による区分はなく、**年間同額**。また急行料金は**指定席料金を含んでいない**ので、急行の指定席の場合は急行料金以外に指定席料金も必要。なお小児の料金は、急行料金・指定席料金それぞれを料金ごとに半額とする。

●急行料金の一般例

キロ数	50km まで	100km まで	150km まで	200km まで	201km 以上
急行料金	560 円	760 円	1,000 円	1,100 円	1,320 円

＊小児は半額

指定席料金（座席指定料金）

指定席料金は、急行列車・普通列車・快速列車の指定席に乗車する際に必要な料金で、区間や乗車日により料金が異なる。

●指定席料金

会　　　社	期　　間	指定席料金
JR 北海道・JR 九州	通年	**530 円**
JR 東日本・JR 東海・JR 西日本・ JR 四国・JR 会社間	閑散期	**330 円**
	通常期・繁忙期	**530 円**

＊閑散期・通常期・繁忙期・最繁忙期の区分は特急料金の乗車区分と同じ。

グリーン料金（特別車両料金）

グリーン料金は正式には特別車両料金。特急・急行列車用（A）と普通・快速列車用（B）の２種類があるが、どちらも乗車する列車の営業キロによるキロ制。**大人と小児は同額**。

グリーン料金	①特急・急行列車用（A）
	②普通・快速列車用（B）

グリーン料金は**指定席料金を含む**。一部の普通・快速列車にはグリーン車自由席があるが、自由席でも割引はない。

●グリーン料金の一般例（JR九州内除く）

グリーン料金（A） 在来線特急列車	100kmまで	200kmまで	400kmまで	600kmまで	800kmまで	801km以上
	1,300円	2,800円	4,190円	5,400円	6,600円	7,790円

寝台料金

　寝台車には**A寝台**と**B寝台**があり、さらに1人用個室・2人用個室等いくつかのタイプに分かれる。A寝台はB寝台よりランクが上で、寝台の中のグリーン車のようなもの。また、寝台料金は距離に関係なく同タイプの寝台であれば同額。

●寝台料金

	種別・マーク	タイプ	料金 （1人当たり）	列車名
1人用	A寝台個室 A1	シングルデラックス	13,980円	サンライズ瀬戸 サンライズ出雲
	B寝台個室 B1	シングルツイン	9,600円	
		シングル	7,700円	
		ソロ	6,600円	
2人用	B寝台個室 B2	サンライズツイン	7,700円	

＊大人・小児同額

●寝台の特徴

　1人用個室寝台は**2人まで**（大人2人を除く）利用できる。その場合の**寝台料金は1室**（1人分）。ただし、特急・急行料金は速さに対する対価なので人数分必要。

特急・寝台を利用の場合にかかる料金

①大人と小児で1室の寝台を利用する場合

　大人の特急料金1人分＋小児の特急料金1人分＋寝台料金1台分

②小児2人で1室の寝台を利用する場合

　小児の特急料金2人分＋寝台料金1台分

③大人と幼児で1室の寝台を利用する場合

　大人の特急料金1人分＋寝台料金1台分

＊上記の特急料金は寝台を利用しているので、通常期の特急料金から530円引した額。小児はその半額
＊幼児は大人と添寝など単独で寝台を利用していなければ、何もかからない。

 次の文章の誤りを指摘しなさい。
特別車両料金（B）は快速・普通列車に適用される特別車両料金で、年齢による区別はないが、指定席と自由席は料金が違う。

 特別車両料金（グリーン料金）にはAとBの2種類の料金があり、Aは特急・急行列車用。また、グリーン車自由席だからといって割引等はないので指定席・自由席とも同額。ただし1つの列車に指定席・自由席両方が存在することはない。

 料金の計算は、今まで学習してきた運賃とは大きく異なるので、基本原則をきちんと押さえておくこと。運賃と料金の違いについてはP174で再確認しておこう。

07　乗継割引

料金の中でも、この乗継割引は最も重要なところで、よく出題されている。計算問題、文章問題等いろいろな形で出題されているので、よく理解しておくこと。

乗継割引

乗継割引は、一定の条件で次の列車同士を乗り継ぐ場合に、片方の列車の**特急料金・急行料金・急行列車の指定席料金**が**半額**になるもの。出発前に双方の列車の特急券等を同時に購入することで割引となる。

POINT 3-1-13

●乗継割引

	乗継割引となる列車
新幹線	在来線の特急・急行列車

POINT 3-1-14

●乗継割引の対象外

①普通列車・快速列車の指定席料金（対象は特急・急行列車のため）

②グリーン料金・寝台料金

③グリーン個室・2人用個室寝台

　その他の細かい条件は、それぞれの乗継割引の項を参照のこと。

新幹線と在来線の乗継割引

●乗継割引の条件

当日

新幹線 ⬅➡ 在来線の特急・急行（乗継割引を適用）

当日or翌日

同じ駅で乗り継ぎ　＊例外：新大阪と大阪

乗継駅	東海道・山陽新幹線	（東京駅・品川駅・岡山駅・新山口駅・小倉駅・博多駅を除く）各駅
	東北・北海道新幹線	新青森、新函館北斗
	上越新幹線	長岡、新潟
	北陸新幹線	長野、上越妙高、金沢
	九州・西九州新幹線	乗継割引なし

```
            新幹線「のぞみ」                特急「ひだ」
 東京 ─────────────── 名古屋 ─────────────── 高山
                         当日        乗継割引

            特急「ひだ」                 新幹線「のぞみ」
 高山 ─────────────── 名古屋 ─────────────── 東京
        乗継割引       当日又は翌日

      特急「こうのとり」      普通列車        新幹線「のぞみ」
 福知山 ──────── 大阪 ─────────── 新大阪 ─────────── 東京
        乗継割引
```

＊大阪・新大阪は例外的に同じ駅とみなし、乗継割引可能

●新幹線の前後で在来線の特急列車に乗り継ぐ場合

　旅客が有利になるように、割引対象となる特急料金の高いほうが乗継割引適用となります。

【通常期】

特急「こうのとり」普通車指定席	東海道新幹線「のぞみ」	特急「しなの」普通車自由席
福知山 ━ 新大阪	新大阪 ━ 名古屋	名古屋 ━ 塩尻

指定席特急料金
(通常期)2,390円

自由席特急料金
2,200円

2,390円　　　　　　　　　　　2,200円
乗継割引適用

2,390円÷2＝1,195→1,190円

※どちらも指定席の場合は、名古屋～塩尻間の特急料金が高くなるので名古屋
　～塩尻間の特急料金が半額となる。

★**乗継割引対象外の特急列車** ・・・ 踊り子・サフィール踊り子・湘南

「ひかり」	特急「サフィール踊り子」
新大阪 ━ 熱海	熱海 ━ 伊豆急下田
グリーン車指定席	プレミアムグリーン車指定席

乗継割引対象外

乗継割引の計算例

　実際に乗継割引を計算する際には、以下のことに注意。

①端数処理…半額にして10円未満端数が出たら、切り捨て。

②特急料金…＋400円、±200円、−530円した後の料金を半額。

③急行・指定席料金…料金ごとに別々に半額。

④小児料金…小児も乗継割引になる。乗継割引で半額、端数処理後、さらに小
　　　　　　児で半額。

以下に計算例を示した。手順を確認しておこう。

●名古屋〜松本間の乗継割引計算例

【通常期】

```
          新幹線                      特急・指定席
東京 ━━━━━━━━━━━━━ 名古屋 ━━━━━━━━━━━━━ 松本
                          特急料金    大人2,730円
```

大人の場合：特急料金　　2,730円÷2　➡　1,365→1,360円
小児の場合：特急料金　　2,730円÷2　➡　1,365→1,360円
　　　　　　　　　　　　1,360円÷2　➡　　　　680円

特急料金の乗継割引に関する次の記述のうち、正しいものはどれか。なお、いずれも最初の列車の乗車日当日に乗り継ぐものとし、途中下車はしないものとする。また、記載した特急料金は通常期の無割引の指定席特急料金の額とする。

　　　　特急「しらゆき」　新幹線「とき」　新幹線「のぞみ」　特急「ソニック」
ア. 直江津 ━━━━ 長岡 ━━━━ 東京 ━━━━ 小倉 ━━━━ 大分
　　◇「しらゆき」および「ソニック」に乗継割引が適用される。

　　　　特急「くろしお」　　　新幹線「さくら」　　特急「リレーかもめ」
イ. 和歌山 ━━━━ 新大阪 ━━━━ 新鳥栖 ━━━━ 長崎
　　◇「リレーかもめ」に乗継割引が適用される。

　　　　特急「南紀」　　　新幹線「ひかり」　　特急「わかしお」
ウ. 四日市 ━━━━ 名古屋 ━━━━ 東京 ━━━━ 安房鴨川
　　◇「南紀」に乗継割引が適用される。

　　　　特急「しおかぜ」　　　　寝台特急「サンライズ瀬戸」
エ. 松山 ━━━━ 岡山 ━━━━ 品川
　　◇「しおかぜ」に乗継割引が適用される。

- -

こたえ　ウ➡（四日市〜東京間）新幹線と在来線の乗継割引が適用でき、特急「南紀」の特急料金が半額になる。

08 料金の特例

JRの料金は、基本よりも特例がよく出題されるので、非常に大切なところ。新幹線内乗継 (のぞみ・ひかり乗継を含む)、山形・秋田新幹線等は計算問題として出題されている。実際に自分で計算できるようにしておきたい。

新幹線内乗継

通常、料金は列車ごとに計算するが、同一方向に新幹線同士を乗り継ぐ場合は、特例となる。

POINT 3-1-15

●**新幹線内乗継の特例**

特例1 ➡ **改札を出なければ、通し**の特急料金・グリーン料金 (個室を除く) を適用する。

特例2 ➡ **利用席が異なる**乗り継ぎの特急料金は、**全区間上級席**を利用したものとして計算する。

 　　　　　　　　　　　　　　　　　　　　　適用料金

①普通車**指定席**＋普通車**自由席**の乗り継ぎ ➡ 通しの**指定席**特急料金

②**グリーン車**＋普通車**指定席**または**自由席** ➡ 通しの特急料金から530円を差し引き、さらに乗車日によっては加算または減算をした上にグリーン料金を足す。

＊一部でもグリーン車に乗車したら自由席特急料金を適用。

例外 (新幹線内乗継対象外)

①東京駅での乗り継ぎ

②大宮駅・高崎駅での上り列車と下り列車の乗り継ぎ

●新幹線内乗継の計算例

例 9月9日（火）閑散期

東海道新幹線「ひかり」号　　　　　　　山陽新幹線「こだま」号
普通車指定席　　　　　　　　　　　　普通車自由席

（東京）────────────（新大阪）────────────（新神戸）

営業キロ　552.6キロ　　　　　　　営業キロ　36.9キロ

＊新大阪では改札口を出ない。

　新幹線内乗継で、乗継駅で改札を出ていないので
①東京～新神戸までの通しの特急料金を適用。
②普通車指定席と普通車自由席との乗り継ぎ➡指定席特急料金を適用。
東京～新神戸までの「ひかり・こだま」の特急料金……5,490円
さらに9月9日（火）は閑散期なので200円引きとなるため、
特急料金：5,490円　－　200円　＝　5,290円

例 9月9日（火）閑散期

東海道新幹線「ひかり」号　　　　　　　山陽新幹線「こだま」号
グリーン車　　　　　　　　　　　　　グリーン車

（東京）────────────（新大阪）────────────（新神戸）

営業キロ　552.6キロ　　　　　　　営業キロ　36.9キロ

＊新大阪では改札口を出ない。

　グリーン車同士を乗り継いでいるので、特急料金の他、グリーン料金も通しで計算できる。さらに9月9日（火）は閑散期なので200円引きとなるため、
特急料金：5,490円　－　530円　－　200円　＝　4,760円
グリーン料金：営552.6＋営36.9＝営589.5　➡　営590キロ……5,400円
特急料金4,760円　＋　グリーン料金5,400円　＝　10,160円

のぞみ

　東海道・山陽新幹線の「**のぞみ**」の指定席特急料金は、速いからということで「ひかり・こだま」の指定席特急料金より**高く設定**されている。ただし、「のぞみ」の自由席を利用する場合は、特定特急料金として「ひかり・こだま」の自由席特急料金で乗車できる。つまり、「**のぞみ**」と「**ひかり・こだま**」の**自**

由席特急料金は同額である。

　「のぞみ」のグリーン車を利用する場合は、他の新幹線や特急と同じく、通常期の指定席特急料金から530円引を差し引き、乗車日による加算または減算をする。乗車日の区分に注意しよう。

▼

●「のぞみ・みずほ」と「ひかり・こだま・さくら」の指定席特急料金と
　自由席特急料金の比較

「のぞみ・みずほ」 の指定席特急料金	＞	「ひかり・こだま・さくら」 の指定席特急料金
「のぞみ・みずほ」 の自由席特急料金	＝	「ひかり・こだま・さくら」 の自由席特急料金

のぞみ・みずほとひかり・こだま・さくらの乗り継ぎ

●「のぞみ・みずほ」の自由席と「ひかり・こだま・さくら」の乗り継ぎ

　「のぞみ・みずほ」の自由席と「ひかり・こだま・さくら」の自由席と特急料金が同額であるため、両者を乗り継ぐ場合は、「のぞみ・みずほ」の自由席を「ひかり・こだま・さくら」の自由席に置き換えて計算すればよい。前の新幹線内乗継である。

例　「のぞみ・みずほ」自由席＋「ひかり・こだま・さくら」指定席
　　➡ 全乗車区間の「ひかり・こだま・さくら」指定席特急料金と同額

例　「のぞみ・みずほ」自由席＋「ひかり・こだま・さくら」自由席
　　➡ 全乗車区間の「ひかり・こだま・さくら」自由席特急料金と同額

●「のぞみ・みずほ」の指定席と「ひかり・こだま・さくら」の乗り継ぎ

　「のぞみ・みずほ」の指定席特急料金は「ひかり・こだま・さくら」の指定席特急料金より高く設定しているため、両者を乗り継ぐ場合は次のように計算する。

● 「のぞみ・みずほ」 と 「ひかり・こだま・さくら」 の乗り継ぎ

①ひかりの通しの特急料金		②のぞみとひかりの差額の特急料金
（全区間）	＋	（のぞみ乗車区間）

＊＋400円、±200円、－530円はのぞみとの差額を加算した額に適用する。また小児料金は、最終的に算出した大人の特急料金を半額にする。

● 「のぞみ」 と 「ひかり」・「こだま」 の乗り継ぎの計算例

9月2日（金）　通常期　　　　＊新大阪では改札口を出ない。

東海道新幹線「のぞみ」号　　　　　山陽新幹線「ひかり」号
　　普通車指定席　　　　　　　　　　普通車指定席

東京　　　　　　　　　　　新大阪　　　　　　　　　　　姫路
　　営業キロ　552.6キロ　　　　営業キロ　91.7キロ

①東京〜姫路　　ひかりの特急料金　　　　　　　　　5,920円
②東京〜新大阪　のぞみとひかりの差額の特急料金　　　320円 ◀····
　　　　　　　　　　　　　　　（差額表より）　　計　6,240円

（差額表のないとき）
②東京〜新大阪　のぞみの特急料金－ひかりの特急料金
　　　　　　　5,810円　－　　5,490円　＝　　320円 ·····

東北新幹線「はやぶさ・こまち」と「はやて・やまびこ・なすの」の特急料金

　「はやぶさ・こまち」の指定席特急料金は「はやて・やまびこ・なすの」指定席特急料金より高く設定されているため、両者を乗り継ぐ場合は、上記の「のぞみ・みずほ」と「ひかり・さくら・こだま」の特急料金の計算と同様に行う（なお、「はやぶさ・こまち・はやて」は全車指定席となっている）。

●「はやぶさ・こまち」と「はやて・やまびこ・なすの」の特急料金の計算例

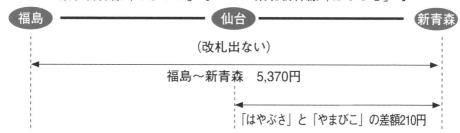

東北新幹線「やまびこ」号 　　　東北新幹線「はやぶさ」号

福島 ━━━━━━ 仙台 ━━━━━━ 新青森

（改札出ない）

福島〜新青森　5,370円

「はやぶさ」と「やまびこ」の差額210円

①福島〜新青森間のはやて・やまびこ・なすのの指定席特急料金を出す。5,370円
②はやぶさの仙台〜新青森5,040円からはやて・やまびこ・なすのの仙台〜新青森4,830円の差額を出す。差額は210円。
③①の指定席特急料金5,370円＋②の差額210円＝**5,580円**

【福島〜新青森間のはやぶさの特急料金】
※最繁忙期の場合は最後に＋400円する。繁忙期・閑散期の場合は最後に±200円する。

九州新幹線

　2011年3月12日より「みずほ」・「さくら」が新大阪〜鹿児島中央間開業となり、新しく料金が設定された。「つばめ」は博多〜鹿児島中央間を走っている。九州新幹線の特急料金はJR本州3社・四国と同じシーズンで考え、九州新幹線（博多〜鹿児島中央間）の乗継割引はない。

西九州新幹線

　2022年9月23日より「かもめ」が武雄温泉〜長崎間開業となり、在来線の特急と西九州新幹線にまたがって利用する場合の指定席特急料金が設定された。西九州新幹線にはグリーン車はなく、乗継割引もない。

東海道新幹線と山陽九州新幹線の乗り継ぎ

　東海道・山陽新幹線と九州新幹線を相互に利用する場合は、東海道・山陽新幹線（東京～博多）の特急料金・グリーン料金と九州新幹線（博多～鹿児島中央）の特急料金・グリーン料金を合算する。

　繁忙期に普通車指定席を利用する場合は、東海道・山陽新幹線と九州新幹線の特急料金にそれぞれ200円を加算し、閑散期は200円を減額する。また、最繁忙期は400円を加算することとなる。

例 （通常期）

東海道・山陽新幹線「のぞみ」指定席　　　九州新幹線「さくら」指定席

東京 ━━━━━━━━ 博多 ━━━━━━━━ 川内

東京～博多　指定席特急料金 ＋ 博多～川内　指定席特急料金 ＝ 13,710円
　　　　9,310円　　　　　　　　　　　4,400円

利用設備	のぞみ号料金	さくら号料金	合計
普通車指定席 （通常期）	9,310円＋ 4,400円		13,710円
（最繁忙期）	（9,310円＋ 400） ＋ （4,400 ＋ 400）		14,510円
（繁忙期）	（9,310円＋ 200） ＋ （4,400 ＋ 200）		14,110円
（閑散期）	（9,310円－ 200） ＋ （4,400 － 200）		13,310円
普通車自由席	（9,310円－ 530） ＋ （4,400 － 530）		12,650円
グリーン車利用時の特急料金	（9,310円－ 530） ＋ （4,400 － 530）		12,650円
グリーン料金	7,790円＋ 3,150円		10,940円

北陸新幹線

　北陸新幹線の特急料金、グリーン料金、グランクラス料金は次のように計算する。

●**特急料金**………………　**通しの特急料金を適用する。**

●**グリーン料金**…………　東京～上越妙高間（JR東日本）と上越妙高～金沢間（JR西日本）と**分けて計算する。**

●**グランクラス料金**‥‥‥‥ 東京〜上越妙高間グランクラス料金から**−1,050 円した料金**と上越妙高〜金沢間のグランクラス料金から**−1,050円した料金**を合算する。

★かがやきは全車指定席

例

北陸新幹線「かがやき」

東京 ──────── 長野 ──────── （上越妙高） ──── 金沢

JR東日本
営業キロ281.9km

JR西日本
営業キロ168.6km

①**特急料金**‥‥‥‥‥‥ 東京〜金沢 6,900円 （−530円をした上で＋400円、 ±200円）

②**グリーン料金**‥‥‥‥ 東京〜上越妙高3,150円＋上越妙高〜金沢2,100円 ＝5,250円

③**グランクラス料金**‥‥ 東京〜上越妙高8,390円**−1,050円**＝7,340円 上越妙高〜金沢 7,340円**−1,050円**＝6,290円 7,340円＋6,290円＝13,630円

東北新幹線と北海道新幹線

　東北新幹線・北海道新幹線の特急料金、グリーン料金、グランクラス料金は次のように計算する。

●**特急料金**‥‥‥‥‥‥ 東京〜新青森間（JR東日本）と新青森〜新函館北斗間（JR北海道）と**分けて計算し、JR北海道の特急料金から−530円引き（特定）する。**

　（JR東日本の特急料金：普通車指定席を利用するのであれば乗車日によって+400円、±200円。グリーン車指定席・グランクラスを利用するのであれば−530円を差し引いた上で乗車日によって+400円、±200円）

●**グリーン料金**‥‥‥‥ 東京〜新青森間と新青森〜新函館北斗間と**分けて計算する。**

●**グランクラス料金**…… 東京〜新青森間のグランクラス料金から**−1,050円した料金**と新青森〜新函館北斗間のグランクラス料金から**−1,050円した料金**を合算する。

★**はやぶさ・はやては全車指定席**

例

東北・北海道新幹線「はやぶさ」

東京 ──────────────── （新青森）──── 木古内

JR東日本　　　　　　　　　　　JR北海道
営業キロ713.7km　　　　　　　営業キロ113.3km

【大人の特急料金】

普通車指定席利用

	東京〜青森		新青森〜木古内	
①通常期	7,330円	＋	3,380円**−530円**（特定）	＝10,180円
②閑散期	7,330円**−200円**	＋	3,380円**−530円**（特定）	＝ 9,980円
③繁忙期	7,330円**＋200円**	＋	3,380円**−530円**（特定）	＝10,380円
④最繁忙期	7,330円**＋400円**	＋	3,380円**−530円**（特定）	＝10,580円

グリーン車・グランクラス利用

⑤繁忙期	7,330円**−530円＋200円** ＋	3,380円**−530円**（特定）	＝9,850円

★小児の特急料金は東北新幹線の大人の特急料金の半額（端数は切り捨て）と北海道新幹線の大人の特急料金の半額（端数は切り捨て）の合算になる。

　（小児の特急料金）普通車指定席利用

⑥通常期　7,330円÷2＝3,665円→**3,660円**＋（3,380円**−530円**（特定））÷2
　　　　　＝1,425円→**1,420円**　　　合計5,080円

（グリーン料金）

	東京〜新青森		東京〜木古内	
	5,240円	＋	2,800円	＝8,040円

（グランクラス料金）

	東京〜新青森		東京〜木古内	
	10,480円**−1,050円**	＋	8,040円**−1,050円**	＝16,420円

山形新幹線と秋田新幹線

●運行区間

山形新幹線「つばさ」号	東京	━━━━━	（福島）	━━━━━ 新庄
秋田新幹線「こまち」号	東京	━━━━━	（盛岡）	━━━━━ 秋田

　　　　　　　　　　　　　　　東北新幹線　　　　在来線

＊新幹線と名称がついているが、山形新幹線「つばさ」号の福島～新庄間と、秋田新幹線「こまち」号の盛岡
　～秋田間は在来線扱い。

特急料金……山形新幹線（福島～新庄）と秋田新幹線（盛岡～秋田）は在来線
　特急列車の取扱いとし、福島駅・盛岡駅で「東北新幹線部分」と「在来線部
　分」を分けて考える。

　　(1) **在来線部分のみを利用する場合の特急料金**➡
　　　　福島～新庄間、盛岡～秋田間の特急料金を適用

　　(2) **直通乗車又は東北新幹線と同一方向にまたがって利用する場合の特急
　　　　料金**➡
　　　　福島～新庄間、盛岡～秋田間の特急料金から−530円
　　　　シーズンを確認して合計の特急料金より＋400円・±200円・−530円する。

例1 直通乗車又は東北新幹線と同一方向（下りから下り・上りから上り）
　　　への乗継

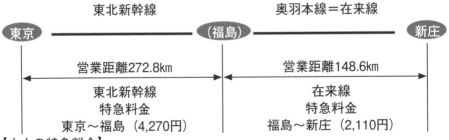

山形新幹線「つばさ」

【大人の特急料金】
・普通車指定席利用

	東京～福島	福島～新庄	
①通常期	4,270円	＋　（2,110円−530円）	＝ 5,850円
②閑散期	4,270円	＋　（2,110円−530円）−200円…	＝ 5,650円

③最繁忙期	4,270円	+	（2,110円－530円）	+400円…	= 6,250円
④繁忙期	4,270円	+	（2,110円－530円）	+200円…	= 6,050円

・グリーン車指定席利用

⑤通常期	4,270円	+	（2,110円－530円）	－530円	= 5,320円

例2 上りから下りへの乗継の場合

（通常期）

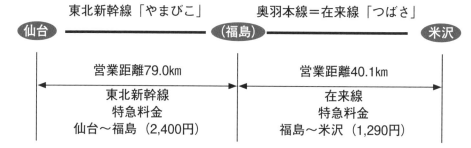

【大人の特急料金】

・普通車指定席利用

	仙台～福島		福島～米沢	
①通常期	2,400円	+	1,290円	= 3,690円
②閑散期	（2,400円－200円）	+	（1,290円－200円）	= 3,290円
③最繁忙期	（2,400円＋400円）	+	（1,290円＋400円）	= 4,490円
④繁忙期	（2,400円＋200円）	+	（1,290円＋200円）	= 4,090円

・グリーン車指定席利用

⑤通常期	（2,400円－530円）	+	（1,290円 －530円）	= 2,630円

グリーン料金……①**直通乗車** ➡ 通しのグリーン料金適用

「東北新幹線」の営業キロと「在来線」の営業キロを通算してグリーン料金を算出する。

②**当日乗り継ぎ** ➡ 2つの条件を満たしていた場合、通しのグリーン料金適用

1．改札出ない。

2．同一方向（下り列車同士・上り列車同士）に乗り継ぐ。

①直通乗車の場合

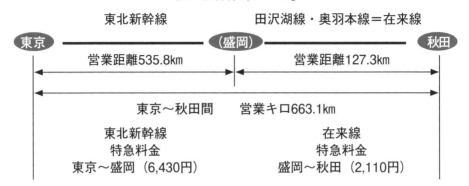

秋田新幹線「こまち」

東北新幹線　　　　　田沢湖線・奥羽本線＝在来線

東京　　　　　　　　　　（盛岡）　　　　　　　　　　秋田

営業距離535.8km　　　　　営業距離127.3km

東京〜秋田間　営業キロ663.1km

東北新幹線　　　　　　　在来線
特急料金　　　　　　　　特急料金
東京〜盛岡（6,430円）　　盛岡〜秋田（2,110円）

料金の総額は？

(1) **グリーン料金**　　「東北新幹線」の営業キロと「在来線」の営業キロを通算
営業キロ535.8ｋm＋営業キロ127.3ｋm＝663.1ｋm
グリーン料金5,600円

(2) **特急料金**　　「東北新幹線」と「在来線」を分けて計算
6,430円＋（2,110円−**530円**）−**530円**＝7,480円

(3) **グリーン料金**　5,600円＋特急料金7,480円＝13,080円

②当日中の乗り継ぎの場合

　　　　　　　やまびこ　　　　　　　　こまち

福島　　　　　　　　　　（盛岡）　　　　　　　　　　秋田

下り　　　　　　　　　　　　下り

※福島〜秋田間の通しのグリーン料金を適用

　　　　　　　はやぶさ　　　　　　　　こまち

新青森　　　　　　　　　（盛岡）　　　　　　　　　　秋田

上り　　　　　　　　　　　　下り

※新青森〜盛岡間、盛岡〜秋田間のグリーン料金を適用

個室を定員に満たない人数で利用する場合

●2人用個室寝台

2人用個室寝台は2人分の大人特急料金がセットで販売されているので、小児が利用しても定員に満たない人員で利用しても、**寝台料金2人分**と**大人特急料金2人分**必要。ただし、**運賃は実際乗車人員分**でよい。

例 2人用個室寝台を大人1人で利用する場合の運賃・料金

> 寝台料金（2人分）＋特急料金（大人2人分）＋運賃（大人1人分）

例 2人用個室寝台を大人1人と小児1人で利用する場合の運賃・料金

> 寝台料金（2人分）＋特急料金（大人2人分）＋運賃（大人1人分、小児1人分）

もし、**幼児**が利用する場合は、通常大人・小児1人につき**2人まで**運賃が**無賃**になるので、2人を超えた者のみ小児運賃が必要となる。

例 2人用個室寝台を大人1人と幼児2人で利用する場合の運賃・料金

> 寝台料金（2人分）＋特急料金（大人2人分）＋運賃（大人1人分）

個室1室＝1席というように考える。幼児が単独で席を利用していないので何もかからない。

通過連絡運輸扱いの会社線を経由する場合

連絡運輸扱いをする会社線を通過する**特急列車の料金**は、**運賃と同様**に、前後のJR鉄道区間の営業キロを通算して料金を算出し、これに連絡会社線の料金を加えて算出する。

次の文章の誤りを指摘しなさい。
次の行程は、特急料金を通しで計算できる。

| 上越新幹線「とき」号 | 北陸新幹線「あさま」号 |

新潟 ——————————— 高崎 ——————————— 長野
　　　　　　　　　　　　　　＊高崎では改札口を出ない。

 新幹線内乗継だが、上越新幹線は上りで北陸(長野)新幹線は下りなので、通し
の特急料金は適用できない。

 この他、各新幹線の特急料金、グリーン料金等の計算方法がよく出題される。まず、
新幹線の名称を覚えてどの新幹線の問題なのかに注意しよう。

 繁忙期に次の行程で旅行する大人1人の料金について、正しいものはどれか。

| 東海道新幹線「ひかり号」 | 山陽・九州新幹線「さくら」 |
| 普通車指定席 | 普通車指定席 |

静岡 ———————— 新大阪 ———————— (博多) ———————— 熊本

【東海道山陽新幹線ひかり・さくら・こだまの特急料金（通常期）】

静岡		
4,710円	新大阪	
7,570円	5,490円	博多

【山陽九州新幹線ひかり・さくら・こだまの特急料金（通常期）】

新大阪		
5,490円	博多	
8,020円	3,060円	熊本

a) 7,570 + 3,060 + 200 = 10,830円
b) 7,570 + 3,060 + 400 = 11,030円
c) 4,710 + 8,020 + 200 = 12,930円
d) 4,710 + 8,020 + 400 = 13,130円

 b）➡ 東海道・山陽新幹線（静岡〜博多）と九州新幹線（博多〜熊本）のそれぞ
れの特急料金を出して合算する。

 東海道・山陽新幹線と九州新幹線を相互に乗り継ぐ場合、必ず「博多」で区切る
ことを忘れずに！！

09 払いもどし・変更

払いもどしは、ほぼ毎年出題されている。乗車券・料金券のサンプルから払いもどし手数料を計算する形式が多いので、JRの切符を手にしたら、どこに何が記載されているか確認しておくとよい。

旅行開始前、使用開始前の払いもどし

●払いもどしの原則

乗車券類は、使用開始前であれば次の**払いもどし手数料**を差し引いて払いもどされる。

●払いもどし手数料

乗車券の種類	払いもどし条件	払いもどし手数料
普通乗車券・回数券・定期券・団体乗車券・普通急行券・自由席特急券・特定特急券・自由席グリーン券	使用開始前で有効期間内	**220円**
立席特急券	出発時刻まで	
指定席特急券・指定席グリーン券・寝台券・指定席券	**前日から出発時刻まで**（団体は2時間前まで）	**料金の30%**（最低340円）

＊10円未満切り捨て、大人・小児区別なし。

払いもどし手数料は下のように単純化して覚えよう！

▼

POINT 3-1-18

●払いもどし手数料の原則

	払いもどし手数料（1枚につき）
指定のないもの	220円
指定のあるもの	340円（〜2日前まで） 30%（前日〜出発時刻まで）＊10円未満は切り捨て。最低340円。

＊往復乗車券・連続乗車券は1枚とみなす。

●2種類の料金を含む券（1枚）の払いもどし

「特急券・グリーン券」や「急行券・指定席券」などのように**2種類の料金**を含む券を払いもどす場合は、**特急料金や急行料金には払いもどし手数料はかからない**。

例 1枚の「特急券・グリーン券」（特急料金4,710円、グリーン料金4,190円）を乗車日前日に払いもどす場合

特急料金…払いもどし手数料なし

グリーン料金　4,190円×0.3＝1,257円　➡　1,250円

（10円未満切り捨て）

例 1枚の「急行券・指定席券」（急行料金1,320円、指定席料金530円）を乗車日の前日に払いもどす場合

急行料金…払いもどし手数料なし

指定席料金　530円×0.3＝159円　➡　340円（最低340円）

● 「つばさ」・「こまち」の払いもどし

東北新幹線区間と在来線区間を同一方向に直通して乗車する場合（改札を出ないで当日中に乗り継ぐ場合も含む）、1枚で発行した特急券を払いもどすときは、**1枚と見なして**払いもどし手数料を計算する。

例 東京～秋田間「こまち」の指定席特急券（新幹線区間6,430円、在来線区間特急料金1,680円）を乗車日の前日に払いもどす場合

（6,430円＋1,680円）×0.3＝2,433円　➡　2,430円（10円未満は切り捨て）

新幹線区間の特急料金と在来線区間の特急料金を**合算した額**の30%となる。

●寝台個室の払いもどし

　寝台個室は実際に利用する人数に関係なく、定額の個室単位料金で発売されるため、**1つの設備**として取り扱う。つまり、人数にかかわらず、寝台個室1個につき2日前まで340円、それ以降出発時刻まで寝台個室料金の30％が払いもどし手数料となる。

●変更した指定券の払いもどし

　乗車日の前日から出発時刻までに変更した指定券の払いもどしは、変更したときにすでに30％の払いもどし手数料がかかる時期であったため、**変更後の払いもどし**は、変更列車出発の2日前までであっても**30％の払いもどし手数料**がかかる。

普通乗車券の旅行開始後の払いもどし

　原則として旅行開始後の払いもどしはしない。ただし未使用区間（不乗車区間）が営業キロ**100km**を超える普通乗車券については、有効期間内であれば、未使用区間分の運賃から払いもどし手数料220円を差し引いた額が払いもどしとなる。

乗車券類の紛失

　乗車券類を紛失したときは、原則として**再購入**。その際**再収受証明**を受け、**1年以内**に紛失した乗車券類を発見すれば、払いもどし手数料（普通乗車券類220円、指定券等340円）を差し引いた額が払いもどされる。

＊払いもどしを受けるときには「再収受証明書」が必要。
＊指定券は同じ列車の指定券に限る。

特急・急行列車の遅延

　特急・急行料金は速さに対する対価であるため、**2時間以上**遅れて到着した場合は**全額払いもどす**。ただし運賃は運送の対価、グリーン料金や寝台料金等は設備利用の対価であるため、特急・急行料金以外の払いもどしはない。

乗車変更の取扱い

●旅行開始前の変更

　普通乗車券・特急券・急行券・グリーン券・寝台券・指定席券等の乗車券類は、**1回に限って**、その乗車券類と同種類の他の乗車券類に変更することができる。ただし、**指定**のある券はその列車の**出発時刻前まで**、指定のない券は有効期間内に限る。

●旅行開始前の乗車変更の取扱い

　原券の運賃・料金と変更する乗車券類の運賃・料金とを比較し、不足額は収受し、過剰額は払いもどす。

 次の文章の誤りを指摘しなさい。
東京〜新庄「つばさ」号の特急・普通車指定席券を持っていて、乗車日の2日前に払いもどす場合は東北新幹線区間の340円と在来線区間の340円の合わせて680円の払いもどし手数料が必要である。

- -

 「つばさ」は東北新幹線区間（東京〜福島）と在来線区間（福島〜新庄）と特急料金は別々に計算するが、同一方向に乗車する場合は1本の列車とみなすため、払いもどしも1枚として計算する。払いもどし手数料は340円だけでよい。

 特殊な払いもどしがよく出題されている。2種類の料金を含む券やこまち・つばさの払いもどし、寝台個室の払いもどし等に注意しよう。

10 乗車券類の取扱い

指定券の発売日はよく出題される。国内航空と大きく異なることから、比較して出題されることが多い。

乗車券類の発売日

●指定券（特急券・グリーン券・寝台券等）の発売日

指定券は列車が**始発駅を出発する日**の**1ヵ月前**の同日10時から発売される（同日がない場合は翌月の1日）。

POINT 3-1-19

●注意する指定券の発売日

出発日	3月29〜31日	5月31日	7月31日	10月31日	12月31日
発売日	3月1日	5月1日	7月1日	10月1日	12月1日

＊閏年は、3/29分は2/29発売。

●普通乗車券の発売日

原則として、乗車日から有効な乗車券を発売する。ただし指定券を同時購入または提示する場合は1ヵ月前の同日からの発売となる。

指定券の発売は、列車が始発駅を出発する日が基準となるので0時すぎの乗車の場合には注意！　また、乗り継ぎの扱いをする乗継列車は1ヵ月1日前からの発売になる点も注意が必要だ。

寝台特急「サンライズ出雲号」

例 9月1日乗車　　**大阪** ――――――― **東京**
　　　　　　　　　00:34　　　　　　　　　07:08

＊「サンライズ出雲号」は出雲市始発（18:51発）の列車

指定券の発売日は乗車日でなく、列車が始発駅を出発する日の1ヵ月前の発売なので、この場合は7月31日。

乗車券類の有効期間

①片道乗車券

営業キロ	有効期間
～ 100km	当日のみ
～ 200km	2 日
～ 400km	3 日

以下200kmごとに1日プラス

＊乗車中で有効期間が切れても、途中下車をしなければ乗車券に表示の駅まで乗車できる。
＊連絡船に乗船する場合は航路区間の営業キロと鉄道区間の営業キロの合計による。

次の乗車券の有効期間に注意しよう！

POINT 3-1-20

●注意する乗車券

①**特定都区市内発着**の乗車券

運賃計算と同様、**中心駅から（まで）**の営業キロで計算。

②**山手線内発着**の乗車券

運賃計算と同様、**中心駅・東京駅から（まで）**の営業キロで計算。2日間

③東京・大阪・福岡・新潟・仙台の**大都市近郊区間内**相互発着の乗車券

営業キロ100キロを超えても**1日**（発売当日）。

④**連絡乗車券**（通過連絡運輸扱いの乗車券）

連絡会社線を含めた営業キロで計算。

②**往復乗車券**……片道乗車券の有効期間の2倍

③**連続乗車券**……打切区間ごとに算出した有効期間の合計

④**自由席特急券・普通急行券・自由席グリーン券**……1日間

⑤**指定券**……指定された列車に限り有効

途中下車

　途中下車とは、乗車券の区間内の途中駅で、いったん下車して改札口を出て、その駅または前途駅から再び入場して旅行を続けることをいう。乗車券は、有効期間内であれば**何回でも**途中下車できる。

ただし、次のものは途中下車できない！

途中下車できない場合
①営業キロが**100キロまで**の乗車券
②東京・大阪・福岡・新潟・仙台の**大都市近郊区間内相互発着**の乗車券
③回数券
④特定都区市内または山手線内を発着とする乗車券の、その**特定都区市内**
　または**山手線内**の各駅

次の文章の誤りを指摘しなさい。
乗車中に有効期間を経過した乗車券は、どんな場合でも乗車券面に表示された着駅まで使用することができる。

途中下車しない限り、乗車券面に表示された着駅まで使用することができる。

乗車券の有効期間も出題頻度が高い。地方交通線を利用していても、すべて営業キロで算出する点に注意しよう。また大都市近郊区間内相互発着の場合は営業キロに関係なく1日であることも忘れないように。

10月31日に延岡駅から宮崎空港駅まで特急列車の普通車指定席に乗車する場合のJR指定券の発売開始日はいつか。

10月1日 ➡ JR指定券の発売開始は1ヵ月前である。9月31日はないので、このように1ヵ月前の同日がない場合は翌月の1日になる。国内航空券の場合と混同しないようにしよう。

普通乗車券の有効期間に関する次の文章の（　　）に数字を埋めなさい。
大都市近郊区間内相互発着の場合を除き、乗車区間の営業キロが（　a　）キロメートルを超え、（　b　）キロメートルまでのときは2日間有効であり、（　c　）キロメートルを超えるものは（　d　）キロメートルまでを増すごとに有効期間を1日加える。したがって営業キロが1000キロメートルの場合は、（　e　）日間有効となる。

---

a 100　　b 200　　c 200　　d 200　　e 6

11 JR 時刻表

毎年というわけではないが、最近1年おきくらいの間隔でJR時刻表の読み取り問題が出題されている。時刻表に出てくる記号の意味をしっかり覚えておけば解ける問題がほとんどなので、出題されたら確実に点数を取りたい部分である。記号や運転日注意の文字に気をつけよう。

JR時刻表

市販されているJRの時刻表は2種類あるが、国家試験では交通新聞社発行のJR時刻表から出題されている。

 ＪＲ時刻表に出てくる記号の意味はしっかり覚えておこう。覚える際、1つ1つ暗記するのは効率が悪い。過去問題などいくつか問題を繰り返し解くことによって自然と覚えられるはずだ。

JR時刻表の読み方

時刻表は日本語なので見ればすぐ読めるかと思うが、ここではどこに何が書かれているのか簡単に説明しておく。ポイントは列車名欄に記載されている記号である。特に、この列車はどんな車両が連結しているかということは確実にわかるようにしておこう。

記号が何もついていない場合は、その列車は普通車の自由席だけ（乗車券だけで乗車可能）という意味だ。

上から下へと縦に時刻を読んでいく。分単位（秒は切り捨て）で表示。斜字の場合は運転日に注意ということ。気をつけよう。

列車番号

列車の種別
　列車の愛称名

記号については
次ページを参照

下り　瀬戸大橋線・宇野線・予讃線（岡山―宇野・高松―多度津―松山）（その1）

列車番号	3103M	521M		501M	3105M	1635M		523M	31D		3107M	1M		1637M	525M
列車名	快速マリンライナ3号	快速マリンライナ8号		特急サンライズ瀬戸（金 ノビノビ座席）	快速マリンライナ5号			快速マリンライナ10号	特急南風1号	特急しまんと3号		快速マリンライナ7号	特急しおかぜ1号	特急いしづち1号		快速マリンライナ9号
入線時刻 発車番線	545⑥	606⑥		627⑧	628⑥			642⑧	702⑥		704①	714⑥			717⑦
岡山 発	601	610		631	637			644	708		711	723			730
大元	↓	613						647			714				734
備前西市場	↓	616						650			↓				739
妹尾	608	620			646			654			719				743
備中箕島	↓	623						657			↓				745
早島	↓	625			649			659			722				748
久々原	↓	627						701			↓				750
茶屋町 着発	613	629			653			704			726				752
彦崎							657							728	
備前片岡							701							732	
迫川							706							756	
常山							709							758	
八浜							711							741	
備前田井							717							744	
宇野 着							722							748	
							725							752	
茶屋町 発	614	630			653			704			726				752
植松	↓	633						708			↓				756
木見	↓	637						711			↓				759
上の町	↓	641						716			↓				803
児島 着	624	645		653	702			719	728		755	743			807
坂出	639			709	717						750				
高松 着	656			727	734						808				
次の掲載頁	466			466	466				466						

列車番号	453M	105M	533M	3108M		107M	109M	3110M	1219M		2003D		100M	4535M	111M
入線時刻 発車番線		600④		650④		652⑥	657	652⑥	700⑥		705⑤			722④	724⑤
高松 発		615		645		647	652	707	709		720			737	739
香西		619				651	657		713		↓				743
鬼無		622				654	700		716		↓				746
端岡		626				658	704		720		↓				750
国分		627				658	704		720		↓				754
讃岐府中		630				702	708		724		↓				757
鴨川		633				705	711		727		757				800
八十場		636				708	714		730		↓				803
坂出 着発		639				710	716		733		741				806
		642		659		713	720	725			736			751	809
宇多津 着発		642		659		714	726	724	747		737		755	752	809
		647				719	731		752		744			759	814
丸亀		647				719	731		755		748		802		814
讃岐塩屋		650				722	734		757		↓		805		818
多度津		655				725	737		800		↓				821
		657				728	741		804		755		809		825
海岸寺		706				744	749				811		809		827
詫間		710				749					琴平		↓		833
みの		717				755					756		817		839
高瀬		720				758					高知				842
比地大		753				801									846
本山		757				805									850
観音寺 着		744				815									853

始発駅・始発時刻　　発車番線　　他線区経由　　通過　　列車の直通・分割・併結

● JR 時刻表の記号

特急 ＝特急列車

急行 ＝急行列車

🛏 ＝寝台列車

快速 区快 新快 準快 通快 特快 通特 直快 ＝快速列車

🪑 ＝グランクラス
　　（飲料・軽食あり）

🪑 ＝グランクラス
　　（飲料・軽食なし）

❌個4 ＝グリーン個室（4人用）

❌ ＝グリーン車指定席

⊠ ＝グリーン車自由席

🪑全 ＝普通車の全車両が指定席

🪑 ＝普通車の一部車両が指定席

A1🛏 ＝A寝台1人個室〈シングルデラックス〉

B1🛏 ＝B寝台1人個室
　　〈ソロ〉
　　〈シングルツイン〉
　　〈シングル〉

B2🛏 ＝B寝台2人個室
　　〈サンライズツイン〉

🍴 ＝食堂車

☕ ＝ビュッフェ

🚌 ＝バス

🚭 ＝禁煙車

└→ ＝列車の直通・分割・併結

◆ ＝運転日に注意

Ⅴ ＝通過

‖ ＝他線区経由

＝ ＝この駅止り

⑦ ＝列車の発着番線

 JR 時刻表に関する次の記述のうち、正しいものをすべて選べ（P232 の時刻表参照）。

a）特急「サンライズ瀬戸号」には1人用と2人用のB寝台個室がある。

b）特急「しまんと3号」は、普通車の全車両が指定席である。

c）特急「いしづち1号」は、宇多津駅で特急「しおかぜ1号」に併結する。

---

 a）c）● b）特急「しまんと3号」についている 🪑 は「普通車の一部車両が指定席」という意味である。つまり、普通車には指定席と自由席があるということ。ちなみに、普通車の全車両が指定席の記号は 🪑全 である。

01　国内航空運賃・料金

年齢区分はJRとの比較でよく出題されている。国内航空とJRではかなり異なるので、混同しないよう区別して覚えておくこと。特に小児の年齢、幼児の無賃条件に気をつけよう。

国内航空運賃・料金に関しての注意

　現在、国内航空の運賃・料金は原則自由化のため、割引等、各社で異なり、多種多様の運賃・料金が存在している。

　設問では国内航空2社（日本航空・全日空）に関してという表現が多いので、ここでは国内航空2社だけについて取り上げるが、それでもかなりの数の運賃・料金が存在する。また、めまぐるしく変動しているので、受験前に必ず航空会社のホームページや航空時刻表で最新情報を確認してほしい。

　なお航空時刻表は、旅行会社等に行けば無料ですぐに手に入る。

年齢区分

国内航空の年齢区分は以下の通り。

▼

POINT 3-2-1

●**年齢区分**
①大人……**12歳以上**
②小児……**3歳以上12歳未満**
③幼児……**3歳未満**

＊幼児は座席を使用しない場合、大人1人につき1人無賃。ただし幼児搭乗券は必要。また大人1人が同伴できる幼児は2人までで、うち1人は必ず満2歳以上で座席を使用する（小児運賃必要）。

　航空の場合、大人が安全に抱いていられる幼児は1人だけなので、**大人1人**につき**幼児1人**が**無賃**となる。大人1人で幼児2人まで同伴す

ることができるが、うち1人は単独で席に座らせなくてはいけない。単独で席に座れるのは2歳以上なので、2人の幼児のうち1人は席に座ることができる満2歳以上（全日空は生後8日以上でチャイルドシート使用なら2歳以上でなくても可）となり、席をとるので小児運賃も必要となるというわけ。

運賃・料金

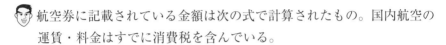 航空券に記載されている金額は次の式で計算されたもの。国内航空の運賃・料金はすでに消費税を含んでいる。

航空券面額 ＝ 運賃 （＋旅客施設使用料*）

乗継便利用の場合は、各区間の合算運賃となる。

＊旅客施設使用料：羽田370円（180円）、成田450円（220円）、中部国際440円（220円）、
　　　　　　　　北九州100円（50円）[（ ）内は小児の額] 等 P240参照

●普通運賃

運賃の設定期間および季節性（シーズン）を定めて届出された基本の運賃のこと。

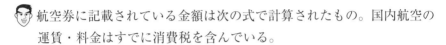 普通運賃では、ピーク期（基準期）と通常期の2シーズン制を採用している。今後もこの制度が続くと思われる。

日本航空（JAL）

・フレックス……小児から大人まで適用の運賃。

全日空（ANA）

①ANA FLEX……満12歳以上の大人の片道運賃。空席予測数に連動してタイプ
　　　　　　　　A～Dで運賃額が変動する。
②小児運賃……満3歳以上12歳未満の小児の運賃。

国内航空運賃・料金は原則自由化されている。そのため、航空会社によって、曜日や時間帯によって運賃や料金が異なっている。だから、1つの区間に15種類くらいの運賃があるということも考えられる。以下にあげる割引運賃の例と最近の時刻表によって、国内航空運賃の研究・点検が不可欠。本試験の2、3ヵ月前に最新の時刻表または、航空会社のホームページで確認しておこう。

 ここでは試験によく出題される割引運賃をあげておこう。

▼

POINT 3-2-2

〈ANA の主な割引運賃〉

●スカイメイト、マイレージ、クレジットカード会員運賃
ＡＮＡ：スマートＵ 25 運賃

条　　件	予約	変更	座席制限
・満 12 歳以上満 25 歳以下のＡＮＡのマイレージクラブ会員 ・当日空席のある場合	当日 （0：00～） のみ予約可	不可	なし

ＡＮＡ：スマートシニア空割

条　　件	予約	変更	座席制限
・満 65 歳以上 　航空券購入時に年齢を確認する公的書類を提示 ・当日空席のある場合	当日 （0：00～） のみ予約可	不可	なし

ＡＮＡ：ANA VALUE 1

条　　件	予約	変更	座席制限
・前日までの予約 ・予約日を含めて 3 日以内に購入。ただし搭乗日の 　3 日前から前日までの予約は、前日までに購入。	前日まで	不可*	あり

ＡＮＡ：ANA VALUE 3

条　　件	予約	変更	座席制限
・3 日前までの予約 ・予約日を含めて 3 日以内に購入。	3 日前まで	不可*	あり

＊当日の出発空港で空席がある場合は、予約便と同一便のクラス変更は可

●事前購入・早期購入割引
ＡＮＡ：ANA SUPER VALUE 21

条　　　件	予約	変更	座席制限
・21 日前までの予約 ・予約日を含めて 2 日以内に購入。	**21日前まで**	**不可**＊＊	**あり**

ＡＮＡ：ANA SUPER VALUE 28

条　　　件	予約	変更	座席制限
・28 日前までの予約 ・予約日を含めて 2 日以内に購入。	**28日前まで**	**不可**＊＊	**あり**

ＡＮＡ：ANA SUPER VALUE 45

条　　　件	予約	変更	座席制限
・45 日前までの予約 ・予約日を含めて 2 日以内に購入。	**45日前まで**	**不可**＊＊	**あり**

ＡＮＡ：ANA SUPER VALUE 55

条　　　件	予約	変更	座席制限
・55 日前までの予約 ・予約日を含めて 2 日以内に購入。	**55日前まで**	**不可**＊＊	**あり**

ＡＮＡ：ANA SUPER VALUE 75

条　　　件	予約	変更	座席制限
・75 日前までの予約 ・予約日を含めて 2 日以内に購入。	**75日前まで**	**不可**＊＊	**あり**

＊＊当日の出発空港で空席がある場合は、予約便と同一便のクラス変更は可

〈JAL の主な割引運賃〉
● JAL: セイバー

予約期限：搭乗日の 330 日前の午前 9：30 から**搭乗日前日**まで

※予約した日時や運賃の空席状況により 1・3・7・21 日前のいずれかが予約期限
購入期限

予約時間	購入期限
出発 120 時間より前まで	予約後 72 時間以内
出発 120 時間前から 72 時間より前まで	予約後 48 時間以内
出発 72 時間前から搭乗日前日まで	予約後 24 時間以内

● JAL: スペシャルセイバー

予約期限：搭乗日の 330 日前の午前 9：30 から**搭乗日 28 日前**まで

※予約した日時や運賃の空席状況により 28・45・55・75 日前のいずれかが予約期限

購入期限

予約時間	購入期限
出発 120 時間より前まで	予約後 72 時間以内

（注）セイバー・スペシャルセイバー共通事項

変更：不可

ただし、搭乗便のファーストクラス・クラス J に空席がある場合は、クラス変更ができる。

● JAL: 往復セイバー

予約期限：搭乗日の 330 日前の午前 9：30 から搭乗日前日まで

※予約した日時や運賃の空席状況により 1・3・7・21・28・45・55・75 日前のいずれかが予約期限

購入期限

予約時間	購入期限
出発 120 時間より前まで	予約後 72 時間以内
出発 120 時間前から 72 時間より前まで	予約後 48 時間以内
出発 72 時間前から搭乗日前日まで	予約後 24 時間以内

変更：不可

ただし、搭乗便のファーストクラス・クラス J に空席がある場合は、クラス変更ができる。

航空券の有効期間：予約便に限り有効

往路と復路で「フレックス」、「セイバー」、「スペシャルセイバー」のどの運賃の組み合わせでも適用。

（注 1）往路「セイバー」と復路「スペシャルセイバー」など往路と復路で運賃が異なる場合も対象。

（注 2）どの組み合わせの場合も運賃は「往復セイバー」（予約変更不可）となる。

フレックス・セイバー・スペシャルセイバーから 5%割引

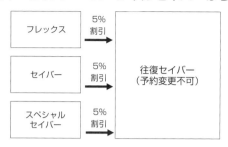

● JAL: ディスカウント

「フレックス」、「セイバー」、「スペシャルセイバー」、「往復セイバー」の
各種運賃より一律で割引。

【割引率】

小児割引　　　：対象運賃より 25%

障がい者割引：対象運賃より 20%

介護帰省割引：対象運賃より 10%

（例）小児割引

● JAL: その他運賃

① **スカイメイト（JAL）** 12 歳以上 26 歳未満

② **当日シニア割引**　満 65 歳以上

　　　予約期限：予約不可。搭乗日当日、出発空港にて空席がある場合に利用可能。

　　　購入期限：出発時刻の 20 分前まで。

　　　変更　　：不可

以上が主な割引運賃だが、名称・設定時期や条件等は航空会社により異なることもある。詳細については航空時刻表を参照のこと。4月から改正になることもあるので注意が必要。

料金

●国内線旅客施設使用料＝ PFC

対象空港**発着**の国内線を利用する場合に適用される。

例えば、羽田空港発・那覇空港行の便を大人が利用する場合は、羽田空港のPFC370円＋那覇空港のPFC240円＝610円が適用となり、航空券購入時に徴収される。

発着空港	大人（12歳以上）	小児(3歳以上12歳未満)
新千歳空港	370円	180円
仙台空港	290円	150円
羽田空港	370円	180円
成田空港	450円	220円
中部空港	440円	220円
伊丹空港	340円	170円
関西国際空港	440円	220円
北九州空港	100円	50円
福岡空港	110円	50円
那覇空港	240円	120円

※金額は資料として与えられるため、覚える必要はない。

●超過手荷物料金

受託手荷物の普通席**20kg**、日本航空のファーストクラスは45kg・全日空のプレミアムクラスは40kgまで無料だが、それを超える場合にかかる料金のこと。搭乗区間ごとに1kg単位で決められている。

●ペット料金

犬・猫・小鳥等のペットとその容器の重量に対する料金のこと（機内持ち込みは不可）。

●従価料金

手荷物・身回品等の価格が**15万円**を超え、その賠償を補償する場合に支払う料金のこと。15万円を超える**1万円ごとに10円**。

 次の文章の誤りを指摘しなさい。

スカイメイト（割引）運賃は、満12歳以上満26歳未満の学生で、当日空席がある場合に利用できる。

- -

 年齢制限はあるが、学生に限られてはいない。

 割引運賃は各航空会社・路線で異なるものが多く、たえず変動することから、最近は計算問題ではなく文章問題として出題されている。割引運賃の適用条件には特に注意。

Section 2　国内航空運賃

02　予約・搭乗手続き

予約開始日もJRと大きく異なるため、比較してよく出題される。特に2ヵ月前に同一日がない場合の取扱いに注意しよう。基本として航空会社のホームページや、無料の航空会社時刻表に記載されている「予約時のお願い・航空券について」というページをよく読んでおくこと。

予約受付・航空券発売の開始日

国内航空の予約および航空券販売の開始日は以下のようになっている。

POINT 3-2-3

●国内航空の予約および航空券販売の開始日

①一般の個人客……搭乗**2ヵ月前**の同一日9時30分から

＊2ヵ月前に同一日がない場合は、2ヵ月前の月末日

搭　乗　日	4月29・30日	8月31日	1月31日
発売開始日	2月28日（閏年は2月29日）	6月30日	11月30日

②新婚客・団体客……搭乗日の1年前から

ただし、一部の割引運賃では開始日が異なることがある。

航空券購入期限

予約した航空券の購入期限は以下の通り。

POINT 3-2-4

●国内航空の予約および航空券発売の開始日

日本航空：搭乗の**330日前**の同一日9時30分から

全日空　：搭乗の**355日前**の同一日9時30分から

●航空券の購入期限

①原則は予約日含めて３日以内。これより前に各運賃別に設定されている
　購入期限が短い場合には、この購入期限が適用される。
　例えば、6月10日午前10時の日本航空の便を6月9日に大人普通運賃
　で予約をした場合の購入期限は、6月10日午前9時40分である。
②購入期限を過ぎると、予約は予告なしに取り消される。
③1つの旅程の中に購入期限が異なる運賃がある場合、購入期限は短い期
　日となる。

〈全日空〉

運賃	購入期限
ANA FLEX	出発時刻の 20 分前
小児運賃	
ANA VALUE1	搭乗日の前日
ANA VALUE3	予約日含めて 3 日以内
ANA SUPER VALUE21	予約日含めて 2 日以内
ANA SUPER VALUE28	
ANA SUPER VALUE45	
ANA SUPER VALUE55	
ANA SUPER VALUE75	
スマートシニア空割	出発時刻の 20 分前
スマート U25	

〈日本航空〉

JAL：フレックス

予約期限：搭乗日の 330 日前の午前 9：30 から搭乗日当日まで

購入期限：

予約時間	購入期限
出発 120 時間より前まで	予約後 72 時間以内
出発 120 時間前から 72 時間より前まで	予約後 48 時間以内
出発 72 時間前から搭乗日前日まで	予約後 24 時間以内（注）

(注) 予約後 24 時間以内に便が出発する場合は、出発 20 分前までが購入期限となる。

幼児・満8歳未満の小児の扱い

次の幼児・満8歳未満の小児についても予約時に申し出ておく必要がある。

●幼児・満8歳未満の小児の扱い

①満3歳未満の幼児	・搭乗人数に制限あり。 ・満3歳未満の幼児は、**大人1人**につき**2人まで同伴可能**。ただし、**1人は満2歳***で**座席予約**をし、**小児運賃が必要**。 ・出産予定日から28日以内の妊産婦に同伴される場合は、満2歳*の幼児1人だけで座席予約をし、小児運賃が必要。 ・**乳児**の搭乗は**生後8日以上**から。 ・座席を使用しない幼児でも幼児搭乗券は必要。
②**満6歳未満の小児** ・幼児	・**必ず大人**（満12歳以上）**の付添人**が必要。
③大人に同伴されない**満6歳以上満8歳未満**の小児	・出発空港までの保護者の見送りや到着空港での保護者の出迎え等の**条件**をつけて搭乗を許可。

＊ANAの場合、2歳未満でもチャイルドシートを使用すれば可。

搭乗手続き

搭乗手続きについては以下のように定められている。

搭乗手続き……便出発時刻の**20分前**まで

搭　乗　口……便出発時刻の**10分前**までに搭乗口へ

●同一空港乗り継ぎの場合

　他社便も含め同一空港乗り継ぎの場合、最終目的地までの航空券を提示することにより、受託手荷物（航空会社に預ける手荷物）を最終目的地まで預けることができる。その際、乗継空港では手続き等は不要。なお乗り継ぎには、原則として次の乗継時間が必要。

同一航空会社同士の乗り継ぎ （グループ会社同士）	25分以上（羽田では35分以上）
他社便への乗り継ぎ	30分以上

＊空港による異なる。

 次の文章の誤りを指摘しなさい。
満5歳の小児は単独で国内航空に搭乗できる。

- -

 満6歳未満の小児の搭乗には満12歳以上の大人の付添人が必要。

 全日空の航空券の取扱いに関する次の記述のうち、正しいものはどれか。
- a）「ANA FLEX」の購入期限は、予約日に関わらず予約日を含めて3日以内である。
- b）「ANA VALUE」の購入期限は、運賃種別に関わらず予約日含めて3日以内である。
- c）「ANA SUPER VALUE」の購入期限は、運賃種別に関わらず予約日含めて2日以内である。

- -

 c）➡ a）2日前〜当日に予約した場合の購入期限は、定刻20分前まで。b）「ANA VALUE1」は、搭乗日の前日まで（原則は予約日含めて3日以内）。

 国内航空2社の小児及び幼児の取扱いに関する記述のうち、誤っているものはどれか。
- a）大人に同伴された座席を使用しない6歳の小児は大人同伴者1名につき、1名に限り無賃である。
- b）大人に同伴された2歳の幼児が、座席を利用しない場合であっても幼児搭乗券が必要である。
- c）大人1人につき満2歳の幼児1人と満1歳の幼児1人を同伴することができるが、この場合は大人運賃1人分と満2歳の幼児に対する座席予約と小児運賃が必要である。

- -

 a）➡ 座席を使用しない3歳未満の幼児が無賃である。

 幼児・小児に関する問題もよく出題される。満3歳未満の幼児・大人に同伴されない満8歳未満の小児の取扱いは気をつけよう。

03　変更・取消・払い戻し

航空券の払い戻しに関する問題は、毎年のように出題されている。航空券のサンプルから答える形式が多いため、実際の航空券を見る機会のある人はどこに何が記載されているか確認しておくといいだろう。

予約の変更

予約変更は、**原券の便出発前**であれば、同区間**何回でも**手数料なしで可能。変更は電話でも受け付けている。ただし、以下のように変更できない運賃もある。

POINT 3-2-7

●予約変更可能・不可能な運賃

予約変更できる運賃	JAL	フレックス
	ANA	ANA FLEX、小児運賃
予約変更できない運賃	JAL	セイバー、スペシャルセイバー、往復セイバー
	ANA	ANA VALUE、ANA SUPER VALUE、スマートシニア空割、スマートU25

航空券の払い戻し

航空券の払い戻しは、JRの指定券と異なり、原則として予約便出発以降でも払い戻しができる。

払戻期限 （JAL・ANA 共通）	航空券の有効期間満了日の翌日から起算して **30 日以内**

なお払い戻す場合には、次の手数料が必要。

●払い戻しにかかわる手数料

手数料　＝　①払戻手数料　＋　②取消手数料

①**払戻手数料**
・航空券を払い戻す場合には必ずかかるもの。
・**1枚につき440円（大人・小児とも同額）**。往復や連続した旅程の航空券でも1枚につき440円。

②**取消手数料**
・航空券の種類や取消日等、場合によってかかるもの。

取消手数料

　取消手数料は、航空券を取り消したら必ずかかるものではなく、航空券の種類や取消日等によってかかる場合とかからない場合がある。

●**取消手数料**
①**予約変更できる運賃**
　　【JAL・ANA共通】出発時刻まで…取消手数料**不要**
　　　　　　　　　　出発時刻以降…運賃の**約20%相当額**の取消手数料
②**予約変更できない運賃**
　　運賃により異なる。次ページ表参照

● ANA・特定便割引運賃の取消手数料

種類	解約日	取消手数料
ANA VALUE 1・3	便出発前	運賃額の約 5% 相当額
	便出発以降	運賃額の約 100% 相当額

● ANA・事前購入・早期購入割引運賃の取消手数料

種類	解約日	取消手数料
ANA SUPER VALUE 21・28・45・ 55・75	搭乗日 55 日前まで	不要
	搭乗日 54 日前〜 45 日前まで	運賃額の約 30% 相当額
	搭乗日 44 日前〜 28 日前まで	運賃額の約 40% 相当額
	搭乗日 27 日前〜 14 日前まで	運賃額の約 50% 相当額
	搭乗日 13 日前〜 出発時刻前まで	運賃額の約 60% 相当額
	便出発以降	運賃額の約 100% 相当額

●年齢制限のある運賃

航空会社	種類	解約日	取消手数料
JAL	当日シニア割引 スカイメイト	便出発前	運賃額の約 50% 相当額
		便出発以降	運賃額の約 100% 相当額
ANA	スマートシニア空割 スマート U25	便出発前	運賃額の約 5% 相当額
		便出発以降	運賃額の約 100% 相当額

● JAL・フレックス、セイバー、スペシャルセイバー、往復セイバー

	払い戻し日時	フレックス	セイバー	スペシャル セイバー	往復セイバー
取消手数料	出発 55 日以上前	不要	運賃額の 約 5%相当額	運賃額の約 5%相当額	
	出発 54 日前〜出発前			運賃額の約 50%相当額	
	出発後	運賃額の 約 20% 相当額	運賃額の 100%		

※ 「往復セイバー」は往復ともに未使用の場合のみ払い戻し。（片道のみの払い戻しはで
きない。）また、往復ともに未使用の場合で、往路が出発後の払い戻しには、復路にも
出発後の手数料が適用され、往復旅程全体に 100%相当額の取消手数料がかかる。

※ 「セイバー」、「スペシャルセイバー」、「往復セイバー」は、予約の取り消しのみを
行い、後日払い戻しを行う場合は、払い戻し手続き日の手数料が適用となる。

払い戻しの計算例

例1 搭乗日が4月1日の東京（羽田）～沖縄（那覇）間のANA FLEX 47,010円を適用した航空券を搭乗日の3日前に取消、払い戻す場合の手数料額

計算式

払戻手数料……440円
取消手数料…… 0円
_____
　　計　　　　440円

例2 搭乗日が4月10日の東京（羽田）～函館間をANA SUPER VALUE28を適用した航空券を予約し15,090円で購入したが、搭乗日の前日に取消、払い戻しをする場合の手数料額。

運賃合計額には羽田空港（370円）の旅客施設使用料が含まれている。

考え方　ANA SUPER VALUEは取消日により取消手数料額が異なる。旅客施設使用料を含めない運賃から取消手数料を求めること！

計算式

払戻手数料…　　　　　　　　　　　440円
運賃　　　　15,090円－370円＝14,720円
取消手数料　…14,720円×60％＝8,832円　➡8,830円
_____
　　　　　　　　　　　計　9,270円

次の文章の誤りを指摘しなさい。
大人（ANA FLEX）と小児（小児運賃適用）が普通席を予約し、航空券を購入していたが、航空機に乗り遅れたため、払い戻しをする場合の手数料は大人と小児同額である。

こたえ　払戻手数料440円は、大人・小児とも同額だが、運賃に対する取消手数料は、大人普通運賃額の約20％相当額、小児普通運賃額の約20％相当額である。

対策　手数料には払戻手数料と取消手数料の2種類があり、運賃の種類、取消日等で異なる。取消手数料は変更できるかどうかで扱いも異なるので、どの運賃が変更できるかできないかをしっかり覚えておく必要がある。

01　宿泊料金

出題されても1問程度で問題数は多くないが、確実に点数を取っておきたいところ。計算は単純計算なので、理解さえできれば簡単。最近の出題傾向としては、文章問題より計算問題として出題されることが多くなってきている。

宿泊料金の計算

　代表的な宿泊施設といえば旅館とホテル。両者の宿泊料金の計算には多少の違いがあるが、基本は変わらない。次の計算式を覚えておこう。

POINT 3-3-1

●宿泊料金の計算式
**宿泊料金＝基本宿泊料＋サービス料＋追加料金＋追加料金のサービス料＋
　　　　　消費税＋入湯税＋その他（立替金等）**

●基本宿泊料
①**旅　館**…1人あたりの料金（1泊2食付）
②**ホテル**…1室あたりの室料（ルームチャージ：R/C）

　　ルームタイプ　シングルルーム：1人部屋
　　　　　　　　　ツインルーム　：2人部屋
　　　　　　　　　ダブルルーム　：2人部屋
　　　　　　　　　トリプルルーム：3人部屋

●サービス料（奉仕料）
　奉仕料ともいう。一般的には基本宿泊料の10～15％で、**消費税の対象**となる。

サービス料＝基本宿泊料×サービス料率（0.1～0.15）

＊基本宿泊料にサービス料込みとなっているときは、この計算は不要。

●追加料金

追加料金として計算するもの。

①**旅　館**……舟盛り等の特別料理や郷土料理等、追加料理、お酒・ジュース等の飲物代、カラオケ・マージャン・将棋等の利用料金

②**ホテル**……ルームサービスで注文した飲み物や料理代

●追加料金のサービス料

追加料金にもサービス料がかかる。基本宿泊料のサービス料と同様。

●税金
①消費税（10%）

宿泊にかかわる一連の利用行為（基本宿泊料・サービス料・追加料金・追加料金のサービス料）の合計額に対して10%かかる。1円未満端数、四捨五入。

> 消費税＝（基本宿泊料＋サービス料＋追加料金＋追加料金のサービス料）×0.1

②入湯税

温泉地の旅館等で課税されるもので、**1人1泊150円が標準。大人・小児とも同額**。

●その他

立替金とは、たばこや電話代等一時的に旅館やホテルで立て替えたもの。宿泊料計算のサービス料や消費税は関係なく、最後に実費を加算する。

子供料金

●旅館の子供料金

旅館での年齢区分は次のようになっている。

大人料金…中学生以上

子供料金…小学生以下

> 旅館の場合、JRや航空とは異なり、厳密に年齢で区分しているわけではないんだ。小学生以下を子供料金とし、さらに寝具や食事の有無・内容により、次のように4つに区分している。

●旅館の子供料金

区　　　分	料　　　金	条　　　件
子供料金 A	大人料金の **70%**	寝具あり・**大人に準じる食事**
子供料金 B	大人料金の **50%**	寝具あり・**子供用食事**
子供料金 C	大人料金の **30%**	寝具のみ・**食事なし**
子供料金 D（幼児料金）	定額または定率	寝具なし・食事なし

●ホテルの子供料金

　ホテルは1室単位の料金が基本なので、特に子供料金というものはない。逆に子供用にエキストラベッドやベビーベッド等を入れるとその分の追加料金がかかる。

宿泊料金の計算例

例 1　旅館のケース

基本宿泊料（1泊2食付）13,000円、サービス料15%、夕食に舟盛り2,300円を追加料理として注文、入湯税150円、立替金（タクシー代）1,500円の場合。

1 ）基本宿泊料　　　　　13,000円
2 ）サービス料　　　　　1,950円 ◀13,000円×0.15＝1,950円
3 ）追加料金　　　　　　2,300円
4 ）追加料金のサービス料　345円 ◀2,300円×0.15＝　345円
5 ）消費税　　　　　　　1,760円 ◀（13,000＋1,950＋2,300＋345）×0.1＝
　　　　　　　　　　　　　　　　　1759.5（1円未満四捨五入）
6 ）入湯税　　　　　　　 150円
7 ）立替金　　　　　　 1,500円
　　　　　　計　　 21,005円

例2 ホテルのケース

基本宿泊料（ルームチャージ）23,000円（サービス料込み）のツインルームに2人が宿泊し、ルームサービス1人2,000円（サービス料込み）の朝食を2人分注文した場合。

1）基本宿泊料　　　　23,000円
2）サービス料　　　　　　　サービス料込みなので計算不要
3）追加料金　　　　　　4,000円 ◀2,000×2人分＝4,000
4）追加料金のサービス料　サービス料込みなので計算不要
5）消費税　　　　　　　2,700円 ◀(23,000＋4,000)×0.1＝2,700

　　　　　計　　29,700円

 ホテルは1室単位で計算するので、1室に2人で宿泊するときは、ルームサービス代等も2人分にするのを忘れないように！

 次の文章の誤りを指摘しなさい。
モデル宿泊約款に定める子供料金のうち、大人に準じる食事と寝具を提供する場合の料金は大人宿泊料金の50％である。

- -

こたえ 大人に準じる食事の場合は大人宿泊料金の70％であり、子供用食事の場合が50％である。

 次の文章の誤りを指摘しなさい。
温泉地に宿泊する場合、宿泊に係る基本宿泊料、飲食代、サービス料、入湯税の合算額に対し、消費税の10％が課税される。

- -

こたえ 入湯税を含めない額に対して、消費税が課税される。税金にさらに課税するのはおかしいことからもわかる。

宿泊の取消料（違約金）

　宿泊者の都合で予約を取り消す場合は、以下のような取消料がかかる。旅館かホテルかまたは人数により、いつから取消料がかかるかが変わるので、注意しよう。

●旅館の取消料の例

人数区分	不泊	当日	前日	2日前	3日前	5日前	6日前	7日前	8日前	14日前	15日前	16日前
1～14名まで	50%		20%			−						
15～30名まで	50%		20%				−					
31～100名（小口団体）	70%	50%	20%						10%		−	
101名以上（大口団体）	70%	50%	25%						15%		10%	

＊％は基本宿泊料に対する比率

●ホテルの取消料の例

人数区分	不泊	当日	前日	2日前～9日前	10日前～20日前
一般14名まで	100%	80%	20%	−	−
団体15～99名	100%	80%	20%	10%	−
団体100名以上	100%	100%	80%	20%	10%

＊％は基本宿泊料に対する比率

　取消料はサービス料や消費税等を含めない**「基本宿泊料」のみに対して**かかる。また、同一旅館やホテルに**連泊**する場合は**最初の1泊のみ**が取消料の対象で、2泊目以降は取消料はかからない。

団体客（15人以上）の減員

　15人以上の団体客の一部が取り消した場合、宿泊日の10日前（その日より後に予約した場合はその日）の宿泊人数の10％については取消料がかからない。宿泊人数の10％の計算で1人未満の端数が出た場合は切り上げ。

例 宿泊日の10日前に49人で予約した場合

　　49×0.1＝4.9→（1人未満は切り上げ）　➡　　5人

　　　　　……　　5人までは取消料不要

取消料の計算例

例1 旅館のケース

　大人2人が基本宿泊料12,000円、サービス料10％の旅館に2泊予約。宿泊当日、旅客の都合でキャンセルした場合。

考え方

・旅館で2人、当日の取消の場合は50％の取消料。

・2泊でも最初の1泊目のみ取消料の対象となる。また取消料は基本宿泊料に対してかかり、サービス料は関係ない。

計算式

取消料　12,000×0.5×2人＝12,000円

> **例2**　ホテルのケース
>
> 　基本宿泊料　ルームチャージ9,000円のシングルルームを予約し、基本宿泊料はすでにホテルに払い込み済みだが、旅行者の都合で前日に取り消した場合の取消料と払戻し額（このホテルのサービス料は10％）。

考え方

ホテルで1人、前日の取消の場合は20％の取消料。

計算式

取消料　　9,000× 0.2＝1,800円

払戻し額　9,000－1,800＝7,200円

 次の文章の誤りを指摘しなさい。

ホテルのツインルームを予約していたが、旅行者は宿泊当日連絡なしに現れなかった。当日の取消になるので取消料は50％である。

- -

 取消の連絡がなかったので、不泊の扱いで取消料は100％となる。

対策 宿泊料金では、子供料金について出題されることが多い。取消料については今まであまり出題されていないが、今後は押さえておきたいところ。

東京都の「宿泊税」

　平成14年10月1日より、東京都では都独自に課税する**宿泊税**を導入した。「宿泊税」とは国際都市東京の魅力を高めるとともに、観光振興のための事業（旅行者にわかりやすい案内標識・観光案内所の整備や充実、観光情報の提供、観光プロモーション等）の経費に充てるため、ホテルや旅館の**宿泊者に課税**する地方税である。

●東京都の「宿泊税」

①課税対象者…都内のホテルまたは旅館の宿泊者（民宿やペンションは通常課税対象外）

②課税額…**食事料金を含まない宿泊料金とサービス料**に対して課税

宿泊料金		課税額
宿泊料金1人1泊　　10,000円未満		非課税
	10,000円以上15,000円未満	100円
	15,000円以上	200円

＊小児も同額。10,000円以上の場合は課税。
＊ツインルームなどの1室に2人以上で宿泊する場合は、1人あたりの宿泊料金に換算して判断する。

例 1室1泊、室料3万円（サービス料込み）のツインルームに2人で宿泊した場合　➡　1人あたり200円の宿泊税がかかる。2人で400円。

この「宿泊税」は観光振興の事業の経費に充てるための税金なので、できるだけ観光目的以外（修学旅行やビジネス客等）の宿泊者には税負担を求めないよう配慮された。そのため、宿泊料金が10,000円未満の場合は課税されないこととなった。この10,000円という基準は都内の平均的な宿泊料金を参考にして決めたということである。

こうでる 東京都が平成14年10月1日から実地している宿泊税について旅行者からの問い合せに対する旅行業者の答えで誤っているところを指摘しなさい（1人で宿泊した場合とする）。
旅館で1泊2食の基本宿泊料が15,000円（朝食1,500円、夕食3,500円）、サービス料が10％の場合、宿泊税として165円が徴収されます。

こたえ 宿泊税は宿泊料金により0円、100円、200円のいずれか定額なので、165円という半端な数字からすぐわかるかと思う。ちなみにこの場合の宿泊税は100円である。食事料金を除いた宿泊料金とそのサービス料の合計で判断するということに注意すること！

01　貸切バス運賃・料金

出題されても1問程度で問題数は多くない。しかし、ここ数年は常に出題されているので、確実に点数を稼いでおきたい。運賃の種類やどういうときにどういう料金がかかるかという点に注意して覚えておくこと。

貸切バス運賃・料金の特徴

　貸切バスの運賃・料金は**届出制**で、**外税**となっている。また、JRや航空等のように個人単位ではなく、**バス1台あたり**の運賃・料金設定なので、そのバスに何人乗っても同料金という点が特徴。

車種区分

①**大型車**……車両全長9m以上または旅客座席50席以上
②**中型車**……大型車・小型車以外のもの
③**小型車**……車両全長7m以下かつ旅客座席29席以下

運賃の種類

　運賃は、**時間・キロ併用制運賃**で、①**時間制運賃**と②**キロ制運賃**の額を合算する。

①時間制運賃	（ア）出庫前及び帰庫後の点呼・点検時間として1時間ずつ合計2時間と、走行時間（出庫から帰庫までの拘束時間で、回送料金を含む）を合算した時間に1時間あたりの運賃額を乗じた額。 （イ）2日以上にわたる運送で宿泊を伴う場合、宿泊場所到着後及び宿泊場所出発前の1時間ずつを点呼・点検時間とする。 （ウ）フェリーボート利用の航送にかかる時間（乗船してから下船するまでの時間）は8時間を上限として計算する。

②キロ制運賃	走行距離（出庫から帰庫までの距離で回送距離を含む）に1キロあたりの運賃額を乗じた額とする。

*回送とは、旅客の乗車地最寄りの車庫から当該乗車地まで及び旅客の降車地からの車庫までをいう。

運賃の割引

身体障害者、知的障害者および児童福祉法の適用を受ける団体	3割引
学校教育法による学校（大学および高等専門学校を除く）に通学または通園する者の団体（幼稚園・小・中・高校生の学生団体）	2割引

*運賃のみが割引。また重複割引は不可となっているので、両方適用できる場合は割引率の高い方を適用する。

運賃の計算方法

国内管理者試験では、貸切バスの運賃・料金の計算問題が毎年出題されている。平成29年度には、総合管理者でも出題された。配点も高いので確実に解けるようにしておこう。運賃の計算式は次の通り。

POINT 3-4-1

運賃＝1時間あたりの運賃額×走行時間＋1キロあたりの運賃額×走行距離
　　　　（時間制運賃）　　　　　　　　　　（キロ制運賃）

①**走行時間　⇒　出庫から帰庫までの拘束時間をいい、回送時間を含む。**
　また、出庫前及び帰庫後の点呼点検時間として1時間ずつ合計2時間を加える。ただし、走行時間が3時間未満の場合は、走行時間を3時間として計算した額とする。

②走行時間の端数については、30分未満は切り捨て、30分以上は1時間に切り上げる。

③2日以上にわたる運送で宿泊を伴う場合、宿泊場所到着後及び宿泊場所出発前の1時間ずつを点呼点検時間とする。

④フェリーを利用した場合の航送にかかる時間（乗船してから下船するまでの時間）は8時間を上限として計算する。

⑤**走行距離　⇒　出庫から帰庫までの、回送距離を含めた距離。**
　走行距離の端数については、10キロ未満は10キロに切り上げる。

料金

貸切バスの料金には以下のようなものがある。太字の部分は要チェック！

POINT 3-4-2

●貸切バスの料金

①深夜早朝運行料金

22時以降翌朝5時までの間に点呼・点検時間、走行時間（回送時間を含む）が含まれた場合に適用する。

*上記時間帯の該当時間に1時間あたりの時間制運賃及び交替運転者配置料金の合算額を乗じた額の2割増以内とする。

②特殊車両割増料金

運賃の5割以内の割増料金を適用する。

（1）標準的な装備を超える特殊な設備のある車両

（2）車両購入価格の定員1座席あたりの単価が、標準車両の定員1座席あたりの単価より70％以上高額である車両

③交替運転者配置料金

法令で交替運転者の配置が義務付けられている場合と交替運転者の配置について運送申込者と合意した場合に適用する。

*運賃計算と同様の時間・距離（キロ）に料金額（時間制料金・キロ制料金）を乗じた額をいう。

運賃の計算例

例題 貸切バスによる運送に関する次の設問に答えなさい。

	配車場所		終着地	
出庫	乗車地		降車地	帰庫
9：00	9：30		15：30	15：45

点呼・点検時間	回送時間	実車時間	回送時間	点呼・点検時間
1時間	30 分	6 時間	15 分	1時間

回送距離	走行時間	回送距離
20km	200km	15km

＜資料＞
大型バス　時間制運賃（1時間あたり）7,000円
大型バス　キロ制運賃（1kmあたり）　170円

設問① 時間制運賃を求めるために必要な時間は？
2時間（点呼点検時間）＋6時間（実車時間）＋45分（回送時間）＝8時間45分
＊時間の端数は、30分未満は切り捨て、30分以上は切り上げのため

8時間45分　⇒　9時間（走行時間）

設問② キロ制運賃を求めるために必要な距離は？
200km（実車距離）＋20km（回送距離）＋15km（回送距離）＝　235km
＊距離の端数は、10kmは、10kmに切り上げのため

235km　⇒　240km

設問③ 上記行程の運賃の合計額はいくらか？
1時間あたり7,000円

①時間制運賃　＝　9時間×7,000円　＝　63,000円

1キロあたり170円

②キロ制運賃　＝　240km×170円　＝　40,800円

①時間制運賃と②キロ制運賃を合計した額

63,000円＋40,800円 ＝ 103,800円

違約料

●貸切バスの違約料

	取　消　日　時	違　　約　　料
取消の場合	配車日の**14日**前〜**8日**前まで	所定の運賃・料金の**20%**
	配車日の**7日**前〜**24時間**前まで	所定の運賃・料金の**30%**
	配車日の24時間以降	所定の運賃・料金の**50%**
減車の場合	予約車両数の**20%以上**の車両が減少したとき	減少した車両につき上記区分の違約料

＊契約時の台数をもとに違約料を計算するので、20%を超えないように段階的に減車をしても基数は変わらない。

次の文章が正しい場合は○を、誤っている場合は×を記せ。
a）学校教育法による学校（大学および高等専門学校を除く）に通学または通園する者の団体には、割引運賃が設定されている。
b）貸切バスで有料道路利用料、航送料、駐車料、乗務員の宿泊料等、運送に関連する費用は、バス会社の負担となる。
c）契約責任者がその都合により運送契約を解除するときは、配車日の14日前から違約料の支払いを求められる。

- -

a）○➡運賃が2割引となる。b）×➡バス会社ではなく、契約責任者（旅客）の負担となる。c）○➡正しい。

国内管理者では計算問題として毎年必ず出題されている。総合管理者では計算問題は平成29年に初めて出題された。きちんと学習しておけば確実に点の取れる項目。取りこぼしのないように！

01　フェリー運賃・料金

国内管理者の方で毎年出題されていたが、総合管理者でも出題されるようになった。特に自動車航送運賃に絡む計算問題が多いので注意！ただ、ＪＲや国内航空などと比べたら非常にやさしいものであるので、間違いのないようにしたい。

フェリーの運賃

●運賃の種類

（1）旅客運賃
- ①**普通旅客運賃**
- ②定期旅客運賃
- ③回数旅客運賃
- ④**団体旅客運賃**
  - 一般団体
  - 学生団体

（2）受託手荷物・小荷物運賃 …　3辺の長さの和が2ｍ以下、30キロ以下の物品

（3）特殊手荷物運賃 …………　原動機付自転車・自転車・乳母車・荷車など

（4）**自動車航送運賃** …………　自動車と**運転者1名（2等）**の運賃

POINT 3-5-1

●普通旅客運賃

（1）等級区分……2等・1等・特等など

（2）年齢区分

	年齢区分	運　賃
① 大人	12歳以上（小学生除く）	大人運賃
② 小児	12歳未満・**12歳以上の小学生**	大人の半額(10円未満四捨五入)
③無賃小児 （幼児）	1歳以上、**小学校に就学していない者**	**大人1人につき1人**まで無賃
④ 乳児	1歳未満	**何人でも**無賃

●年齢区分の注意点

①12歳以上から大人だが、**小学生は小児**なので注意！

②1歳以上で**小学校に就学していない者**は**大人**同伴であれば1人につき**1人**無賃である。

　ＪＲの場合と条件や人数が異なるので注意！

③幼児や乳児が寝台や指定席を単独で利用する場合は小児の運賃・料金がかかる。

●自動車航送運賃

　自動車航送運賃には自動車だけでなく、**運転者1名分の2等運賃**を含んでいる。車は運転する者がいないと動かないので、最低の２等旅客運賃が入っていると考えればよい。もし、運転者が２等より上の**上等級席**に乗船の場合は、２等運賃とその上等級運賃との**差額**が必要となる。

●自動車航送運賃

> 自動車航送運賃　＝　自動車　＋　運転者1名（2等）の運賃

＊１等などの上等級席の場合、２等運賃との差額加算。

フェリーの料金

● 料金の種類

フェリーの料金には次のような料金がある。

①特急料金

②急行料金

③特別室使用料金

④座席指定料金

⑤寝台料金

⑥船室貸切料金

⑦手回り品料金

計算上出てくるのは「急行料金」くらいで、急行フェリーに乗船した場合に、運賃のほかにかかる料金。これくらい覚えておけば国家試験においては十分だ。

両親と 15 歳の息子、12 歳（小学生）の息子、4 歳の娘の計 5 人家族が乗用車でフェリー 2 等船室を利用して旅行する場合、必要な乗船券の正しい組合せはどれか。

a) 大人 2 人、小児 1 人分の乗船券と自動車航送券

b) 大人 2 人、小児 2 人分の乗船券と自動車航送券

c) 大人 3 人、小児 1 人分の乗船券と自動車航送券

d) 大人 3 人、小児 2 人分の乗船券と自動車航送券

---

 a) ➡ 自動車航送運賃（券）の中には、運転者 1 名分の 2 等旅客運賃が含まれていることに注意する。よって、両親のうちの 1 人だけが大人の券が必要。15 歳の息子は大人、12 歳の息子は 12 歳であるが、小学生なので小児。4 歳の娘は大人がいるので無賃。

割　引

●個人割引

	条　件		割引率
往復割引	同一区間を往復する場合 **自動車航送運賃**も割引		**復路のみ** 1 割引
学生割引	片道 101 キロ以上		**2 等のみ** 2 割引
身体障害者割引 知的障害者割引	第 1 種	介護者も割引	5 割引
	第 2 種	片道 101 キロ以上	2 等のみ 5 割引

● 団体割引

団体とは**15名以上**で、原則、同じ区間を同じ船便で旅行する旅客。

一般団体	長距離フェリー以外		1 割引
	長距離フェリー （300 キロ以上）	**15 名**以上	1 割引
		50 名以上	2 割引
		100 名以上	3 割引
学生割引	大人（中学生以上）・教職員・付添人		2 等のみ 3 割引
	小児（小学生）		2 等のみ**小児**の 1 割引

▼

POINT 3-5-4

●割引の注意点

①**重複割引不可**。2種類の割引が適用できる場合は、割引率のよい方を適用。

 例　学生割引を適用できる者が往復する場合

学生割引と往復割引の重複割引はできないので、割引率のよい学生割引を適用。

②**往復割引**は**復路のみ**割引。**自動車航送運賃も割引**になるので注意！

③フェリーの場合は運賃のみでなく、**急行料金も割引**となる。

④割引の仕方は各フェリー会社により異なるが、次の場合が一般的。

> 1人あたりの片道旅客運賃 　×（1－割引率）＝割引運賃
>
> （端数整理。10円未満切り上げ）

●割引の計算例

例 大人の一般団体60名が、片道2等旅客運賃9,700円の長距離フェリーで旅行する場合。

割引率 一般団体は「長距離フェリー」か「長距離フェリー以外」かで割引率が異なる。また、「長距離フェリー」の場合は、さらに人数により異なる。

長距離フェリーで50名以上100名未満の場合は2割引。

計算式 9,700円 × （1 － 0.2） ＝ 7,760円

7,760円 × 60名 ＝465,600円

払い戻し

旅客の都合で払い戻しをする場合には、次の払い戻し手数料が必要です。

POINT 3-5-5

● 払い戻し手数料

	払い戻し日時	払い戻し手数料
乗船日時の指定のないもの	通用期間内	200円
乗船日時の指定のあるもの	発航日の**7日前**まで	**200円**
	発航日の**6日前～前々日**まで	**1割**（最低200円）
	発航日の **前日～発航前**まで	**3割**（最低200円）
	発航後	払い戻し不可

＊券面額（運賃・料金）に対して払い戻し手数料がかかる。
＊端数整理　10円未満切り上げ

●払い戻しの計算例

例 船便の指定されたフェリー乗船券1,800円を旅行者の都合により、フェリー出航日の6日前に払い戻した場合の払い戻し手数料

考え方 指定のある券で6日前の払い戻しなので、手数料は券面額の1割。（ただし、最低が200円。）もし、計算して200円に満たない時には200円が手数料となる。

計算式 1,800円×0.1＝180円　＜　200円

計算して200円に満たないため、払い戻し手数料は200円となる。

船便の指定されたフェリー乗船券12,000円について、旅行者（1名）が自己の都合により発航日の前々日に払い戻しを請求した。この場合の払い戻し手数料はいくらか。

ア．200円　　　　イ．1,200円　　　　ウ．2,400円　　　　エ．3,600円

イ➡発航日の6日前から前々日までの払い戻しは券面額の1割（10%）。

12,000円×0.1＝1,200円

01　都道府県別観光地理

国内地理は、なにしろ覚えることが多いのでたしかに大変だが、近道はない。旅行会社のパンフレット等を見ながら地道に覚えていくしかない。

重要な用語や過去に出題された地名等は太字で示した。

北海道

《自然景観》

①大沼：函館の北、駒ヶ岳山麓にある周囲20kmのせき止め湖。

②**洞爺湖**：道南観光の拠点となるカルデラ湖。南岸には昭和新山や**有珠山（うすざん）**等の景勝地がある。

③**昭和新山**：20世紀で最も新しい火山の1つで、特別天然記念物。

④**羊蹄山**：北海道西部の火山。**蝦夷富士（えぞふじ）**の別名をもつ。

⑤支笏湖：日本最北の不凍湖。水深は日本第2位の360m、1位は423mの田沢湖（秋田県）。

⑥**大雪山**：標高2290mの旭岳を主峰とする火山群の総称。「北海道の屋根」とも呼ばれる。

⑦**層雲峡**：石狩川の源流近くをうがった日本屈指の大峡谷。高さ150mもの柱状節理の絶壁が続き、そのハイライトが大函・小函（おおばこ・こばこ）。

⑧天人峡：道内一の名瀑として知られる羽衣の滝（高さ250m）と敷島の滝が見られる。

⑨釧路湿原：日本最大の湿原で、**国際湿地条約（ラムサール条約）**に指定登録されている。1987年指定の国立公園。

⑩阿寒湖：特別天然記念物・マリモの湖として有名。ヒメマスの原産湖でもある。

⑪**屈斜路湖**：道内第2の湖で、阿寒国立公園中最大の湖。美幌峠（びほろとうげ）からの眺望は圧巻。南岸には和琴半島が突き出している。砂湯も楽しめる。

⑫摩周湖：神秘の湖として知られ、以前は透明度世界一を誇った。

⑬野付半島：長さ28kmの砂嘴で、この半島がかこむ湾は尾岱沼（おだいとう）と呼ばれる。

⑭知床半島（世界遺産）：オホーツク海に鋭くのびた全長65kmの半島で、最後の秘境といわれる。アイヌ語で「地の先（突端）」の意味。

⑮サロマ湖：道内最大の湖で、日本第3位の面積をもつ。

⑯**宗谷岬**：日本最北端の岬。晴れた日には遠くサハリン（樺太）が望める。

⑰礼文島：日本最北の島。高山植物の宝庫。東隣には利尻島もある。

⑱**石狩川**：道内一で日本第3位の長さの川。石狩平野を形成する。

⑲富良野：北海道の中央に位置し、ラベンダーの花で有名。「ファーム富田」が中心。

⑳美瑛町：「パッチワークの丘」とも呼ばれる美しい丘の町。コマーシャルやパンフレットの表紙に多く登場。

㉑小清水原生花園

㉒サロベツ原生花園

㉓納沙布岬　　　㉔神威岬

㉕硫黄山　　　　**㉖藻岩山**

《温泉》

❶**川湯温泉**：屈斜路湖の東・弟子屈（てしかが）町にある阿寒観光の拠点。

❷ **定山渓**（じょうざん
けい）**温泉**：札幌の奥
座敷と呼ばれ、豊平川
上流の渓谷沿いにひら
けた温泉。

❸ **登別温泉**：北海道を
代表する歓楽温泉。道
内最古の温泉の１つ。
地獄谷・クマ牧場・ユー
カラの里等の見どころ
も。

❹ **湯の川温泉**：函館に
ある道内最古の温泉の

（網走）、オロチョンの火祭り、よさこい
ソーラン祭り

民謡…江差追分、ソーラン節（♪ヤーレン
ソーランソーラン〜）

民芸品…木彫り熊、優佳良織、ニポポ人形
料理…石狩鍋、**三平汁**、**ルイベ**、ジン
ギスカン

１つ。イカ漁最盛期（夏期）の漁火（いさり
び）でも人気。大森浜には石川啄木の碑も。

❺ 豊富温泉：日本最北の温泉。サロベツ原
生花園の東に湧く。

❻ **層雲峡温泉**　❼ 十勝川温泉

❽ 比羅夫温泉　❾ カルルス温泉

❿ **温根湯温泉**
《その他》
祭り…札幌雪まつり、オホーツク流氷祭り

建造物…**五稜郭**、ハリストス正教会、**トラ
ピスチヌ修道院**（函館）、**トラピスト修道
院**（当別）、時計台（札幌）、鰊御殿（小樽）、
ウポポイ（白老町）

文学…『氷点』（三浦綾子／旭川市）『挽歌』
（原田康子／釧路市）

《国立公園》
(1)利尻・礼文・サロベツ国立公園
(2)知床国立公園　(3)阿寒摩周国立公園
(4)釧路湿原国立公園　(5)大雪山国立公園
(6)支笏・洞爺国立公園

《旧国名》蝦夷

青森県

青森県

青森

◎弘前

《自然景観》

①**恐山**：下北半島北部の円錐状火山と外輪山の総称。死者の霊が集まる霊場とされ、イタコの口寄せが有名。

②**仏ヶ浦**：下北半島の西部に位置する奇岩が群立する海岸。五百羅漢、如来ノ首等があり、水上勉の小説『飢餓海峡』の舞台としても知られる。

③**十和田湖**：秋田との県境にある湖で、水深 323m は日本第3位。高村光太郎作の『乙女の像』が有名。

④**奥入瀬 (おいらせ) 渓流**：十和田湖から流れる渓流で、千変万化の渓谷には、紅葉のころが最も美しい銚子大滝、白糸の滝等の滝が連続する。

⑤**八甲田山**：県を代表する日本の名山。8つの峰の間に湿原が点在する美しい山。

⑥**岩木山**：津軽平野南西にそびえ、「**津軽富士**」とも呼ばれる。

⑦**龍飛岬**：津軽半島の突端にある高さ115m の断崖にある岬。石川さゆりの「津軽海峡冬景色」の一節で有名になった。

⑧**大間崎**（大間のマグロで有名）

⑨**十三湖**　　⑩**白神山地**（世界遺産）

《温泉》

❶ **浅虫温泉**：青森湾に望む有数の歓楽温泉。

❷ **酸ヶ湯**（すかゆ）**温泉**：八甲田山中にあり、混浴千人風呂、饅頭ふかし等が名物。

❸ **蔦温泉**：奥入瀬渓流の近くにあり、明治の文人・大町桂月の愛した一軒宿の温泉。近くに彼の墓もある。

❹ **大鰐温泉**　❺ **古牧温泉**

❻ **青荷温泉**（ランプの宿）❼ **薬研温泉**

《その他》

祭り…**ねぶた**（青森市）、ねぷた（弘前市）、**黒石よされ**

民謡…津軽節

民芸品…八幡馬（やわたうま）（八戸市）

料理…**じゃっぱ汁**、いちご煮

施設…**棟方志功記念館**（青森市）

建造物…弘前城、斜陽館（金木町）、岩木山神社、碇ヶ関御関所

遺跡…**三内丸山遺跡**（世界遺産）

文学…『**飢餓海峡**』（水上勉／仏ヶ浦）、『**八甲田山死の彷徨**』（新田次郎／八甲田山）

《国立公園》(1)十和田・八幡平国立公園 (2)三陸復興国立公園

《旧国名》陸奥

岩手県

《自然景観》

①**岩手山**：岩手県のシンボル的な山で、「南部富士」と呼ばれる。

②**龍泉洞**：岩泉にある日本有数の大鍾乳洞。水深 120m の地底湖が呼びもので、日本三大鍾乳洞の1つ。

③**厳美渓**：一関市の西、赤井川の上流2km にわたってひらけた渓谷。

④**猊鼻渓**：平泉の東、砂鉄川にある長さ2km の渓谷。船下りが楽しめる。

⑤**北山崎**：リアス式海岸の陸中海岸での代表的景勝地。別名「海のアルプス」。

⑥**浄土ケ浜**：宮古市にある海岸

《温泉》

❶ **花巻温泉**：北上川支流の台川沿いにある温泉。宮沢賢治設計による日時計の花壇と桜並木が見もの。

❷ 夏油（げとう）温泉：北上市の南西。渓流にのぞむ露天風呂が野趣豊かな山奥の湯治場。

❸ **鶯宿（おうしゅく）温泉**

❹ 繋（つなぎ）温泉　　❺ 鉛温泉

《その他》

祭り…**チャグチャグ馬コ**（盛岡市）、さんさ踊り（盛岡市）、延年の舞（藤原祭・毛越寺）

民謡…南部牛追い唄（♪田舎なれどもサーエ南部のくにはヨー〜）

民芸品・工芸品…南部鉄器、岩谷堂箪笥

料理…わんこそば

施設…宮沢賢治記念館（花巻市）、石川啄木記念館（盛岡市渋民）

建造物…**中尊寺**・毛越寺（もうつうじ）（平泉、世界遺産）、**南部曲り家（遠野市）**、小岩井農場

文学…『遠野物語』（柳田国男／遠野市）、『風の又三郎』（宮沢賢治／花巻市）、『雲は天才である』（石川啄木／渋民村）

《国立公園》

(1)三陸復興国立公園

(2)十和田・八幡平国立公園

《旧国名》陸中

岩手県

◎盛岡

釜石◯

秋田県

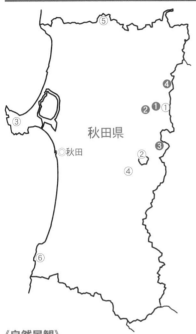

秋田県
○秋田

《自然景観》
①**八幡平（はちまんたい）**：秋田・岩手の両県にまたがる高原。高原の山頂付近は高山植物の宝庫で、火口湖も点在する。
②田沢湖：高原上にあるカルデラ湖。水深423mは日本第1位を誇る。「辰子姫」伝説が今も残る。
③**男鹿（おが）半島**：日本海に突出する半島。寒風山、入道崎等がある。
④**角館（かくのだて）**：佐竹藩の城下町で今でも昔ながらの武家屋敷等が残る。「**みちのくの小京都**」と呼ばれ、桜の名所でもある。
⑤**白神山地**（世界遺産）：ブナ林が名高い。
⑥象潟（きさかた）
《温泉》
❶後生掛（ごしょがけ）温泉：八幡平を代表する温泉。地熱を利用した、首だけ出して木箱に入る蒸し風呂やオンドルが有名。
❷玉川温泉：田沢湖町にあり、病に特効があるとされる岩盤浴が有名。河床の北投石

は特別天然記念物。
❸乳頭温泉：田沢湖高原の奥にある山の温泉郷。打たせ湯と露天風呂が特徴。
❹湯瀬温泉：鹿角市にある。透明な湯は肌を白くする効果抜群で、ユゼ石鹸の原料。
《その他》
祭り…**竿灯**（秋田市）、かまくら（横手市）、**なまはげ**（男鹿市）
民謡…秋田音頭、ドンパン節（♪ドンドンぱんぱんドンぱんぱん・・）
民芸品…**曲わっぱ**（大館市）、能代春慶塗
料理…**しょっつる鍋**、**キリタンポ鍋**、ハタハタ
《国立公園》十和田・八幡平国立公園
《旧国名》羽後

宮城県

《自然景観》
①**松島**：仙台の近く。宮城県を代表する観光地。260余の島々よりなる景勝地で、日本三景の1つ。伊達家の菩提寺、名刹**瑞巌寺**がある。
②金華山：**牡鹿（おしか）半島**南東端に浮かぶ霊島で、島全体が山。山の中腹には黄金山神社が祀られている。
③**伊豆沼**（ラムサール条約指定登録地）
④鳴子峡　　　⑤秋保大滝
《温泉》
❶**秋保（あきう）温泉**：奥州三名湯の1つ。名取川沿いにひらけ、伊達政宗が湯浴みしたことから「名取の御湯」とも呼ばれる。三御湯の1つでもある。
❷**鳴子温泉**：奥州三名湯の1つ。周辺は300近くの源泉と紅葉が楽しめる。こけしの産地としても名高い。日本こけし館がある。
❸作並温泉：広瀬川上流の段丘に位置し、渓流沿いの露天風呂に風情がある。
❹青根温泉　　❺遠刈田温泉
《その他》
祭り…七夕祭り（仙台市）
民芸品…**こけし**
料理…カキの土手鍋、笹かまぼこ、**ずんだ**

餅

建造物…仙台城（**青葉城**）跡（仙台市）、瑞巌寺（松島）

史跡…多賀城跡

文学…『樅の木は残った』（山本周五郎／柴田町・青根温泉）

民謡…**斉太郎節**（♪松島のサアーヨー瑞巌寺ほどの～）

《**国立公園**》三陸復興国立公園

《**旧国名**》陸前

山形県

《自然景観》

①**鳥海山**：秋田との県境にそびえる火山で、「出羽富士」の別名をもつ。

②**羽黒山**：出羽三山の中心で標高436m。山伏の修験場。参道の杉並木は特別天然記念物。

③**最上川**：庄内平野を形成し日本海に注ぐ、日本三急流の１つ。芭蕉の句・"五月雨を集めてはやし最上川"で知られる。芭蕉ライン舟下りもある。

④蔵王山：宮城・山形の県境にそびえる火山群の総称。冬はスキーと世界的に有名な樹氷が楽しめ、山頂の火口湖の「お釜」で

も知られる。

《温泉》

❶**温海（あつみ）温泉**：鶴岡の南西。昔から湯治場として栄え、海・山・川の三拍子そろった環境が素晴らしい温泉。

❷**上山温泉**：山形市と米沢市の中間に位置。付近には斉藤茂吉記念館、沢庵和尚ゆかりの春雨庵等がある。

❸蔵王温泉：蔵王山の表玄関。

❹白布温泉　　❺**天童温泉**

❻湯野浜温泉　❼銀山温泉　❽赤湯温泉

《その他》

祭り…**花笠まつり**（山形市）、芋煮

民謡…庄内おばこ、紅花摘み唄、真室川音頭（♪わたしゃ真室川の梅の花～）

民芸品…**天童将棋駒**、笹野一刀彫（米沢市）、御殿まり、紅花染

施設…**本間美術館（酒田市）**、致道博物館（鶴岡市）、山居倉庫（酒田市）

建造物…**立石寺（山寺）**、上杉神社（米沢市）

《**国立公園**》磐梯・朝日国立公園

《**旧国名**》羽前

福島県

《自然景観》

①安達太良山（あだたらやま）：標高1700mの休火山。古くから多くの歌に詠まれてきたが、高村光太郎の『智恵子抄』でさらに有名になった。

②磐梯高原：通称「裏磐梯」ともいわれる高原。檜原湖・秋元湖・小野川湖の裏磐梯三湖や、**五色沼**等の湖沼が点在する。

③**磐梯山**：民謡で知られる会津の名峰。別名「会津富士」。

④**猪苗代湖**：県の中心に位置する湖。面積は日本第4位。

⑤**あぶくま洞**：1969年に発見された鍾乳洞。高さ30mの大空洞の滝根御殿等がある。入水鍾乳洞、鬼穴とともに「あぶくま三洞」と呼ばれる。

⑥飯盛山：白虎隊終焉の地。

⑦**三春の滝桜**

《温泉》

❶ **飯坂温泉**：東北有数の温泉で、日本武尊命（やまとたけるのみこと）が湯浴みしたとも伝わる奥州三名湯の１つ。福島市の奥座敷として発展した。

❷ 岳温泉：安達太良山の東麓。坂上田村麻呂の発見といわれる。

❸ 磐梯熱海温泉：郡山市の北西。交通の便がよい磐梯高原の探勝基地。

❹ 東山温泉　　❺ 芦の牧温泉

❻ **土湯温泉**

❼ いわき湯本温泉

《その他》

祭り…**相馬野馬追いまつり**（原町市）、二本松の菊人形、七日堂裸まいり（柳津町）

料理…わっぱ飯

民芸品…赤べこ、三春駒

施設…**野口英世記念館**（猪苗代町）、牡丹園（須賀川の牡丹）

建造物…**会津若松城**（鶴ヶ城）、蔵の町（喜多方市）

史跡…大内宿、**勿来（なこそ）の関**、二本松城跡（二本松市）

民謡…会津磐梯山（♪ハアー会津磐梯山は宝のコラ山よ〜）

《国立公園》

(1)磐梯・朝日国立公園　(2)日光国立公園
(3)尾瀬国立公園

《旧国名》岩代／磐城

日 本 名 数 詞 3　　　COLUMN

● **日本三奇勝**
　妙義山（群馬県）　寒霞渓（香川県・小豆島）　耶馬渓（大分県）

● **日本三大秘境**
　白川郷（岐阜県）　祖谷（徳島県）　椎葉（宮崎県）

● **日本三奇橋**
　猿橋（山梨県）　錦帯橋（山口県）　かずら橋（徳島県）

茨城県

《自然景観》

①筑波山：万葉の昔から歌に詠まれた山。「西の富士・東の筑波」と称される関東の名山。

②霞ヶ浦：面積168平方kmは琵琶湖に次ぐ第2位の淡水湖。ワカサギ等50種類を超える淡水魚が生息。

③**袋田の滝**：奥久慈渓谷のハイライト。日本三名瀑・三大瀑布の1つ。4段になって落下することから「四度の滝」とも。

④**大洗海岸**："波の花散る大洗"と磯節に歌われる海岸。

《温泉》

❶袋田温泉：久慈川の支流・滝川沿いにある茨城県随一の温泉。

《その他》

祭り…潮来（いたこ）あやめまつり、鹿島神宮祭頭祭

料理…アンコウ鍋、水戸納豆

民謡…**磯節**（♪磯で名所は大洗様よ～）

民芸品…**笠間焼、結城紬（ゆうきつむぎ）**

建造物…**偕楽園**・弘道館（水戸市）、笠間稲荷神社（笠間市）鹿島神宮（鹿嶋市）

《旧国名》常陸／下総

栃木県

《自然景観》

①男体山（なんたいさん）：日光のシンボル的な山。別名「二荒山（ふたらさん・にこうさん）」といい、これが日光の名のもと。南麓には**二荒山神社**がある。

②**中禅寺湖**：日本の代表的な高山湖の1つ。日光国立公園内にある。

③**華厳の滝**：日本三名瀑の1つ。中禅寺湖の水が一気に落下し大谷川となる。

④奥日光：日光国立公園のうち、中禅寺湖以西の地域の総称。最大の見どころは大湿原の戦場ヶ原。

⑤**龍王峡**：鬼怒川上流に展開する渓谷。

⑥霧降滝　　　⑦裏見滝

⑧竜頭滝

⑨日光杉並木（特別天然記念物）

《温泉》

❶那須湯本温泉：那須温泉郷の中核をなす温泉。

❷塩原温泉：806年に発見された、箒川渓谷沿いに点在する温泉。露天風呂が多いのが特徴。

❸**鬼怒川温泉**：1920年の東武鉄道開通にともない急速に発展。龍王峡や鬼怒川ライン下り等、見どころも多い。

❹湯西川温泉

《その他》

祭り…強飯式（日光市・輪王寺）、千人武者行列（東照宮）、弥生祭り（二荒山神社）

民芸品…**益子焼**（益子町）

料理…ゆば料理、マス料理

建造物…**日光東照宮・輪王寺・二荒山神社**（以上世界遺産）、**旧足利学校**（日本最古の総合大学・足利市）、日光江戸村、東武ワールドスクウェア

文学…『**路傍の石**』（山本有三／栃木市）

《国立公園》(1)日光国立公園 (2)尾瀬国立公園

《旧国名》下野

群馬県

《自然景観》

①**尾瀬**：群馬・福島・新潟の3県にまたがる景勝地。ミズバショウやニッコウキスゲ等の湿原植物の宝庫。

②谷川岳：上越連峰の主峰。標高1963m。遭難者が多いため「魔の山」とも呼ばれる。

③赤城山：標高1828mで上毛三山の１つ。火口には大沼・小沼があり、冬のからっ風「赤城おろし」で有名。

④**榛名山**：上毛三山の一つ、榛名山頂付近の火口源湖。

⑤**妙義山**：標高1104mで上毛三山の１つ。奇岩怪石の連なり、日本三奇勝の１つでもある。

⑥**鬼押出し**（特別天然記念物）

⑦吾妻渓谷（関東の耶馬渓）

⑧草津白根山　　⑨吹割の滝

《温泉》

❶**草津温泉**：白根山の麓に古くからひらけ、日本を代表する温泉の１つ。名物は「湯もみ」。日本三名湯の１つでもある。

❷水上温泉：谷川岳の南麓にひらけ、上越沿線最大の観光地の１つ。

❸**伊香保温泉**：榛名山の東斜面。群馬県を代表する温泉。

❹**四万（しま）温泉**：四万川（しまがわ）の渓谷沿い、989年に開湯と伝わる。古来胃腸の名湯として知られる。

❺宝川温泉　　　❻万座温泉
❼法師温泉　　　❽**老神温泉**

《その他》

祭り…少林山ダルマ市（高崎市）

民芸品…福ダルマ（高崎市）

民謡…八木節（♪四角四面のやぐらの上で、太鼓たたいて〜）

施設…**竹久夢二伊香保記念館**（伊香保町）

建造物…茂林寺（館林市）・達磨寺（高崎市）

富岡製糸場、田島弥平旧宅、高山社跡、荒船風穴（以上、世界遺産）

遺跡…岩宿遺跡

文学…『**不如帰（ほととぎす）**』（徳富蘆花／伊香保町）

名産品…下仁田こんにゃく

《国立公園》

(1)上信越高原国立公園 (2)日光国立公園 (3)尾瀬国立公園（平成19年8月指定）

《旧国名》上野

埼玉県

《自然景観》

①**長瀞**：荒川が秩父盆地から関東平野に抜け出る景勝地。両岸には秩父赤壁がそそり立つ。川下りも有名。

②越生（おごせ）の梅林

《その他》

祭り…**秩父夜祭**（秩父市）

民芸品…鯉のぼり（加須）、ひな人形（岩槻）
建造物…喜多院（川越大師）、ムーミンバレーパーク（飯能）
小京都…川越（小江戸）史跡…吉見百穴（東松山市）、さきたま風土記の丘（行田市）
《国立公園》 秩父・多摩・甲斐国立公園
《旧国名》 武蔵

千葉県

《自然景観》
①野島崎：房総半島南端の岬。日本で2番目に古い洋式灯台が建つ。
②**養老渓谷**：東京湾に流れる養老川上流の景勝地。奇勝弘文洞を中心とする渓谷。
③犬吠埼　　　④鯛ノ浦
⑤谷津干潟（ラムサール条約登録湿地）
《その他》
民謡…大漁節（♪1つとせ一番舟に積み込んでエ～）
民芸品…大漁旗（銚子市）、ぽっち笠
施設…マザー牧場（富津市）、東京ディズニーランド（浦安市）、東京湾アクアライン（川崎－木更津・海ほたる）

建造物…成田山新勝寺（成田市）、誕生寺（天津小湊町）、伊能忠敬記念館（香取市）
文学…『野菊の墓』（伊藤左千夫／松戸市下矢切・矢切の渡し）
《旧国名》 上総／下総／安房

東京都

《自然景観》
①秋川渓谷：多摩川最大の支流、秋川の源流部から五日市町東端まで、都民の水遊びのメッカとなっている。

②**日原（にっぱら）鍾乳洞**：関東一の規模を誇る鍾乳洞。
③伊豆大島：伊豆七島中最大の島で、三原山が中央にそびえる。椿が有名。
④八丈島：伊豆七島最南端の島。東京に最も近い亜熱帯。
⑤奥多摩湖
⑥高尾山　　⑦小笠原諸島（世界遺産）
《その他》
祭り…神田祭（神田明神）、三社祭（浅草神社）、山王祭（赤坂日枝神社・日本三大祭）、ほおずき市（**浅草寺**）、**伊豆大島椿祭り**
民芸品…すすきみみずく、犬張り子、**黄八丈**（八丈島）
料理…深川めし
建造物庭園…小石川後楽園、浜離宮恩賜庭園、六義園、浅草寺、レインボーブリッジ、**東京ミッドタウン、国立西洋美術館**（世界遺産）
《国立公園》
(1)富士・箱根・伊豆国立公園
(2)**秩父・多摩・甲斐国立公園**
(3)小笠原国立公園
《旧国名》 武蔵

神奈川県

《自然景観》
①仙石原：箱根山の最初の噴火によってできた溶岩台地にある高原。
②芦ノ湖：箱根観光の中心で、遊覧船も名物。湖面に映る逆さ富士は特に有名。南岸には箱根関所跡もある。
③大山：別名「雨降山」とも呼ばれる雨乞いの山。山頂には阿夫利神社があり、関東一円の山岳信仰の山としても有名。
④江ノ島　　⑤七里ヶ浜
⑥城ヶ島　　⑦大涌谷
⑧三浦半島
《温泉》
❶箱根湯本温泉：箱根温泉郷の玄関口にある、箱根七湯中最古の温泉。
❷強羅温泉：「箱根の奥座敷」として知られる。周辺には箱根湿生花園や**彫刻の森美術館**等がある。
❸**湯河原温泉**：箱根連山の東南山麓にある古湯。閑静で、夏涼しく冬暖かいところで昔から文人や政治家に愛されてきた。
❹塔ノ沢温泉　　❺宮ノ下温泉
《その他》
祭り…平塚七夕まつり、**箱根大名行列**
民芸品…寄木細工（箱根）、鎌倉彫
建造物・庭園…鶴ケ岡八幡宮・建長寺・円覚寺・明月院・東慶寺・**高徳院**（鎌倉市）、**三渓園**、**小田原城**、川崎大師
名産…かまぼこ
《国立公園》富士・箱根・伊豆国立公園
《旧国名》武蔵／相模

神奈川県
横浜◎

新潟県

《自然景観》
①**瓢湖（ひょうこ）**：新潟市の南東・水原町にある用水池で、**オオハクチョウ**の渡来地として有名。湖畔には白鳥会館がある。
②清津峡：信濃川支流の清津川上流13kmにおよぶV字谷。日本三大峡谷の1つ。
③佐渡島：日本海最大の島。金山で知られる。島内には**尖閣湾**、金北山、外海府（そとかいふ）海岸、加茂湖等がある。

◎新潟

新潟県

④弥彦山：弥彦神社を祀る信仰の山。麓には弥彦温泉がある。

《温泉》

❶ **越後湯沢温泉**：川端康成の小説『**雪国**』の舞台としてあまりにも有名。

❷ 月岡温泉：新潟の奥座敷として知られる。美人の湯がキャッチフレーズ。

❸ **岩室温泉**　　❹ **赤倉温泉**

❺ 瀬波温泉

《その他》

施設…豪農の館**北方文化博物館**（新潟市）、寺泊魚市場（寺泊町）、たらい舟

祭り…長岡花火大会（長岡市）

民芸品…小千谷縮、無名異焼

民謡…佐渡おけさ、三階節、**米山甚句**

料理…**のっぺい**

史跡…真野御陵（佐渡市）、春日山城跡（上越市）

文学…『**雪国**』（川端康成／十日町市湯沢）

《国立公園》

(1)上信越高原国立公園

(2)日光国立公園　(3)中部山岳国立公園

(4)磐梯・朝日国立公園　(5)尾瀬国立公園

(6) 妙高戸隠連山国立公園

《旧国名》 越後／佐渡

富山県

《自然景観》

①**立山**：日本三名山の1つ。東麓には黒部川が流れる。雷鳥でも知られる。

②**黒部峡谷**：後立山連峰と立山連峰の間にある峻険な峡谷で、日本で最も深い谷。上流には黒部ダムがある。**日本三大峡谷**の1つ。

③**称名（しょうみょう）滝**：日本で最も長い長さ350mを誇る滝。**立山・黒部アルペンルート**の見どころの1つ。

④室堂平

⑤大観峰

⑥猿飛峡：トロッコ電車（宇奈月～欅平）

《温泉》

❶ **宇奈月温泉**：黒部峡谷の入り口にある。

《その他》

祭り…**越中おわら風の盆**（富山市八尾町）

民謡…**こきりこ節**（♪こきりこのお竹は七寸五分じゃ～）

民芸品…高岡漆器・銅器、八尾和紙

料理…ホタルイカ料理（龍宮ソーメン）

史跡…倶利加羅古戦場

建造物…**五箇山合掌造り**（世界遺産）

《国立公園》

(1)中部山岳国立公園　(2)白山国立公園

《旧国名》 越中

石川県

《自然景観》

①**白山**：岐阜との県境にあり**日本三名山**の1つ。高山植物が多く、北陸を代表する名山。

②能登金剛：能登半島の外浦約29kmにおよぶ海岸で、巌門等、数多くの海岸美が展開。

③千里浜　　④**禄剛崎（ろっこうさき）**

⑤**珠洲岬（すずみさき）**

⑥狼煙海岸（のろしかいがん）

⑦**九十九湾（つくもわん）**

《温泉》

❶**粟津温泉**：小松市にある北陸きっての古湯。伝統芸能の「おしょべ太鼓」が人気の的。付近には那谷寺（なたでら）、黄門杉。

❷**片山津温泉**：加賀市柴山潟に立地し、加賀温泉郷の中でも歓楽色の濃い温泉。付近には「安宅の関跡（あたかのせき）」等の見どころも多い。

❸**山代温泉**：加賀市にあり、約1250年前に僧行基が発見したと伝えられる古湯。勇壮な曲打ちの湯の華太鼓が名物。

❹**山中温泉**：加賀温泉郷の最南にあり、芭蕉も滞在したと伝わる。共同浴場の「菊の湯」が人気を集める。こおろぎ橋も有名。

❺**和倉温泉**：能登半島七尾湾に面している能登最大の海岸温泉。能登観光の基地としてにぎわう。有名旅館「加賀屋」がある。

《その他》

祭り…**加賀百万石祭り**（金沢市）、青柏祭（七尾市）

庭園・建造物…**兼六園**・金沢城跡（金沢市）、那谷寺（小松市）、時国家（輪島市）

民芸品…**九谷焼**、**加賀友禅**、輪島塗

料理…ゴリ料理、治部煮、イシリの貝焼

史跡…**安宅の関跡**（小松市）

文学…『ゼロの焦点』（松本清張・能登金剛）

民謡…山中節（♪ハアー忘れしやんすな山中道を〜）

《国立公園》白山国立公園

《旧国名》加賀／能登

福井県

《自然景観》

①**東尋坊**：日本海沿岸の風景を象徴する天下の奇勝。岸壁に日本海の荒波が砕け散るさまは圧巻。遊覧船での探勝も人気。

②越前岬：若狭湾の東端に位置する岬で越前海岸最大の見どころ。水仙が美しい。

③**気比（けひ）の松原**：敦賀湾の奥部に面した松原。「日本三大松原」に数えられる。

④**三方五湖**：若狭湾岸にある湖。三方湖・水月湖・菅湖・日向湖・久々子湖の5つからなる。船での五湖めぐりは人気がある。

⑤**蘇洞門（そとも）**：若狭湾随一の景勝地で断崖絶壁が続く。

《温泉》

❶**芦原（あわら）温泉**：福井県の北方に湧く温泉。この温泉は東尋坊、永平寺等の北陸観光の拠点としても知られる。

《その他》

祭り…お水送り（小浜市）（cf. お水取り・奈良）

民芸品…越前焼、**越前竹人形**、若狭塗箸

民謡…三国節（♪三国三国と通う人ご苦労〜）
料理…越前ガニ、おぼろ昆布、小鯛のささ漬
建造物…**永平寺**／曹洞宗・道元（永平寺町）、一乗谷朝倉氏遺跡（福井市）、明通寺／三重塔（小浜市）
文学…『越前竹人形』（水上勉・武生市）
小京都…**小浜（海のある奈良）**、越前大野
《**国立公園**》白山国立公園
《**旧国名**》越前／若狭

山梨県

《自然景観》

①**富士五湖**（世界遺産）：富士山北麓に位置する五つの湖の総称。山中湖・河口湖・本栖湖・西湖・精進湖。

②青木が原：富士山北麓西麓一帯の溶岩台地。鳴沢氷穴・富岳風穴等、多くの溶岩洞穴があり、広大な原生林が「青木が原樹海」という自然の迷路を生んでいる。

③**昇仙峡**：甲府市の北にある山梨を代表する景勝地。奥部には覚円峰、仙娥滝もあり、秩父・多摩・甲斐国立公園の代表地。

④清里高原　⑤白根山（北岳）
⑥八ヶ岳　⑦忍野八海（おしのはっかい）

《温泉》

❶ 湯村温泉：甲府市内にあり、弘法大師の発見とされる名湯。

❷ **石和温泉**：甲府市の東に位置。ある日突然葡萄園の下に湧き出た温泉。

❸ **下部温泉**：身延山の東、下部川沿い。信玄の隠し湯として名高い。付近には日蓮宗の総本山・**久遠寺（くおんじ）**。

《その他》

祭り…吉田の火まつり（富士吉田市）

民芸品…甲州印伝・水晶細工（甲府市）
料理…**ほうとう**
民謡…**武田節**（♪甲斐の山々、陽に映えて〜）
建造物…**恵林寺**（甲州市）、猿橋（三奇橋の1つ・大月市）、**久遠寺**（身延町）、武田神社（甲府市）
文学…『富嶽百景』（太宰治／御坂峠）、「**大菩薩峠**」（中里介山）
《国立公園》
(1)秩父・多摩・甲斐国立公園
(2)富士・箱根・伊豆国立公園
(3)南アルプス国立公園
《**旧国名**》甲斐

静岡県

《自然景観》

①白糸の滝：富士山南西麓、芝川上流の名瀑。古くから多くの詩歌に詠われてきた。

②**三保の松原**（世界遺産）：駿河湾に沿って5kmほど続く白砂青松の浜で、日本三大松原の1つ。天女の「羽衣の伝説」で知られる。

③寸又（すまた）峡：大井川の支流・寸又川にかかる峡谷。付近に「夢の吊り橋」。

④日本平：有度山山頂付近の平坦部。地名は、日本武尊命が東征のおりにこの地から四方を眺めたという伝説に由来する。

⑤**浜名湖**：太平洋岸にある塩水湖。かつては遠江と呼ばれた。ウナギ、海苔、スッポン等の養殖が盛ん。

⑥大井川　　⑦**御前崎**

⑧**富士川**：日本三急流の1つ。

⑨城ヶ崎：伊豆半島東海岸で最も豪快な風景を見せる海岸。海の吊り橋も名物。

⑩**天窓洞**：堂ヶ島海岸にある波食洞穴。遊覧船で探勝できる。

⑪**浄蓮の滝**：天城湯ヶ島の南にある伊豆第一の名瀑。滝壺の渓流沿いには、天城名物のワサビ沢が続く。

⑫**石廊崎（いろうざき）**：伊豆半島最南端の岬。伊豆七島の大島、新島、三宅島、御蔵島が一望できる。

⑬一碧湖　　⑭河津七滝

⑮初島　　⑯天城峠

《温泉》

❶ **舘山寺温泉**：浜名湖畔にのぞむ温泉。

❷ 寸又峡温泉：南アルプスの渓谷。美人の湯として人気。

❸ **熱海温泉**：日本屈指の温泉郷。交通の便もよく観光客も多い。「お宮の松」や梅園でも知られる。

❹ **熱川温泉**：東伊豆町にあり、岩風呂、露天風呂が多いのが特徴。近くには温泉熱を利用した**バナナ・ワニ園**がある。

❺ 下田温泉：南伊豆の観光の拠点となる温泉で、開国にまつわる史跡等が点在する。

❻ **修善寺温泉**：桂川河畔に長くのびる温泉街。弘法大師が独鈷（とっこ）で湧出させたと伝わる「**独鈷の湯**」は有名。

❼ 湯ヶ島温泉：天城山麓にある静かな休養向け温泉。川端康成の小説『伊豆の踊り子』の舞台としても有名。

❽ 稲取温泉　　　❾ 湯ヶ野温泉

❿ 伊豆長岡温泉　　⓫ 伊東温泉

《その他》

料理…**安倍川餅**

民謡…農兵節・**ちゃっきり節**（♪唄はチャッキリ節男は次郎長〜）

祭り…黒船祭（下田市）

建造物…駿府城「府中城」・**久能山東照宮**（静岡市）、三島大社（三島市）MOA美術館（熱海市）

遺跡…**登呂遺跡**（静岡市）

文学…**『伊豆の踊り子』**（川端康成）、**『金色夜叉』**（尾崎紅葉／熱海市）『**修禅寺物語**』（岡本綺堂／伊豆市）

《国立公園》

(1)富士・箱根・伊豆国立公園

(2)南アルプス国立公園

《旧国名》駿河／遠江（とおとうみ）／伊豆

長野県

《自然景観》

①**槍ヶ岳**：岐阜県境に立つ標高3180mの高峰。北アルプスの盟主ともいわれる名山で、別名「日本のマッターホルン」。

②**穂高岳**：岐阜県境にある山群の総称。前・奥・北・西等からなり、奥穂高岳は標高3190mで日本第3位。

③**木曽御嶽**：乗鞍の南、標高3067mの山。古くからの信仰の山で、山麓のヒノキの国有林は日本三大美林の1つ。

④**上高地**：梓川の上流地域の高原。焼岳の噴火でせき止められてできた大正池等が点在。日本の山々を世界に紹介したウェストン氏のレリーフが梓川沿いにある。河童橋も有名。**ウェストン祭**も。

⑤**諏訪湖**：長野県中央に位置する断層湖。天竜川の水源。冬は結氷し「**お神渡り（おみわたり）**」と呼ばれる氷の亀裂が生じる。

⑥**浅間山**：群馬県境にそびえる火山で標高2568m。北斜面に溶岩流を押し出し、「鬼押出し」の奇観を生んだ。

⑦**野尻湖**：斑尾山の溶岩によってせき止められた湖。湖底から**ナウマンゾウ**の化石が出土。

⑧蓼科高原　　⑨軽井沢高原

⑩志賀高原　　⑪白樺湖

⑫**千曲川**　⑬寝覚の床（浦島伝説－木曽川）

《温泉》

❶ **別所温泉**：上田市にある古湯。付近の塩田平は古社寺や史跡が多く「信州の鎌倉」と呼ばれる。

❷ **野沢温泉**：平安時代中期の開湯といわれ、**野沢菜**とスキーで有名。

❸ **白骨温泉**：松本市にあり、中里介山の「大菩薩峠」に登場して有名に。

❹ 上・下諏訪温泉　　❺ 大町温泉郷

❻ **鹿教湯（かけゆ）温泉**

❼ 戸倉上山田温泉　　❽ 湯田中温泉

《その他》

民芸品…鳩車、木曽漆器

民謡…木曾節（♪木曾のなーナカノリサン

木曾の御嶽山はなんじゃらほい～）

祭り…善光寺御開帳（善光寺。7年に1度の行事・2015年開催）、**御柱祭（諏訪大社2016年開催）**

施設…**碌山美術館**（安曇野市）

建造物…諏訪大社、**松本城「深志城」、旧開智学校**（松本市）、**懐古園**（小諸市）

史跡…川中島古戦場（上杉VS武田・長野市）、**高遠城址**（桜で有名・伊那市）

宿場町…妻籠宿・奈良井宿

文学…『破戒』（島崎藤村／飯山市）、『**千曲川旅情のうた**』（**島崎藤村**／小諸市）

《国立公園》

(1)中部山岳国立公園

(2)上信越高原国立公園

(3)南アルプス国立公園

(4)秩父・多摩・甲斐国立公園

(5)妙高戸隠連山国立公園

《旧国名》信濃

岐阜県

《自然景観》

①**日本ライン**：木曽川の美濃太田から犬山付近までの峡谷。景観がドイツのライン渓谷に似ていることから命名された。

②**恵那峡**：木曽川中流部の大井ダムによってせき止められた人造湖一帯の景勝地。河岸はサクラ、ツツジ、紅葉の名所。

③**長良川**：大日岳に源を発し揖斐川に合流する木曽三川の１つ。鵜飼で知られる。

④根尾谷断層（特別天然記念物）・菊花石・淡墨桜

《温泉》

❶**下呂温泉**：益田川の河畔にある日本三名泉の１つ。付近には合掌村等の見どころも多い。市内には濁河（にごりご）温泉。

❷平湯温泉：上宝村にあり、武田信玄が老猿の湯浴みを見て発見したという。乗鞍スカイラインの開通で脚光を浴び有名に。

❸**新穂高温泉**：穂高岳の南西麓にある７つの温泉の総称。井上靖の小説『氷壁』の舞台。近年の秘湯ブームで一躍有名に。

《その他》

料理…**朴葉（ほおば）みそ**

民謡…郡上節（♪郡上なー、八幡でいくときは〜）

祭り…春・秋の高山祭（高山市）、**郡上（ぐじょう）踊り**（郡上市）

行事…長良川鵜飼（岐阜市）

民芸品…美濃焼、美濃和紙、一位一刀彫り

施設…飛騨民俗村・**屋台会館**・日下部（くさかべ）民芸館（高山市）

建造物…岐阜城（岐阜市）、**白川郷合掌造り**（白川村／世界遺産）

史跡…関ケ原古戦場（関ケ原町）

宿場町…**馬籠宿**（中津川市）

文学…『氷壁』（井上靖／新穂高温泉）、『夜明け前』（島崎藤村／馬籠）

《国立公園》

(1)中部山岳国立公園　(2)白山国立公園

《旧国名》美濃／飛騨

愛知県

《自然景観》

①**伊良湖**：渥美半島先端の岬。芭蕉や西行にも詠まれた景勝地。島崎藤村の「椰子の実」の歌碑も。

②**香嵐渓**：足助川と巴川の合流点にある峡谷。東海地方随一の紅葉と桜の名所。

③知多半島：常滑市沖あいに中部国際空港（セントレア）が平成17年2月に開港。

《温泉》

❶ **湯谷温泉**：近くに鳳来寺、鳳来峡等の観光地がある。ブッポウソウも有名。

❷ **西浦温泉** 　❸ 三谷温泉

《その他》

民芸品…**常滑焼**（常滑市）、瀬戸焼（瀬戸市）、七宝焼（七宝町）

建造物…名古屋城「金鯱城」・熱田神宮（名古屋市）、**犬山城「白帝城」**、豊川稲荷

施設…徳川美術館（名古屋市）、**博物館明治村**（犬山市）、レゴランドジャパン（名古屋市）

《旧国名》尾張／**三河**

三重県

《自然景観》

①二見が浦：伊勢湾に面した景勝海岸。伊勢神宮のみそぎ場。東端に、日の出の名所で知られる夫婦岩がある。

②**英虞湾（あごわん）**：志摩半島の南端に開けた湾。真珠・海苔の養殖や海女漁業で知られる。

③大杉谷：大台ヶ原の東側に深く切れ込んだ峡谷。原生林の中にニコニコ滝や堂倉滝等、多くの滝が連続し、日本三大峡谷の1つ。

④ミキモト真珠島 　⑤鬼ヶ城

⑥**香落渓：赤目四十八滝** ⑦大王崎

《温泉》

❶ 長島温泉：木曽川下流域のデルタに立地。一度に2000人が入浴できる大浴場をはじめ、隣接するナガシマスパーランドは、家族連れでにぎわう。

❷ 榊原温泉：清少納言の『枕草子』にも「ななくりの湯」として登場する。

❸ 湯の山温泉：鈴鹿山麓の渓谷の温泉。

《その他》

民芸品…**万古焼**、伊賀組み紐

料理…てこねずし、残酷焼

施設…鳥羽水族館、鈴鹿サーキット

建造物…**伊勢神宮**・伊賀忍者屋敷

文学…『潮騒』（三島由紀夫／鳥羽市神島）

《国立公園》

(1)伊勢志摩国立公園

(2)吉野・熊野国立公園

《旧国名》伊勢／志摩／伊賀

三重県

日本名数詞 5 　COLUMN

●**東北三大祭り**

　ねぶた（青森市） 　竿灯（秋田市） 　七夕（仙台市）

●**日本三古湯**

　有馬温泉（兵庫県） 　白浜温泉（和歌山県） 　道後温泉（愛媛県）

滋賀県

《自然景観》
①琵琶湖：日本最大の淡水湖。湖中に**竹生島**、多景島等の景勝地。
②比叡山：京都府との県境にあり、山腹に天台宗の諸堂が点在する。
③余呉湖：琵琶湖の北にある、天女伝説が残る湖。

《温泉》
❶ 雄琴温泉：比叡山と琵琶湖を望む景勝地に位置する温泉。

《その他》
民芸品…**信楽焼**（甲賀市）、近江上布
料理…鮒ずし
建造物…彦根城（彦根市）、**石山寺**（紫式部の源氏の間）、三井寺「園城寺」、延暦寺（世界遺産）
文学…『花の生涯』（船橋聖一／彦根城）

《旧国名》近江

京都府

《自然景観》
①嵐山：京都の西、標高375m。古くから京都を代表する桜や紅葉の名所。
②保津川下り：亀岡市街から嵐山までの16kmの激流を下る。
③**天橋立**：宮津湾内の長さ3.5kmの砂州。日本三景の1つ。

《温泉》
❶ 木津温泉：日本海に近い丹後半島にあり、ひなびた農村にある湯治場。

《その他》
祭り…**葵祭・祇園祭・時代祭**「京都三大祭」、大文字五山送り火、**鞍馬の火祭り**
料理…ゆば料理、湯豆腐、宇治茶
民芸品…西陣織、清水焼
建造物…上賀茂・下鴨神社、教王護国寺（東寺）、**清水寺**、醍醐寺、仁和寺、高山寺、**西芳寺（苔寺）**、天竜寺、慈照寺（銀閣）、鹿苑寺（金閣）、**竜安寺（石庭）**、二条城、西本願寺、平等院、宇治上神社（以上世界遺産）、北野天満宮、三千院、詩仙堂、**南禅寺**、知恩院、八坂神社（祇園さん）、**伏見稲荷大社**、**平安神宮**、**桂離宮**
文学…『羅生門』（芥川龍之介）、『古都』（川端康成）
民謡…宮津節（♪二度と行くまい丹後の宮津〜）

《国立公園》山陰海岸国立公園
《旧国名》丹後／京都／山城

和歌山県

《自然景観》

①瀞峡（どろきょう）：和歌山・三重・奈良の三県にまたがる熊野川上流の峡谷。一番の景勝地は「瀞八丁」。

②**那智の滝**（世界遺産）：落差日本一（133m）。日本三名瀑・三大瀑布の１つ。

③**潮岬（しおのみさき）**：本州最南端の岬で、台風の通り道としても有名。

④**橋杭岩（はしくいいわ）**：大小40余の奇岩が一直線に並ぶ延長700m余の天然記念物。「♪ここは串本、向かいは大島〜」と歌われ、弘法伝説でも知られる。

⑤**紀の川**　　　⑥**高野山**（世界遺産）

《温泉》

❶ **白浜温泉**：かつての新婚旅行のメッカ。『日本書紀』にも登場する日本三古湯の１つ。付近には千畳敷や、三段壁等。

❷ **勝浦温泉**：南紀の代表的温泉の１つ。忘帰洞や**紀の松島めぐり**で有名。

❸ 龍神温泉：有吉佐和子著『日高川』の舞台として有名。日本三大美人湯の１つ。

❹ 川湯温泉　　　❺ 湯ノ峰温泉

《その他》

料理…めはりずし、紀州梅干
民謡…串本節

祭り…**那智の扇祭り（火祭り）**（那智勝浦町）
民芸品…鯨船
施設…くじらの博物館（太地町）、串本海中公園センター（串本町）
建造物…金剛峯寺／真言宗・空海（高野町）、熊野本宮大社・熊野那智大社・熊野速玉大社「熊野三山」、那智山青岸渡寺（以上世界遺産）、道成寺（日高川町）
文学…『紀の川』（有吉佐和子／和歌山市）

《国立公園》

(1)吉野・熊野国立公園
(2)瀬戸内海国立公園

《旧国名》紀伊

大阪府

《自然景観》

①箕面の滝：箕面市にある高さ33mの滝。古くから「五香の滝」とも。

《その他》

料理…まむし、てっちり、きつねうどん
民謡他…河内音頭、**文楽（人形浄瑠璃）**
祭り…だんじり（岸和田市）、天神祭（天満宮／日本三大祭）、十日戎（大阪市）
建造物…大阪城「錦城」、四天王寺、今宮戎神社、住吉大社、通天閣（大阪市）、仁徳天皇陵（堺市）（世界遺産）、**ユニバーサルスタジオ・ジャパン（USJ）**

《旧国名》河内／和泉／摂津

奈良県

《自然景観》

①**大和三山**：畝傍（うねび）山、耳成（みみなし）山、天の香久山の3つの山の総称。中央に藤原京跡があり、万葉集にも詠まれた。

②**吉野山**：桜と南朝の史跡で知られる日本最大・最高の桜の名所。下・中・上・奥千本に分かれ、その数10万本といわれる。世界遺産。

《温泉》

❶**十津川温泉**：17世紀末に発見された温泉。吊り橋としては最も長い「谷瀬の吊橋」がある。

《その他》

料理…柿の葉ずし

祭り・行事…若草山焼き、**お水取り**（東大寺／二月堂）、春日大社万灯籠

民芸品…**赤膚焼**（奈良市）、高山茶筌（生駒市）

建造物…興福寺・東大寺・**薬師寺・唐招提寺（奈良市）**（以上、世界遺産）、**法隆寺（斑鳩町）**（世界遺産）、「石楠花（しゃくなげ）」の室生寺（宇陀市）、「ぼたん」の長谷寺（桜井市）、金峯山寺（吉野町／世界遺産）

史跡…高松塚古墳・石舞台古墳（明日香村）

文学…『天平の甍』（井上靖／奈良市）

《国立公園》吉野・熊野国立公園

《旧国名》大和

兵庫県

《自然景観》

①**六甲山**：京阪神の人々の憩いの場。ここからの夜景は「百万ドルの夜景」と呼ばれ、日本三大夜景の1つ。

②**玄武洞**：豊岡市の北に位置する玄武岩の大岩壁。青黒い六角柱の岩壁が大迫力。

③**淡路島**：本州第2の大きさの島。温暖で、ミカンやオレンジ等の柑橘類が豊富。伝統の人形浄瑠璃でも知られる。

④須磨浦
⑤**明石海峡大橋**
《温泉》
❶ **有馬温泉**：『日本書紀』にも登場する畿内最古の温泉。阪神の奥座敷として親しまれる日本三古湯の１つ。
❷ **城崎（きのさき）温泉**：文人・歌人に親しまれた温泉で、７つの共同浴場めぐりが名物。志賀直哉の小説でも知られる。
❸ 湯村温泉：860年に慈覚大師が発見した温泉。中心には「荒湯」が噴き出す。ドラマ「夢千代日記」で一躍有名に。
《その他》
祭り…赤穂義士祭（赤穂市）
芸能…淡路人形浄瑠璃（南あわじ市）
民芸品…丹波立杭焼（篠山市）、**出石（いずし）焼**（出石町・小京都）
建造物…北野異人館（神戸市）、**姫路城「白鷺城」**（世界遺産）、辰鼓櫓（しんころう／豊岡市）
文学…『城崎にて』（志賀直哉／城崎温泉）、『細雪』（谷崎潤一郎／芦屋市）
《国立公園》
(1)山陰海岸国立公園
(2)瀬戸内海国立公園
《旧国名》但馬／丹波／摂津／播磨／淡路

岡山県

《自然景観》
①**蒜山（ひるぜん）**：ゆるやかにスロープを描く草原にジャージー牛が放たれ、のどかな放牧風景を見せる。近年は観光開発が進み「西の軽井沢」とも。
②満奇洞（まきどう）：新見市にある延長450mの鍾乳洞。近くには井倉洞もある。
③**神庭（かんば）の滝**：神庭川にかかる中国地方随一の名瀑。高さ110m。
④鷲羽山：県最南端に位置する山。瀬戸大橋が一望できる展望台がある。
⑤豪渓
《温泉》
❶ 奥津温泉：かつては津山藩の湯治場とし

て栄えた。橋のたもとの露天風呂で見られる足踏み洗濯が名物。美作三湯（みまさかさんとう）の１つ。
❷ **湯郷温泉**：美作市にあり、慈覚大師が白鷺に導かれて発見したと伝えられる。美作三湯の１つ。
❸ **湯原温泉**：旭川沿いにあり、川底に湧く砂湯が名物。付近には特別天然記念物のオオサンショウウオも棲息。美作三湯の１つ。
《その他》
祭り…**西大寺会陽（さいだいじえよう）**（岡山市）
料理…**ままかり**、ばら寿司
民芸品…**備前焼**（備前市）
建造物…岡山城「烏城」、**後楽園、吉備津神社**（岡山市）、**閑谷（しずたに）学校**（備前市）、備中松山城「臥牛城」、倉敷美観地区（倉敷市）
施設…**大原美術館**（倉敷市）、（竹久）夢二郷土美術館（岡山市）、瀬戸大橋
《国立公園》
(1)瀬戸内海国立公園
(2)大山・隠岐国立公園
《旧国名》**美作**／備前／備中

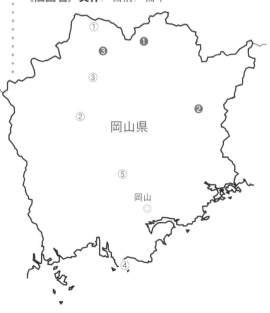

広島県

《自然景観》

①帝釈（たいしゃく）峡：県東北部の峡谷で、中国地方随一の峡谷美を誇る。

②三段峡：県西部延長16kmの峡谷。二段滝、三段滝、三ツ滝等が続く。

③鞆ノ浦（とものうら）：県南東端鯛網漁で知られる海浜景勝地。海上には仙酔島、弁天島等の島々が浮かび、宮城道雄の曲「春の海」の構想の舞台。

④宮島：鹿、モミジ饅頭、平家伝説で知られる島。朱塗りの大鳥居や平清盛の銅像、世界遺産の厳島神社も。日本三景の1つ。

⑤しまなみ海道：尾道市から愛媛県今治市を結ぶ海上のルート。

⑥因島：村上水軍城。

⑦生口島：**平山郁夫美術館**・氏の故郷。

《温泉》

❶湯来（ゆき）温泉：「広島の奥座敷」といわれる静かな湯治場。

《その他》

祭り…管弦祭（宮島町）

民芸品…備後絣、熊野筆、三次人形

料理…カキ料理、もみじまんじゅう

建造物…広島城「鯉城」、原爆ドーム（世界遺産・広島市）、**千光寺**（尾道市）、**厳島神社**（世界遺産・宮島町）、**耕三寺**（西の日光・生口島）

施設…広島平和記念資料館（広島市）

文学…『黒い雨』（井伏鱒二／広島市）、『**放浪記**』（林芙美子／尾道市）

《国立公園》瀬戸内海国立公園

《旧国名》安芸／備後

鳥取県

《自然景観》

①鳥取砂丘：日本海沿岸に横たわる日本最大の砂丘。

②**大山（だいせん）**：標高1729mの中国地方最高峰。**「伯耆（ほうき）富士」**とも呼ばれ、中腹には天台宗の古刹大山寺。

③弓ヶ浜：中海を外海から分かつ大砂州。「夜見ヶ浜」ともいう。弓状に曲がった浜に白砂青松が15kmにわたって連なる。

④浦富海岸：「山陰松島」と呼ばれる西部海岸が探勝の中心。

⑤**白兎（はくと）海岸**

《温泉》

❶**三朝（みささ）温泉**：保養・療養向け温泉として知られ、三朝川大橋のたもとは河原風呂でにぎわう。ラジウム温泉。

❷ **皆生（かいけ）温泉**：弓ヶ浜に面し、山陰屈指の活気を見せる海に湧く温泉。

❸ **羽合温泉**　❹ 浜村温泉

《その他》

民芸品…因州和紙、弓浜絣

民謡…**貝殻節**（♪なんの因果で貝殻こぎなろた〜）

特産品…**松葉ガニ**、二十世紀梨

建造物…大山寺（大山）、三徳山三仏寺投入堂

文学…『暗夜行路』（志賀直哉／大山）

《国立公園》

(1)山陰海岸国立公園

(2)大山・隠岐国立公園

《旧国名》因幡（いなば）／伯耆

島根県

《自然景観》

①**宍道湖**：県北東部にある湖。淡水と海水が混ざった汽水湖。夕焼雲が美しい。

②**日御碕**：島根半島西端の岬。突端には高さ日本一の灯台（44m）が立つ。

③隠岐島：島根の沖合約70kmに浮かぶ島々の総称。後鳥羽上皇や後醍醐天皇が流された場所。島前（どうぜん）、島後（どうご）。闘牛（牛突き）も名物。

④三瓶山

⑤**鬼の舌振（おにのしたぶるい）**

《温泉》

❶ 玉造温泉：『出雲風土記』にもその名が残り、付近には神話時代の史跡等も多い古湯。名称は勾玉（まがたま）等をつくっていたことに由来。

❷ **温泉津（ゆのつ）温泉**：日本海にのぞむ海浜の温泉。ひなびた町並の中に共同場があり人気がある。

❸ 海潮温泉：ホタルと出雲神楽の里。

《その他》

祭り…鷺舞（津和野）

民謡…安来節（♪安来名物荷物にゃならぬ〜）

建造物…**出雲大社**（出雲市）、松江城「千鳥城」、**小泉八雲記念館**（松江市）**森鷗外旧宅**（津和野町）、**足立美術館**（安来市）、**石見銀山遺跡**（世界遺産）

小京都…松江、**津和野**

文学…『砂の器』（松本清張／仁多町）

《国立公園》大山・隠岐国立公園

《旧国名》出雲／石見（いわみ）／隠岐

山口県

《自然景観》
①**青海島（おうみしま）**：北長門海岸国定公園随一の景勝地。かつての捕鯨基地でもあり「海上アルプス」の別名をもつ島。
②秋吉台：日本最大のカルスト台地で、日本三大カルストの1つ。特別天然記念物。
③**秋芳洞**：秋吉台の地下にひらけた鍾乳洞。総延長は10km以上にもおよぶ。日本三大鍾乳洞の1つ。
④大正洞　　⑤長門峡（ちょうもんきょう）
《温泉》
❶**湯田温泉**：山口市内にある山陽路屈指の温泉。三条実美ら七卿が京都から逃れ、この地の旅館・松田屋に逗留したことは有名。同旅館には「七卿落ち」の碑がある。
❷長門湯本温泉：清流音信川のほとり、霊湯のほまれ高い温泉。
❸川棚温泉　　　❹俵山温泉
《その他》
料理…ふく料理、いとこ煮
民謡…男なら（♪男ならお槍かついでお仲間となって～）
民芸品…萩焼（萩市）、ふぐ提灯、大内塗
建造物…**錦帯橋「日本三奇橋」**（岩国市）、防府天満宮（防府市）、赤間神宮（下関市）、**瑠璃光寺五重塔**、ザビエル聖堂（山口市）、**松下村塾**（世界遺産）、**松陰神社**（萩市）
庭園…**常栄寺庭園**（雪舟庭園）（山口市）
小京都…萩、山口
文学…『**おはん**』（宇野千代／岩国市）、金子みすゞ（長門市）
《国立公園》瀬戸内海国立公園
《旧国名》周防（すおう）／長門

香川県

《自然景観》
①屋島：瀬戸内海に突出した台状の半島。源平合戦の舞台。
②**小豆島**：瀬戸内海に浮かぶ柑橘類とオリーブで知られる島。**壺井栄の小説『二十四の瞳』**の舞台としても有名。
③**寒霞渓（かんかけい）**：小豆島にある瀬戸内海有数の景勝地。至るところに奇岩怪石がある。日本三奇勝の1つ。
④満濃池：日本最古の人造湖として知られ、空海が修築の指導にあたったと伝わる。灌漑用溜め池としては日本一の貯水量。
⑤女木島（めぎじま・鬼が島ともいわれる）
⑥五色台
《温泉》
❶塩江（しおのえ）温泉：僧行基が発見したと伝わる古湯。「讃岐の箱根」とも呼ばれる。
《その他》
料理…**讃岐うどん**、小豆島そうめん
民謡…金毘羅船々（こんぴらふねふね）
民芸品…丸亀うちわ（丸亀市）
祭り…金刀比羅宮例大祭
建造物…金丸座、金刀比羅宮（琴平町）、丸亀城（丸亀市）、**善通寺**（善通寺市）
庭園…**栗林公園**（高松市）、
施設…平賀源内先生遺品館（さぬき市）、瀬戸大橋（坂出市）
文学…『**二十四の瞳**』（壺井栄／小豆島）
《国立公園》瀬戸内海国立公園
《旧国名》讃岐

徳島県

徳島県

《自然景観》

①剣山：四国第2の高峰。古くから信仰の対象。平家の落人伝説もある。

②**祖谷渓**（いやだに）：祖谷川がつくりだした峡谷。平家の落人伝説が残る。

③**大歩危・小歩危**（おおぼけ・こぼけ）：吉野川上流の名所。大股で歩いても小股で歩いても危ないというのが名前の由来。

④吉野川：「四国三郎」として知られる四国随一の大河。大歩危・小歩危の峡谷を形成して四国山地を横断する。

⑤**鳴門海峡（渦潮）**　⑥大鳴戸橋

⑦阿波の土柱　　　　⑧眉山

《温泉》

❶ 祖谷温泉：断崖にはりつくように宿が建つ。温泉へは専用のケーブルカーで下る。峡谷沿いの静かな温泉。

《その他》

民芸品…阿波藍（徳島市）

芸能…阿波人形浄瑠璃（徳島市）

祭り…**阿波踊り**

小京都…脇町（うだつの町並／美馬市）

建造物…阿波十郎兵衛屋敷跡（徳島市）、かずら橋「三奇橋」（三好市）

《国立公園》瀬戸内海国立公園

《旧国名》阿波

愛媛県

《自然景観》

①石鎚山：四国随一で西日本の最高峰。古くからの信仰の対象。

②**面河渓（おもごけい）**：石鎚山の南斜面にある渓谷。

③**佐田岬**：四国の最西端で、細長い半島の突端の岬。

④来島海峡大橋（しまなみ海道）

《温泉》

❶ **道後温泉**：日本最古といわれる名湯。夏目漱石の小説『**坊っちゃん**』の舞台として有名。日本三古湯の1つ。

《その他》

民芸品…伊予絣、姫ダルマ（松山市）、**砥部焼**（砥部町）、大洲和紙、内子ろうそく

建造物…**松山城、石手寺**（松山市）、**大山祇神社**（おおやまつみ／今治市大三島）

庭園…天赦園（宇和島市）

小京都…松山、大洲、内子（大江健三郎の故郷）、宇和島

施設…**子規記念博物館**、伊予かすり会館(松山市)、

文学…**『坊っちゃん』**（夏目漱石／道後温泉）

《国立公園》

(1)瀬戸内海国立公園

(2)足摺宇和海国立公園

《旧国名》伊予

愛媛県

高知県

《自然景観》

①**足摺岬**：四国最南端の岬。「椿のトンネル」でも知られる。

②**室戸岬**：県東部の岬。台風の玄関口として知られる。

③**龍河洞**：「神の壺」と呼ばれる弥生式土器が、鍾乳石にくるまれて発見されたことで知られる。日本三大鍾乳洞の１つ。

④**四万十（しまんと）川**：四国では吉野川に次ぐ大河。自然を残す「最後の清流」とも。

⑤桂浜：浦戸湾にある景勝浜。坂本龍馬の銅像があり、秋の観月は有名。

⑥**四国カルスト**：日本三大カルストの１つ。愛媛県にまたがり、天狗高原が中心。

⑦**竜串**、見残し

《その他》

料理…**皿鉢（さわち）料理**、鰹のたたき

民謡…**よさこい節**（高知市）（♪土佐の高知の播磨屋橋で〜）

祭り…よさこい祭り（高知市）、どろんこ祭り（高知市）

建造物…高知城、五台山竹林寺、**はりまや橋**（高知市）

小京都…土佐中村、安芸

施設…**竜串海中公園**（土佐清水市）、土佐

犬闘犬センター

文学…『竜馬がゆく』(司馬遼太郎／高知市)

《国立公園》足摺宇和海国立公園

《旧国名》土佐

佐賀県

《自然景観》

①**虹ノ松原**：唐津湾にのぞむ日本三大松原の１つ。鏡山から見ると、まさに虹のような美しさ。

②七ツ釜：玄界灘にのぞむ海食洞。７つのかまどを並べたような洞窟で、遊覧船で探勝できる。天然記念物。

《温泉》

❶ 嬉野（うれしの）温泉：九州有数の温泉で、嬉野川沿いに建つ旅館には古風な温泉情緒がある。温泉を利用した豆腐が名物。嬉野茶も。

❷ **武雄温泉**：温泉街の入り口にある、龍宮城のような朱塗りの門がトレードマーク。

《その他》

祭り…**唐津くんち**

民芸品…**有田焼・伊万里焼**(伊

万里市有田町）、唐津焼（唐津市）

建造物…名護屋城跡（唐津市）、**祐徳稲荷**（日本三大稲荷／鹿島市）

遺跡…**吉野ケ里遺跡**（神埼市／吉野ケ里町）

《旧国名》肥前

長崎県

《自然景観》

①**雲仙**：島原半島にある火山群の総称。1359m の普賢岳が主峰。

②九十九島：西海国立公園の中心。平戸・佐世保周辺の島々の総称で、その数 200 余。

③対馬：九州と朝鮮海峡との間にある国境の島。古くから貿易でひらけた。

④**平戸島**：西洋貿易や隠れキリシタン、ザビエル上陸等の歴史をもつ。オランダ商館

跡等の史跡も多い。現在は橋で陸続き。

⑤**出島**

《温泉》

❶**雲仙温泉**：島原半島にあり、シーボルトによって世界に紹介された温泉。欧米人の避暑地として開発された温泉。温泉地獄。

❷小浜温泉：橘湾に面した温泉で、高さ 16m まで吹き上がる「虹の湯柱」と落日の美しさが自慢。

《その他》

料理…**卓袱（しっぽく）料理**・チャンポン・皿うどん（長崎市）

祭り…ペーロン・長崎くんち・ランタンフェスティバル（長崎市）

民芸品…ビードロ・べっこう細工（長崎市）

建造物…**グラバー園**（世界遺産）・大浦天主堂（世界遺産）・浦上天主堂・平和祈念像・眼鏡橋（長崎市）、原城跡（南島原）（世界遺産）、島原城（島原市）、平戸城、オランダ商館跡

施設…ハウステンボス（佐世保市）

文学…『沈黙』（遠藤周作／長崎市）、『この子を残して』（永井隆／長崎市）

《国立公園》

(1)雲仙・天草国立公園

(2)西海国立公園

《旧国名》肥前

壱岐

長崎県

③

④ ②

五島列島

長崎

⑤

① ❷ ❶

| 日 本 名 数 詞 7 | **COLUMN** |

●**日本三美人湯**

　川中温泉（群馬県）　龍神温泉（和歌山県）　湯ノ川温泉（島根県）

●**日本三大河**　利根川・坂東太郎（茨城県・千葉県）　筑後川・筑紫次郎（福岡県）

　吉野川・四国三郎（徳島県）

●**六古窯**

　備前焼（岡山県）　丹波立杭焼（兵庫県）　常滑焼（愛知県）

　瀬戸焼（愛知県）　信楽焼（滋賀県）　越前焼（福井県）

福岡県

《自然景観》
①英彦山（ひこさん）：大分との県境にあり、古くから山伏の修験場として知られる。
②志賀島（しかのしま）：玄界灘に突き出た陸繋島。1784年に「漢委奴国王」の金印が発見されたことでも知られる。
③筑後川：九州一の大河で、「筑紫次郎」の異名をもつ。有明海に注ぐ。
④平尾台：日本三大カルストの1つ。
《温泉》
❶ 原鶴温泉：筑後川の中流北岸にひらけた行楽温泉。鵜飼が人気。
❷ 船小屋温泉
《その他》
祭り…玉せせり（筥崎宮／福岡市）、博多どんたく・**博多祇園山笠**（福岡市）、うそかえ神事（太宰府天満宮）
料理…水炊き、がめ煮、からしめんたいこ
民芸品…博多人形、久留米絣
民謡…**黒田節**、炭坑節（♪月が出た出た月が出た、三池炭鉱の上に出た〜）
小京都…太宰府、**柳川**（詩人・北原白秋の故郷／ドンコ舟での川下りが有名）、秋月

（筑後の小京都）
建造物…太宰府天満宮（太宰府市）、筥崎宮（はこざきぐう／日本三八幡／福岡市）、**宗像大社**（世界遺産）
史跡…元寇防塁跡（福岡市）、都府楼跡（太宰府市）
文学…『無法松の一生』（岩下俊作／北九州市小倉北区）
《**国立公園**》瀬戸内海国立公園
《**旧国名**》筑前／筑後／豊前

大分県

《自然景観》
①**耶馬溪（やばけい）**：漢学者の頼山陽が絶賛した南画的風景をもつ渓谷。「青の洞門」等の見どころも。日本三奇勝の1つ。
②風連鍾乳洞：1926年に発見された。洞内は金世界、銀世界、龍宮城等に分かれる。
③由布岳：別名「豊後富士」。
④高崎山　　　　⑤**熊野磨崖仏（国東半島）**
⑥臼杵（うすき）石仏群
《温泉》
❶ 別府温泉：湧出量・泉質数・源泉数ともに日本一。海・山・血の池等の8つの地獄を「地獄めぐり」として見学できる。

❷ **由布院温泉**：由布岳の西南麓の山間。「やまなみハイウェイ」の開通で急速に発展。鐘を鳴らしながら走る辻馬車が名物。

❸ **鉄輪（かんなわ）温泉**

《その他》

民芸品…**小鹿田（おんた）焼**（日田市）

味覚…城下カレイ、関さば

建造物…**宇佐神宮**（日本三八幡の1つ）、竹田城（岡城跡／竹田市）、富貴寺（国東半島／豊後高田市）

小京都…杵築、臼杵、日田、竹田

文学…『恩讐の彼方に』（菊地寛／中津市本耶馬渓町青の洞門）

《国立公園》

(1)阿蘇くじゅう国立公園

(2)瀬戸内海国立公園

《旧国名》豊後／豊前

熊本県

《自然景観》

①**阿蘇山**：九州中部に位置する二重式火山の総称。世界最大級のカルデラ。中腹の「**草千里**」は雄大な草原で、阿蘇山を代表する風景。

②**球磨川（くまがわ）**：県南部を貫流して八代海に注ぐ。日本三急流の1つ。人吉から球磨村大坂間までを船で下る「球磨川下り」は名物。

③天草松島：天草上島と大矢野島の間に点在する19の小島群の総称。本土とは天草パールラインで結ばれている。

《温泉》

❶ 内牧温泉：火口原にひらけた阿蘇温泉郷最大の温泉。

❷ 杖立温泉：大分との県境近くにある古湯。「九州の奥座敷」と呼ばれる。

❸ **日奈久（ひなぐ）温泉**：八代海にのぞむ歓楽温泉。8月は「不知火」の見物客でにぎわう。俳人・種田山頭火も逗留し絶賛した温泉。

❹ **黒川温泉**：テレビ等でも取り上げられ、最近は超がつくほどの人気温泉。ひなびた風情の湯の里。

❺ 玉名温泉　　❻ 菊池温泉

《その他》

味覚…**辛子レンコン**、いきなりだご、球磨焼酎

民芸品…山鹿灯籠、肥後象嵌（ひんごぞうがん）

民謡…**おてもやん**（♪おてもやんあんたこの頃嫁入りしたではないかいな～）、五木の子守唄

祭り…**山鹿灯籠祭**（山鹿市）

建造物…**熊本城（銀杏城**／日本三名城）**・水前寺公園（成趣園**／熊本市）

史跡…田原坂（熊本市）

小京都…人吉

文学…『草枕』（夏目漱石／天水町小天温泉）

《国立公園》

(1)阿蘇くじゅう国立公園

(2)雲仙・天草国立公園

《旧国名》肥後

宮崎県

《自然景観》

①**高千穂峡**：阿蘇溶岩が、五ヶ瀬川によって浸食された峡谷。真名井の滝があることでも知られる。神話のふるさと。

②**えびの高原**：霧島山の北側にある高原。秋には草原がエビのように赤く染まる。

③**青島**：海幸彦・山幸彦の伝説で知られる小島。海岸線は、洗濯板のように凸凹した**「鬼の洗濯板」**と呼ばれる。

④**都井岬**：県最南端の岬。周辺にはソテツの自生林がある。野生馬の生息地。

《温泉》

❶**えびの温泉**：韓国岳（からくにだけ）の北西にある高原温泉。九州では最も高いところにある温泉。

《その他》

料理…**サボテン料理**、冷し汁、かっぽ酒

民謡…稗（ひえ）つき節（椎葉村）（♪庭の山椒の木なる鈴かけて～）、**刈干切唄**（高千穂町）

祭り…**高千穂夜神楽**（高千穂町）

建造物…宮崎神宮（宮崎市）、鵜戸神宮・飫肥城下町（日南市）

施設…サボテン園（日南市）、こどものくに（宮崎市）

史跡…**西都原（さいとばる）古墳群**（西都市）

小京都…日南飫肥（おび）

《国立公園》

霧島・錦江湾国立公園

《旧国名》 日向

鹿児島県

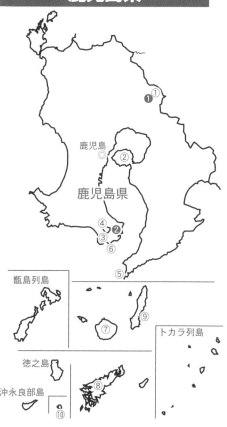

《自然景観》

①**霧島山**：宮崎との県境に位置する火山群の総称。最高峰は韓国岳。

②**桜島**：鹿児島のシンボルともいわれる火山島。北岳・中岳・南岳の総称で、古来から大噴火を繰り返してきた。

③**開聞岳（かいもんだけ）**：薩摩半島南端の火山。整った山容から「薩摩富士」とも。

④**池田湖**：薩摩半島にある湖で、九州最大の淡水湖。

⑤**佐多岬**：大隅半島にある本土最南端の岬。

⑥**長崎鼻**：薩摩半島の最南端にある岬。

⑦**屋久島**：薩摩諸島北部にあるほぼ円形の島。世界遺産の屋久杉（やくすぎ）。

⑧**奄美大島（世界遺産）**：薩南諸島中最大

の島。伝統産業の**大島紬**は有名。
⑨**種子島**：近年はロケット発射場の宇宙センターで有名に。
⑩与論島

《温泉》
❶**霧島温泉郷**：霧島山の南斜面中腹に位置する温泉郷。丸尾温泉が中心。
❷**指宿（いぶすき）温泉**：薩摩半島にある本土最南端の温泉。名物は「**砂蒸し風呂**」。

《その他》
料理…きびなご料理、さつまあげ
祭り…**おはら祭**（鹿児島市）（世界遺産）
民謡…**小原良（おはら）節**（♪花は霧島タバコは国分〜）
民芸品…**大島紬**
建造物…霧島神宮（霧島市）、鶴丸城跡（鹿児島市）、磯庭園（**仙厳園**／鹿児島市）、知覧武家屋敷（南九州市／知覧町）
施設…**尚古集成館**（鹿児島市）（世界遺産）
史跡…城山（西郷隆盛終焉の地・鹿児島市）
小京都…**知覧**
文学…『**翔ぶが如く**』（司馬遼太郎）
《国立公園》（1）霧島錦江湾国立公園　（2）屋久島国立公園　（3）奄美群島国立公園
《旧国名》薩摩／大隅

沖縄県

《自然景観》
①万座毛：「万人座すともまだ広し」と称賛された浸食海岸。沖縄を代表する観光地。
②**玉泉洞**：全長5kmにおよぶ大鍾乳洞。鍾乳石の数は46万本にも。
③**石垣島**：沖縄本島の南西海上に浮かぶ島。特産品はパイナップル。川平湾の黒真珠の養殖も有名。
④**竹富島**：石垣島の西に位置し、「石垣島の奥庭」と呼ばれる島。「星の砂」でも名高い。
⑤**西表（いりおもて）島**（世界遺産）：沖縄本島に次ぐ大きな島。亜熱帯原生林におおわれ、島の90％はジャングル。特別天然記念物のイリオモテヤマネコの生息地。

⑥与那国島：日本列島最西端に位置する国境の島。海底の古代遺跡が話題に。
⑦**マリュドゥ滝**：西表島にある沖縄最大の滝。

《その他》
特別天然記念物…カンムリワシ、ヤンバルクイナ、イリオモテヤマネコ
祭り…糸満ハーリー（糸満市）、エイサー（沖縄市）
民謡…**谷茶前節（たんちゃめぶし）、安里屋（あさどや）ユンタ**（♪サー沖縄よいとこ一度はおいでああよいよい〜）
民芸品…**紅型／びんがた**（那覇市）、**壺屋焼**
料理…チャンプルー、**ラフテー**
名産品…**ちんすこう**
小京都…首里
建造物…**今帰仁（なきじん）城跡**（今帰仁村）、**守礼門・首里城跡**、識名園（那覇市）、ひめゆりの塔、摩文仁（まぶに）ノ丘（糸満市）
世界遺産…琉球王国のグスク（城）および関連遺産群
《国立公園》（1）西表国立公園　（2）慶良間諸島国立公園　（3）やんばる国立公園
《旧国名》琉球

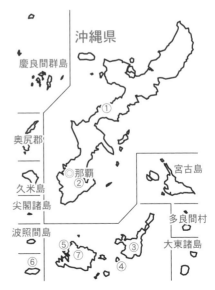

沖縄県
慶良間群島
奥尻郡
◎那覇
②
久米島
尖閣諸島
波照間島
⑤
⑥
⑦
③
宮古島
多良間村
大東諸島

02　世界遺産

世界遺産とは、人類が残した遺跡や文化財、貴重な自然などを国際的な協力のもとに保護・保全し後世に継承していくことを目的に、ユネスコ総会で採択された**世界遺産条約**に基づく**世界遺産リスト**に登録されている物件のこと。毎年のように出題されている。

●2023年1月現在、リストに登録されている日本の世界遺産 （自然＝自然遺産・文化＝文化遺産）

		名称	登録内容概略	登録年	所在地
①	自然	白神山地	東アジア最大級のブナの自然林	1993年	青森県 秋田県
②	自然	屋久島	縄文杉を代表とする多様な動植物	1993年	鹿児島県
③	文化	法隆寺地域の仏教建造物	世界最古の木造建築	1993年	奈良県
④	文化	姫路城	日本有数の平山城	1993年	兵庫県
⑤	文化	古都京都の文化財	17社寺・城［上賀茂神社・下鴨神社・清水寺・教王護国寺・延暦寺・醍醐寺・宇治上神社・仁和寺・平等院・高山寺・西芳寺・天竜寺・竜安寺・鹿苑寺（金閣）・西本願寺・二条城・慈照寺（銀閣）］	1994年	京都府 滋賀県
⑥	文化	白川郷・五箇山の合掌造り集落	岐阜県白川村と富山県平村・上平村に残る茅葺屋根の建造物群	1995年	岐阜県 富山県
⑦	文化	広島平和記念碑（原爆ドーム）	1945年初めて核兵器使用の惨禍の記録	1996年	広島県
⑧	文化	厳島神社	宮島に浮かぶ大鳥居など	1996年	広島県
⑨	文化	古都奈良の文化財	古都奈良（東大寺・春日大社・興福寺・春日山原始林・元興寺・薬師寺・唐招提寺・平城宮跡）	1998年	奈良県
⑩	文化	日光の社寺	東照宮、二荒山神社・輪王寺	1999年	栃木県
⑪	文化	琉球王国のグスクおよび関連遺産群	琉球独自の特徴を示す「グスク」を中心とした文化遺産群	2000年	沖縄県
⑫	文化	紀伊山地の霊場と参詣道	吉野・大峯、熊野三山、高野山の山岳霊場とそこに至る参詣道	2004年	三重県 奈良県 和歌山県
⑬	自然	知床	流氷により育まれた豊かな自然	2005年	北海道
⑭	文化	石見銀山遺跡とその文化的景観	銀鉱山跡と鉱山町、港と港町、街道	2007年	島根県
⑮	文化	平泉	仏国土（浄土）を表す建築・庭園及び考古学的遺跡群	2011年	岩手県
⑯	自然	小笠原諸島	独自の生態系の見られる島々	2011年	東京都
⑰	文化	富士山	信仰の対象と芸術の源泉	2013年	山梨県 静岡県
⑱	文化	富岡製糸場と絹産業遺産群	絹産業の国際的技術交流および技術革新を伝える	2014年	群馬県
⑲	文化	明治日本の産業革命遺産 製鉄・製鋼、造船、石炭産業	西洋から非西洋世界への技術移転と伝統文化の融合	2015年	九州など 8県
⑳	文化	国立西洋美術館本館（ル・コルビュジエの建築と都市計画の一部として）	7カ国（フランス・スイス・ベルギー・ドイツ・アルゼンチン・インド・日本）に点在するル・コルビュジエの建築作品の1つとして登録	2016年	東京都
㉑	文化	「神宿る島」宗像・沖ノ島と関連遺産群	沖ノ島（島全体が宗像大社沖津宮の御神体）・宗像大社辺津宮など	2017年	福岡県
㉒	文化	長崎と天草地方の潜伏キリシタン関連遺産	原城跡・大浦天主堂・平戸の聖地と集落など	2018年	長崎県 熊本県
㉓	文化	百舌鳥・古市古墳群	古代日本の墳墓群（仁徳天皇陵古墳など）	2019年	大阪府
㉔	自然	奄美大島、徳之島、沖縄島北部及び西表島	イリオモテヤマネコなど多様な動物が生息する島々	2021年	鹿児島県 沖縄県
㉕	文化	北海道・北東北の縄文遺跡群	北海道、青森、秋田、岩手に点在する縄文遺跡群	2021年	北海道 北東北3県

●**暫定リスト**　①古都鎌倉の寺院・寺社ほか（神奈川）　②彦根城（滋賀県）　③飛鳥・藤原の宮都とその関連資産群（奈良）　④金を中心とする佐渡鉱山の遺跡群（新潟）　⑤平泉―仏国土（浄土）を表す建築・庭園及び考古学的遺跡群―（拡張）（岩手）

Part ④
海外旅行実務

Section 1
国際航空運賃

国際航空運賃は資料の読み取りが大事だ。規則表の正しい読み取りと、計算の手順をマスターして得点につなげていこう！

Section 2
出入国法令と実務

出入国法令実務の設問の半数は旅券法について。とにかく旅券法で点数を稼ごう！

Section 3
海外旅行実務

海外旅行実務では、毎年出題される時差、所要時間計算、2レターコード、3レターコードは必ず得点につなげていきましょう

Section 4
海外観光地理

海外観光地理も「王道なし」だが、いつものやじうま根性が大切。テレビの旅番組を見たり旅行のパンフレットを見たりして海外旅行に行った気分に…これが大事！

Section 5
語学

語学ほど、受験生の出来不出来がはっきりしている科目は他にはありません。簡単なものでもいいから、とにかくたくさんの英文にふれて苦手意識をなくしましょう

01　国際運賃の種類と概要

国際航空運賃は、航空会社が独自に設定するキャリア運賃が主流となっている。運賃の種類は多様にあるが、大きくは普通運賃と特別運賃の2つに分けられる。それぞれの特徴を知っておこう。

IATA地区

IATA（国際航空運送協会）は、現在250社以上の航空会社で構成されている、世界の航空会社の国際的組織である。

 IATAでは、以下のように世界を3つの地域に区分している。

▼

POINT 4-1-1

● IATA 地区

第2地区　TC2
ヨーロッパ・中東・アフリカと近隣諸島

第3地区　TC3
アジア（中東を除く）・オセアニアと近隣諸島

第1地区　TC1
南北アメリカ大陸と近隣諸島（ハワイ諸島含む）

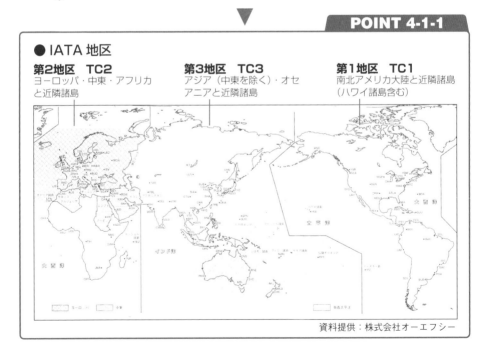

資料提供：株式会社オーエフシー

Global Indicator（GI）

IATAでは、飛行経路のことを**グローバルインディケーター（GI）**といい、2文字のアルファベットで表している。

● Global Indicator（GI）

運　　　賃		GI	例
地区内運賃	TC1 運賃	WH	NYC—SAO
	TC2 運賃	EH	PAR—JNB
	TC3 運賃	EH	OSA—KUL
地区間運賃	TC12 運賃（大西洋経由）	AT	NYC—LON
	TC23 運賃（直行）	TS	TYO—FRA
	TC23 運賃（MOW 経由）	TS	TYO—MOW—MAD
	TC23 運賃（南回り）	EH	OSA—BKK—LON
	TC23 運賃	FE	TYO—DEL—MOW
	TC13 運賃（太平洋経由）	PA	OSA—LAX
	TC123 運賃（大西洋経由）	AT	TYO—LON—WAS
	TC213 運賃（大西洋と太平洋経由）	AP	TYO—NYC—PAR

日本発着の主なGI

TC3	（第 3 地区内運賃）
EH （Eastern Hemisphere）	例. TYO—BKK

TC23	（第 2 地区・第 3 地区間運賃）
TS （Trans Siberia）	例. TYO—FRA—LON
EH （Eastern Hemisphere）	例. TYO—KUL—PAR
AP （Atlantic & Pacific）	例. TYO—NYC—LON

TC31	（第 3 地区・第 1 地区間運賃）
PA （Pacific）	例. TYO—SFO
AT （Atlantic）	例. TYO—LON—NYC

国際運賃の種類

　現在、国際航空運賃は、航空会社の自社路線および航空連合（アライアンス）路線に限定して、航空会社が独自に設定するキャリア運賃が主流となっている。

　航空運賃は大きく分けると、**普通運賃（NORMAL FARES）**と**特別運賃（SPECIAL FARES）**の２つになる。

POINT 4-1-3

●普通運賃
①各航空会社は、主要路線にファーストクラス（F）、ビジネスクラス（C/J）、エコノミークラス（Y）普通運賃を設定し、利用航空会社の制限はあるが年間を通じて利用ができる。
②12歳以上すべての旅客に適用され、特に厳しい制限のない運賃。
③旅行開始の翌日から起算して1年間有効（1年後の同日まで）。
　（オープンチケットの場合の航空券の有効期間は、発券日の翌日から起算して1年間である）

POINT 4-1-4

●特別運賃
①普通運賃以外を総称して特別運賃といい、多様な種類がある。
②普通運賃より低額であるが、適用条件（有効期間、利用航空会社、予約発券期限、途中降機）などに制限がある。

● ２つの主な特別運賃
① IT 運賃（Inclusive Tour Fares）
　包括旅行いわゆるパッケージツアーを作成する際に旅行会社が利用する運賃。
　観光、宿泊などの手配が必要な特別回遊運賃であり、航空券のみの単独販売はできない。

②**ペックス運賃（Purchase Excursion Fares）**

誰でも航空会社から購入できる特別回遊運賃。IT運賃と異なり、航空券の単独での購入ができる。

各航空会社が自社の販売促進を目的として独自に設定したものを「キャリアペックス運賃」という。「航空会社正規割引運賃」とも呼ばれる。利用できる航空会社が限定される。

 JAL Standard、Saver運賃など

国家試験では、日本航空、全日空のペックス運賃を利用した航空券の計算問題が毎年出題されている。

02　タリフの読み方

試験では、運賃と適用条件が記載されているタリフが資料として与えられるので、きちんと見方をできるようにしよう。ここでは、特別運賃のタリフを使用して、記載内容を見ていこう。

●タリフの読み方

ヨーロッパ行　エコノミークラス割引運賃（抜粋）

	運賃種別	Basic Plus M	Basic Plus U	Value S
①	目的地	ヨーロッパ		
	適用旅客・人数	個人		
	クラス・旅行形態	エコノミークラス　往復・周回・オープンジョー		
②	適用期間 運賃	ウィークデイ（X）・ウィークエンド（W）の運賃適用： 往路：日本国内の最終地点を出発する曜日を基準とし1/2往復運賃を適用する 復路：ヨーロッパ内の最終地点を出発する曜日を基準とし1/2往復運賃を適用する 　　　ウィークエンド W／ウィークデイ X 往路　土～月／火～金 復路　金・土／日～木	シーズナリティの適用： 往路の国際線出発日を基準として全旅程に適用する ウィークデイ（X）・ウィークエンド（W）の運賃適用： 往路：日本国内の最終地点を出発する曜日を基準とし1/2往復運賃を適用する 復路：ヨーロッパ内の最終地点を出発する曜日を基準とし1/2往復運賃を適用する 　　　ウィークエンド W／ウィークデイ X 往路　土～月／火～金 復路　金・土／日～木	シーズナリティの適用： 往路の国際線出発日を基準として全旅程に適用する ウィークデイ（X）・ウィークエンド（W）の運賃適用： 往路：日本国内の最終地点を出発する曜日を基準とし1/2往復運賃を適用する 復路：ヨーロッパ内の最終地点を出発する曜日を基準とし1/2往復運賃を適用する 　　　ウィークエンド W／ウィークデイ X 往路　土・日／月～金 復路　金・土／日～木
③	予約・発券	①予約クラス "M" ②予約は旅行開始前までに行う。 ③発券は予約完了後3日以内。 ただし旅行開始前まで。	①予約クラス "U" ②予約は最初の国際線乗車日の7日前まで。 ③発券は予約完了後3日以内。 ただし最初の国際線搭乗日の7日前まで。	①予約クラス "S" ②予約は旅行開始前までに行う。 ③発券は予約完了後48時間以内。 ただし旅行開始前まで。
④	必要旅行日数	2日発・開始	3日発・開始	3日発・開始（ただしヨーロッパ内で土曜日の滞在が含まれていること）
⑤	最長旅行期間	3ヶ月発・開始	2ヶ月発・開始	1ヶ月発・開始
⑥	途中降機	ヨーロッパ内で往路・復路各1回可 （1回につき20,000円）	ヨーロッパ内で往路・復路各1回可 （1回につき20,000円）	ヨーロッパ内で往路・復路各1回可 （1回につき20,000円）
	乗り換え	日本国内で往路・復路各1回可 ヨーロッパ内で往路・復路各2回可	日本国内で往路・復路各1回可 ヨーロッパ内で往路・復路各2回可	日本国内で往路・復路各1回可 LON・PAR・他指定都市で往路・復路各2回可
	経路規定	①日本発着国際線区間は全日空（NH）に限る ②日本国内区間は全日空（NH）に限る	①日本発着国際線区間は全日空（NH）に限る ②日本国内区間は全日空（NH）に限る	①日本発着国際線区間は全日空（NH）に限る ②日本国内区間は全日空（NH）に限る
⑦	運賃計算規定	距離計算、HIPチェックを適用する	指定経路型運賃であり、距離計算、HIPチェックは適用しない。	「Value S」以外の1/2 N H運賃と結合不可
⑧	結合可能運賃	結合可能な欧州行1/2 N H下記運賃 「Basic Plus U」 予約・発券、必要旅行日数、最長旅行期間、取り消し・払い戻しについては結合されるより厳しい運賃規則が全旅程に適用される。ただし適用期間、途中降機、乗り換え、経路規定、運賃計算規定、予約変更・経路変更については、フェアコンポーネント（運賃計算区間）ごとの規則が適用される	結合可能な欧州行1/2 N H下記運賃 「Basic Plus M」	
⑨	予約変更 経路変更	旅行開始後/旅行開始後 1回につき15,000円で可 すでに予約が入っている便の出発時刻までに変更手続を行うこと	旅行開始後/旅行開始後 1回につき30,000円で可 すでに予約が入っている便の出発時刻までに変更手続を行うこと。ただし、旅行開始前に変更する時は最初の国際線搭乗日の7日前までに行う	不可
⑩	取り消し 払い戻し	旅行開始前 大人20,000円、小児15,000円を取消手数料として収受し残額を払い戻す	旅行開始前 大人30,000円、小児22,500円を取消手数料として収受し残額を払い戻す	

タリフの読み方

タリフとは、運賃と適用条件（規則）が掲載された運賃表のことである。タリフには、2都市間（出発地と目的地）の大人の直行運賃が掲載されている。今後はこれをもとに計算をしていくので、計算に適用する運賃の見つけ方と、その他の適用条件（予約期限や旅行日数他）を確認していこう。

下のタリフで運賃や適用条件を確認していこう。

▼ **POINT 4-1-5**

Basic Plus M運賃　単位：円

出発地	東京	
目的地	LON/PAR	
運賃名称	Basic Plus M	
予約クラス	M	
X/Wの適用 シーズ゛ナリティ	ウィークエント゛(W)	ウィークテ゛イ(X)
4/1～3/31	434,000	394,000

Basic Plus U/Value S 運賃　単位：円

出発地	東京			
目的地	LON/PAR			
運賃名称	Basic Plus U		Value S	
予約クラス	U		S	
X/Wの適用 シーズ゛ナリティ	ウィークエント゛(W)	ウィークテ゛イ(X)	ウィークエント゛(W)	ウィークテ゛イ(X)
10/1～10/20	352,000	332,000	125,000	105,000
10/21～12/28			105,000	85,000
12/29～12/30	311,000	291,000	125,000	105,000
12/31～2/28			105,000	85,000

P306-307 のタリフを見ながら確認しよう。

①**運賃種別**

運賃の種類（名称）が記載されている。

②**適用期間・運賃**

特別運賃は、搭乗日（出発日）や曜日によって運賃が異なっている。決定基準は以下のとおり。

・**適用期間（シーズナリティ）**

　➡ 下記2種類の設定基準がある。

（ア）往路の国際線出発日を基準として全旅程に適用する（つまり、復路も往路と同じ日付を適用する）。

（イ）往路・復路それぞれの国際線搭乗日を基準に適用する（往路・復路それぞれ別々の日付を適用する）。

・**曜日**

　➡ 往路・復路それぞれの判断基準に従って平日（X）運賃・週末（W）運賃を決定する。

　往路は日本国内最終地点を出発する曜日、復路は目的地域の最終地点を日本に向けて出発する曜日で決定する。

　なお運賃表は、往復運賃が日本円で記載されているので、運賃計算の際には1/2（HRT）にする必要がある。

③**予約・発券**

　運賃種別ごとのクラス記号や、予約期限、航空券発券期限の条件が記載されている。

予約期限の主なパターン

●予約は旅行開始日の 21 日前までに行う。

　例 旅行開始日　5/25　➡　予約期限日　5/4 まで

●予約は旅行開始日の 1 ヵ月前までに行う。

　例 旅行開始日　7/25　➡　予約期限日　6/25

　　　旅行開始日　9/30　➡　予約期限日　8/31

※旅行開始日が月末の場合は、予約期限日も月末となる。

発券期限の主なパターン

●発券は予約完了後3日（72時間）以内に行う。

例 予約完了日　7/5　➡　発券期限日　7/8

●発券は予約完了後72時間以内。但し、旅行開始日の21日前までに
行う。

例 旅行開始日　12/25　予約完了日 11/20　➡　発券期限日 11/23

　　　旅行開始日　8/20　予約完了日　7/29　➡　発券期限日　7/30

　　　　　　　　　　　　　　　　　　　　　　　　　※ 8/1 だと誤り。

●発券は旅行開始日の7日前までに行う。ただし、予約が旅行開始日の7
日以内になされた場合は、予約後72時間以内、あるいは旅行開始の3日
前までのいずれか早い時期までに行う。

例 旅行開始日　6/20　　予約完了日　　6/5　➡　発券期限日　　6/13

　　　旅行開始日　5/31　　予約完了日　5/26　➡　発券期限日　　5/28

　　　　　　　　　　　　　　　　　　　　　　　　　※ 5/29 だと誤り。

注）「旅行開始日〜」が「最初の国際線搭乗日〜」と記載されている場合もあるので注意すること。「旅
　　行開始日」と「最初の国際線搭乗日」は異なることもある。FUK（9/17出発）→ NRT（9/18出発）
　　→旅行開始日は9/17。最初の国際線搭乗日は9/18。

④**必要旅行日数**

最も短い旅行日数の意味。

　特別運賃では、国際線旅行開始日から最低何日経過しないと、帰国の
ための便には乗れないという制限がある。それを**必要旅行日数**という。
有効期間同様「×日発・開始」という指示のしかたをする。

例 TYO ── BKK ── LON ── MAD ── TYO

　　　7/7 発

　　　上記の旅程で必要旅行日数が「2日発・開始」の場合、MAD
　　　発 TYO 行きの便は、帰国のための便なので7/8の24時までは
　　　乗れない。つまり一番早くても7/9の0時以降の便となる。

⑤最長旅行期間

最も長い旅行日数の意味。

●**最長旅行期間の数え方**

「×日（×ヵ月）発・開始」

　➡ 実際の旅行開始日の翌日から起算して×日（×ヵ月）目の24時までに、最後の途中降機地点からの旅行を開始しなければならない。

🔲 ● **3/9 旅行開始の場合**

「14 日発・開始」

　➡ 3/23 の 24 時までに最後の区間を搭乗しなければならない。

● **4/30 旅行開始の場合**

「3 ヵ月発・開始」

　➡ 7/31 の 24 時までに最後の区間を搭乗しなければならない。

※月数の場合（×ヵ月発・開始）で、旅行開始日が月末の場合は、最長旅行期間満了日は対応月の月末になる（通常は同日）。

⑥途中降機

　特別運賃では、途中降機の回数に制限があり、またたとえ制限内であっても、途中降機 1 回につきいくらという**途中降機料金（stopover charge）**がかかり、最終的に運賃に加算される。そのため、旅程の中に何回途中降機があるかがわからなければならない。

　👤 途中降機の数え方にはいくつかの規則がある。

●**途中降機の数え方の規則**

①乗り継ぎ（transit）は数えない。

②出発地・目的地・折返し地点は途中降機に数えない。

③OJの場合、Surfaceの両端は途中降機に数えない。

④Surfaceをみなした場合

・Surfaceの両端とも折返し地点となっていない時は、両端を合わせて1回と数える。

> 例 TYO ——— SFO …… MEX ——— |YVR| ——— TYO
> Surfaceの両端とも折返し地点となっていないので、両端であるSFOとMEXを合わせて1回と数える。

・Surfaceの片方が折返し地点となる時は、両端とも数えない。

> 例 TYO ——— SFO …… |MEX| ——— LAX ——— TYO
> Surfaceの一端であるMEXが折返し地点となっているので、両端であるSFOとMEXともに数えない。
> この場合は、LAXの1回となる。

⑦運賃計算規定

運賃計算にまつわる距離計算やHIPチェックが必要か否かを記載している。計算に関するルールは後述。

⑧結合運賃（結合可能運賃）

往路と復路で異なる運賃を適用することを結合運賃という。この欄には結合可能な運賃種別と、結合した場合の航空券に関する規則や条件が記載されている。

⑨予約変更・経路変更

予約便・経路の変更可否や、その際の手数料などが記載されている。

⑩取り消し・払い戻し

取り消しや払い戻しの手数料などが記載されている。

次の場合の最長旅行期間満了日を答えなさい。
① 5/6旅行開始　最長旅行期間 「25日発・開始」
② 6/30旅行開始　最長旅行期間 「1ヵ月発・開始」

- -

こたえ　① 5/31　② 7/31

03　運賃計算のルール①

運賃の割増率を求めるマイルチェック（距離計算）や、目的地までより途中経由地までの運賃が高くなっていないかをチェックするHIP（HIF）チェックをしっかりおさえよう。

計算上の旅行形態

　航空券を計算する上で、下記のように旅行形態を設けている。計算方法に違いはないので名称を確認しておく程度でよいだろう。

POINT 4-1-6

●旅行形態

①往復旅行（Round Trip　RT）
・出発地と同一都市に戻る継続した航空旅行で、往路・復路の運賃が同額となる場合の旅行。
・運賃は、1/2往復運賃（Half Round Trip Fare　HRT）を使って計算。

②周回旅行（Circle Trip　CT）
・出発地と同一都市に戻る継続した航空旅行で、RT以外の旅行。
・運賃は、1/2往復運賃（Half Round Trip Fare　HRT）を使って計算。

③オープンジョー旅行（Open Jaw　OJ）
・航空旅行の中に、航空機を利用しないで地上の運送機関で移動する区間（Surface）を含む旅行。

　その他に片道旅行や世界一周旅行があるが、ほとんど出題されない。なお、Surface を含む旅程については P322 を参照のこと。

　航空運賃計算において、**途中降機**と**乗り継ぎ**とは大きな違いがあるのでしっかりと理解しておきたい。

●**途中降機と乗り継ぎ**

①**途中降機（Stopover）**　出発地点から目的地点までの間で、24時間を超えて滞在することを途中降機という。

②**乗り継ぎ（Transit）**　途中降機に対して、24時間以内の滞在を乗り継ぎという。また、券面上に「×」をつけて区別している。

マイレッジ・システム

　出発地と目的地1区間だけの旅行であれば、そのままタリフの運賃を使用すればよい。しかし、実際には出発地と目的地との間にはいくつかの経由地がある。そのため、国際航空運賃では、実際に飛行した距離（**マイル**）に応じて運賃が決まるシステムとなっている。このシステムを**マイレッジ・システム**という。

　今後、このマイレッジ・システムを使って運賃計算をしていくこととなる。

例

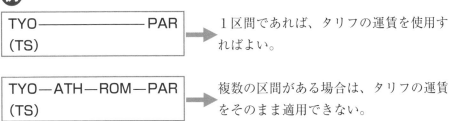

| TYO————————PAR (TS) | → 1区間であれば、タリフの運賃を使用すればよい。 |
| TYO—ATH—ROM—PAR (TS) | → 複数の区間がある場合は、タリフの運賃をそのまま適用できない。 |

●マイレッジ・システム　用語の確認

①**TPM（Ticketed Point Mileage）**　都市間マイル。

②**TTPM（Total Ticketed Point Mileage）**　出発地から目的地までの合計マイル。

③**MPM（Maximum Permitted Mileage）**　指定空港間の航空券で追加料金なしで最大経由可能な距離（マイル）。

④**マイルチェック**　出発地から目的地までの運賃の割増率を求めるチェック（割増率は、5%・10%・15%・20%・25%）。

⑤**EMS（Excess Mileage Surcharge）**　超過マイル追加料金。

⑥**Fare Component**　運賃構成区間。

マイルチェック（距離計算）の方法

以下の旅程を例にマイルチェックをしてみよう。

例題　（旅程）　　　　　　　　　　　　　　　　　　発

　TYO ——————— HKG　　JL026　C　　10OCT

　HKG ——————— BKK　　TG118　C　　15OCT

（資料）

　TPM　TYO — HKG　1807　　　　　　　MPM 3441（EH）

　　　　HKG — BKK　1065

①必ず最初に旅程を整理する。

TYO ——————— HKG ——————— BKK

　　　1807　　　　　1065

②旅程の GI に適応した MPM を抜き出す。

この旅程の GI は EH なので、資料より MPM は 3441 となる。

③ TPM を合計し、TTPM を求める。

TYO — HKG　　1807

HKG — BKK　　1065

TTPM　　　　　2872

④ MPM と TTPM とを比較する。

（ア）MPM　＞　TTPM ならば…

　　➡ TYO—BKK の直行運賃をそのまま適用できる。

（イ）MPM　＜　TTPM ならば…

　　➡ TYO—BKK の直行運賃を割増しなければならない。

　この旅程の場合、MPM3441　＞　TTPM2872 なので上記（ア）に該当し、割増はなしとなる。

　マイルチェック結果は、割増なし。記号は M となる。

POINT 4-1-9

●マイルチェックの方法（おさらい）

①最初に旅程を整理。

②旅程のGIに適応したMPMを抜き出す。

③TPMを合計し、TTPMを求める。

④MPMとTTPMとを比較する。

割増率の求め方

　MPM と TTPM とを比較して、TTPM の方が大きくなった場合（MPM ＜ TTPM）は、その分一定の率で運賃を割増さなければならない。割増率は5%、10%、15%、20%、25%の 5 種類がある。

　割増率を求める計算は以下の通り。

TTPM ÷ MPM ＝ A

Aの値を上回る率が、その旅程の割増率だ。
下記の例題で割増率を求めてみよう。

例題 **MPM6914、TTPM7665 の場合の割増率**

TTPM7665 ÷ MPM6914 ＝ 1.108…

　5％割増　　→　　× 1.05
　10％割増　　→　　× 1.10
　15％割増　　→　　× 1.15
　20％割増　　→　　× 1.20
　25％割増　　→　　× 1.25

1.108 を上回る率は、1.15（15％割増）なので、この場合の割増率は
15％割増となる。

なお、TTPM ÷ MPM が、1.05 や 1.10、1.15 など、5 段階の割増率と
同じ値になった場合は、その割増率となる。

例 TTPM ÷ MPM ＝ 1.20 の場合は 20％割増となる。

下記の旅程について、資料を参照してマイルチェックしなさい（割増率を求めよ）。

TYO—HKG　　JL057　　　C　　　　18MAR
HKG—MNL　　CX112　　　C　　　　4APR
（資料）
TPM　　　TYO—HKG　1807　　　MPM 2254（EH）
　　　　　HKG—MNL　702

こたえ 15M
　→ MPM は資料より、2254
TTPM は、2509（1807 ＋ 702）
MPM2254 ＜ TTPM2509　よって割増が必要。
TTPM2509 ÷ MPM2254 ＝ 1.113…
1.15（15％）で、1.113…を上回るので、この旅程の割増率は 15％割増となる。

Higher Intermediate Point (HIP) 中間高額地点

　出発地点から目的地点までの運賃よりも、出発地点から経由地点までの運賃の方が高くなることが多々ある。この高額な運賃のことを **Higher Intermediate Fare (HIF)** といい、当該地点を **Higher Intermediate Point (HIP)** という。その場合の運賃計算に適用すべき運賃は、出発地から目的地までの運賃ではなく、出発地から経由地の中で一番高額な地点までの運賃となる。

 ただし、中間高額地点が Transit（乗り継ぎ）の場合は HIP にはならないので、注意が必要だ。

 以下の旅程の場合、計算に適用すべき運賃はどの都市の運賃か答えなさい。（距離計算は考えないものとする。）
（行程）
TYO—HKT—×BKK—BJS（BKKは乗り継ぎ地点）
（資料）
TYO—HKTの運賃　　142,300円
TYO—BKKの運賃　　138,000円
TYO—BJSの運賃　　109,000円

- -

こたえ　HKT の 142,300 円を適用。➡ BKK は乗り継ぎ地点なので HIF チェックの対象とはならない。

04　運賃計算のルール②

さきほどのマイルチェックとHIPチェックを組み合わせて、往復している旅程の基本的な運賃計算手順を見ていこう。まずはこの流れをマスターすることが大切だ。

往復旅行等の運賃計算

　試験では、日本発着の旅程の航空券計算をしていく。旅程全体としては日本を出発し日本に到着する往復している場合の基本的な考え方は以下の通りである。

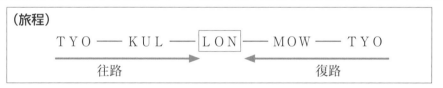

（旅程）

　　　TYO ── KUL ── ［LON］── MOW ── TYO

　　　　　　往路　　　　　　　　　　　　復路

　往復運賃等には必ず計算上の目的地となる**折返し地点**（**Fare Breaking Point**）が設定される。試験では折返し地点は設問で指示されるが、本来は航空券が一番安くなる地点に設定される。この折返し地点を境に、往路・復路に分け別々に計算をしていく。上記の旅程の場合は、ＬＯＮを折返し地点（＝目的地）として、往路：ＴＹＯ－ＫＵＬ－ＬＯＮ、復路：ＴＹＯ－ＭＯＷ－ＬＯＮに分けられる。往路・復路それぞれＬＯＮを目的地として計算をして、最後に合計する。

　なお、本書では分かりやすくするために折返し地点の都市を□で囲むこととする。

　下記の旅程を例にとって運賃計算の手順を見ていこう。

例題 下記の適用条件に基づき資料を参照のうえ各設問に答えなさい。

〈適用条件〉

1．旅程

出発地	到着地	便名	出発日	出発時刻	到着時刻
ＴＹＯ －	ＦＲＡ	ＮＨ 209	9月1日（水）	11：25 －	16：35
ＦＲＡ －	ＩＳＴ	ＴＫ 1594	9月1日（水）	18：00 －	22：00
ＩＳＴ －	ＰＡＲ	ＴＫ 1823	9月7日（火）	10：20 －	13：00
ＰＡＲ －	ＴＹＯ	ＮＨ 206	9月18日（土）	20：00 －	14：40+1

2．クラス・人員：エコノミークラス・大人1名

3．適用運賃：ＮＨキャリアＩＴ運賃

4．各区間ＴＰＭ：TYO 5928 FRA 1169 IST 1397 PAR 6194 TYO

5．各区間ＭＰＭ：TYO － FRA 7113　TYO － IST 6903　TYO － PAR 7432

6．折返し地点：ＰＡＲとする

7．予約完了日・発券日：8月10日

(参考)

各区間ＴＰＭ合計

TYO － FRA － IST：7097　　　　　TYO － FRA － IST － PAR：8494

FRA － IST － PAR － TYO：8760　IST － PAR － TYO：7591

〈規則表〉

ヨーロッパ行ＮＨキャリア　ＩＴ運賃

運賃種別	ＮＨキャリアＩＴ運賃		
目的地	ヨーロッパ（ＴＳ）		
適用旅客・人数	個人		
クラス・旅行形態	エコノミークラス　往復・周回・オープンジョー		
適用期間 運　賃	①適用期間（シーズナリティ） 　往路の国際線出発日を基準として全旅程に適用する。 ②ウィークエンド（Ｗ）とウィークデイ（Ｘ）の運賃の適用 　往路：日本国内の最終地点を出発する曜日を基準とする。 　復路：ヨーロッパ内の最終地点を出発する曜日を基準とする。 <table><tr><td></td><td>ウィークエンド　Ｗ</td><td>ウィークデイ　Ｘ</td></tr><tr><td>往路出発</td><td>土・日</td><td>月～金</td></tr><tr><td>復路出発</td><td>金・土</td><td>日～木</td></tr></table>		
予約・発券	①予約クラス'Ｔ' ②予約は旅行開始の3日前までに行う。 ③発券は旅行開始の7日前までに行う。ただし、予約が旅行開始 　の7日以内になされた場合、予約後72時間以内、あるいは旅行開始の3日前 　までのいずれか早い期限までに行う。		

最長旅行期間	1ヶ月発・開始
途中降機	3回可（1回につき15,000円）
乗り換え	制限なし
経路規定	日本発着の国際線区間は全日空に限る
運賃計算規定	距離計算・ＨＩＰチェックを適用する

（単位：千円）

	出発地東京			
目的地	ＦＲＡ ＰＡＲ		ＩＳＴ	
	ＴＳ		ＴＳ	
適用期間	Ｗ	Ｘ	Ｗ	Ｘ
8／16～9／16	200	190	226	216
9／17～9／20	270	260	296	286

問1　往路に適用できる運賃算出のための途中降機料金を含めた計算式はどれか。

a) 190,000 円 × 1/2 ＋ 15,000 円

b) 216,000 円 × 1/2 ＋ 15,000 円

c) 190,000 円 × 1/2 × 1.15 ＋ 15,000 円

d) 216,000 円 × 1/2 × 1.15 ＋ 15,000 円

問2　復路に適用できる運賃算出のための途中降機料金を含めた計算式はどれか。

a) 200,000 円 × 1/2

b) 226,000 円 × 1/2

c) 270,000 円 × 1/2

d) 296,000 円 × 1/2

①旅程条件・規則表の確認と旅程整理をする

＜旅程条件＞

・折返し地点：ＰＡＲ

＜規則表確認＞

・適用期間運賃欄

適用期間：往路の国際線出発日を全旅程に適用する→往路の国際線ＴＹＯ発9/1を往路・復路に適用。

曜日（X・W）：往路・復路別々に判断基準より決定する

→往路：日本の最終地点ＴＹＯ発の水曜日なので平日運賃（X）

　復路：ヨーロッパ内最終地点ＰＡＲ発の土曜日なので週末運賃（W）

・途中降機欄：1回につき 15,000 円

注）24 時間以内の乗継地点は途中降機に数えないので旅程の日付を確認する

　　　ＦＲＡは乗継地点なので、×印で分かるようにしておく。

・運賃計算規定：距離計算（マイルチェック）・HIP チェックを行う。

<旅程整理>

　　　9/1（水・X）　　　　　　　　　　　　　　　（土・W）
　　　ＴＹＯ ── ×ＦＲＡ ── ＩＳＴ ──│ＰＡＲ│── ＴＹＯ
　　　　　　5928　　　　1169　　　1397　　　6194
　　　　　　→　　　往路　　　　　　　　　　←　　　復路

②往路の計算（ＴＹＯ−×ＦＲＡ−ＩＳＴ−ＰＡＲ）

➡ マイルチェック

ＴＹＯ − ＰＡＲ のＭＰＭ 7432　　　　　 ＴＰＭ 5928+1169+1397 ＝ ＴＴＰＭ 8494

ＭＰＭ 7432　 ＜ 　 ＴＴＰＭ 8494　 なので割増あり。

ＴＴＰＭ 8494 ÷ＭＰＭ 7432 ＝ 1.14…なので、15%割増（15 M）

➡ 規則表から運賃を Pick Up

・適用期間：往路の国際線（ＴＹＯ）出発日 9/1

・曜日：日本の最終地点（ＴＹＯ）出発の水曜日なので平日運賃（X）

・HIP（HIF）チェック（乗継地点 FRA は対象にしない）

　ＴＹＯ − ＰＡＲ　190,000 円

　ＴＹＯ − ＩＳＴ　216,000 円

　目的地 PAR までより途中降機地点 IST までの方が高額なので HIP（HIF）あり。

　往路の計算に適用する運賃は ＴＹＯ − ＩＳＴ　216,000 円となる。

➡ HRT（1/2RT）にしてから割増率を掛ける

・規則表から抜き出した運賃は往復（RT）運賃なので 1/2RT にして、割増率を掛ける

　216,000 円× 1/2 × 1.15

➡ 途中降機料金を合計して往路の運賃を決定する

・ＴＹＯ は出発地なので数えない。

・PAR は折返し地点（目的地）なので数えない。

・FRA は乗継地点なので数えない。

よって、途中降機は IST の 1 回なので、15,000 円を加算する。

以上から、往路の計算式は 216,000 円× 1/2 × 1.15 ＋ 15,000 円となり d ）が正しい。

③復路の計算（ＴＹＯ－ＰＡＲ）

➡ マイルチェック

TYO － PAR を直行しているので、割増なし（M）。

➡ 規則表から運賃を Pick Up

・適用期間：往路の国際線（ＴＹＯ）出発日 9/1

※適用期間は往路の国際線出発の日付を復路にも適用する。

・曜日：復路のヨーロッパ内最終地点（ＰＡＲ）出発の土曜日なので週末運賃（W）

以上より TYO － PAR 200,000 円が抜き出せる。

なお、目的地 PAR までに途中降機地点はないので HIP（HIF）チェックは不要である。

➡ HRT（1/2RT）にしてから割増率を掛ける

・規則表から抜き出した運賃は往復（RT）運賃なので 1/2RT にして、割増率を掛ける

200,000 円× 1/2　割増なし（M）なので、これが復路の計算式となり、a ）が正しい。

地上運送区間（Surface）を含む運賃計算

　列車・バスなどの地上運送区間（Surface）を含む計算には、2 つの計算方法がある。

> ① **OJ 計算**……Surface 区間をそのまま残し、オープンジョー（OJ）旅行として計算する方法。運賃は、往路・復路共に HRT（1/2RT）を適用する。
>
> ② **みなし計算**……Surface 区間を計算上は航空機で移動したとみなして計算する方法（みなし計算）。運賃は、往路・復路共に HRT（1/2RT）を適用する。

① OJ計算（/-）

/-

TYO ― SFO ― |LAX|・・・|LAS| ― NYC ― TYO

———————————————→　　　　　　　←———————————————
　　　　HRTを適用　　　　　　　　　　　　　HRTを適用

👤 LAX・・・LAS は地上運送区間（Surface）であるが、これをその
まま残して、Surface の両端を往路・復路の折返し地点として計算す
る。これが OJ の旅行形態となる。航空券面上では、記号　/-　で表す。

②みなし計算（//）

//

TYO ― FRA ― PAR・・・LON ― |ROM| ― TYO

———————————————————————→　　←———————
　　　　　HRTを適用　　　　　　　　　　　　HRTを適用

👤 |PAR|・・・|LON| は地上運送区間（Surface）であるが、これを航空機
で移動したものとみなすことにより、地上運送区間（Surface）を含ま
ない往復旅行（RT）または周回旅行（CT）として計算する。航空券
面上では、記号　//　で表す。

　　どちらの計算を適用するかは、実務上は「より運賃が安価となる」
ほうをとるが、管理者試験では折返し地点の指定で判断することがで
きる。

※ OJ 計算か、みなし計算かは問題で指定されるが、OJ の場合には必ず Surface の両
　端が折返し地点となるので、折返し地点の指定により判断できる。
・「折返し地点を 2 都市指定」
　　━━━▶ Surface の両端を折返し地点とする、OJ の計算

・「折返し地点を 1 都市のみ指定」
　　━━━▶ Surface は航空機で移動したものとみなす、みなし計算

次の例題を解いてみよう。

 下記の適用条件に基づき資料を参照のうえ各設問に答えなさい。

〈適用条件〉

1．旅程

出発地		到着地	便名	出発日	出発時刻	到着時刻
ＴＹＯ	－	ＬＯＮ	ＪＬ 043	9月18日（金）	11：20 －	15：50
ＬＯＮ	－	ＮＣＥ	ＢＡ 342	9月21日（月）	07：35 －	10：40
ＮＣＥ	－	ＰＡＲ	他の運送機関			
ＰＡＲ	－	ＴＹＯ	ＪＬ 046	9月26日（土）	19：00 －	13：55+1

2．クラス・人員：エコノミークラス・大人1名

3．適用運賃：ＪＬキャリアＩＴ運賃

4．各区間ＴＰＭ：TYO 6214 LON 640 NCE 427 PAR 6194 TYO

5．各区間ＭＰＭ：TYO － NCE 7486　TYO － PAR 7432

6．折返し地点：各設問に記載

7．予約完了日・発券日：8月10日

（参考）

各区間ＴＰＭ合計

TYO － LON － NCE － PAR：7281　　　　　TYO － LON － NCE：6854

〈規則表〉

ヨーロッパ行　JLキャリア　ＩＴ運賃

運賃種別	JLキャリアIT運賃
目的地	ヨーロッパ（ＴＳ）
適用旅客・人員	個人
クラス・旅行形態	エコノミークラス　往復・周回・オープンジョー
適用期間運賃	①適用期間（シーズナリティ） 往路の国際線出発日を基準として全旅程に適用する。 ②ウィークエンド（W）とウィークデイ（X）の運賃の適用 往路：日本国内の最終地点を出発する曜日を基準とする。 復路：ヨーロッパ内の最終地点を出発する曜日を基準とする。

	ウィークエンド W	ウィークデイ X
往路出発	土・日	月～金
復路出発	金・土	日～木

予約・発券	①予約クラス'Ｓ' ②予約は旅行開始の3日前までに行う。 ③発券は旅行開始の7日前までに行う。ただし、予約が旅行開始 の7日以内になされた場合、予約後72時間以内、あるいは旅行開始の3日前 のいずれか早い期限までに行う。
必要旅行日数	3日発・開始
最長旅行期間	1ヶ月発・開始
途中降機	3回可（1回につき15,000円）
乗り換え	①日本国内で往路・復路各1回可　②ヨーロッパ内で往路・復路各3回可
経路規定	日本発着の国際線区間はJLに限る
運賃計算規定	距離計算・ＨＩＰチェックを適用する

（単位：千円）

		東京			
目的地		LON PAR		NCE	
		TS		TS	
適用期間		W	X	W	X
9/18～9/20		313	300	331	318
9/21～9/30		228	215	246	233

第1問　折返し地点をNCEとPARとするオープンジョー旅行とした場合の設問に答えなさい。

問1　往路の運賃算出のための計算式はどれか（途中降機料金は含めないこととする）。
a）300,000円× 1/2　　　b）318,000円× 1/2
c）313,000円× 1/2　　　d）331,000円× 1/2

問2　復路の運賃算出のための計算式はどれか（途中降機料金は含めないこととする）。
a）215,000円× 1/2　　　b）228,000円× 1/2
c）300,000円× 1/2　　　d）313,000円× 1/2

問3　加算すべき途中降機料金はいくらか。
a）0円　　　b）15,000円　　　c）30,000円　　　d）45,000円

第2問　折返し地点をPARとするみなし計算をした場合の設問に答えなさい。

問4　往路の運賃算出のための計算式はどれか（途中降機料金は含めないこととする）。
a）300,000円× 1/2　　　b）318,000円× 1/2
c）313,000円× 1/2　　　d）331,000円× 1/2

問5　復路の運賃算出のための計算式はどれか（途中降機料金は含めないこととする）。
a）215,000円× 1/2　　　b）228,000円× 1/2
c）300,000円× 1/2　　　d）313,000円× 1/2

問6　加算すべき途中降機料金はいくらか。
a）0円　　　b）15,000円　　　c）30,000円　　　d）45,000円

第1問

旅程条件・規則表の確認と旅程整理をする。

＜旅程条件＞

・折返し地点：ＮＣＥとＰＡＲ

＜規則表確認＞

・適用期間運賃欄

適用期間：往路の国際線出発日を全旅程に適用する→往路の国際線ＴＹＯ発9/18を往路・復路に適用。

　曜日（X・W）：往路・復路別々に判断基準より決定する

　→往路：日本の最終地点ＴＹＯ発の金曜日なので平日運賃（X）

　　復路：ヨーロッパ内最終地点ＰＡＲ発の土曜日なので週末運賃（W）

・途中降機欄：1回につき 15,000 円　注）24 時間以内の乗継地点は、なし。

・運賃計算規定：距離計算（マイルチェック）・HIP チェックを行う。

＜旅程整理＞

```
        9/18（金・X）              ／ー（土・W）
        ＴＹＯ ── ＬＯＮ ──│ＮＣＥ│・・・│ＰＡＲ│── ＴＹＯ
          6214      640      427          6194
          ───────────────────→      ←───────────
               往路                       復路
```

問1　b）

往路の計算（ＴＹＯ－ＬＯＮ－ＮＣＥ）

①マイルチェック

　ＴＹＯ － ＮＣＥ のＭＰＭ 7486　　　　ＴＰＭ 6214＋640 ＝ ＴＴＰＭ 6854

　ＭＰＭ 7486　＞　ＴＴＰＭ 6854　なので割増なし（M）。

　※ OJ 旅行の場合は、Surface 区間の TPM は往路・復路どちらのマイルにも加算しない。

②規則表から運賃を Pick Up

　・適用期間：往路の国際線（ＴＹＯ）出発日 9/18

　・曜日：日本の最終地点（ＴＹＯ）出発の金曜日なので平日運賃（X）

　・HIP（HIF）チェック

　　TYO － NCE　318,000 円

　　TYO － LON　300,000 円

　　目的地 NCE までに高額な途中降機地点はないので HIP（HIF）なし。

往路の計算に適用する運賃は TYO − NCE　318,000 円となる。

③ HRT（1/2RT）にしてから割増率を掛ける

・規則表から抜き出した運賃は往復（RT）運賃なので 1/2RT にして、割増率を掛ける

318,000 円 × 1/2　割増なし（M）なのでこれが往路の計算式となり、b）が正しい。

問2　d）

復路の計算（ＴＹＯ−ＰＡＲ）

① マイルチェック

TYO − PAR を直行しているので、割増なし（M）。

② 規則表から運賃を Pick Up

・適用期間：往路の国際線（ＴＹＯ）出発日 9/18

※適用期間は往路の国際線出発の日付を復路にも適用する。

・曜日：復路のヨーロッパ内最終地点（ＰＡＲ）出発の土曜日なので週末運賃（W）

以上より TYO − PAR 313,000 円が抜き出せる。

なお、目的地 PAR までに途中降機地点はないので HIP（HIF）チェックは不要である。

③ HRT（1/2RT）にしてから割増率を掛ける

・規則表から抜き出した運賃は往復（RT）運賃なので 1/2RT にして、割増率を掛ける

313,000 円 × 1/2　割増なし（M）なので、これが復路の計算式となり、d）が正しい。

問3　b）

途中降機料金の計算

・TYO は出発地なので数えない。

・OJ 旅行の場合は、Surface の両端を数えない。→ Surface の両端となる NCE・PAR は数えない。

よって、この旅程に加算すべき途中降機は LON の 1 回なので、15,000 円となり、b）が正しい。

第2問

旅程条件・規則表の確認と旅程整理をする。

＜旅程条件＞

・折返し地点：ＰＡＲ

＜規則表確認＞

・適用期間運賃欄

適用期間：往路の国際線出発日を全旅程に適用する→往路の国際線ＴＹＯ発
9/18 を往路・復路に適用。

 曜日（X・W）：往路・復路別々に判断基準より決定する

  →往路：日本の最終地点ＴＹＯ発の金曜日なので平日運賃（X）

   復路：ヨーロッパ内最終地点ＰＡＲ発の土曜日なので週末運賃（W）

・途中降機欄：1 回につき 15,000 円 注）24 時間以内の乗継地点は、なし。

・運賃計算規定：距離計算（マイルチェック）・HIP チェックを行う。

＜旅程整理＞

```
         9/18（金・X）                    //        （土・W）
         ＴＹＯ ── ＬＯＮ ── ＮＣＥ‥‥ ＰＡＲ ── ＴＹＯ
              6214      640      427        6194
                       往路                      復路
```

問4　b）

往路の計算（ＴＹＯ−ＬＯＮ−ＮＣＥ−ＰＡＲ）

①マイルチェック

 ＴＹＯ − ＰＡＲ のＭＰＭ 7432   ＴＰＭ 6214＋640＋427 ＝ ＴＴＰＭ 7281

 ＭＰＭ 7432　＞　ＴＴＰＭ 7281　なので割増なし（M）。

 ※みなし計算の場合は、飛行機に搭乗したこととするので Surface（ＮＣＥ −
  ＰＡＲ）区間の TPM を加算する。

②規則表から運賃を Pick Up

 ・適用期間：往路の国際線（ＴＹＯ）出発日 9/18

 ・曜日：日本の最終地点（ＴＹＯ）出発の金曜日なので平日運賃（X）

 ・HIP（HIF）チェック

  ＴＹＯ − ＰＡＲ　300,000 円

  ＴＹＯ − ＬＯＮ　300,000 円

TYO － NCE　318,000 円

目的地 PAR までに途中降機地点 NCE までの方が高額なので HIP（HIF）あり。

　往路の計算に適用する運賃は TYO － NCE　318,000 円となる。

③ HRT（1/2RT）にしてから割増率を掛ける

・規則表から抜き出した運賃は往復（RT）運賃なので 1/2RT にして、割増率を掛ける

318,000 円 × 1/2　割増なし（M）なのでこれが往路の計算式となり、b）が正しい。

問 5　d）

復路の計算（ＴＹＯ－ＰＡＲ）

①マイルチェック

TYO － PAR を直行しているので、割増なし（M）。

②規則表から運賃を Pick Up

・適用期間：往路の国際線（ＴＹＯ）出発日 9/18

※適用期間は往路の国際線出発の日付を復路にも適用する。

・曜日：復路のヨーロッパ内最終地点（ＰＡＲ）出発の土曜日なので週末運賃（W）

以上より TYO － PAR 313,000 円が抜き出せる。

なお、目的地 PAR までに途中降機地点はないので HIP（HIF）チェックは不要である。

③ HRT（1/2RT）にしてから割増率を掛ける

・規則表から抜き出した運賃は往復（RT）運賃なので 1/2RT にして、割増率を掛ける

313,000 円 × 1/2　割増なし（M）なので、これが復路の計算式となり、d）が正しい。

問6　b）

途中降機料金の計算

　・TYO は出発地なので数えない。

　・みなし計算の場合で、Surface の片方が折返し地点となる時は両端とも数
　　えない。

→ Surface の片方である PAR が折返し地点なので、両端となる NCE・PAR
は数えない。

　よって、この旅程に加算すべき途中降機は LON の１回なので、15,000 円と
なり、ｂ）が正しい。

●国際航空運賃フローチャート

1. すべての資料を確認する
※旅程に適用する運賃（規則）表、資料等
※適用期間運賃欄、途中降機欄、運賃計算規定欄、加算額表などを確認

2. 旅程整理
※乗り継ぎ地点など確認

往路の計算	復路の計算
2. 往路のマイルチェック ※運賃の割増率を求める	**6. 復路のマイルチェック** ※運賃の割増率を求める
3. 規則表から運賃をPick Up ※HIF（HIP）チェック	**7. 規則表から運賃をPick Up** ※HIF（HIP）チェック
4. 1/2RT（HRT）をつくる	**8. 1/2RT（HRT）をつくる**
5. HRT に割増率をかける	**9. HRT に割増率をかける**
往路の運賃決定	復路の運賃決定

10. 往路と復路の運賃を合計する

11. 旅程の運賃に途中降機料金を加算する
※往路、復路それぞれに途中降機料金を加算する設問であればそれに従う。

12. 計算終了！

05　航空券

最近の試験では、eチケットを参照する問題が出題されている。eチケットから旅程を整理し必要な情報が読み取れればよいが、ここでは、運賃計算に関する欄も含めて記載事項を見ておこう。

航空券の記載事項（Eチケット）

　Eチケットとは、航空券情報（日付、便名）などをすべて航空会社のコンピューターシステムに保管、記録して作成する電子航空券のこと。従来の航空券のように情報が紙に印字されるのではなく航空会社の予約端末に保持される。

　登録された航空券発券情報を航空券控えとして印刷したものを、**Eチケット旅程表（お客様控え）** という。

　　国家試験でもEチケットお客様控えを参照し旅程を整理する問題が出題されている。

● Eチケットの記載項目（抜粋）

		13157654321888				E-チケットお客様控（旅程）1 OF 1		
TC TRAVEL/TYO JP		15AUG11/AA/1630123 4				E-TICKET ITINERARY		
(NAME)　TORACON/J MR								
	DATE	CITY/AIRPORT	TERMINAL	FLIGHT		STATUS	TIME	REFERENCE

① 😊
| 01SEP(TUE) | TOKYO/NRT | 2 | JL407 | C/OK | 1215 |
| 01SEP(TUE) | FRANKFURT/FRA | 1 | JAL INTERNATIONAL | | 1720 |

😊
| 10SEP(THU) | PARIS/CDG | 3 | JL406 | C/OK | 1925 |
| 11SEP(FRI) | TOKYO/NRT | 2 | JAL INTERNATIONAL | | 1415 |

FARE/TICKET INFORMATION

② FARE CALCULATION　01SEP11 TYO JL FRA M 5494.35 /－ PAR JL TYO M 5212.58
　　　　　　　　　　　NUC10706.93END ROE106.473

③ FARE　　　　　　　　JPY1140000

④ TAX/FEE/CHARGE　　JPY2040SW/JPY21600YQ

⑤ TOTAL　　　　　　　JPY1163640

チェックイン時IDをご提示下さい。E-チケットお客様控(ITINERARY/RECEIPT)は入国審査/税関に提示を求められることがありますので携帯下さい。

CUSTOMER ID IS REQUIRED AT CHECK-IN. E-TICKET ITINERARY/RECEIPT MUST BE AVAILABLE FOR IMMIGRATION/CUSTOMS.

①FLIGHT情報

上段…出発月日・曜日・都市（空港ターミナル）・便名・クラス・時間（現地時間）
下段…到着月日・曜日・都市（空港ターミナル）・便名・クラス・時間（現地時間）

②FARE　CALCULATION

運賃計算。運賃計算にかかるさまざまな情報が記載されている。

③FARE

運賃計算の結果、この旅程の最終的な日本円額。

④TAX/FEE/CHARGE

運賃以外に徴収される、燃油サーチャージ、空港使用料、各国のTAX類等が日本円額で
記載されている。

⑤TOTAL

③の運賃に、④の税金料金を含めた合計額で、この航空券を取得するために最終的に旅
客が支払う価格が日本円額で記載される。

🗣 旅程を確認すると

	JL 407		Surface		JL 406	
TYO	———————	FRA	··················	PAR	———————	TYO
9/1（火）		9/1（火）		9/10（木）		9/11（金）
12：15 発		17：20 着		19：25 発		14：15 着

06 総合的な運賃計算

 基本的な運賃計算手順をマスターした後は、国家試験で出題される応用的な問題の練習をしていこう。資料をよく確認して、ポイントを押さえれば決して難しくないので頑張ろう。

計算の流れ

　ここでは、試験にも出題される日本航空と全日空の運賃を例にして、総合的な問題を見ていこう。

　計算に関わる例外的な規定や、運賃規則に当てはめて旅程条件に合致する適用可能な運賃を探す設問など、規則表や資料をしっかり確認することが大切だ。

例題 下記の適用条件に基づき、資料を参照のうえ、各設問に答えなさい。

〈運賃計算上の留意点〉

・各設問について、途中降機料金および追加運賃が必要な場合は、計算式に含めること。

・JL 米国行 Saver 運賃には Saver H／K／M／L／V／S 運賃が設定されているが、この設問においては Saver K 運賃で算出すること。

〈適用条件〉

1．旅程：

					発	着
TOKYO(NRT)	－	DALLAS(DFW)	JL012	24DEC(月)	11：50	08：10
DALLAS(DFW)	－	CHICAGO(CHI)	AA1734	27DEC(木)	09：00	11：32
CHICAGO(CHI)	－	MIAMI(MIA)	JL7384	29DEC(土)	12：00	16：04
MIAMI(MIA)	－	NEW YORK(NYC)	AA251	01JAN(火)	13：50	16：54
NEW YORK(NYC)	－	TOKYO(HND)	JL005	02JAN(水)	12：50	17：10+1

2．クラス・人員：エコノミークラス・大人1名

3．適用運賃：JL エコノミークラス普通運賃 Flex Y
　　　　　　　 JL エコノミークラス割引運賃 Standard B
　　　　　　　 JL エコノミークラス割引運賃 Saver K

4．運賃・規則：資料編参照

5．運賃計算上の折返し地点：各設問に記載

6．各区間の TPM と MPM：

・各区間 TPM TYO − 6436(PA) − DFW − 799 − CHI − 1192 − MIA − 1104 − NYC − 6723(PA) − TYO

・MPM TYO − DFW 7723(PA) TYO − CHI 7539(PA) TYO − MIA 8938(PA)

7．航空券の予約完了日・発券日：10 月 1 日 (月)

8．その他：運賃は本来 NUC 額にて算出するが、計算簡素化のため円貨額にて算出するものとする。

〈参考〉各区間の TPM の合計

TYO − DFW − CHI 7235　　　　　DFW − CHI − MIA − NYC − TYO 9818

TYO − DFW − CHI − MIA 8427　　CHI − MIA − NYC − TYO 9019

MIA − NYC − TYO 7827

〈規則表〉

米国行　JLエコノミークラス運賃表（抜粋）

運賃種別	普通運賃Flex Y	Standard B運賃	Saver K運賃
目的地	米国（ハワイを除く）（PA）		
適用旅客・人数	個人		
クラス・旅行形態	エコノミークラス　往復・周回・オープンジョー		
適用期間 運賃	ウィークデイ（X）・ウィークエンド（W）の運賃適用： 往路：日本国内の最終地点を出発する曜日に適用される1/2往復運賃を適用する 復路：太平洋横断区間を出発する曜日に適用される1/2往復運賃を適用する 　　　　　　　　　　　　　　ウィークエンド W　　ウィークデイ X 　　往路　　　　　　　　　　土〜月　　　　　　火〜金 　　復路　　　　　　　　　　金・土　　　　　　日〜木		適用期間（シーズナリティ）： 往路：往路の最初の国際線搭乗日を基準として 　　　往路の旅程に適用する 復路：復路の最後の国際線搭乗日を基準として 　　　復路の旅程に適用する
予約・発券	①予約クラス "Y" ②発券は予約完了後7日以内	①予約クラス "B" ②発券は予約した後7日以内	①予約クラス "K" ②予約は最初の国際線搭乗日の7日前までに行う ③発券は予約完了後3日以内。ただし、最初の国際線搭乗日の7日前まで
必要旅行日数	制限なし	2日発・開始	
最長旅行期間	1年発・開始	6ヶ月発・開始	
途中降機	制限なし	米国（ハワイを除く）内で往路・復路各1回無料で可	
乗り換え	制限なし	日本国内で往路・復路各1回可 米国（ハワイを除く）内で往路・復路各2回可	
経路規定	①日本国内区間はJLまたはNUに限る ②太平洋横断区間はJLに限る	①日本国内区間はJLまたはNUに限る ②太平洋横断区間はJLに限る ③米国内はJL、AA、AS、B6、WSに限る	
運賃計算規定	距離計算、HIPチェックを適用する	距離計算を適用する。ただし、HIPチェックは適用しない	
結合可能運賃	Flex Y/ Standard B/ Saver K 運賃を含む日本発米国内結合可能な1/2JL往復運賃 予約・発券、必要旅行日数、最長旅行期間、取り消し・払い戻しについては結合されるより厳しい運賃規則が全旅程に適用される。ただし、適用期間、途中降機、乗り換え、経路規定、運賃計算規定、予約変更・経路変更についてはフェアコンポーネント（運賃計算区間）ごとの規則が適用される		
予約変更 経路変更	可 変更の結果生じる運賃差額の調整は行うこと	旅行開始前/旅行開始後 1回につき変更料金15,000円で可 ただしすでに予約が入っている便の出発時刻までに変更手続を行うこと。変更の結果生じる差額調整は行うこと	不可
取り消し 払い戻し	制限なし	旅行開始前 ①往路の最初の区間の予約便出発時刻より前に取り消しの連絡を行った場合 　大人20,000円、小児15,000円を取消手数料として収受し残額を払い戻す ②予約便の取り消しを行わなかった場合 　大人40,000円、小児30,000円を取消手数料として収受し残額を払い戻す 旅行開始後 出発地からすでに旅行した区間を適用可能普通運賃で再計算し、支払い額との差額がある場合は残額を払い戻す	旅行開始前 ①往路の最初の区間の予約便出発時刻より前に取り消しの連絡を行った場合 　大人30,000円、小児22,500円を取消手数料として収受し残額を払い戻す ②予約便の取り消しを行わなかった場合 　運賃額の50%を取消手数料として収受し残額を払い戻す 旅行開始後 払い戻し不可

（1）運賃表
①Flex Y運賃

単位：円

出発地	TYO 東京							
目的地	DFW ダラス		CHI シカゴ		MIA マイアミ		NYC ニューヨーク	
X/Wの適用　シーズナリティ	ウィークエンド（W）	ウィークデイ（X）	ウィークエンド（W）	ウィークデイ（X）	ウィークエンド（W）	ウィークデイ（X）	ウィークエンド（W）	ウィークデイ（X）
4/1～3/31	998,000	878,000	961,000	841,000	989,000	869,000	993,000	873,000

②Standard B運賃

単位：円

出発地	TYO 東京							
目的地	DFW ダラス		CHI シカゴ		MIA マイアミ		NYC ニューヨーク	
X/Wの適用　シーズナリティ	ウィークエンド（W）	ウィークデイ（X）	ウィークエンド（W）	ウィークデイ（X）	ウィークエンド（W）	ウィークデイ（X）	ウィークエンド（W）	ウィークデイ（X）
4/1～3/31	428,000	388,000	410,000	370,000	418,000	378,000	418,000	378,000

③Saver K運賃
【往路】

単位：円

出発地	TYO 東京							
目的地	DFW ダラス		CHI シカゴ		MIA マイアミ		NYC ニューヨーク	
X/Wの適用　シーズナリティ	ウィークエンド（W）	ウィークデイ（X）	ウィークエンド（W）	ウィークデイ（X）	ウィークエンド（W）	ウィークデイ（X）	ウィークエンド（W）	ウィークデイ（X）
12/22～12/23	318,000	298,000	304,000	284,000	304,000	284,000	304,000	284,000
12/24～12/27	258,000	238,000	244,000	224,000	244,000	224,000	244,000	224,000
12/28～12/30	318,000	298,000	304,000	284,000	304,000	284,000	304,000	284,000
12/31～3/31	258,000	238,000	244,000	224,000	244,000	224,000	244,000	224,000

【復路】

単位：円

出発地	TYO 東京							
目的地	DFW ダラス		CHI シカゴ		MIA マイアミ		NYC ニューヨーク	
X/Wの適用　シーズナリティ	ウィークエンド（W）	ウィークデイ（X）	ウィークエンド（W）	ウィークデイ（X）	ウィークエンド（W）	ウィークデイ（X）	ウィークエンド（W）	ウィークデイ（X）
8/23～1/1	258,000	238,000	244,000	224,000	244,000	224,000	244,000	224,000
1/2～1/5	318,000	298,000	304,000	284,000	304,000	284,000	304,000	284,000
1/6～3/31	258,000	238,000	244,000	224,000	244,000	224,000	244,000	224,000

（2）追加運賃
往路・復路が下記特定便に該当する場合、追加運賃を加算する

路線	便名	予約クラス/追加運賃（片道）		
羽田－ニューヨーク	JL006/JL005	Y/ 10,000円	B/ 10,000円	K/ 7,500円

問1　この旅程において、往路・復路に Flex Y 運賃を適用し、運賃計算上の折返し地点を MIA とした場合、運賃算出のための計算式はどれか。

　　　往路　　　　　　　　復路
　　a）989,000 円× 1/2　　＋ 869,000 円× 1/2 ＋ 10,000 円
　　b）989,000 円× 1/2　　＋ 873,000 円× 1/2 ＋ 10,000 円

c) 998,000 円 × 1/2 　　　+ 869,000 円 × 1/2 + 10,000 円

d) 998,000 円 × 1/2 　　　+ 873,000 円 × 1/2 + 10,000 円

問2　この旅程において、往路・復路に Saver K 運賃を適用し、運賃計算上の折返し地点を CHI とした場合、運賃算出のための計算式はどれか。

　　　　往路　　　　　　　　復路

a) 244,000 円 × 1/2 　　　+ 284,000 円 × 1/2 + 7,500 円

b) 258,000 円 × 1/2 　　　+ 284,000 円 × 1/2 × 1.20 + 7,500 円

c) 244,000 円 × 1/2 　　　+ 284,000 円 × 1/2 × 1.20 + 7,500 円

d) 244,000 円 × 1/2 　　　+ 224,000 円 × 1/2 × 1.20 + 7,500 円

問3　この旅程において、往路に Standard B 運賃、復路に Saver K 運賃を適用し、運賃計算上の折返し地点を CHI とした場合、運賃算出のための計算式はどれか。

　　　　往路　　　　　　　　復路

a) 418,000 円 × 1/2 　　　+ 224,000 円 × 1/2 + 7,500 円

b) 410,000 円 × 1/2 　　　+ 224,000 円 × 1/2 × 1.20 + 7,500 円

c) 428,000 円 × 1/2 　　　+ 284,000 円 × 1/2 + 7,500 円

d) 410,000 円 × 1/2 　　　+ 284,000 円 × 1/2 × 1.20 + 7,500 円

問4　この旅程において、上記問3の運賃を適用した往復航空券を購入後、旅客の都合により旅行を中止し、10 月 12 日 (金) に全旅程の取り消しの連絡を行い、予約発券した旅行会社を通じて払い戻し手続きをする場合、航空運賃の払い戻しに関する次の記述のうち、正しいものはどれか。(旅行会社が定めた払い戻しに係る取扱手数料は考慮しないものとする。)

a) 20,000 円を取消手数料として支払い、残額が払い戻される。

b) 30,000 円を取消手数料として支払い、残額が払い戻される。

c) 支払った運賃額の 50 % を取消手数料として支払い、残額が払い戻される。

d) 払い戻し不可

こたえ 計算の前に問題や資料（規則表）を確認しておこう。

①運賃種別ごとに規則表の「適用期間・運賃」欄、「途中降機」欄、「運賃計算規定」欄を確認する。

　規則表（タリフ）下の「追加運賃」も確認する。

・Flex Y

　適用期間（シーズナリティ）：基準なし。

　曜日（X/W）：往路ＴＹＯ発月曜日→週末運賃（W）・復路ＮＹＣ発水曜日
　　　　　　　　→平日運賃（X）。

　途中降機：制限なし（回数制限なし、無料）。

　運賃計算規定：距離計算（マイルチェック）、HIF（HIP）チェックを行う。

　追加運賃：復路 JL005 便は 10,000 円の加算が必要。

・Standard B

　適用期間（シーズナリティ）：基準なし。

　曜日（X/W）：往路ＴＹＯ発月曜日→週末運賃（W）・復路ＮＹＣ発水曜日
　　　　　　　　→平日運賃（X）

　途中降機：往路・復路各 1 回無料

　運賃計算規定：距離計算（マイルチェック）は行う。HIF（HIP）チェック
　　　　　　　　は行わない。

　追加運賃：復路 JL005 便は 10,000 円の加算が必要。

・Saver K

　適用期間（シーズナリティ）：往路は最初の国際線搭乗ＴＹＯ発の 12/24
　　　　　　　　　　　　　　　復路は最後の国際線搭乗ＮＹＣ発の 1/2

　曜日（X/W）：往路ＴＹＯ発月曜日→週末運賃（W）・復路ＮＹＣ発水曜日
　　　　　　　　→平日運賃（X）

　途中降機：往路・復路各 1 回無料

　運賃計算規定：距離計算（マイルチェック）は行う。HIF（HIP）チェック
　　　　　　　　は行わない。

　追加運賃：復路 JL005 便は 7,500 円の加算が必要。

②問３の設問のように、往路と復路で異なる運賃種別を組み合わせて運賃計算をする場合は、規則表の「結合（可能）運賃」欄を確認する。

結合（可能）運賃：Standard B と Saver K を結合することは可能である。記載
の通り、この場合は予約や最長旅行期間、払い戻しなどについては結合したより厳しい条件を適用する。その他の計算にまつわる規則（例えば適用期間・運賃や途中降機、運賃計算規定など）は、往路・復路それぞれに適用する運賃規則でよい。

問1　c）

①旅程を整理する

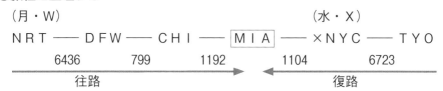

（月・W）　　　　　　　　　　　　　　　　（水・X）
NRT ── DFW ── CHI ── │MIA│ ── ×NYC ── TYO
　　　6436　　　799　　　1192　　　1104　　　6723
　　　　　　往路　　　　　　　→　←　　　　　復路

※ NYC は 24 時間以内の乗継地点

②往路の計算

➡ マイルチェック

MPM8938 ＞ TTPM8427 なので割増なし（M）。

➡ 運賃を Pick Up する（HIP チェックを行う）

　　週末（W）TYO － MIA　989,000 円
　　　　　　　TYO － DFW　998,000 円
　　　　　　　TYO － CHI　961,000 円

目的地 MIA までより途中降機地点 DFW までが高額なので HIP（HIF）あり。
往路には TYO － DFW　998,000 円を適用し、1/2RT にする。よって往路
の計算式は 998,000 円× 1/2 となる。

③復路の計算

➡ マイルチェック

MPM8938 ＞ TTPM7827 なので割増なし（M）。

➡ 運賃を Pick Up する

　　平日（X）TYO － MIA　869,000 円

NYC は乗継地点なので HIP の対象にはしない。
復路には TYO － MIA　869,000 円を適用し、1/2RT にする。
なお、JL005 便は 10,000 円の追加運賃が必要となる。
よって、復路の計算式は 869,000 円× 1/2 ＋ 10,000 円となる。

問2　c）

①旅程を整理する

$$\text{NRT} \underset{6436}{\longrightarrow} \text{DFW} \underset{799}{\longrightarrow} \boxed{\text{CHI}} \underset{1192}{\longrightarrow} \text{MIA} \underset{1104}{\longrightarrow} \times\text{NYC} \underset{6723}{\longrightarrow} \text{TYO}$$

往路　　　　　　　　　　　復路

②往路の計算

➡ マイルチェック

MPM7539 ＞ TTPM7235 なので割増なし（M）。

➡ 運賃を Pick Up する（HIP チェックは行わない）

　適用期間 12/24、週末（W）TYO － CHI　244,000 円

往路には TYO － CHI　244,000 円を適用し、1/2RT にする。DFW は途中降機となるが、途中降機料金は無料。

よって往路の計算式は 244,000 円× 1/2 となる。

③復路の計算

➡ マイルチェック

MPM7539 ＞ TTPM9019 なので割増あり。TTPM9019 ÷ MPM7539 ＝ 1.19 …なので、20％割増（20 M）。

➡ 運賃を Pick Up する（HIP チェックは行わない）

　適用期間 1/2、平日（X）TYO － CHI　284,000 円

復路には TYO － CHI　284,000 円を適用し、1/2RT にしたものに 20％割増しをする。

MIA は途中降機となるが、途中降機料金は無料。

復路 JL005 便は 7,500 円追加運賃が必要である。

よって復路の計算式は 284,000 円× 1/2 × 1.20 ＋ 7,500 円となる。

問3　d）

①旅程を整理する

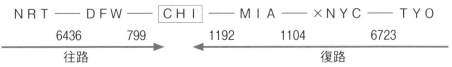

$$\text{NRT} \underset{6436}{\longrightarrow} \text{DFW} \underset{799}{\longrightarrow} \boxed{\text{CHI}} \underset{1192}{\longrightarrow} \text{MIA} \underset{1104}{\longrightarrow} \times\text{NYC} \underset{6723}{\longrightarrow} \text{TYO}$$

往路　　　　　　　　　　　復路

②往路の計算（Standard B）

➡ マイルチェック

MPM7539 ＞ TTPM7235 なので割増なし（M）。

➡ 運賃を Pick Up する（HIP チェックは行わない）

週末（W）TYO － CHI　410,000 円

往路には TYO － CHI　410,000 円を適用し、1/2RT にする。DFW は途中降機となるが、途中降機料金は無料。

よって往路の計算式は 410,000 円 × 1/2 となる。

③復路の計算（Saver K）

➡ マイルチェック

MPM7539 ＞ TTPM9019 なので割増あり。TTPM9019 ÷ MPM7539 = 1.19…なので、20％割増（20 M）。

➡ 運賃を Pick Up する（HIP チェックは行わない）

適用期間 1/2、平日（X）TYO － CHI　284,000 円

復路には TYO － CHI　284,000 円を適用し、1/2RT にしたものに 20％割増しをする。

MIA は途中降機となるが、途中降機料金は無料。

復路 JL005 便は 7,500 円追加運賃が必要である。

よって復路の計算式は 284,000 円 × 1/2 × 1.20 ＋ 7,500 円となる。

問 4　b）

取り消し・払い戻しの設問である。

結合可能運賃欄より、Standard B と Saver K を結合した場合の取り消し・払い戻しの条件は、厳しいほうを適用する。

Standard B　旅行開始前　①より、取消手数料は 20,000 円。

Saver K　　　旅行開始前　①より、取消手数料は 30,000 円。

取消手数料は高いほうが厳しい条件となるので、Saver K の規則が適用される。

例題 下記の適用条件に基づき、資料を参照のうえ、各設問に答えなさい。

〈運賃計算上の留意点〉

各設問について、途中降機料金が必要な場合は、計算式に含めること。

〈適用条件〉

1．旅程：　　　　　　　　　　　　　　　　　　　　　　　発　　　着
TOKYO(NRT) － MADRID(MAD) 　JL7089　16SEP(月)　11：05　18：15
注）JL7089便はイベリア航空(IB)運航のコードシェア便である。
MADRID(MAD) － PARIS(PAR) 　　IB3402　18SEP(水)　07：30　09：30
PARIS(PAR) － NICE(NCE) 　　　　AF6204　23SEP(月)　09：00　10：25
NICE(NCE) － HELSINKI(HEL) 　　AY1602　27SEP(金)　11：20　15：35
HELSINKI(HEL) － TOKYO(NRT) 　JL414　01OCT(火)　17：35　09：05+1

2．クラス・人員：エコノミークラス・大人1名

3．適用運賃：JL エコノミークラス普通運賃 FLEX Y

　　　　　　　JL エコノミークラス割引運賃 Standard B/Saver L

4．運賃・規則：資料編参照

5．運賃計算上の折返し地点：各設問に記載

6．各区間の TPM と MPM：

・各区間 TPM TYO － 6795（TS）－ MAD － 664 － PAR － 428 － NCE － 1367 －
 HEL － 5229（TS）－ TYO

・MPM TYO － PAR 7432（TS）　TYO － NCE 7486（TS）　TYO － HEL 7429（TS）

7．航空券の予約完了日・発券日：2019 年 5 月 22 日（水）

8．その他：運賃は本来 NUC 額にて算出するが、計算簡素化のため円貨額にて算出するものとする。

＜参考＞

各区間の TPM 合計：

TYO － MAD － PAR 7459　　　　　　TYO － HEL － NCE － PAR 7024

TYO － MAD － PAR － NCE 7887　　TYO － HEL － NCE 6596

TYO － MAD － PAR － NCE － HEL 9254

〈規則表〉

ヨーロッパ行　JLエコノミークラス運賃表（抜粋）

運賃種別	普通運賃Flex Y	Standard B運賃	Saver L運賃
目的地	ヨーロッパ（ＴＳ）		
適用旅客・人数	個人		
クラス・旅行形態	エコノミークラス　往復・周回・オープンジョー		
適用期間 運賃		ウィークデイ（X）・ウィークエンド（W）の運賃適用： 往路：日本国内の最終地点を出発する曜日に適用される1/2往復運賃を適用する 復路：ヨーロッパ内最終地点を出発する曜日に適用される1/2往復運賃を適用する |　|ウィークエンド W|ウィークデイ X| |往路|土〜月|火〜金| |復路|金・土|日〜木|	|　|ウィークエンド（W）|ウィークデイ（X）| |往路|土・日|月〜金| |復路|金・土|日〜木| 適用期間（シーズナリティ）： 往路：往路の国際線出発日を基準として往路の旅程に適用する 復路：復路のヨーロッパ内最終地点の出発日を基準として復路の旅程に適用する
予約・発券	①予約クラス "Y" ②発券は以下の期限までに行う ・予約が最初の国際線搭乗日の22日以前：最初の国際線搭乗日の14日前まで ・予約が最初の国際線搭乗日の21日以降：予約完了後7日以内	①予約クラス "B" ②発券は予約完了後7日以内 ③旅行全体の予約は確定済みのこと	①予約クラス "L" ②予約は最初の国際線搭乗日の7前までに行う ③発券は以下の期限までに行う ・予約が最初の国際線搭乗日の29日以前：予約完了後7日以内 ・予約が最初の国際線搭乗日の28日〜7日前まで：予約完了後3日以内。ただし最初の国際線搭乗日の7日前まで
必要旅行日数	制限なし		3日発・開始
最長旅行期間	12ヶ月発・開始		
途中降機	制限なし	ヨーロッパ内で往路・復路各2回可 （1回につき10,000円） ただし、ヘルシンキ、マドリードでの途中降機は無料で可	ヨーロッパ内で往路・復路各1回可 （1回につき10,000円） ただし、ヘルシンキ、マドリードでの途中降機は無料で可
乗り換え	制限なし	日本国内で往路・復路各1回可 ヨーロッパ内で往路・復路各3回可	日本国内で往路・復路各1回可 ヨーロッパ内で往路・復路各1回可、さらにスペイン行はロンドン、ヘルシンキ経由に限りマドリード、バルセロナで往路・復路各1回可
経路規定	①日本国内区間はJLまたはNUに限る ②日本発着国際線区間はJLに限る（IB運航のコードシェア便利用可）		
運賃計算規定	距離計算は適用するが、ＨＩＰチェックは適用しない		距離計算、HIPチェックは適用しない
結合可能運賃	下記運賃間の片道ずつの利用可 Flex Y/ Standard B/ Saver L 予約・発券、必要旅行日数、最長旅行期間、取り消し・払い戻しについては結合されるより厳しい運賃規則が全旅程に適用される。ただし、適用期間、途中降機、乗り換え、経路規定、運賃計算規定、予約変更・経路変更についてはフェアコンポーネント（運賃計算区間）ごとの規則が適用される		
予約変更 経路変更	可	1回につき変更料金15,000円で可 ただしすでに予約が入っている便の出発時刻までに変更手続を行うこと。	不可
取り消し 払い戻し	制限なし	旅行開始前 ①往路の最初の区間の予約便出発時刻より前に取り消しの連絡を行った場合 　大人30,000円を取消手数料として収受し残額を払い戻す ②予約便の取り消しを行わなかった場合 　払い戻し不可	

（1）運賃表
①Flex Y運賃

単位：円

出発地	TYO 東京			
目的地	MAD マドリード / PAR パリ / HELヘルシンキ		NCE ニース	
X/Wの適用 シーズ゛ナリティ	ウィークエンド（W）	ウィークデイ（X）	ウィークエンド（W）	ウィークデイ（X）
4/1〜3/31	690,000	630,000	695,000	635,000

②Standard B運賃

単位：円

出発地	TYO 東京			
目的地	MAD マドリード / PAR パリ / HELヘルシンキ		NCE ニース	
X/Wの適用 シーズ゛ナリティ	ウィークエンド（W）	ウィークデイ（X）	ウィークエンド（W）	ウィークデイ（X）
4/1〜3/31	444,000	404,000	449,000	409,000

③Saver L運賃
【往路】JL運航便利用

単位：円

出発地	TYO 東京			
目的地	MAD マドリード / PAR パリ / HELヘルシンキ		NCE ニース	
X/Wの適用 シーズ゛ナリティ	ウィークエンド（W）	ウィークデイ（X）	ウィークエンド（W）	ウィークデイ（X）
8/11〜9/30	202,000	182,000	207,000	187,000
10/1〜10/20	182,000	162,000	187,000	167,000

【往路】IB運航便利用

単位：円

出発地	TYO 東京			
目的地	MAD マドリード / PAR パリ / HELヘルシンキ		NCE ニース	
X/Wの適用 シーズ゛ナリティ	ウィークエンド（W）	ウィークデイ（X）	ウィークエンド（W）	ウィークデイ（X）
8/11〜9/30	182,000	162,000	187,000	167,000
10/1〜10/20	167,000	147,000	172,000	152,000

【復路】JL運航便利用

単位：円

出発地	TYO 東京			
目的地	MAD マドリード / PAR パリ / HELヘルシンキ		NCE ニース	
X/Wの適用 シーズ゛ナリティ	ウィークエンド（W）	ウィークデイ（X）	ウィークエンド（W）	ウィークデイ（X）
6/1〜9/30	202,000	182,000	207,000	187,000
10/1〜10/20	182,000	162,000	187,000	167,000

（2）適用運賃
運賃は航空券の第一区間の旅行開始日に適用される航空券の発券日に有効な運賃を使用する。
発券日から旅行開始日までの間に運賃の変更があった場合でも発券日に有効な運賃が適用される。

問1　この旅程において、NCE を計算上の折返し地点として、往路に Standard B 運賃、復路に Saver L 運賃を適用した場合、運賃算出のための計算式はどれか。

<table>
<tr><td>往路</td><td></td><td>復路</td></tr>
<tr><td>a）449,000 円 × 1/2 + 10,000 円</td><td>+</td><td>167,000 円 × 1/2</td></tr>
<tr><td>b）449,000 円 × 1/2 × 1.10 + 10,000 円</td><td>+</td><td>167,000 円 × 1/2</td></tr>
<tr><td>c）449,000 円 × 1/2 × 1.10 + 10,000 円</td><td>+</td><td>187,000 円 × 1/2</td></tr>
<tr><td>d）449,000 円 × 1/2 × 1.10 + 20,000 円</td><td>+</td><td>167,000 円 × 1/2 + 10,000 円</td></tr>
</table>

問2　この旅程において、HEL を計算上の折返し地点として、往路に Flex Y 運賃、復路に Saver L 運賃を適用した場合、運賃算出のための計算式はどれか。

<table>
<tr><td>往路</td><td></td><td>復路</td></tr>
<tr><td>a）690,000 円 × 1/2</td><td>+</td><td>162,000 円 × 1/2</td></tr>
<tr><td>b）695,000 円 × 1/2</td><td>+</td><td>182,000 円 × 1/2</td></tr>
<tr><td>c）690,000 円 × 1/2 × 1.25</td><td>+</td><td>162,000 円 × 1/2</td></tr>
<tr><td>d）695,000 円 × 1/2 × 1.25</td><td>+</td><td>182,000 円 × 1/2</td></tr>
</table>

問3　この旅程において、PAR を計算上の折返し地点として、往路に Saver L 運賃、復路に Standard B 運賃を適用した場合、運賃算出のための計算式はどれか。

<table>
<tr><td>往路</td><td></td><td>復路</td></tr>
<tr><td>a）162,000 円 × 1/2</td><td>+</td><td>404,000 円 × 1/2 + 10,000 円</td></tr>
<tr><td>b）162,000 円 × 1/2 + 10,000 円</td><td>+</td><td>404,000 円 × 1/2 + 20,000 円</td></tr>
<tr><td>c）182,000 円 × 1/2</td><td>+</td><td>404,000 円 × 1/2 + 10,000 円</td></tr>
<tr><td>d）182,000 円 × 1/2 + 10,000 円</td><td>+</td><td>409,000 円 × 1/2 + 20,000 円</td></tr>
</table>

問4　上記問3の運賃を適用した航空券に関する記述のうち正しいものをすべて選びなさい。

a）最長旅行期間の規則を最大限に適用してヨーロッパに滞在する場合、HEL-TYO 間の JL414 便の最終旅行開始日は 9 月 16 日となる。

b）航空券発券後、日本航空が 8 月 1 日に日本政府の認可を受け、9 月 1

日出発分から当該旅行の航空運賃の改定をした場合においても、航空券
　　の差額調整は行われない。

　c）MAD到着後の9月16日に、旅客の都合によりMAD－PAR間の
　　IB3402便を9月19日のIB3402便の同一クラスへ変更することは、変
　　更手数料15,000円を支払うことにより可能となる。

 計算の前に問題や資料（規則表）を確認しておこう。

①運賃種別ごとに規則表の「適用期間・運賃」欄、「途中降機」欄、「運賃計算
規定」欄を確認する。

・Flex Y

　適用期間（シーズナリティ）：基準なし。

　曜日（X/W）：往路ＴＹＯ発月曜日→週末運賃（W）・復路ＨＥＬ発火曜日
　　　　　　　→平日運賃（X）。

　途中降機：制限なし（回数制限なし、無料）。

　運賃計算規定：距離計算（マイルチェック）は行うが、HIF（HIP）チェッ
　　　　　　　クは行わない。

・Standard B

　適用期間（シーズナリティ）：基準なし。

　曜日（X/W）：往路ＴＹＯ発月曜日→週末運賃（W）・復路ＨＥＬ発火曜日
　　　　　　　→平日運賃（X）。

　途中降機：1回につき10,000円。ただし往路のMAD、復路のHELは無料
　　　　　　となる。

　運賃計算規定：距離計算（マイルチェック）は行うが、HIF（HIP）チェッ
　　　　　　　クは行わない。

・Saver L

　適用期間（シーズナリティ）：往路は最初の国際線搭乗ＴＹＯ発の9/16
　　　　　　　　　　　　　　　　復路は最後の国際線搭乗ＨＥＬ発の10/1

　曜日（X/W）：往路ＴＹＯ発月曜日→平日運賃（X）・復路ＨＥＬ発火曜日
　　　　　　　→平日運賃（X）

途中降機：1回につき 10,000 円。ただし往路の MAD、復路の HEL は無料
　　　　　となる。

運賃計算規定：距離計算（マイルチェック）、HIF（HIP）チェックともに
　　　　　　　行わない。

②往路と復路で異なる運賃種別を組み合わせて運賃計算をする場合は、規則表の「結合（可能）運賃」欄を確認する。

結合（可能）運賃：Flex Y、Standard B、Saver L を結合することは可能である。
　　　　　　　　　記載の通り、この場合は予約や最長旅行期間、払い戻しなどに
　　　　　　　　　ついては結合したより厳しい条件を適用する。その他の計算に
　　　　　　　　　まつわる規則（例えば適用期間・運賃や途中降機、運賃計算規
　　　　　　　　　定など）は、往路・復路それぞれに適用する運賃規則でよい。

問1　b）
①旅程を整理する

（月・W）　　　　　　　　　　　　　　　　10/1（火・X）
TYO ── MAD ── PAR ── ┃NCE┃ ── HEL ── TYO
　　　往路　　　　　　　　　　　　　　　　　復路

②往路の計算（Standard B）

➡マイルチェック

MPM7486 ＞ TTPM7887　なので割増が必要　TTPM7887 ÷ MPM7486 ＝
1.053…なので 10％割増（10 M）。

➡運賃を Pick Up する（HIP チェックは行わない）

　週末（W）TYO − NCE　449,000 円

往路には TYO − NCE　449,000 円を適用する。1/2RT に 10％割増をする。

途中降機料金は PAR の1回分 10,000 円（MAD の途中降機料金は無料）。

よって往路の計算式は 449,000 円× 1/2 × 1.10 ＋ 10,000 円となる。

③復路の計算（Saver L）

➡マイルチェックは行わない

➡運賃を Pick Up する（HIP チェックは行わない）

　適用期間 10/1　平日（X）TYO − NCE　167,000 円

復路には TYO － NCE　167,000 円を適用し、1/2RT にする。

HEL の途中降機料金は無料。

よって復路の計算式は 167,000 円× 1/2 となる。

問2　c ）

①旅程を整理する

（月・W）　　　　　　　　　　　　　　　　　　10/1（火・X）

ＴＹＯ ―― ＭＡＤ ―― ＰＡＲ ―― ＮＣＥ ―― ｜ＨＥＬ｜ ―― ＴＹＯ

　　　往路　　　　　　　　　　　　　　　　　　復路

②往路の計算（Flex Y）

➡ マイルチェック

MPM7429 ＞ TTPM9254　なので割増が必要　TTPM9254 ÷ MPM7429 ＝

1.24…なので 25%割増（25 M）。

➡ 運賃を Pick Up する（HIP チェックは行わない）

　週末（W）TYO － HEL　690,000 円

往路には TYO － HEL　690,000 円を適用する。1/2RT に 25%割増をする。

途中降機料金はかからない。

よって往路の計算式は 690,000 円× 1/2 × 1.25 となる。

③復路の計算（Saver L）

➡ マイルチェックは行わない

➡ 運賃を Pick Up する（HIP チェックは行わない）

　適用期間 10/1　平日（X）TYO － HEL　162,000 円

復路には TYO － HEL　162,000 円を適用し、1/2RT にする。

よって復路の計算式は 162,000 円× 1/2 となる。

問3　a ）

①旅程を整理する

9/16（月・X）　　　　　　　　　　　　　　　　（火・X）

ＴＹＯ ―― ＭＡＤ ―― ｜ＰＡＲ｜ ―― ＮＣＥ ―― ＨＥＬ ―― ＴＹＯ

　　　往路　　　　　　　　　　　　　　　復路

②往路の計算（Saver L）

➡ マイルチェックは行わない

➡ 運賃を Pick Up する（HIP チェックは行わない）

適用期間 9/16　平日（X）IB 運航便利用　TYO - PAR　162,000 円

※旅程より JL7089 便は IB 運航のコードシェア便とあるので、IB 運航便利
用の運賃表から抜き出す

MAD の途中降機料金は無料

よって往路の計算式は 162,000 円× 1/2 となる。

③復路の計算（Standard B）

➡ マイルチェック

MPM7432 ＞ TTPM7024　なので割増なし（M）

➡ 運賃を Pick Up する（HIP チェックは行わない）

平日（X）TYO - PAR　404,000 円

　途中降機料金は NCE の 1 回分 10,000 円（HEL の途中降機料金は無料）

よって復路の計算式は 404,000 円× 1/2 ＋ 10,000 円となる。

問 4　a）b）

　a）正しい。

結合可能運賃欄から、より厳しい規則を適用するとあるが、Saver L と
Standard B ともに最長旅行期間は 12 ヵ月発開始。

旅行開始日 9 月 16 日の 12 ヵ月後の同一日である 2020 年 9 月 16 日が旅行期
間満了日となる。

2020 年 9 月 16 日 24 時までに最後の途中降機地点 HEL を出発しなければな
らない。

　b）正しい。

　資料の運賃表下（2）適用運賃の記述より正しい。

　c）誤り。

　結合可能運賃欄より、予約変更は、往路に適用した Saver L 運賃の規則
が適用される。

　Saver L の予約変更は不可である。

下記の適用条件に基づき、資料を参照のうえ、各設問に答えなさい。

〈運賃計算上の留意点〉
- 各設問について、与えられた条件に基づき、運賃規則に合致する最も安価な運賃を算出すること。
- 各設問において、途中降機料金および追加運賃が必要な場合は計算式に含めること。
- NH Value運賃にはValue H/Q/V/W/S運賃が設定されているが、この設問においてはValueQ/S運賃で算出すること。
- 空席状況は、各設問ともに往路・復路とも全クラス空席があるものとする。

〈適用条件〉
1. 旅程：各設問に記載
2. クラス・人員：エコノミークラス・大人1名
3. 適用運賃：NH エコノミークラス割引運賃Basic Plus M/U
　　　　　　　NH エコノミークラス割引運賃Value Q/S
4. 運賃・規則：資料編参照
5. 運賃計算上の折返し地点：各設問に記載
6. 各区間のTPM とMPM：
- 各区間TPM CTS－510－TYO－6214(TS)－LON－214－PAR－6194(TS)－TYO－510－CTS
- MPM CTS－PAR 8044(TS)
7. 航空券の予約完了日・発券日：各設問に記載
8. その他：運賃は本来NUC額にて算出するが、計算簡素化のため円貨額にて算出するものとする。
　＜参考＞ 各区間のTPM合計：CTS－TYO－LON－PAR 6938　　PAR－TYO－CTS 6704

問1　以下の条件において、全旅程に適用できる最も安価な運賃算出のための計算式はどれか。

1. 旅程：

					発	着
SAPPORO(CTS)	－	TOKYO(HND)	NH050	13OCT（土）	07：30	09：05
TOKYO(HND)	－	LONDON(LON)	NH211	13OCT（土）	11：35	16：10
LONDON(LON)	－	PARIS(PAR)	AF1181	16OCT（火）	20：10	22：20
PARIS(PAR)	－	TOKYO(HND)	NH216	18OCT（木）	20：00	14：45+1
TOKYO(HND)	－	SAPPORO(CTS)	NH073	19OCT（金）	17：00	18：30

2. 予約完了日・発券日：2018 年 9 月 20 日（木）
3. 予約の変更：全旅程を予約の変更なく旅行を完了するものとする。
4. 運賃計算上の折返し地点：PAR

a ）往路（125,000 円 + 10,000 円）× 1/2 + 20,000 円 + 5,000 円
+
復路（105,000 円 + 10,000 円）× 1/2 + 5,000 円

b ）往路（252,000 円 + 10,000 円）× 1/2 + 20,000 円 + 5,000 円
+
復路（232,000 円 + 10,000 円）× 1/2 + 5,000 円

c ）往路（352,000 円 + 10,000 円）× 1/2 + 20,000 円 + 5,000 円
+
復路（332,000 円 + 10,000 円）× 1/2 + 5,000 円

d ）往路（434,000 円 + 10,000 円）× 1/2 + 20,000 円 + 10,000 円
+
復路（394,000 円 + 10,000 円）× 1/2 + 10,000 円

問2　以下の条件において、全旅程に適用できる最も安価な運賃算出のための計算式はどれか。

1．旅程：

			発	着
SAPPORO（CTS）	－	TOKYO（HND）	NH050　29OCT（月）	07：30	09：05
TOKYO（HND）	－	LONDON（LON）	NH211　29OCT（月）	11：40	15：25
LONDON（LON）	－	PARIS（PAR）	AF1181　31OCT（水）	19：50	22：00
PARIS（PAR）	－	TOKYO（HND）	NH216　02NOV（金）	19：30	15：25+1
TOKYO（HND）	－	SAPPORO（CTS）	NH073　03NOV（土）	17：00	18：30

2．予約完了日・発券日：2018 年 10 月 23 日（火）
3．予約の変更：全旅程を予約の変更なく旅行を完了するものとする。
4．運賃計算上の折返し地点：PAR

a ）往路（85,000 円 + 10,000 円）× 1/2 + 20,000 円 + 5,000 円
+
復路（105,000 円 + 10,000 円）× 1/2 + 5,000 円

b ）往路（85,000 円 + 10,000 円）× 1/2 + 20,000 円 + 5,000 円
+

復路 （221,000 円 + 10,000 円） × 1/2 + 5,000 円

c） 往路 （434,000 円 + 10,000 円） × 1/2 + 20,000 円 + 10,000 円

+

復路 （311,000 円 + 10,000 円） × 1/2 + 5,000 円

d） 往路 （434,000 円 + 10,000 円） × 1/2 + 20,000 円 + 10,000 円

+

復路 （434,000 円 + 10,000 円） × 1/2 + 10,000 円

問3　以下の条件において、全旅程に適用できる最も安価な運賃算出のための計算式はどれか。

1．旅程：　　　　　　　　　　　　　　　　　　　　　　　　　発　　　　着
　TOKYO(HND)　－　LONDON(LON)　　NH211　10OCT(水)　11：35　16：10
　LONDON(LON)　－　PARIS(PAR)　　地上運送機関利用
　PARIS(PAR)　　－　TOKYO(HND)　　NH216　07NOV(水)　19：30　15：25+1

2．予約完了日・発券日：2018 年 8 月 8 日(水)

3．予約の変更：LON 到着後に PAR － HND 間を 2018 年 11 月 7 日(水) から 2018 年 11 月 6 日(火) NH 216 便の同一クラスへの予約変更可能なものとする。

4．運賃計算上の折返し地点：往路の終点を LON、復路の始点を PAR とするオープンジョー旅行

往路	復路
a） 105,000 円 × 1/2 + 5,000 円	+ 332,000 円 × 1/2 + 5,000 円
b） 232,000 円 × 1/2 + 5,000 円	+ 291,000 円 × 1/2 + 5,000 円
c） 232,000 円 × 1/2 + 5,000 円	+ 332,000 円 × 1/2 + 5,000 円
d） 332,000 円 × 1/2 + 5,000 円	+ 394,000 円 × 1/2 + 10,000 円

〈規則表〉

ヨーロッパ行　エコノミークラス割引運賃（抜粋）

運賃種別	Basic Plus M	Basic Plus U	Value Q	Value S
目的地	ヨーロッパ			
適用旅客・人数	個人			
クラス・旅行形態	エコノミークラス　往復・周回・オープンジョー			
適用期間 運　賃	ウィークデイ（X）・ウィークエンド（W）の運賃適用： 　往路：日本国内の最終地点を出発する曜日を基準とし1/2往復運賃を適用する 　復路：ヨーロッパ内の最終地点を出発する曜日を基準とし1/2往復運賃を適用する （表）往路 ウィークエンドW 土～月／ウィークデイX 火～金　復路 ウィークエンドW 金・土／ウィークデイX 日～木 （右側）往路 ウィークエンドW 土・日／ウィークデイX 月～金　復路 ウィークエンドW 金・土／ウィークデイX 日～木 シーズナリティの適用：往路の国際線出発日を基準として全旅程に適用する			
予約・発券	①予約クラス "M" ②予約は旅行開始前までに行う。 ③発券は予約完了後3日以内。 ただし旅行開始前まで。	①予約クラス "U" ②予約は最初の国際線搭乗日の7日前まで。 ③発券は予約完了後3日以内。 ただし最初の国際線搭乗日の7日前まで。	①予約クラス "Q" ②予約は旅行開始前までに行う。	①予約クラス "S" ②予約は旅行開始前までに行う。 ③発券は予約完了後48時間以内。 ただし旅行開始前まで。
必要旅行日数	2日発・開始	3日発・開始		3日発・開始（ただしヨーロッパ内で土曜日の滞在が含まれていること）
最長旅行期間	3ヶ月発・開始	2ヶ月発・開始		1ヶ月発・開始
途中降機	ヨーロッパ内で往路・復路各1回可（1回につき20,000円）			
乗り換え	日本国内で往路・復路各1回可 ヨーロッパ内で往路・復路各2回可			日本国内で往路・復路各1回可 LON・PAR・他指定都市で往路・復路各2回可
経路規定	①日本発着国際線区間は全日空（NH）に限る ②日本国内区間は全日空（NH）に限る			
運賃計算規定	距離計算、HIPチェックを適用する	指定経路型運賃であり、距離計算、HIPチェックは適用しない。		
結合可能運賃	当該運賃用日本国内アドオン運賃 結合可能な欧州行1/2NH下記運賃 「Basic Plus U」	結合可能な欧州行1/2 NH下記運賃 「Basic Plus M」 「Value Q」	結合可能な欧州行1/2 NH下記運賃 「Basic Plus U」	「Value S」以外の1/2NH運賃と結合不可
	予約・発券、必要旅行日数、最長旅行期間、取り消し・払い戻しについては結合されるより厳しい運賃規則 が全旅程に適用される。ただし適用期間、途中降機、乗り換え、経路規定、運賃計算規定、予約変更・ 経路変更については、フェアコンポーネント（運賃計算区間）ごとの規則が適用される			
予約変更 経路変更	旅行開始前/旅行開始後 1回につき15,000円で可 すでに予約が入っている便の出発時刻までに 変更手続を行うこと	旅行開始前/旅行開始後 1回につき30,000円で可 すでに予約が入っている便 の出発時刻までに変更手続 を行うこと。ただし、旅行 開始前に変更する時は 最初の国際線搭乗日の7日 前までに行う	不可	不可
取り消し 払い戻し	旅行開始前 大人20,000円、小児15,000円を取消手数料 として収受し残額を払い戻す	旅行開始前 大人30,000円、小児22,500円を取消手数料として収受し残額を払い戻す		

①Basic Plus M運賃

出発地	東京	
目的地	LON/PAR	
運賃名称	Basic Plus M	
予約クラス	M	
X/Wの適用／シーズナリティ	ｳｨｰｸｴﾝﾄﾞ（W）	ｳｨｰｸﾃﾞｨ（X）
4/1〜3/31	434,000	394,000

②Basic Plus U/Value Q/Value S 運賃

単位：円

出発地	東京					
目的地	LON/PAR					
運賃名称	Basic Plus U		Value Q		Value S	
予約クラス	U		Q		S	
X/Wの適用／シーズナリティ	ｳｨｰｸｴﾝﾄﾞ（W）	ｳｨｰｸﾃﾞｨ（X）	ｳｨｰｸｴﾝﾄﾞ（W）	ｳｨｰｸﾃﾞｨ（X）	ｳｨｰｸｴﾝﾄﾞ（W）	ｳｨｰｸﾃﾞｨ（X）
10/1〜10/20	352,000	332,000	252,000	232,000	125,000	105,000
10/21〜12/28					105,000	85,000
12/29〜12/30	311,000	291,000	221,000	201,000	125,000	105,000
12/31〜2/28					105,000	85,000

③追加運賃

往路・復路が下記特定便に該当する場合、追加運賃を加算する。

路線	便名	予約クラス	追加運賃（片道）
羽田 ― パリ ロンドン	NH215/216	U/Q/Sクラス	5,000円
	NH211/212	Mクラス	10,000円

④日本国内アッドオン運賃

日本国内の下記出発地からヨーロッパへの運賃は、東京発の運賃に下記金額を加算する。

札幌　函館　福岡　沖縄　他指定都市	加算額（往復）
	10,000円

4つの運賃の特徴を見てみよう。

最も安い「Value S」は、必要旅行日数が週末（土曜日）滞在の条件であったり、最長旅行期間も1ヵ月と他のものに比べ短く、さらに予約経路変更は不可など、安い運賃は適用する際の条件（規則）が厳しくなっている。

また、この中で最も運賃が高い「Basic Plus M」は、最長旅行期間も長く、予約経路変更も比較的安い手数料で可能であったりと、適用する際の条件が少なくなっている。

設問では、旅程条件に適用できる最も安価な運賃を聞いているので、運賃の安い順番に各規則をあてはめ旅程に合致するかを確認していく。

本問の運賃は安い順に「Value S」→「Value Q」→「Basic Plus U」→「Basic Plus M」となっている。

下記の規則を旅程日程にあてはめて確認していこう。

旅程条件がこれらの運賃規則にあてはまらないと、どんなに安くても適用できないので、次に安い運賃で同様に条件を確認していくこととなる。

①予約期限日・・・旅程条件の予約完了日に予約ができるかを確認する。
②必要旅行日数・・・規則に従って最も早く最終国際線を出発できる日を求める。次に、旅程の復路出発の日付を見て、必要旅行日数を満たしているかを確認する。特に週末滞在型運賃は、復路出発日までの間に指定の曜日が含まれているかも確認する。
③最長旅行期間・・・旅程の復路出発日が最長旅行期間満了日を過ぎていないか確認する。
④その他・・・予約変更が可能か、経路規定（利用航空会社の制限）などその他の規則を確認する設問もある。

適用する運賃を決定したら、今まで通り計算に関わる規則を確認し、計算式をみつけていく。

なお、本問では、SPK発の旅程にはTYO発の運賃に10,000円を加算することと、往路・復路の国際線の便名に応じて追加運賃を確認することに気をつけよう。

問1　a）

往路・復路ともに最も安い「Value S」が適用できる。

①予約は旅行開始前までの規則なので、旅程条件の9/20に予約可能。

②必要旅行日数は、3日発開始、ただし土曜日の滞在を含む条件なので、最も早く最終国際線区間を出発できる日を求める。

国際線出発 TYO10/13（土）＋3日＝10/16

10/13	14	15	16
（土）	（日）	（月）	（火）

規則に基づいて、3日発開始かつ土曜日の滞在を含み、最も早く最終国際線区間 PAR を出発できるのは 10/16（火）。旅程条件では、復路 PAR を 10/18（木）出発となっているので、必要旅行日数の規則を満たしている。

※復路 PAR 出発予定日が 10/16 より前の日付（例えば 10/15）では、必要旅行日数の規則を満たさないので適用できないということ。

③最長旅行期間は1ヵ月なので、旅行開始日 SPK（CTS）10/13 → 11/13 が満了日。

11/13 の 24 時までに最後の途中降機地点 PAR を出発しなければならない。

旅程条件では、PAR 出発予定 10/18 なので最長旅行期間の規則を満たしている。

その他、予約変更の予定もないので、この旅程には、往路・復路ともに「Value S」が適用できる。

上記をまとめると・・・

	①予約期限	②必要旅行日数	③最長旅行期間
Value S	○	○ 10/16 以降	○ 11/13

問2　d）

往路・復路ともに「Basic Plus M」を適用する。

最も安い「Value S」は、②必要旅行日数の規則を満たさないので適用できない。

規則に基づいて、3日発開始かつ土曜日滞在のうえ最も早く最終国際線区間 PAR を出発できるのは 11/4（日）。

旅程条件の復路 PAR 出発予定は 11/2（金）なので、必要旅行日数の規則を満たしていない。

次に安い「Value Q」と「Basic Plus U」は、①予約期限を過ぎているので
適用できない。

　予約は国際線搭乗日の7日前なので、TYO10/29 − 7 = 10/22 が予約期限日。
旅程条件の10/23には予約ができないので適用できない。

以上からこの旅程には、往路・復路ともに「Basic Plus M」を適用する。

上記をまとめると・・・

	①予約期限	②必要旅行日数	③最長旅行期間
Value S	○	× 11/4（日）以降	
Value Q Basic Plus U	× 10/22 まで		
Basic Plus M	○	○ 10/31 以降	○ 1/29

問3　c）

　往路には「Value Q」、復路「Basic Plus U」を適用する。

　旅程条件では、復路便の予約変更可能なものとなっている。

　最も安い「Value S」は、①予約期限、②必要旅行日数、③最長旅行期間の
規則を満たしているが、予約変更と結合可能運賃の規則が合致しないので適
用できない。

　異なる運賃を結合する場合は、下記の内容を確認していこう。

・「Value S」は予約変更不可。

・予約変更可能でより安い運賃は「Basic Plus U」である。

・結合可能運賃欄より、「Basic Plus U」は最も安い「Value S」と結合は
　できない。

　次に安い「Value Q」との結合は可能である。

・結合可能運賃欄より、予約変更の規則は往路・復路それぞれに適用する
　運賃規則でよいとなっている。

往路は変更予定がないのでより安い「Value Q」を、復路には変更可能な

「Basic Plus U」を結合することができる。

　ただし、結合する場合は、予約、必要旅行日数、最長旅行期間は結合するより厳しい条件が適用されるとあるので、より安い「Value Q」の規則が合致するかを確認する。

「Value Q」①予約期限 10/3　②必要旅行日数 10/13　③最長旅行期間 12/10であり、「Basic Plus U」と結合した場合の条件を満たす。よって、往路には「Value Q」、復路には「Basic Plus U」を適用する。

上記をまとめると・・・

	①予約期限	②必要旅行日数	③最長旅行期間	④予約変更	⑤結合	適用
Value S	○	○	○	×	×	できない
Value Q	○ 10/3まで	○ 10/13以降	○ 12/10	×	○ Uと可	往路に適用
Basic Plus U	○ 10/3まで	○ 10/13以降	○ 12/10	○	○ Qと可	復路に適用

下記の適用条件に基づき、P361〜362資料を参照のうえ、各設問に
答えなさい。

〈運賃計算上の留意点〉
・各設問について、途中降機料金(S)及び特定便追加運賃(Q)が必要な場合は、
　計算式に含めること。

〈適用条件〉
1. 旅程：各設問に記載
2. クラス・人員：エコノミークラス・大人1名
3. 適用運賃：NH Basic M ／ NH Value Q ／ NH Value V
4. 運賃規則：資料編参照
5. 運賃計算上の折り返し地点：各設問に記載
6. 予約完了日・発券日：各設問に記載
7. 航空券の発券・販売：日本
8. その他：運賃は本来NUC額にて算出するが計算簡素化のため円貨額にて算
　出する。

問1　以下の条件において、全旅程に適用できる最も安価な運賃算出のための計算式はどれか。

1. 旅程：

					発	着
TOKYO(TYO)	－	MANILA(MNL)	NH869	03SEP(金)	09：45	13：30
MANILA(MNL)	－	CEBU(CEB)	PR1863	04SEP(土)	19：25	20：45
CEBU(CEB)	－	MANILA(MNL)	地上運送機関			
MANILA(MNL)	－	TOKYO(TYO)	NH820	09SEP(木)	09：30	15：10

2. 運賃計算上の折り返し地点：往路の終点をCEB、復路の始点をMNLとするオープン
　ジョー旅行
3. 航空券の予約日・発券日：2021年5月15日

　　　　往路　　　　　　　　　　　　　　　　復路
a. 137,000円×1/2 + 7,000円 + 4,000円　　+ 131,000円×1/2
b. 117,000円×1/2 + 4,000円　　　　　　　+ 111,000円×1/2
c. 117,000円×1/2 + 7,000円 + 4,000円　　+ 111,000円×1/2
d. 215,000円×1/2 + 7,000円 + 4,000円　　+ 195,000円×1/2

問2　以下の条件において、全旅程に適用できる最も安価な運賃算出のための
　　　計算式はどれか。

1．旅程：　　　　　　　　　　　　　　　　　　　　　　　発　　　着
　　TOKYO（TYO）　－　CEBU（CEB）　　　NH5323　　05SEP（日）　09：45　13：30
　　CEBU（CEB）　　－　MANILA（MNL）　PR1846　　09SEP（木）　08：30　09：50
　　MANILA（MNL）　－　TOKYO（TYO）　　NH820　　11SEP（土）　09：30　15：10
注）NH5323 便はフィリピン航空（PR）運航のコードシェア便である。
2．運賃計算上の折り返し地点：CEB
3．航空券の予約日・発券日：2021 年 5 月 15 日
4．空席状況：往路復路とも全クラスに空席があるものとする

　　　　　往路　　　　　　　　　　復路
　a．117,000 円× 1/2　　　　＋ 117,000 円× 1/2 ＋ 7,000 円
　b．137,000 円× 1/2　　　　＋ 137,000 円× 1/2 ＋ 7,000 円
　c．215,000 円× 1/2　　　　＋ 117,000 円× 1/2 ＋ 7,000 円
　d．215,000 円× 1/2　　　　＋ 137,000 円× 1/2 ＋ 7,000 円

問3　以下の条件において、全旅程に適用できる最も安価な運賃算出のための
　　　計算式はどれか。

1．旅程：　　　　　　　　　　　　　　　　　　　　　　　発　　　着
　　TOKYO（TYO）　－　MANILA（MNL）　NH869　　　03SEP（金）　09：45　13：30
　　MANILA（MNL）　－　HONG KONG（HKG）CX906　06SEP（月）　0：45　13：20
　　HONG KONG（HKG）－　TOKYO（TYO）　NH1932　　11SEP（土）　14：55　20：55
注）NH1932 便はエアジャパン航空（NQ）運航のコードシェア便である。
2．運賃計算上の折り返し地点：MNL
3．航空券の予約日・発券日：2021 年 5 月 15 日
4．空席状況：往路復路とも全クラスに空席があるものとする

　　　　　往路　　　　　　　　　　　　　復路
　a．111,000 円× 1/2 ＋ 4,000 円　　　＋ 111,000 円× 1/2 ＋ 7,000 円
　b．131,000 円× 1/2 ＋ 4,000 円　　　＋ 111,000 円× 1/2 ＋ 7,000 円
　c．111,000 円× 1/2 ＋ 4,000 円　　　＋ 209,000 円× 1/2 ＋ 7,000 円
　d．131,000 円× 1/2 ＋ 4,000 円　　　＋ 209,000 円× 1/2 ＋ 7,000 円

〈規則表〉

NHフィリピン行エコノミークラス割引運賃（抜粋）

運賃種別	Basic M運賃	Value Q運賃	Value V運賃
目的地	フィリピン		
適用旅客・人数	個人		
クラス・旅行形態	エコノミークラス　往復・周回・オープンジョー		
適用期間運賃	詳細は運賃表参照 特定便利用の場合、往路・復路それぞれにつき特定便追加運賃をQサーチャージとして加算する ウィークデイ（X）・ウィークエンド（W） の運賃適用： 往路：日本国内の最終地点を出発する 　　　曜日を基準とする 復路：最終国際線区間を出発する 　　　曜日を基準とする （表） 　　　　　ウィークエンド W｜ウィークデイ X 往路　　日・月　｜　火～土 復路　　金・土　｜　日～木		
予約・発券	①予約クラス"M" ②予約は旅行開始前までに行う ③発券は以下の期限までに行う 　旅行開始の29日以前： 　予約完了後7日以内 　旅行開始の28日～旅行開始前： 　予約完了後72時間以内。ただし 　旅行開始前まで ⑤旅行全体の予約は確定済みのこと	①予約クラス"Q" ②予約は旅行開始の3日前までに行う ③発券は以下の期限までに行う 　旅行開始の29日以前：予約完了後7日以内 　旅行開始の28日～3日前：予約完了後72時間以内。ただし旅行開始の3日前まで ④旅行全体の予約は確定済みのこと	①予約クラス"V"
必要旅行日数	2日発・開始	2日発・開始	2日発・開始
最長旅行期間	3ヶ月発・開始	2ヶ月発・開始	2ヶ月発・開始
途中降機	マニラ・香港で往路・復路各1回可 （1回につき7,000円）	マニラで往路・復路各1回可（1回につき7,000円）	
乗り換え	日本国内で往路復路各1回可 マニラまたは香港で往路・復路各1回可	日本国内で往路復路各1回可 マニラで往路・復路各1回可	
経路規定	①日本国内区間はNHに限る ②日本発着国際線区間はNHに限る 他社が運航するコードシェア便の利用も可 ③その他の区間はNH, PR, CX, HXなどの 指定航空会社に限る	①日本国内区間はNHに限る ②日本発着国際線区間はNHに限る ただし他社が運航するコードシェア便はエアージャパン（NQ）に限る ③フィリピン国内区間はNHまたはPR便利用に限る	
運賃計算規定	指定経路型運賃であり、距離計算、HIPチェックは適用しない		
参加航空会社	指定経路上の航空会社		
結合可能運賃	①当該運賃用日本国内アドオン運賃 ②Value Qとの片道ずつの利用可	①当該運賃用日本国内アドオン運賃 ②Basic MまたはValue Vとの 　片道ずつの利用可	①当該運賃用日本国内アドオン運賃 ②Value Qとの片道ずつの利用可
	予約・発券、必要旅行日数、最長旅行期間、取消・払戻しについては結合されるより厳しい運賃規則が適用される。ただし、 適用期間、途中降機、乗り換え、経路規定、運賃計算規定、予約変更・経路変更についてはフェアコンポーネントごとの規則が適用される。		
予約変更経路変更	旅行開始前/旅行開始後 1回につき10,000円で可 すでに予約が入っている便の出発時刻 までに変更手続を行うこと。変更の結果 生じる差額調整は行うこと	不可	不可
取り消し払い戻し	旅行開始前 大人10,000円、小児7,500円を取消手数料 として収受し残額を払い戻す 旅行開始後 出発地からすでに旅行した区間を適用可能 普通運賃で再計算し、支払額との差額が ある場合は、大人10,000円、小児7,500円 を取消手数料として収受し残額を 払い戻す	旅行開始前 大人20,000円、小児15,000円を取消手数料として収受し残額を払い戻す 旅行開始後 払い戻し不可	

【1】運賃表（抜粋）
東京発マニラ行

(単位：円)

出発地	東京			
目的地	MNL　マニラ			
運賃名称	Basic M		Value Q	Value V
予約クラス	Mクラス		Qクラス	Vクラス
適用期間/WXの適用	W	X		
4/1～3/31	209,000	195,000	131,000	111,000

東京発セブ行

(単位：円)

出発地	東京			
目的地	CEB　セブ			
運賃名称	Basic M		Value Q	Value V
予約クラス	Mクラス		Qクラス	Vクラス
適用期間/WXの適用	W	X		
4/1～3/31	215,000	201,000	137,000	117,000

【2】　特定便加算額
往路復路が下記特定便に該当する場合、特定便追加運賃をQサーチャージとして加算する（片道）

路線/便名		予約クラス	追加運賃
羽田-マニラ	NH869/NH870	M/Q/Vクラス	4,000円

 運賃の安い順番に各規則をあてはめ、旅程に合致するかを確認していこう。

　　　　安い順番は「Value V」→「Value Q」→「Basic M」

問1　　c）

最も安い「Value V」を往路・復路に適用できる。

①予約は旅行開始 9/3 － 3 ＝ 8/31 まで可能。

②最も早く復路 MNL を出発できるのは、9/5 以降なので必要旅行日数を満たしている。

	①予約期限	②必要旅行日数	③最長旅行期間
Value V	○ 8/31 まで	○ 9/5 以降	○ 11/3

問2　d）

往路には最も高い「Basic M」を、復路には「Value Q」を適用できる。

利用航空会社・コードシェア利用の可否が記載されている「経路規定」の規則を確認する設問である。

日本発ＮＨ5323便はＰＲ運航のコードシェア便である。

最も安い「Value V」と次に安い「Value Q」は、「コードシェア便はＮＱに限る」とあるので往路には適用できない。往路には、他社（PR）運航コードシェア便利用が可能な「Basic M」を適用する。

結合可能運賃欄より、「Basic M」は最も安い「Value V」とは結合できないが、次に安い「Value Q」と結合が可能。結合する際は、①・②・③の日付を条件が厳しい「Value Q」の規則に合致しているか確認する。

①予約は旅行開始9/5 － 3 ＝ 9/2 まで可能。

②最も早く復路MNLを出発できるのは、9/7以降なので必要旅行日数を満たしている。

③最長旅行期間満了日は11/5なので規則を満たしている。

以上から、往路に「Basic M」、復路には「Value Q」を結合した場合が最も安価となる。

	①予約期限	②必要旅行日数	③最長旅行期間	④経路規定	⑤結合	適用
Value V				×	× M と不可	適用 できない
Value Q	○ 9/2 まで	○ 9/7 以降	○ 11/5	× 日本発 PR 不可	○ M と可	復路に 適用
Basic M	○	○	○	○ 日本発 PR 可	○ Q と可	往路に 適用

往路には「Value Q」、復路には「Basic M」を適用できる。

「乗り換え」規則を確認する設問である。

TYO － MNL － HKG － TYO

復路で HKG を経由する旅程なので、「乗り換え」の規則を確認する。

「Value V」と「Value Q」は、マニラのみ乗り換え可能なので復路に適用できない。

HKG で乗り換え可能な「Basic M」を復路に適用する。

結合可能運賃欄より、「Basic M」は最も安い「Value V」とは結合できないが、次に安い「Value Q」と結合が可能。結合する際は、①・②・③の日付を条件が厳しい「Value Q」の規則に合致しているか確認する。

①予約は旅行開始 9/3 － 3 ＝ 8/31 まで可能。

②最も早く復路 MNL を出発できるのは、9/5 以降なので必要旅行日数を満たしている。

③最長旅行期間満了日は 11/5 なので規則を満たしている。

　以上から、往路に「Value Q」、復路に「Basic M」を結合した場合が最も安価となる。

	①予約期限	②必要旅行日数	③最長旅行期間	④乗り換え	⑤結合	適用
Value V				× HKG 不可	× M と不可	適用できない
Value Q	○ 8/31 まで	○ 9/5 以降	○ 11/3	× HKG 不可	○ M と可	往路に適用
Basic M	○	○	○	○ HKG 可	○ Q と可	復路に適用

01　旅券

出入国法令と実務の中で「旅券」に関する問題は1番出題率が高く、それでいて範囲は限定されているので、きちんと学習さえすれば点数のとれるところ。よく出題されるのは旅券の有効期間・失効、申請時に必要な身元確認の書類、代理申請・居所申請等があげられる。また、2023年3月27日からは一部オンラインでパスポートの更新時の申請や紛失時の届け出が可能となる。

旅券の種類

旅券とは、海外へ渡航する者に対して、**外務大臣**が発給した国籍・身分を証明した書類のこと。渡航先の国々の関係機関に、支障のない通行と必要な保護扶助を要請した公文書である。

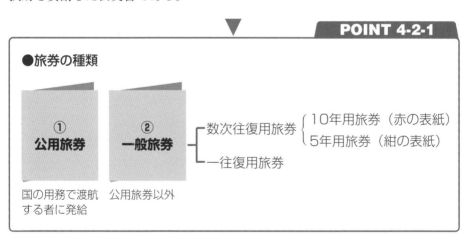

POINT 4-2-1

●旅券の種類

① **公用旅券**
国の用務で渡航する者に発給

② **一般旅券**
公用旅券以外

──数次往復用旅券 ｛ 10年用旅券（赤の表紙）
　　　　　　　　　 5年用旅券（紺の表紙）

└─往復用旅券

●数次往復用旅券

①**10年用旅券**…18歳以上の者に発行

②**5年用旅券**…**申請時18歳未満**の者および**18歳以上**で申請者が**希望する**場合に発行

有効期間は発行日の10年もしくは5年後の同日

●**旅券の申請先・発行・交付**

		申　請　先	発　行	交　付
国　　内		現住所・居所管轄の都道府県知事経由外務大臣	外務大臣	都道府県知事
国　　外		領事館	領事官	領事官

一般旅券の申請

旅券の発給申請に必要な書類は、以下の通りである。

●**一般旅券申請に必要な書類**

①**一般旅券発給申請書**　　　1通

　　注意：5年用と10年用旅券の申請書は異なる。

②**戸籍謄本**　　　　　　　　1通（発行から6ヵ月以内）

③**写真**　　　　　　　　　　1枚

④**身元確認のための書類**

⑤前回発給を受けた**旅券**

※平成15年度より、住民基本台帳ネットワークシステムに参加する市区町村に居住し、住基ネットを利用する者は、住民票の写しの提出は不要となっている。

旅券申請に必要な身元確認書類は下記の通り。１つでいいものと２つ必要なものがあるので気をつけよう。また、身元確認書類は、原則として申請時に有効であり、かつ、原本に限る。

POINT 4-2-4

●身元確認書類

①１つでいいもの

有効な日本国旅券（失効後６ヵ月以内のものを含む）／運転免許証／船員手帳／海技免状／猟銃・空気銃所持許可証／戦傷病者手帳／宅地建物取引士証／電気工事士免状／官公庁等の職員の身分証明書（写真を貼り付けたもの）／マイナンバーカード（個人番号カード）／写真付き住民基本台帳カード／運転経歴証明書（平成24年4月以降交付のもの）／小型船舶操縦免許証

②２つ必要なもの

イ、ロから各１つ　または　イから２つ　※ロから２つは不可

イ　健康保険・国民健康保険・船員保険等の被保険者証／共済組合員証／国民年金手帳／国民年金・厚生年金・船員保険に係る年金証書／共済年金・恩給等の証書／印鑑登録証明書と登録印鑑／介護保険被保険者証、後期高齢者医療被保険者証

ロ　学生証・会社の身分証明書・公の機関が発行した資格証明書（いずれも写真が貼ってあるもの）・失効後６ヵ月経った日本国旅券

 通常、申請者本人が申請書に署名する場合は、押印は必要ないが、**印鑑登録証明書**を身元確認の書類として提示する場合は、その**印鑑の押印**が必要となる。

 旅券の発給申請にあたり、申請者の身元確認書類として１点でよいとされているものをすべて選びなさい。
　a）印鑑登録証明書と登録印鑑
　b）有効な日本国旅券
　c）写真付き住民基本台帳カード

 b）c）●a）印鑑登録証明書と登録印鑑１つだけでは不十分。もう１つ必要である。

旅券の発給申請手続きの一部オンライン化

　令和5年3月27日から旅券の発給申請手続きが一部オンライン化となる。

　具体的には、旅券の残りの有効期間が1年未満で、旅券の記載事項を変更しない場合に新たな旅券の発給を申請する、いわゆる切替申請の場合には電子申請も可能となる。

代理申請

　旅券の申請は申請者本人が出頭して行うのが原則だが、**代理申請**も認められている。

　代理申請ができる人の条件は、以下の通り。

POINT 4-2-5

●**代理申請ができる者**
①申請者の**配偶者**または**2親等内の親族**
②申請者が**指定した者**（旅行業者も含む）

　　　　　＋

申請の内容を知り、かつ、都道府県知事または領事官の指示を申請者に確実に伝達する能力がある者（年齢制限はない）
さらに②の場合
申請前5年以内に旅券の発給を受けるにあたって不正な行為をしていない者

　代理申請では、通常の申請に必要な書類のほかに以下のものが必要となる。

POINT 4-2-6

●**代理申請で必要な書類**
①**一般旅券発給申請書裏面**
　「申請書類等提出委任申出書」

（法定代理人が代理申請する場合は不要）

②**代理人の身元確認書類**…保険証等1点で可能

（旅行業者の場合は外務員証）

未成年者の申請

　申請日に未成年の場合は**5年用旅券のみ**となる。また、申請書裏面の**法定代理人署名欄**に親権者である父または母、または後見人の署名が必要となる。もし、親が遠隔地にいる場合は、親権者本人の署名がある**同意書**でもよいこととなっている。その際、同意書を郵送した封筒も求められることがある。

居所申請

　旅券の申請を国内でする場合、住民登録のある都道府県知事に申請するが、以下の者は住民登録地以外の居所での申請を認められている。ただし、身元確認は住民登録地で行うので、申請書の現住所欄は住民登録地の住所と居所の二段書きにすることとなっている。

POINT 4-2-7

●居所申請できる者

①海外からの**一時帰国者**

②寄港地に上陸している**船員**

③**学生**（専修学校・専門学校・各種学校の学生を含む）

④単身赴任等の**長期出張者**や**季節労働者**

⑤その他都道府県知事が認める者

申請時の提出書類の省略

以下の場合には戸籍謄本の提出を省略することができる。

POINT 4-2-8

●戸籍謄本の省略
　①**有効な旅券を返納**のうえ、**新たに旅券の発給を申請**する場合（ただし、氏名・本籍の都道府県名等に変更のない場合）
　②保護・便宜のため二重に旅券の発給申請をする場合
　③**同一戸籍内にある2人以上の者が同時に旅券の発給申請**をするにあたって、そのうちの**1人が戸籍謄本**を提出する場合
　④国外において、有効な国籍証明書または船員手帳を提出する場合
　⑤緊急に渡航する必要が生じ、戸籍謄本の提出が困難と認められるとき

戸籍が同一の家族が同時に申請する場合は、全員で戸籍謄本1通でよいこととなっている。

所持人自署 —— 署名

　旅券申請書の「所持人自署」欄にした署名はそのまま旅券に転写される。漢字・ローマ字等何でもいいのだが、**後から変更できない**ので注意が必要。もちろん署名は本人がするものだが、申請者が乳幼児や自ら署名をすることが困難な場合は代理の者が署名をすることができる。ただし、その場合申請者名の下に代理人の氏名と「母代筆」や「by Mother」といった申請者との関係を記入する必要がある。

一般旅券発給申請書所持人自署欄(例)
佐藤一郎
佐藤太郎（父）代筆

申請者に代わって署名ができる者には優先順位がある。

●代理で署名できる順位

①法定代理人

②配偶者

③渡航に同行を予定している者

④都道府県知事または領事官が適当と認める者

旅券の記載事項

旅券の主な記載事項は以下の通り。

①旅券の種類、番号、発行年月日及び有効期間満了日

②旅券の名義人の氏名、年月日

③渡航先…限定旅券以外の一般旅券には「すべての地域」と記載

④旅券の名義人の性別、国籍（国籍コード含む）及び本籍の都道府県名

⑤旅券の発行国のコード及び発行官庁

　前記の記載事項（渡航先を除く）が婚姻等で変更となった場合は、原則として当該旅券を返納のうえ、新規申請することとなっている。ただし、以下の場合には**残存有効期間同一旅券**を申請することもできる。この残存有効期間同一旅券は、申請時に現在所持している旅券を返納し、当該返納した旅券と有効期間満了日が同一の旅券を新しく発行するものである。訂正された内容は、新しい旅券の旅券面（顔写真のページ）やICチップにも反映される。また、所持人自署も変更後の氏名での署名に、顔写真も新しいものに変えることができる。

●「残存有効期間同一旅券」を申請できる場合
①名義人の**氏名の変更**
②**本籍地の都道府県名の変更**
③**性別の変更**
④**生年月日の変更**

 増補申請が廃止された。

査証欄に余白がなくなったときは、新しい旅券の発給を受けることができるほか、所持人の希望があれば査証欄の増補を受けることもできるとされていたが、この増補申請は廃止となったため、今後は・切替申請として新たな旅券（5年または10年の有効期間）または・有効期間が元の旅券の残存有効期間と同一の「残存有効期間同一旅券」のいずれかを発給申請することとなる。

旅券を紛失・焼失した場合

旅券を紛失または焼失した場合には、遅滞なく、国内においては**外務大臣**または**都道府県知事**、国外においては**領事館**に**紛失旅券等届出書**を提出の上、届出をしなければならない。その際には、警察署発行の**紛失証明**、消防署発行の**罹災証明**の提出を求められることもある。

 紛失・焼失した場合の旅券の失効については次のようになっている。

●**紛失・焼失旅券の失効**
　紛失または焼失した旅券は、旅券の有効期間にかかわらず、その旨**届出があった時点**で失効する。

また、失効後に新たな旅券が必要な場合は、次の手続きをする必要がある。

POINT 4-2-12

●旅券失効後の手続き

　紛失または焼失の届出を行った後、新たに旅券が必要な場合には、**旅券の新規発給申請**を行わなければならない。その場合、5年または10年の有効期間による新しい旅券が発行される。

＊平成18年より旅券の安全面を考え、従来の再発給申請は廃止された。

切替発給申請（旅券の有効期間内の申請）

　以下の場合は旅券の有効期間内であっても、旅券を返納のうえ、新規発給申請をすることができる。

POINT 4-2-13

●切替発給申請
①旅券の**残存有効期間が1年未満**となった場合
②旅券の査証欄に余白がなくなった場合
③旅券の記載事項に変更があった場合（氏名・本籍の都道府県名・性別・生年月日）

申請に必要な書類は、通常の新規申請の場合と同じ。ただし、記載事項に変更がなければ戸籍謄本は省略可能で、身元確認書類も返納する旅券で構わない。

旅券の受領

旅券の受領は原則として、**申請者本人**が行う。

 受領の際に必要な書類は以下の通り。

POINT 4-2-14

●旅券受領の際に必要な書類
①一般旅券受領証
②所定の手数料（収入印紙および証紙）
③その他都道府県知事が定めた書類（申請受理票など）

注意：発行日から6ヵ月以内に受領しないと失効することになる。

代理受領

旅券の受領は申請者本人が出頭して行うのが原則だが、次の場合は、**代理受領**も認められている。

POINT 4-2-15

●代理受領のできる場合
①渡航先追加申請（現在はほとんどない）
②その他、下の条件の新規発給申請（交付時出頭免除願書が必要）
　・病気・身体の障害・交通至難等、真にやむを得ない理由により申請者の出頭が困難であると認められるとき。
　・申請者が人違いでないことが明らかであるとき。

代理受領ができる者の条件は、次の通り。

POINT 4-2-16

●**代理受領ができる者**
①申請者の指定した者
②自己の行為の責任をわきまえる能力のある者（年齢制限はない）

代理受領する際には、代理で受領する者の身元確認書も必要となる。

外国での旅券の紛失

届出先	国外の場合、領事官

　外国で旅券を紛失した場合も、新規発給申請をすることになるが、相当な時間がかかるため、帰国までに時間的な余裕がない場合は、旅券に代えて**帰国のための渡航書**の発給の申請をすることができる。

POINT 4-2-17

●**帰国のための渡航書**
外国で旅券を紛失し時間がない場合 ➡ 「帰国のための渡航書」発給申請
　　　①帰国のために便宜的に発給されるものだから、日本への帰国だけ
　　　　の目的のもので、途中で観光等はできない。
　　　②また、**紛失の届出をした時点で紛失した旅券は失効**するので、後
　　　　日発見されたとしても使用することはできない。
　　　　日本に帰国して旅券が必要なときは、新規申請となる。

在留届

以下の者は居住地を管轄する領事官に**在留届**を提出しなければならない。

POINT 4-2-18

●在留届

外国に住所または居所を定めて**3ヵ月以上**滞在する場合

「在留届」1通（世帯ごと）、領事官に提出

　これは、外国滞在中に国際情勢の変化等で、連絡をとる場合や保護しようという場合に必要となるもの。

旅券の失効

旅券の失効とは旅券の効力が切れることである。

以下の場合に旅券は失効する。

POINT 4-2-19

●旅券の失効
①旅券の名義人が**死亡**したとき
②旅券の名義人が**日本の国籍を失った**とき
③旅券の発行日から**6ヵ月以内に受領しない**とき
④旅券の**有効期間が満了**したとき（国外でも失効）
⑤一往復用旅券の名義人が帰国したとき
⑥有効期間内の発給申請により返納した旅券は、申請された**新たな旅券が発行**されたとき
⑦紛失・焼失した旅券は、紛失・焼失した旨の届出をしたとき
⑧返納を命じられた旅券は、命じられた期限内に返納されなかったときか返納された旅券が効力を失うことが適当であると、外務大臣または領事官が認めたとき

旅券の返納

　以下の場合には、国内においては外務大臣または都道府県知事、国外においては領事官に、遅滞なく、（失効した）旅券を返納することになっている。

POINT 4-2-20

●失効した旅券の返納
①名義人が日本国籍を失った場合に失効した旅券
②旅券の有効期間が満了した場合に失効した旅券

次の記述から正しいものを１つ選びなさい。
a）署名する能力のない幼児が発給申請者である場合、当該乳児に代わり「一般旅券発給申請書」の「所持人自署」欄に記名することができるのはその法定代理人に限られる。
b）旅券の名義人の氏名に変更が生じた場合のみ、残存有効期間同一旅券を申請することができる。
c）旅券の発給申請にあたり、法定代理人が申請者に代わって申請書類などを提出する場合には、「申請書類等提出委任申出書」の提出は不要である。
d）有効期間が満了となった旅券を返納の上、旅券の発給申請をする場合、戸籍謄本は提出することを要しない。

　c）●a）代理署名できる優先順位は、①法定代理人→②配偶者→③渡航同行予定者→④その他適当と認められる者の順で行える。法定代理人のみではないので誤り。b）残存有効期間同一旅券は、氏名、本籍の都道府県名、性別、生年月日に変更があった場合に申請できる。d）記載事項に変更がなく、有効な旅券を返納の上申請する場合に戸籍謄本が省略できる。

20歳以上の旅券名義人が、旅券の有効期間内に当該旅券を返納の上、新たに旅券の発給を申請することができるものをすべて選びなさい。
a）残存有効期間が1年未満となったとき
b）残存有効期間が3年となった旅券の査証欄に余白がなくなったとき
c）残存有効期間が7年となった旅券を著しく損傷したとき

　a）b）c）

次の記述から正しいものをすべて選びなさい。

a）旅券の名義人が、当該有効な旅券を紛失したため、所定の届出をしたうえで新規発給申請をした場合、当該紛失した旅券は、新しい旅券が発行されたときに失効する。

b）国外で旅券を紛失し、旅券に代えて「渡航書」で帰国した場合、当該紛失旅券は日本に帰国した時点で失効する。

c）旅券の名義人が、渡航先の追加を申請した場合、名義人の指定する者が出頭して当該旅券を受領することができる。

d）旅券の名義人が外国に住所または居所を定めて3ヵ月以上滞在しようとする場合は、遅滞なく、当該住所または居所を管轄する領事館へ「在留届」を1通提出しなければならない。

---

 c）d）●a）b）紛失した旅券はその旨の届け出をした時点で失効する。

02 出国時の通関手続き

出国時と帰国時の通関手続きに関する問題は、出入国法令と実務の中では、旅券法に次いで出題頻度の高いところで、毎年2、3問出題されている。

出国時の通関手続きの原則

出国時の通関手続きは、何も申告するものがなければ、実際、特に手続きをする必要はないが、法令上は**口頭申告**となっている。

外国製品・貴金属の持ち出し

時計・バッグ等の外国製品や指輪等の貴金属を携帯して出国する場合は、次の申告が必要になる。

POINT 4-2-21

●**外国製品・貴金属の持ち出し**
①**現品提示**
②**「外国製品持出し届」1通**に税関印を受け、**帰国まで保管**
　税関に用意してある「外国製品持出し届」の用紙に該当する物の品名・数量・特徴等を記入し、現品といっしょに出国の税関カウンターに提示し、確認印を受ける。

この手続きは、帰国時に外国で購入した物と区別し、課税されることを防ぐものなので、確認印を受けた「外国製品持出し届」は帰国時まで大切に保管しておく必要がある。
また、外国製品のゴルフバッグやスキー用具、その他スーツケース等に入れて、受託手荷物として航空会社に預ける場合は、預ける前に税関で確認を受ける必要がある。

輸出免税品

税務署長の許可を受けた免税扱い店（出国後の免税店除く）で、渡航先の友人へのおみやげとして購入した品物は、消費税等の内国消費税はかからないが、出国の際に税関で次の申告が必要になる。

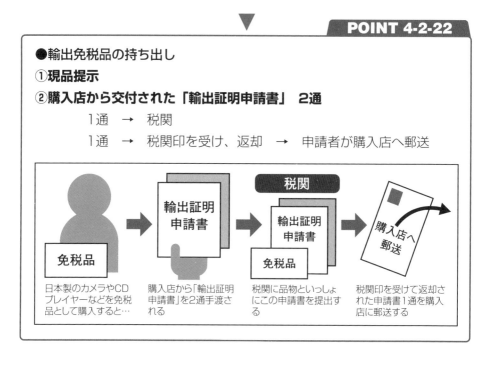

POINT 4-2-22

●輸出免税品の持ち出し
①**現品提示**
②**購入店から交付された「輸出証明申請書」　2通**

　　　1通　→　税関

　　　1通　→　税関印を受け、返却　→　申請者が購入店へ郵送

税関

輸出証明
申請書

輸出証明
申請書

購入店へ
郵送

免税品

免税品

日本製のカメラやCDプレイヤーなどを免税品として購入すると…

購入店から「輸出証明申請書」を2通手渡される

税関に品物といっしょにこの申請書を提出する

税関印を受けて返却された申請書1通を購入店に郵送する

現金等の持ち出し（持ち込む場合も同様）

次の物を携帯して持ち出す（持ち込む）場合は、出国（入国）の**当日ないし前日**に管轄する税関に**「支払手段等の携帯輸出・輸入届出書」2通**（複写式）を提出しなければならない。

POINT 4-2-23

●支払手段等の携帯輸出・輸入届出書
①次の**合計額**が**100万円相当額**を超える場合

　・現金（外貨含む）

・小切手（トラベラーズチェック、旅行小切手含む）
・約束手形
・有価証券（国債、株券等）
②金の地金（純度90%以上）の重量が**1kg**を超える場合

現金等の持ち出しに関する問題が出題されることがある。どのような場合に「支払手段等の携帯輸出・輸入届出書」が必要なのか、それぞれの金額の入った具体的な例でもわかるようにしておこう。

輸出規制品

次の物は輸出が規制されており、事前に経済産業省の手続きが必要になる。
①狩猟・射撃のための銃砲
②高性能パソコン

その他持ち出しに関する規制

商業量に達する多量の品物を持ち出す場合や持ち出す品物の価格が**30万円**を超える場合は、一般の貿易貨物と同様の輸出手続きが必要となる場合がある。

次の記述のうち誤っているものを1つ選びなさい。
a）旅行者が出国時に所定の届出を行ったうえで携帯輸出した外国製品は、その価格の如何にかかわらずすべて免税となる。
b）トラベラーズチェック100万円相当額と20万円相当額の外国通貨を携帯して出国する場合、出国時に「支払手段等携帯輸出・輸入申告書」を作成し税関に提出しなければならない。
c）旅行者が、現金で30万円と2,000USドル（1USドル＝140円換算）、トラベラーズチェックで60万円を持ち込む場合、支払手段等の携帯輸出・輸入申告書を提出する必要はない。

- -

c）➡ 外貨を含む現金、旅行小切手（トラベラーズチェック）で合計100万円相当額を超えているので、届け出が必要である。

03　帰国時の通関手続き

「輸入禁止品・規制品」「免税範囲」「別送品」については出題頻度が高い。最近では「該当するものをすべて選びなさい」といった形式でも出題されている。すべて正確に覚えていないと解けない形式なので、かなり難解。あいまいに覚えていたのでは解けない形式だから、しっかり学習しておこう！

海外市価と課税価格

 今後、学習していく中で「海外市価」と「課税価格」という2つの言葉がよく出てくる。ここでしっかり覚えておこう。

POINT 4-2-24

●海外市価と課税価格
①**海外市価**——海外旅行者が携帯品を取得する際**実際に支払った価格（通常の小売価格）**
　　　　　　　ただし、無償で取得、価格が不明または通常の価格に比べて著しく低いと認められる場合は、税関で算出した**海外における通常の小売取引価格**を海外市価とする。
②**課税価格**——免税範囲を超える場合に課税の標準となる価格で**一般の輸入取引の場合の輸入港での価格**
　　　　　　　携帯品や別送品の場合は、通常の小売価格である**海外市価の60%**の額。

旅具通関

　海外旅行者が帰国時に携帯または別送して輸入する物品は、**旅具通関**と呼ばれる一般の貿易貨物よりも簡単な通関手続きが認められている。

「旅具通関」とは旅行用具通関を略したものであるが、具体的にどのような物が認められているかは次の通り。

POINT 4-2-25

●旅行用具通関
①個人的使用の物で、税関が適当と認める物
②出国時に携帯して輸出した物
③職業用具
④課税価格が30万円程度以下の物

携帯品・別送品申告書

日本に入国するすべての旅行者に、携帯品・別送品申告書の提出を原則義務づけている。

POINT 4-2-26

●携帯品・別送品申告書の書き方
①携帯品が**免税範囲内**　　　　　　　申告書の**A面のみ**を記入して**1通提出**
②携帯品が免税範囲を超えている　　　申告書のA面・B面を記入して1通提出
③鉄砲・刀剣類を所持している場合　　申告書のA面・B面を記入して1通提出
④**別送品**がある場合（①〜③に係らず）　申告書の**A面・B面**を記入して**2通提出**

この携帯品・別送品申告書は同伴する家族がいる場合は、**家族単位**で記入して構わない。また、免税とならない品物の課税価格の合計が30万円を超える場合は、旅具通関が認められず、一般貿易貨物と同様の輸入手続きが必要となる場合がある。

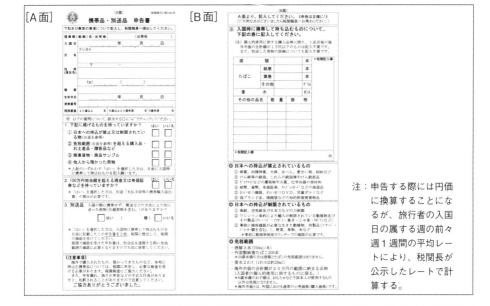

注：申告する際には円価に換算することになるが、旅行者の入国日の属する週の前々週１週間の平均レートにより、税関長が公示したレートで計算する。

免税範囲

　輸入品は、原則として、**関税**と**内国消費税**が課せられることになっているが、旅行者が外国から持ち帰る携帯品等には、次の範囲で**免税**が認められている。

POINT 4-2-27

●免税が認められる物

①旅行中に使用していた衣類、化粧品等の身回品

②職業上必要とする携帯用器具（外国で取得した物を除く）

　➡ 演奏家の楽器、スポーツ選手のスキー用具等

③出国時に携帯して輸出した物＝再輸入品

④引越荷物（外国に１年以上居住していた者に限る）

⑤課税価格の合計額が１万円以下の託送品

⑥年間100kg内のお米

　ただし、米の免税適用を受ける場合は、食糧事務所等に提出した「米穀の輸入に関する届出書」(税関提出用)が必要

⑦個人的に使用すると認められる物で次ページ表の範囲内

384　**Part 4**　海外旅行実務

●個人的使用が認められる物の免税範囲

	品　名	数量または価格	備　考
1	酒類	**3本**	**1本760cc程度**の物。クォートびん（950cc）のように容量が大きい物は950cc/760cc＝1.25の計算で1.25本分とする。
2	紙巻タバコ	**200本**（ただし他のタバコがない場合）	2種類以上のタバコを輸入するときは総数量が250ｇを超えない範囲で免税になる。
	加熱式タバコ	**個包装10個**※1箱あたりの数量は、紙巻タバコ20本に相当する量（同上）	
	葉巻タバコ	**50本**（同上）	
	その他のタバコ	**250ｇ**（同上）	
3	香水	**2オンス**	約50ｇ（1オンス＝約28cc）
4	**1品目ごと**の海外市価の合計額が**1万円以下**の物	全量	例えば、1本5,000円のネクタイが2本の場合は免税になる。
	その他の物	**20万円**（海外市価の合計額）	①合計額が20万円を超える場合には、20万円以内におさまる品物は免税になり、その残りの品物が課税される。②1個で20万円を超える品物は、20万円を超える金額ではなく、全額に課税される。

（注）①携帯品と別送品がある場合には、両方を合算する。

②**20歳未満の者の取扱い**

本人が個人的に使用すると認められる物に限り免税。

酒・タバコは託送品または家族への贈与品と認められる物に限り、すべて課税のうえ、通関できる（免税適用外）。

③**6歳未満の者**

おもちゃ等明らかに本人が使用すると認められる物のみ免税。

免税範囲を超える場合

前項の免税範囲を超える場合は、次のように課税される。

①簡易税率が適用される物

簡易税率については、次のように定められている。

▼
POINT 4-2-29

●簡易税率

「簡易税率」とは、**関税と内国消費税**（消費税・酒税・たばこ税等の総称）**を合わせたもの**で、旅具通関の手続きを簡素化するために設けられた税率。関税の一種だが、内国消費税の性格も持つため、簡易税率によって関税を課した物は内国消費税や地方消費税をあらためて課さないことになっている。

●簡易税率が適用される物

品　　名	税　　率
1.　酒類	1本（1ℓ）につき
①ウイスキー	**800円**
②ブランデー	**800円**
③ラム・ジン・ウォッカ	**500円**
④リキュール	**400円**
⑤焼酎	**300円**
⑥その他の物（ワイン・ビール等）	**200円**
2.　その他の物品（関税が無税の物を除く）	**15%**

●紙巻きタバコの特例税率

紙巻きタバコ	1本につき **15円**

▼
POINT 4-2-30

●税金計算――従量税と従価税

関税には、輸入する物によって従量税と従価税とがある。

①**従量税**　数量を基準に計算する物

紙巻タバコ・酒類はこの方法で計算し、品物の価格は関税額に関係しない。

数量×簡易税率（単位あたりの税額）　➡　税金

②**従価税**　価格を基準に計算する物

　紙巻タバコ・酒類以外の物はこの方法で計算する。

（海外市価×0.6）×簡易税率　　税金

　　　‿‿‿‿‿‿‿‿‿‿

　　　　　‖

　　課税価格

②消費税（地方消費税を含む）のみ課税される物

　次の物は関税がかからず、**消費税　10%**（地方消費税を含む）**のみ**が課税される。

POINT 4-2-31

●**消費税（地方消費税を含む）のみ課税される物**

　腕時計、貴金属製の万年筆、貴石（裸石）、ゴルフクラブ等スポーツ用品、書画、パソコン、カメラ・レンズ、香水、口紅等

POINT 4-2-32

●**税金計算**

　海外市価×0.6　=　課税価格

　課税価格×0.1　=　消費税(地方消費税を含む)

　※国家試験では消費税と地方消費税を別々に計算させる問題が出題されたことはない。

③一般の関税率が適用される物（簡易税率によらない物）

　次の物は簡易税率によらず、一般の貿易貨物と同様の税率が適用される。関税の他に消費税および地方消費税もかかる。

POINT 4-2-33

●**簡易税率によらない物**

①１個（１組）の**課税価格が10万円を超える**物

②**米**（納付金の納付も必要）

③**食用ののりとパイナップル製品**

④**紙巻タバコ以外のタバコ**

⑤猟銃（所持許可を受けている場合）

⑥商品や商業サンプル等明らかに商業量に達すると認められる数量の物品

⑦旅行者が入国の際に、ある品物に対して簡易税率の適用を希望しない旨を税関に申し出たときは、旅行者が携帯または別送して輸入する品物の全部

 最終的に税関に支払う税金は、海外旅行者の有利になるように計算する。また、税目ごとの合計額の端数は 100 円未満を切り捨てる。例えば、計算の結果、課税額が 4,560 円になった場合、100 円未満を切り捨て、4,500 円になる。

別送品

外国で購入した品物等のうち、帰国の際に携帯して持ち帰る物とは別に、旅行先から国際郵便等を利用して、本人を受取人として送った物を**別送品**という。

●**外国から送る際の注意点**

必ず品物の外装、税関告知書（郵便物）、送り状等に**別送品（Unaccompanied Baggage）**と明記し、帰国者**本人を受取人**とすること。

●**帰国時の手続き**

帰国時の手続きは次のようになっている。

▼

POINT 4-2-34

●**別送品がある場合の帰国時の手続き**

免税範囲内であっても**「携帯品・別送品申告書」**を**2通**作成し、税関に提出する。そのうち1通は、税関が確認印を押し返却するが、**別送品を引き取るまで大切に保管**しておかなくてはならない。紛失した場合は旅具通関ではなく、一般の貿易貨物と同様の輸入手続きが必要となる。また、別送品は**帰国後6ヵ月以内**に引き取らなくてはならない。

 帰国（入国）後は、別送品の申告はできないので、帰国時に忘れずに！忘れて申告をしなかった場合は、申告書を紛失したときと同様に、一般貿易貨物と同様の輸入手続きが必要となる。

その他、本来は携帯するつもりであった物が、航空機の手違いで荷物が届かなく後日送られてくる物（いわゆる"ロストバゲージ"）も別送品扱いとなり、「携帯品・別送品申告書」の作成が必要となる。

輸入禁止品・規制品

以下は日本への持ち込みが**禁止**あるいは**規制**されている物である。違反すると関税法等で処罰されたり、没収、破棄または積戻しを命令されることがある。

次のような物は関税定率法等によって、輸入が禁止されている。

▼

POINT 4-2-35

●**輸入禁止品**
①あへん、コカイン、ヘロインなどの麻薬、大麻、あへん吸煙具、覚せい剤（覚せい剤を含有するヴィックスインヘラー等含む）、向精神薬
②けん銃等の銃砲およびこれらの銃砲弾やけん銃の部品
③通貨または証券の偽造品、変造品、模造品　　（➡　偽金貨・ニセ札等）
④公安または風俗を害すべき書籍、図画、彫刻物その他の物品
　（➡　わいせつ雑誌、わいせつビデオ等）
⑤偽ブランド商品等知的財産権（商標権、著作権、著作隣接権、特許権、実用新案権、意匠権および回路配置利用権）を侵害する物品
⑥家畜伝染病予防法と植物防疫法で定める特定の動物と、その動物を原料とする製品、植物とその包装物等

次のような物は外為法に基づく輸入貿易管理令や、薬事法によって、輸入が規制されている。

▼

POINT 4-2-36

●**輸入規制品**
①**ワシントン条約で規制**されている物
②猟銃、空気銃、刀剣（刃渡り15cm以上）　➡公安委員会の所持許可を受ける等、所定の手続きを取った後でなければ輸入できない。

③韓国産の大島紬等の紬類 ➡ 個人が使用する物に限り、10m²（2反程度）まで認められているが、超過分については税金を払っても輸入は認められていない。（国内の産業を保護するため）

④**医薬品・化粧品** ➡ 個人で使用する物は、許可は必要ないが、次の通り、数量に制限がある。もちろん、他人への販売・譲渡は禁止されている。

▼

POINT 4-2-37

●**医薬品・化粧品の数量制限**

医薬品および**医薬部外品**＊	**2ヵ月分**以内
要指示医薬品（医師の指示の必要な物）〈例〉睡眠薬等	**1ヵ月分**以内

＊医薬部外品とは人体への作用が緩やかな物　＜例＞養毛剤、入浴剤等

化粧品・外用剤	1品目　**24個**以内（標準サイズ）

医療用具（家庭用のみ）〈例〉体温計、電気マッサージ器等	1セット

ワシントン条約で規制されている物

ワシントン条約の正式名称は「絶滅のおそれのある野生動植物の種の国際取引に関する条約　Convention on International Trade in Endangered Species of Wild Fauna and Flora（CITES）」である（米国ワシントンで採択されたことからこの呼称が使われている）。

絶滅のおそれのある動植物を保護するという目的から、この条約により動植物の多くが輸出入の規制の対象となっている。

●ワシントン条約により規制されている主な物

① 加工品・製品

漢　方　薬	ジャコウジカ、虎、熊、サイ等を含有する薬
毛皮・敷物	虎・ヒョウ等のネコ科の動物、 狼、熊、シマウマ（一部）等の皮
ハンドバッグ・ ベルト・財布	ワニ、ウミガメ、ヘビ（一部）、トカゲ（一部） ダチョウ（一部）等の皮
象牙・象牙製品	インドゾウ・アフリカゾウの牙
は　く　製	鷲・鷹・ワニのはく製、ゴクラクチョウの標本等
そ　の　他	シャコ貝の製品、サンゴ製品（一部）、キャビア（チョウザメの卵）、クジャクの羽（一部）、オウムの羽飾り等

②生きている動植物

サル（全種）	スローロリス、カニクイザル、チンパンジー等
オウム（全種）	オウム インコ類（セキセイインコおよびオカメインコを除く）
植　　　物	ラン全種、サボテン全種、ソテツ全種等
そ　の　他	鷲、鷹、リクガメ、カメレオン オオサンショウウオ、アロワナ（一部）等

※生きている動植物だけでなく、加工品・製品も規制の対象となる。

ワシントン条約規制対象の物を持ち込む際には、種類により異なるが、経済産業省の発行した輸入承認証、輸出国の輸出許可証または再輸出証明書、原産地証明書等が必要となる。通常、これらの書類を旅行者が入手することは困難だ。

携帯品の免税範囲について、誤っているものをすべて選びなさい。

a) 価格によって免税範囲が定められているものは、課税価格の合計が20万円まで免税される。

b) 課税対象となる携帯品が分割することができない物品であるときは、当該物品の全価格に対して課税するのではなく、20万円を超える額に対してのみ課税する。

c) 旅行者の携帯品のうち、1品目の海外市価の合計が1万円以下であるものについては20万円の免税範囲内であるか否かにかかわらず免税となる。

d) 6歳未満の者については、おもちゃなど明らかに本人用と認められるもの以外は免税にならない。

----

 a) b) ➡ a) 酒類、たばこ以外の物品は、海外市価の合計で20万円までが免税となる。b) 20万円を超える額に対して課税するのではなく、この場合は、全価格に対して課税する。

 簡易税率について正しく述べられたものをすべて選びなさい。

a) 簡易税率により関税が課せられるときは、別途に内国消費税および地方消費税も課税される。

b) 価格を基準として関税を課す貨物に簡易税率を適用した場合の額は、旅行者がその貨物を購入する際に支払った価格に所定の率を乗じて求められる。

c) 1個または1組の課税価格が10万円を超えるものは簡易税率を適用しない。

d) 旅行者が、入国の際に携帯または別送して輸入する物品のそれぞれ全部について簡易税率によることを希望しない旨、税関に申し出たときは、簡易税率は適用しない。

----

 c) d) ➡ a) 簡易税率とは、関税と消費税が一つになった税率。したがって、簡易税率を適用する場合は、別途に消費税等は課税しない。b) 旅行者がその貨物を購入する際に支払った価格＝「海外市価」のこと。免税範囲を超えて課税する際に基準にするのは「課税価格」。海外市価の6割の価格＝「課税価格」に簡易税率を乗じて課税する。c) とd) は簡易税率を適用せず、一般の税率を適用する場合に該当する。

20歳以上の日本人旅行者が、帰国時に携帯して輸入する物品の通関に関する記述のうち、正しいものを1つ選びなさい。

a）海外市価がそれぞれ9万円のバッグ1個と腕時計1個、5,000円のネクタイ2本、1本4,000円のベルト5本が輸入するすべての場合、申告価格は21万円となり、ネクタイ1本が課税対象となる。

b）海外市価が8万円のゴルフクラブ1本、12万円のハンドバッグ1個、6万円の財布1個の計3点のみを輸入する場合、財布が課税対象となる。

c）海外市価20万円で購入したスーツ1着が課税対象となった場合、簡易税率が適用されず一般の関税率が適用される。

d）別送品がなく、免税範囲を超えたものを携帯している場合は、「携帯品・別送品申告書」をA面のみを記入して1通提出する。

---

 c）➡ 海外市価20万円×0.6＝課税価格12万円。1個（または1組）の課税価格が10万円を超える場合は、簡易税率ではなく一般の関税率を適用する。●a）1品目の海外市価の合計額が1万円以下の場合は、20万円の免税枠には算定せず、その時点で免税となる。5,000円のネクタイ2本＝1万円なので免税。9万円のバッグ＋9万円の腕時計＋2万円のベルト＝20万円なので、免税となる。b）旅行者の有利に（税金が低く）なるよう計算する。財布を課税した場合は、課税価格36,000円×簡易税率15％＝5,400円。ゴルフクラブは関税が無税な物。簡易税率は適用せず、消費税のみを課税する。課税価格48,000円×消費税10％＝4,800円。ゴルフクラブを課税した方が税金が低くなるので、財布ではなくゴルフクラブを課税対象とする。d）免税範囲を超えている場合は、A面B面の両面を記入して1通提出する。

04 動植物検疫

「帰国時に携帯して輸入する次の物品のうち、輸入を禁止または規制されていない物はどれか」といった形の問題が、非常によく出題されている。どういう物が輸入禁止なのか、また、規制されているのか整理しておこう。特に、動物・植物検疫対象とならない物をしっかり覚えておくこと！　また、通関手続きのところで出てきたワシントン条約に関係する動物、植物にも注意！

動物検疫

　外国から家畜の悪性伝染病や動物由来の感染症が日本に侵入しないように、外国から持ち込む動物や畜産品は、**動物検疫**を行うことになっている。

次は動物検疫の必要な主なものだ。

▼

POINT 4-2-39

●動物検疫対象の主なもの
1. 動物

①犬、猫
②あらいぐま、きつね、スカンク
③偶蹄類の動物（牛、豚、羊、ヤギ、鹿、カモシカ、トナカイ、水牛、キリン、らくだ、かばなど、ひづめが偶数の動物）
④馬科の動物（馬、ロバ、シマウマ等）
⑤鶏、あひる、がちょう、七面鳥、うずら
⑥兎（うさぎ）、みつばち
⑦サル

2．畜産物

①1．にあげた動物の肉（干し肉含む）、骨、脂肪、血液、皮、毛、羽、角（加工品含む）、蹄、臓器、肉骨粉、腱、生乳、精液、受精卵、血粉、ふん、尿、死体等

②1．にあげた動物を原料とするハム、ソーセージ、ベーコン、ビーフジャーキー、サラミ等

3．その他
家畜の伝染病の病原体（農林水産大臣の輸入許可が必要）
穀物のわら、および飼料用の牧草

左記1．動物の①犬、猫と②あらいぐま、きつね、スカンクは**狂犬病予防法**により、⑦サルは**感染症の予防および感染症の患者に対する医療に関する法律**により、さらにそれ以外の動物と犬は**家畜伝染病予防法**により、動物検疫が実施される。また家畜伝染病予防法により検疫が必要なものを**指定検疫物**という。

 以下の物は検疫対象外となっている。間違えやすいから、注意しよう。

POINT 4-2-40

●動物検疫対象外の物
①**魚介類**（えび、かに、スモークサーモン、からすみ等）
②**乳製品**（バター、チーズ等）　注：生乳は検疫対象
③**はちみつ**

動物検疫手続き

検疫の必要な動物や畜産物を日本に持ち込む際には、おみやげ、個人消費等に関係なく、また、空港内の免税店で販売されたものであっても、輸出国の政府機関が発行した、病原体を広げるおそれがない旨を記載した**検査証明書（輸出検疫証明書）**が添付されていないと輸入することはできないことになっている。

▼

●指定検疫物の動物検疫手続き

動物検疫カウンター（税関前）

①動物・畜産物　＋「検査証明書」（輸出検疫証明書）提示

②検査、条件の確認 ━━━━▶ 持ち込み可

━━━━▶ 不可の場合は没収

注：牛、豚等、偶蹄類の動物の肉（ビーフジャーキー含む）・臓器やハム・ソーセージ・ベーコン等は、輸出国の検査証明書があっても輸入が禁止されている地域もある。

●注意する動物検疫

動物の種類	検疫の有無		輸入時・輸出時の注意
犬 猫 あらいぐま きつね スカンク	狂犬病予防法に基づく狂犬病の検疫を受ける必要がある。また、犬については家畜伝染病予防法に基づくレプトスピラ症の検疫も必要となっている。これらの検疫は動物検疫所の施設で係留検査により行われる。	輸入	健康証明書と狂犬病予防注射証明書（犬と猫のみ）の有無、発行期間および証明内容により、係留期間が12時間以内から180日と異なる。
		輸出	最寄りの動物検疫所で受けることができ、係留期間も12時間以内とわずかな時間で済む。ただし、輸出国に条件がある場合は、それに基づいた検査が必要になる。
兎（うさぎ）	家畜伝染病予防法により、伝染性疾病の検疫を受ける必要がある。	輸入	健康証明書が必要。ない場合は、輸入できない。係留検査は1日。
		輸出	動物検疫所の施設で1日の係留検査が必要。
サル	感染症の予防および感染症の患者に対する医療に関する法律に基づくエボラ出血熱、マールブルグ病の検疫が必要。	輸入	輸入できる地域は限られている。[輸入可能地域] アメリカ、中国、フィリピン、ガイアナ、スリナム、インドネシア、ベトナム、カンボジア 日本到着日の70日前から40日前までに動物検疫所に「輸入に関する届出書」の提出。検査証明書と、輸出国で30日以上の隔離検疫が必要。輸入場所は成田空港と関西国際空港に限定。30日間の係留検査。
		輸出	検疫の必要はないが、輸出国に入国条件がある場合はそれに沿った検疫をする必要がある。

植物検疫

外国から持ち帰る植物は、原則、**すべて植物検疫が必要**である。

植物の中には、切花だけでなく、種子、球根、苗、生果実、野菜、穀類、豆類、香辛料、ドライフラワー、植物を材料にした民芸品・ワラ製品等も含む。

外国から侵入しようとする病害虫から日本の農作物と緑を守るために、**植物防疫法**により検疫が実施されているが、以下の物は検疫対象外となっている。

POINT 4-2-42

●植物検疫対象外の物

①製材、木工品、竹工品等の加工品

②籐、コルク

③麻袋、綿、綿布、へちま製品、紙等の繊維製品

④**製茶**（紅茶、ウーロン茶等）

⑤**アルコール、砂糖、塩等に漬けられた植物**（キムチ、ピクルス、ザワークラウト等）

⑥**乾果**（あんず、かき、バナナ等のドライフルーツ）

⑦**乾燥した香辛料で小売用の容器に密封されている物**

⑧**土の付着していない食用キノコ類**（まつたけ、きくらげ、トリュフ等）

上記の物は、検疫を受けずに日本に持ち込みができるが、日本に持ち込みができない輸入禁止品もある。

POINT 4-2-43

●輸入禁止品

①検疫有害植物（病害虫の寄生する植物）・病害虫類

②**土・土つきの植物**
　注：砂や石は、コケ等の植物がついていなければ持ち込み可

③上記の物を入れた容器・包装

④特定地域の特定植物（次ページの表参照）
　注：外国の免税店で売られていることもあるが、免税店で購入したとしても輸入禁止品に該当するものは持ち込み不可

●特定地域からの輸入禁止品（代表例）

地　　域	輸入禁止品
朝鮮半島、台湾を除く海外全地域	イネワラ、イネモミ
ヨーロッパ 中近東 アフリカ 南アメリカ オーストラリア ハワイ	ほとんどの生果実、果菜類（とうがらし、トマト、きゅうり、メロン等）、殻付きクルミ（ただし、パイナップル、ココヤシ等一部除く） [その他] ・ヨーロッパ・中近東からの「りんご、なし、ピラカンサ等のバラ科の生植物・切花」（バラ除く） ・ハワイからの「根付き植物」（かんきつ類、アンスリューム等） ・ヨーロッパからの「ムギワラ」
北アメリカ ニュージーランド等	りんご、なし、もも、さくらんぼ等の生果実、殻付きクルミ（ただし、オレンジ等のかんきつ類、ぶどう、メロン等一部除く） りんご、なし、ピラカンサ等のバラ科の生植物・切花（バラ除く） ムギワラ [その他] ・アメリカからの「根付き植物」（かんきつ類、アンスリューム等）
朝鮮半島を除くアジア 　中国、インド、インドネシア、フィリピン、シンガポール、台湾、タイ　等 ミクロネシア 　サイパン、グアム等 パプアニューギニア	熱帯果実類（パパイヤ、マンゴー、マンゴスチン、レンブ、ランブータン、レイシ、リュウガン、成熟バナナ等）、かんきつ類、りんご、なし、ぶどう、もも、トマト、なす、とうがらし、インゲン豆、きゅうり、メロン等の生果実、さつまいも、エンサイ等の生茎葉・塊根（ただし、パイナップル、ココヤシ、ドリアン等一部の生果実除く） [その他] ・中国、インド等からのりんご、なし、さくらんぼ等の生果実、殻付きクルミ
ポリネシア 　イースター島 　タヒチ　等 ニューカレドニア	熱帯果実類（パパイヤ、マンゴー等）、かんきつ類、りんご、なし、キウイフルーツ、オリーブ、コーヒーノキ、ナツメヤシ等の生果実（ただし、パイナップル、ココヤシ、ドリアン等一部の生果実除く）

注：植物防疫法から輸入できる植物であっても、ワシントン条約により、輸入が規制・禁止されている物もある。〈例〉ラン、サボテン、ソテツ

植物検疫手続き

　輸入可能な植物を日本に持ち込む際には、税関前の植物検疫カウンターで植物検疫が必要で、輸出国の政府機関が発行した検疫有害動物または検疫有害植物が付着していない旨を記載した**検査証明書（輸出検疫証明書）**の提出が義務づけられている。

●**植物検疫手続き**

植物検疫カウンター（税関前）

①植物　＋「検査証明書」（輸出検疫証明書）提示

②病害虫の付着の有無、条件の確認 ━━━━▶ 持ち込み可

╲━━▶ 不可の場合は没収

 なお、球根類、果樹類の苗木、ジャガイモ、さつまいも、サトウキビ等、植物によっては輸入時の検査の他に、一定期間、隔離栽培が必要なものもあるんだ。

 日本人旅行者が帰国時に携帯または別送して輸入する次の物品のうち、検疫検査を受けずに持ち込むことができるものをすべて選びなさい。

a）フランスで購入したフォアグラ　　　b）スイスで購入したチーズ

c）ドイツで購入したビーフジャーキー　d）カナダで購入したロブスター

- -

 b）d）➡ b）d）バター、チーズ、ロブスターなどの魚介類は検疫不要。

 日本人旅行者が帰国時に携帯または別送して輸入する次の物品のうち、輸入規制のないものをすべて選びなさい。

a）韓国産のキムチ

b）マレーシアで購入したマンゴーのドライフルーツ

c）中国で購入した朝鮮人参の製茶

d）タイ産のランの切花

- -

 a）b）c）

 日本人旅行者が帰国時に携帯または別送して輸入する次の物品のうち、検疫検査を受けずに持ち込むことができるものを1つ選びなさい。

a）フランスで購入した土の付着していないトリュフ

b）ハワイから持ち帰ったアンセリウムの鉢植

c）アメリカで購入したアボカドの生果実

- -

 a）➡ トリュフはきのこ類。●b）土、土付の植物は禁止品。

05 検疫（新型コロナウイルスによる感染症の特例を除く）

出題されても1問程度でそれほど重要ではないが、範囲はあまり広くなく、難しいところもないので、確実に点数を取っておきたいところ。定番のように、よく出題されるのは「検疫感染症」の種類だ。

検疫法の目的

検疫法は、国内に常在しない感染症が国内に侵入するのを防止することを目的としている。そのため、空港・海港等に**検疫所**を設置し、日本に入国する人に対して検疫を実施している。

また、検疫法は **WHO（World Health Organization 世界保健機関）** が定めた国際保健規則に準拠して規定されている。

検疫感染症

検疫法では次のものを**検疫感染症**としている。

POINT 4-2-45

●検疫感染症
①マラリア
②デング熱
③インフルエンザ
　（H5N1　通称、
　　鳥インフルエンザ）

④**一類感染症（7種）**
　ペスト
　クリミア・コンゴ出血熱
　エボラ出血熱
　マールブルグ病
　ラッサ熱
　痘そう
　南米出血熱

予防接種

　検疫法では、「検疫所長は必要と認められるものに対して**予防接種**をし、または、検疫官をしてこれを行わせることができる」と定めている。ただし、現在日本ではいかなる入国者に対しても予防接種証明書を要求していない。

　もちろん、検疫法は国内に感染症が侵入するのを防ぐのが目的だから、出国する人に対しては何も義務づけていないが、渡航先によっては予防接種証明書を要求している国・地域もある。

国際予防接種証明書

　国際予防接種証明書は、用紙が黄色であることから通称「イエローカード」と呼ばれているもの。WHOによる国際保健規則の中で予防接種証明書の携帯を義務づけることができるのは、現在、黄熱だけとなっている。ただし、コレラ等は各国の判断により、予防接種証明書の携帯を要求する国もある。

　国際予防接種証明書は、予防接種を済ませ、医師が記入しただけでは不十分で、検疫所の承認印（さくらの花のスタンプ）を受ける必要がある。

　国際予防接種証明書は、必ず、1人1人別々に発行してもらわなければならず、親の証明書に子供の分を書き込むことはできない。

POINT 4-2-46

●予防接種の有効期間

検疫感染症	
黄熱	接種後10日目〜生涯有効
一類感染症	いまだにワクチンが開発されていない。よって予防接種はない。

日本帰国時の検疫手続き

検疫法では「検疫所長は船舶等に乗って来た者に対して**必要な質問**を行い、または、検疫官をしてこれを行わせることができる。」と定めている。実際には**機内で質問票**が配られ、各自がそれに記入し、到着時に検疫カウンターに提出する形で行われる。

ただし、全員が対象というわけでなく、**検疫感染症の流行地域**（アフリカ、東南アジア等）**発**、もしくは**経由する便**で到着する旅行者が対象となっている。

① **質問票（黄色）の内容**：
帰国前の滞在国、健康状態、連絡先等
② **質問票の目的**：問診の他、感染症が国内に広がるのを防ぐためのものでもある。例えば、後日帰国者の中に感染症の患者が発見されると、質問票をもとに同一便に搭乗した者に連絡をとり、これ以上、感染症が広がらないようにしたりする。

●このカードは、検疫手続きを簡略にするためのものですから、正確に記入してください。

質 問 票

到着年月日＿＿＿＿＿＿ 航空便名＿＿＿＿＿＿
船 名＿＿＿＿＿＿

氏 名＿＿＿＿＿＿

国 籍＿＿＿＿＿＿ 性別 □男 □女 年齢＿＿＿＿

日本での住所、連絡先

電話番号 ＿ － ＿ － ＿

今回旅行された滞在国名を記入してください。（過去３週間）

旅行中（過去３週間）に次の症状があった方は該当欄に ✓（チェック）を記入してください。《なお、下記の症状があった方は検疫官までお申し出ください》

□ 下 痢　　□ 腹 痛　　□ おう吐　　□ 発 熱
□ 頭 痛　　□ のどの痛み　□ 発 疹　　□ 黄 疸
□ 激しいせき　□ 呼吸困難　□ 異常な出血（皮膚、粘膜、鼻血等）
□ けいれん　□ その他（＿＿＿＿＿＿＿＿）

厚生労働省・検疫所
（平成13年4月現在）

検疫感染症者の隔離

検疫法では「検疫所長は、**一類感染症**または**コレラの患者**を**隔離**し、または、検疫官をしてこれを隔離することができる」と定めている。

搭乗者の中に、一類感染症やコレラにかかっている者がいる場合や、航空機や船舶が感染症に汚染されていることがわかった場合等は、他と隔離したりすることがある。

外国で感染症が発生した場合

　日本の検疫法で定められている**検疫感染症以外の感染症が外国で発生**した場合、検疫法では「これについて検疫を行わなければ、その病原体が日本国内に侵入し、国民の生命および健康に重大な影響を与えるおそれがあるときは、政令でその**感染症を指定**し、**1年以内**の期間に限り、当該感染症について**検疫法を準用**することができる（新感染症を除く）」と定めている。

　これはいつ検疫感染症以外の新しい感染症が発生するかわからないため、その時のことを考えて、あらかじめ設定しているものである。

 次の文章の誤りを指摘しなさい。
検疫感染症が流行している地域から日本に入国しようとする場合や逆に流行している地域に行こうと日本を出国する場合は、どちらも予防接種を義務づけている。

- -

 どちらも予防接種を義務づけてはいない。

06 　外国人の出入国手続き

2012年7月9日から従前の外国人登録制度が廃止され、
新しい在留管理制度と再入国制度が導入された。

在留管理

日本の在留資格によって、以下の3パターンにわかれる。

パターン1 　**在留期間3ヵ月以下の短期滞在者**

　観光、短期留学生、短期就労者などの在留期間3ヵ月以下の短期滞在者は、
日本滞在時は従来通り、旅券と査証で身元確認を行う。

パターン2 　**在留期間3ヵ月を超える中長期在留者**

　就労者、留学生、日本（日本人）の家族、永住者などの在留期間3ヵ月を
超える中長期在留者は、従来の外国人登録制度が廃止されたことにより、
新しく**在留カード**を発行し、常時携帯することにより身元確認を行う。

　在留カードとは、中長期在留者に対し、氏名や国籍、在留資格や在留
期間を確認できる身元確認書類として発行ざれるもの。次のようなき
まりがある。

POINT 4-2-47

●**在留カード**
- ●顔写真も添付される（16歳未満の者を除く）。従来の外国人登録証明書とは
異なり署名は不要。
日本滞在時には常時携帯しなければならない。
- ●新規に日本に上陸する者に対しては入国審査時に発行される。ただし、成田
空港、羽田空港、中部空港、関西空港、新千歳空港、広島空港、福岡空港等
の主だった入国場所のみに限定され、それ以外の空港等から入国する者に対
しては、後日郵送される。
- ●在留カードの更新や再交付、記載事項変更などの手続きは**地方出入国在留管理局**
で行う。

パターン3 **特別永住者**

従来の外国人登録制度が廃止されたことにより、新しく**特別永住者証明書**を発行して身元の確認を行う。常時携帯義務はない。

特別永住者証明書の更新や再交付、記載事項変更などの手続きは**市区町村の窓口**で行う。

再入国許可

日本に在留している外国人が在留期間内に日本を出国し、同じ在留資格で再び日本に入国しようとする場合は、あらかじめ**再入国の許可**を**地方出入国在留管理局**に申請することになる。再入国許可を受けておけば、わざわざ海外で日本領事官等に出頭し、査証を取得する等ということがなくなるのだ。

POINT 4-2-48

●再入国許可

申請先	地方入国管理局
申請者	原則として本人出頭 ただし、16歳未満の者または疾病等で出頭できないときは、代理申請が認められている
形　式	旅券を**持っている**場合——**旅券に再入国許可の証印** 旅券を**持っていない**場合——**再入国許可書の交付**
種　類	2種類。一次用と数次用

再入国許可書

再入国許可を申請し、さまざまな理由で旅券を持っていない外国人に対しては、**再入国許可書**を交付することになっている。

再入国許可書は、**日本入国**の際に**旅券と同等の効力**を有するものとみなされるが、あくまでも日本に関してだけであり、日本以外の国が旅券に代わるものとして認めているわけではない。

再入国許可の有効期間

再入国許可の有効期間については、以下のように定められている。ただし、許可された在留期間内に再入国ということなのでその在留期間を超えることはない。

POINT 4-2-49

●再入国許可の有効期間
5年を超えない範囲内で決定
（特別永住者は6年）

ただし、再入国の許可を受けて出国したが、有効期間内に再入国することができない相当の理由がある場合は、日本国領事館等に有効期間の延長を申請することができる。

この場合の有効期間の延長は以下のようになっているんだ。

POINT 4-2-50

●再入国の有効期間の延長
再入国許可の有効期間内に再入国することができない理由があると認められたときのみ、在外日本国領事館で最大1年間の許可の延長を申請することができる。

みなし再入国許可

2012年7月9日から導入された制度。「在留カード」または「特別永住者証明書」を所持する外国人が、下記の一定期間内に再入国する意志を表明して出国する場合は、原則として再入国許可の取得を不要とする制度のこと。

●みなし再入国許可

●「在留カード」所持者 ➡ 出国後**1年以内および在留期限まで**に再入国する場合。

●「特別永住者証明書」所持者 ➡ 出国後**2年以内**に再入国する場合。

※みなし再入国許可により出国した場合は、その有効期間の延長を行うことはできない。もし、期限内に再入国をしない場合は、日本の在留資格が消滅する。

※みなし再入国許可を利用する場合、出国審査時に必ず「在留カード」または「特別永住者証明書」を提示しなければならない。

※再入国許可を取得した者またはみなし再入国許可を利用する者が日本を出国する場合は「再入国出国記録カード」を入国審査官に提出しなければならない。
これに当てはまらない者は、入国審査官に「在留カード」または「特別永住者証明書」を返納しなければならない。

日本に在留する外国人（仮上陸の許可又は上陸の特例により上陸の許可を受けている者を除く。）の再入国の許可に関する次の記述のうち、正しいものはどれか。

a）再入国の許可を受けようとする場合、居住地の市区町村の窓口に申請しなければならない。

b）特別永住者でない者の再入国許可の有効期間は3年を超えない範囲内で決定される。

c）「特別永住者証明書」を所持している者が、みなし再入国許可を利用して本邦を出国したのち2年以内に再入国しない場合は日本の在留資格は消滅する。

- -

c）●a）再入国許可の申請は「地方出入国在留管理局」へ行う。b）特別永住者でない者の再入国許可の有効期間は5年を超えない範囲内である（有効期間の延長を除く）。

01　航空会社コード

航空会社コードと航空会社名の組み合わせは頻出項目。
わかりにくい航空会社コードは要チェック！　日本に乗
り入れている航空会社コードは、覚えておきましょう。

航空会社コード（Airline Code）

　航空時刻表や航空券面上で航空会社を表示するのに、現在、アルファベット
や数字2文字からなる**航空会社コード**が用いられている。2文字からなるため、
2レターコードと呼ばれている。

　日本に乗り入れている航空会社についてはコードを覚えておきましょう。

▼

POINT 4-3-1

●日本に乗り入れている主な航空会社

2レター	航　空　会　社　名		国　籍
AA	American Airlines	アメリカン航空	アメリカ
AC	Air Canada	エアー・カナダ	カナダ
AF	Air France	エール・フランス	フランス
AI	Air India	エアー・インディア	インド
AY	Finnair	フィンランド航空	フィンランド
BI	Royal Brunei Airlines	ロイヤルブルネイ航空	ブルネイ
BA	British Airways	ブリティッシュ・エアウェイズ	イギリス
BR	EVA Airways	エバー航空	台湾
CA	Air China	中国国際航空	中国
CI	China Airlines	チャイナ・エアライン	台湾
CX	Cathay Pacific Airways	キャセイパシフィック航空	中国・香港
DL	Delta Airlines	デルタ航空	アメリカ
FJ	Fiji Airways	フィジー・エアウェイズ	フィジー
GA	Garuda Indonesia	ガルーダ・インドネシア航空	インドネシア
IB	Iberia	イベリア航空	スペイン

IR	Iran Air	イラン航空	イラン
JL	Japan Airlines	日本航空	日本
KA	Cathay Dragon	キャセイドラゴン航空	中国・香港
KE	Korean Air	コリアン・エアー（大韓航空）	韓国
KL	KLM Royal Dutch	KLM オランダ航空	オランダ
LH	Lufthansa	ルフトハンザ・ドイツ航空	ドイツ
LX	Swiss International Air Lines	スイス・インターナショナル・エアラインズ	スイス
MH	Malaysia Airlines	マレーシア航空	マレーシア
MS	Egyptair	エジプト航空	エジプト
MU	China Eastern Airlines	中国東方航空	中国
NH	All Nippon Airways	全日本空輸	日本
NZ	Air New Zealand	ニュージーランド航空	ニュージーランド
OS	Austrian Airlines	オーストリア航空	オーストリア
OZ	Asiana Airlines	アシアナ航空	韓国
PK	Pakistan International Airlines	パキスタン国際航空	パキスタン
PR	Philippine Airlines	フィリピン航空	フィリピン
PX	Air Niugini	ニューギニア航空	パプア・ニューギニア
QF	Qantas Airways	カンタス航空	オーストラリア
RA	Nepal Airlines	ネパール航空	ネパール
SK	Scandinavian Airlines	スカンジナビア航空	スカンジナビア三国*
SQ	Singapore Airlines	シンガポール航空	シンガポール
SU	Aeroflot Russian Airlines	アエロフロート・ロシア航空	ロシア
TG	Thai Airways International	タイ国際航空	タイ
TK	Turkish Airlines	ターキッシュ・エアラインズ	トルコ
TN	Air Tahiti Nui	エア・タヒチ・ヌイ	タヒチ
VN	Vietnam Airlines	ベトナム航空	ベトナム

＊スカンジナビア三国＝ノルウェー・スウェーデン・デンマーク

 航空会社コードと航空会社名との組み合わせで、誤っているものはどれか。

a）OS – Austrian Airlines b）AC – Air Canada

c）CA – China Airlines d）VN – Vietnam Airlines

 c）➡ 正しい航空会社コードは、CI。

02　都市・空港コード

都市（空港）コードと都市（空港）名の組合せは、毎年出題されているわ。間違えやすい都市コードや主要都市の空港コード・空港名があるから注意！　また、毎年出題されている航空時刻表では、都市（空港）コードが使用されているため、時刻表の読みとりには必要不可欠よ。すべてを覚えることは不可能だから、日本から直行便の運航している都市を中心に覚えていきましょう。

都市コード（City　Code）

空港のある都市にアルファベット3文字からなる**都市コード（シティコード）**がつけられている。アルファベット3文字ということから、**3レターコード**と呼ばれ、航空券や航空時刻表等で幅広く使われている。

主な都市コードは以下の通り。

▼

POINT 4-3-2

●都市コード

都市コード (3レターコード)	都市名		国名 (州名)
ADL	Adelaide	アデレード	オーストラリア（南オーストラリア州）
AKL	Auckland	オークランド	ニュージーランド
AMS	Amsterdam	アムステルダム	オランダ
ANC	Anchorage	アンカレジ	米国（アラスカ州）
ATH	Athens	アテネ	ギリシャ
ATL	Atlanta	アトランタ	米国（ジョージア州）
AUS	Austin	オースティン	米国（テキサス州）
BCN	Barcelona	バルセロナ	スペイン
BER	Berlin	ベルリン	ドイツ
BJS	Beijing	北京　ペキン	中国
BKI	Kota Kinabalu	コタキナバル	マレーシア

BKK	Bangkok	バンコク	タイ
BNE	Brisbane	ブリスベン	オーストラリア（クインズランド州）
BOM	Mumbai	ムンバイ（旧ボンベイ）	インド
BOS	Boston	ボストン	米国（マサチューセッツ州）
BRU	Brussels	ブリュッセル	ベルギー
BSB	Brasilia	ブラジリア	ブラジル
BUD	Budapest	ブダペスト	ハンガリー
BUE	Buenos Aires	ブエノスアイレス	アルゼンチン
BUF	Buffalo	バッファロー	米国（ニューヨーク州）
BWN	Bandar Seri Begawan	バンダル·スリ·ブガワン	ブルネイ
CAI	Cairo	カイロ	エジプト
CAN	Guangzhou	広州　コワンチョウ	中国
CBR	Canberra	キャンベラ	オーストラリア（首都特別地域）
CCU	Kolkata	コルカタ（旧カルカッタ）	インド
CEB	Cebu	セブ	フィリピン
CGN	Cologne／Bonn	ケルン／ボン	ドイツ
CHC	Christchurch	クライストチャーチ	ニュージーランド
CHI	Chicago	シカゴ	米国（イリノイ州）
CJU	Jeju	済州島（チェジュ）	韓国
CMB	Colombo	コロンボ	スリランカ
CNS	Cairns	ケアンズ	オーストラリア（クインズランド州）
CPH	Copenhagen	コペンハーゲン	デンマーク
DAC	Dhaka	ダッカ	バングラデシュ
DEL	Delhi	デリー	インド
DEN	Denver	デンバー	米国（コロラド州）
DFW	Dallas／Fort Worth	ダラス／フォートワース	米国（テキサス州）
DLC	Dalian	大連（ターリエン）	中国
DPS	Denpasar	デンパサール	インドネシア
DTT	Detroit	デトロイト	米国（ミシガン州）
DUB	Dublin	ダブリン	アイルランド
DUS	Dusseldorf	デュッセルドルフ	ドイツ
DXB	Dubai	ドバイ	アラブ首長国連邦
FLR	Florence	フィレンツェ	イタリア
FRA	Frankfurt	フランクフルト	ドイツ
FUK	Fukuoka	福岡	日本
GUM	Guam	グアム	米国
GVA	Geneva	ジュネーブ	スイス
HAM	Hamburg	ハンブルク	ドイツ
HEL	Helsinki	ヘルシンキ	フィンランド
HKG	Hong Kong	香港	中国
HKT	Phuket	プーケット	タイ
HNL	Honolulu	ホノルル	米国（ハワイ州）
HOU	Houston	ヒューストン	米国（テキサス州）
ISB	Islamabad	イスラマバード	パキスタン

IST	Istanbul	イスタンブール	トルコ
ITO	Hilo	ヒロ	米国（ハワイ州）
JKT	Jakarta	ジャカルタ	インドネシア
KHH	Kaohsiung	高雄（カオシュン）	台湾
KHI	Karachi	カラチ	パキスタン
KOA	Kona	コナ	米国（ハワイ州）
KUL	Kuala Lumpur	クアラランプール	マレーシア
LAS	Las Vegas	ラスベガス	米国（ネバダ州）
LAX	Los Angeles	ロサンゼルス	米国（カリフォルニア州）
LED	St. Petersburg	サンクトペテルブルク（旧レニングラード）	ロシア
LGK	Langkawi	ランカウイ	マレーシア
LIH	Lihue	リフエ	米国（ハワイ州）
LIM	Lima	リマ	ペルー
LIS	Lisbon	リスボン	ポルトガル
LON	London	ロンドン	英国
MAD	Madrid	マドリード	スペイン
MEL	Melbourne	メルボルン	オーストラリア（ビクトリア州）
MEM	Memphis	メンフィス	米国（テネシー州）
MEX	Mexico City	メキシコシティー	メキシコ
MIA	Miami	マイアミ	米国（フロリダ州）
MIL	Milan	ミラノ	イタリア
MLE	Male	マレ	モルディブ
MNL	Manila	マニラ	フィリピン
MOW	Moscow	モスクワ	ロシア
MSP	Minneapolis	ミネアポリス	米国（ミネソタ州）
MSY	New Orleans	ニューオーリンズ	米国（ルイジアナ州）
MUC	Munich	ミュンヘン	ドイツ
NAP	Naples	ナポリ	イタリア
NAN	Nadi	ナンディ	フィジー
NCE	Nice	ニース	フランス
NOU	Noumea	ヌーメア	ニューカレドニア
NYC	New York City	ニューヨーク	米国（ニューヨーク州）
OOL	Gold Coast	ゴールドコースト	オーストラリア（クインズランド州）
ORL	Orlando	オーランド	米国（フロリダ州）
OSA	Osaka	大阪	日本
OSL	Oslo	オスロ	ノルウェー
PAR	Paris	パリ	フランス
PDX	Portland	ポートランド	米国（オレゴン州）
PEN	Penang	ペナン	マレーシア
PER	Perth	パース	オーストラリア（西オーストラリア州）
PHL	Philadelphia	フィラデルフィア	米国（ペンシルベニア州）
POM	Port Moresby	ポートモレスビー	パプア・ニューギニア
PPT	Papeete	パペーテ	タヒチ

PRG	Prague	プラハ	チェコ
PUS	Busan	釜山（プサン）	韓国
RGN	Yangon	ヤンゴン(旧ラングーン)	ミャンマー
RIO	Rio de Janeiro	リオデジャネイロ	ブラジル
ROM	Rome	ローマ	イタリア
SAO	Sao Paulo	サンパウロ	ブラジル
SCL	Santiago	サンティアゴ	チリ
SEA	Seattle	シアトル	米国（ワシントン州）
SEL	Seoul	ソウル	韓国
SFO	San Francisco	サンフランシスコ	米国（カリフォルニア州）
SGN	Ho Chi Minh	ホーチミン(旧サイゴン)	ベトナム
SHA	Shanghai	上海（シャンハイ）	中国
SIA	Xi'an	西安（シーアン）	中国
SIN	Singapore	シンガポール	シンガポール
SJC	San Jose	サンノゼ	米国（カリフォルニア州）
SPN	Saipan	サイパン	サイパン・マリアナ連邦
STO	Stockholm	ストックホルム	スウェーデン
SYD	Sydney	シドニー	オーストラリア （ニュー・サウス・ウェールズ州）
THR	Tehran	テヘラン	イラン
TPE	Taipei	台北（タイペイ）	台湾
TLV	Tel Aviv	テルアビブ	イスラエル
TYO	Tokyo	東京	日本
VCE	Venice	ベニス（ベネチア）	イタリア
VIE	Vienna	ウィーン	オーストリア
WAS	Washington	ワシントン	米国（首都特別区）
WLG	Wellington	ウェリントン	ニュージーランド
YEG	Edomonton	エドモントン	カナダ（アルバータ州）
YMQ	Montreal	モントリオール	カナダ（ケベック州）
YOW	Ottawa	オタワ	カナダ（オンタリオ州）
YQB	Quebec	ケベック	カナダ（ケベック州）
YTO	Toronto	トロント	カナダ（オンタリオ州）
YVR	Vancouver	バンクーバー	カナダ（ブリティッシュ・コロンビア州）
YYC	Calgary	カルガリー	カナダ（アルバータ州）
ZRH	Zurich	チューリヒ	スイス

次の都市コードと都市名の組合せで、誤っているものはどれか。

a）ORL—オーランド　　　b）NCE—ニース
c）SGN—ホーチミン　　　d）CAN—ケアンズ

---

 d）➡ CNS がケアンズの都市コードである。

空港コード (Airport Code)

　1都市に複数の空港がある場合は、どの空港か区別するために、都市コードの他に**空港コード**がつけられている。都市コードと同じくアルファベット3文字になっている。主な都市の空港コードと空港名は以下の通りである。

色がついている国際線主要空港は必ず覚えておいてね。

▼

●空港コード

都市コード	都市名	空港コード	空　港　名	
BER	ベルリン	SXF	Schonefeld	シェーネフェルト
		THF	Tempelhof	テンペルホフ
		TXL	Tegel	テーゲル
BJS	北京	**PEK**	Capital	北京首都
CHI	シカゴ	**ORD**	O 'hare Int' l	オヘア国際
		MDW	Midway	ミッドウェイ
DTT	デトロイト	**DTW**	Metropolitan	メトロポリタン
HOU	ヒューストン	**IAH**	George Bush Intercontinental	ジョージ・ブッシュ・インターコンチネンタル
JKT	ジャカルタ	**CGK**	Soekarno-Hatta	スカルノ・ハッタ
LON	ロンドン	**LHR**	Heathrow	ヒースロー
		LGW	Gatwick	ガトウィック
MIL	ミラノ	**MXP**	Malpensa	マルペンサ
		LIN	Linate	リナーテ
MOW	モスクワ	**SVO**	Sheremetyevo	シェレメーチェボ
		DME	Domodedovo	ドモジェドボ
NYC	ニューヨーク	**JFK**	J.F.Kennedy	ジョン・F・ケネディ
		LGA	La Guardia	ラ・ガーディア
		EWR	Newark Liberty	ニューアーク・リバティ
OSA	大阪	**KIX**	Kansai	関西国際
		ITM	Itami	伊丹（大阪国際）
ORL	オーランド	**MCO**	Orland International	オーランド国際
PAR	パリ	**CDG**	Charles de Gaulle	シャルル・ド・ゴール
		ORY	Orly	オルリー
RIO	リオデジャネイロ	**GIG**	Antonio Carlos Jobim	アントニオ・カルロス・ジョビン
		SDU	Santos Dumont	サントス・ドゥモン
ROM	ローマ	**FCO**	Leonardo da Vinci (Fiumicino)	レオナルド・ダ・ビンチ（フィウミチーノ）

		CIA	Ciampino	チャンピーノ
SAO	サンパウロ	**GRU**	Guarulhos	グァルーリョス
		CGH	Congonhas	コンゴーニャス
SEL	ソウル	**ICN**	Incheon	仁川　インチョン
		GMP	Gimpo	金浦　キンポ
SHA	上海	**SHA**	Hongqiao	虹橋　ホンチャオ
		PVG	Pu Dong	浦東　プドォン
TPE	台北	**TPE**	Taiwan Taoyuan	台湾桃園
		TSA	Sung Shan	スンシャン (松山国内)
TYO	東京	**NRT**	Narita	成田
		HND	Haneda	羽田
WAS	ワシントン	**IAD**	Dulles Int'l	ダレス国際
		DCA	Ronald Reagan Washington National	ロナルド・レーガン・ワシントン・ナショナル
YMQ	モントリオール	**YUL**	Montreal-Pierre Elliott Trudeau	モントリオール・ピエール・エリオット・トルドー
		YMX	Mirabel	ミラベル
YTO	トロント	**YYZ**	Tronto Pearson	トロント・ピアソン

次の空港コードと空港名の組合せで、誤っているものはどれか。
a) ICN—ソウル　仁川空港　　　b) CDG—パリ　シャルル・ド・ゴール空港
c) DCA—ワシントン ダレス国際空港　d) LHR—ロンドン ヒースロー空港

- -

c) ➡ DCA はワシントンのロナルド・レーガン・ナショナル空港の空港コード。ダレス国際空港の空港コードは IAD。

次の空港コードと空港名の組合せで、正しいものはどれか。
a) LED—ローマ　レオナルド・ダビンチ空港
b) LGA—ニューヨーク　ラ・ガーディア空港
c) MSP—ミラノ　マルペンサ空港
d) ORD—オーランド　オーランド国際空港

- -

b) ● a) FCO が正しい。LED はロシアのサンクトペテルブルグ。 c) MXP が正しい。MSP はミネアポリス。 d) MCO が正しい。ORD はシカゴのオヘア国際空港。

03　時差と所要時間

International time calculator（国際時差計算表）を
使用して、2都市間の時差や現地時間を正確に求められ
るかが問われます。また、航空時刻表や鉄道時刻表から
所要時間を求める問題がほぼ毎年のように出題されてい
るわ。時刻表は現地時刻で表示されているため、時差を
考えて解く必要があるわね。

グリニッジ標準時　GMT（Greenwich Mean Time）

　グリニッジ標準時とは、英語の Greenwich Mean Time の頭文字をとり
GMT と略され、世界の時間の基準となるものである。英国ロンドン郊外のグ
リニッジ天文台跡を通る子午線を経度0°とし、そこを基準に世界の時間を決
めていることからそう呼ばれている。

　地球は1日（24時間）で1回転（360°）するので、

　　　360°÷24時間＝15°

　つまり、**経度15°で1時間の時差**が生じ、GMT を基準に東（東半球側）へ
行くほど時間が進み、西（西半球側）へ行くほど時間が遅れることになり、**進
んでいる場合を＋（プラス）、遅れている場合を－（マイナス）**で表示する。

●グリニッジ標準時と地方標準時

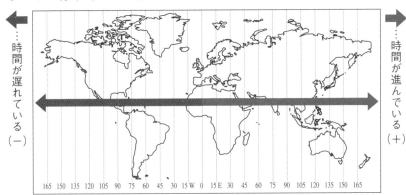

日本の場合は、東半球側なのでグリニッジ標準時（GMT）より時間が進んでいる。どれくらい時間が進んでいるかというと兵庫県明石市を通る東経135°を基準にしているので、

　　　　135° ÷ 15° ＝ 9時間

　日本はグリニッジ標準時より9時間進んでいることになり、GMT ＋ 9と表示される。時差や所要時間の計算をする際の時間短縮のため、**日本は GMT ＋ 9** と暗記しておこう。

国際日付変更線（International Date Line）

　GMT（0）を境に東、西と進んで行き、互いにぶつかるのが真裏の東経180°、西経180°の地点である。GMTから東へ行くと東経180°では12時間進み、GMTから西へ行くと西経180°では12時間遅れ、同じ地点であるにもかかわらず24時間の時差が生じる。それを解消するため、太平洋上の経度180°のラインに沿って**国際日付変更線（International Date Line）**を定め、**西から東へ**越えるときは日付を**1日（24時間）遅らせ、東から西へ**越えるときは**1日（24時間）進ませる**ことにしている。

　日本からアメリカへ行くときのことを考えてみましょう。航空機で東京を夕方に出発すると、アメリカの西海岸に到着するのは同じ日の朝と時間が戻る現象が生じます。これは日付変更線を西から東へ越えるために起こることなのです。

●日付変更線

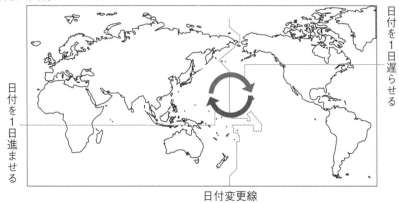

日付を1日遅らせる

日付を1日進ませる

日付変更線

夏時間　Daylight Saving Time ＝ DST

　世界の国（地域）の中には夏時間を導入しているところがある。**夏時間**とは現地の標準時を1時間進める（一部地域30分）ことで、具体的にいうと標準時で夜7時が夏時間を導入すると夜8時になり、それだけ日が沈むのが遅くなるというものである。日の光をセーブするということから英語で**Daylight Saving Time（DST）**といっている。

　実施期間はその年、国によって異なりますが、北半球の場合は3月下旬・4月上旬〜10月下旬（アメリカは3月上旬〜11月上旬）、南半球では季節が逆になるので10月〜3月の間が一般的。

International time calculator（国際時差計算表）の見方

　日本はGMT＋9でグリニッジ標準時より9時間進んでいるということは述べたが、他の国については1つ1つ覚える必要はない。**International time calculator（国際時差計算表）**という資料から読みとりができれば十分だ。

▼

POINT 4-3-4

● International time calculator の見方

U	Hours ±GMT	DST ±GMT	Daylight saving time DST(period)
①	②	③	④
Uganda	+3		
Ukraine	+2	+3	27 Mar 16〜 30 Oct 16
United Arab Emirates	+4		
United Kingdom	GMT	+1	27 Mar 16〜 30 Oct 16
United States Minor Outlying Islands			
Johnston Atoll	−10		
Midway Island	−11		
Wake Island	+12		
USA			
Eastern Time except Indiana	−5	−4	13 Mar 16〜 06 Nov 16
Central Time	−6	−5	13 Mar 16〜 06 Nov 16
Mountain Time except Arizona	−7	−6	13 Mar 16〜 06 Nov 16
Mountain Time-Arizona	−7		
Pacific Time	−8	−7	13 Mar 16〜 06 Nov 16
Alaska	−9	−8	13 Mar 16〜 06 Nov 16
Aleutian Islands	−10	−9	13 Mar 16〜 06 Nov 16
Hawaiian Islands	−10		
Uruguay	−3		
Uzbekistan	+5		

①国／地域
国は英語でアルファベット順になっている。複数の時間帯を持つ国は国名の下に時間帯（地域）が書かれている。

②標準時
−5はGMT−5のことでグリニッジ標準時より5時間遅れ、＋4.30はGMT＋4.30でグリニッジ標準時より4時間30分進んでいることを意味している。必ずしも1時間単位ではなく、このように30分ということもある。

③夏時間
夏時間を導入している国・地域だけ書かれ、空欄になっている国・地域は夏時間を導入していない。

④夏時間の実施期間
毎年変更する。月の後の16は西暦2016年で、西暦の下2桁を表している。

●International time calculator（抜粋）

International time calculator

Standard Clock Time is shown in hours and minutes fast(+) or slow(−) of Greenwich Mean Time (GMT). Many countries also have a period of Daylight Saving Time(DST). This is shown together with the period it is effective.

Countries with more than one time zone are marked
To establish the local time for any particular city,please refer to the entry in the Flight schedules section.

A

	Hours ±GMT	DST ±GMT	Daylight saving time DST(period)
Afghanistan	+4.30		
Albania	+1	+2	27 Mar 22– 30Oct 22
Algeria	+1		
American Samoa	−11		
Andorra	+1	+2	287Mar 22– 30 Oct 22
Angola	+1		
Anguilla,Leeward Islands	−4		
Antarctica	−4		
Antigua and Barbuda,Leeward Islands	−4		
Argentina	−3		
Armenia	+4		
Aruba	−4		
Australia			
Lord Howe Island	+10.30	+11	03 Oct 21– 03 Apr 22
Capital Territory,NSW (excluding Lord Howe Island, Broken Hill),Victoria	+10	+11	03 Oct 21– 03 Apr 22
Northern Territory	+9.30		
Queensland	+10		
South Australia,Broken Hill	+9.30	+10.30	03 Oct 21– 03 Apr 22
Western Australia	+8		
Tasmania	+10	+11	03 Oct 21– 03 Apr 22
Austria	+1	+2	27 Mar 22– 30 Oct 22
Azerbaijan	+4		

B

	Hours ±GMT	DST ±GMT	Daylight saving time DST(period)
Bahamas	−5	−4	13 Mar 22– 06 Nov 22
Bahrain	+3		
Bangladesh	+6		
Barbados	−4		
Belarus	+3		
Belgium	+1	+2	27 Mar 22– 30 Oct 22
Belize	−6		
Benin	+1		
Bermuda	−4	−3	13 Mar 22– 06 Nov 22
Bhutan	+6		
Bolivia	−4		
Bosnia and Herzegovina	+1	+2	27 Mar 22– 30 Oct 22
Botswana	+2		
Brazil			
Alagoas,Amapa,Bahia, Ceara,Para,Maranhao, Paraiba,Pernambuco,Piaul, Rio Grande do Norte,Sergipe, Rio De Janeiro, Sao Paulo	−3		
Amazonas(excluding the cities of Eirunupe,BenjaminConstant &Tabatinga),Rondonia,Roraima.	−4		
Fernando de Noronha	−2		
Acre,Amazonas cities: Eirunepe,Benjamin Constant & Tabatinga	−5		
Brunei Darussalam	+8		
Bulgaria	+2	+3	27 Mar 22– 30 Oct 22
Burkina Faso	GMT		
Burundi	+2		

C

	Hours ±GMT	DST ±GMT	Daylight saving time DST(period)
Cambodia	+7		
Cameroon	+1		
Canada			
Newfoundland Island (excluding Labrador)	−3.30	−2.30	13 Mar 22– 06 Nov 22
Atlantic Area including Labrador	−4	−3	13 Mar 22– 06 Nov 22
Eastern Time	−5	−4	13 Mar 22– 06 Nov 22
Central Time except Saskatchewan	−6	−5	13 Mar 22– 06 Nov 22
Mountain Time	−7	−6	13 Mar 22– 06 Nov 22
Pacific Time	−8	−7	13 Mar 22– 06 Nov 22
Atlantic Areas not observing DST	−4		
Eastern Areas not observing DST	−5		
Saskatchewan	−6		
Mountain Areas not observing DST	−7		
Cape Verde	−1		
Cayman Islands	−5		
Central African Republic	+1		
Chad	+1		
Chile			
Mainland(excluding Magallanes Region&Chilean Antarctic)	−4	−3	05 Sep 21– 01 Apr 22
Easter Island	−6	−5	04 Sep 20– 03 Apr 22
MagallanesRegion &Chilean Antarctic	−3		

	Hours ±GMT	DST ±GMT	Daylight saving time DST(period)
China	+8		
Chinese Taipei	+8		
Christmas Island,Indian Ocean	+7		
Cocos(Keeling)Islands	+6.30		
Colombia	−5		
Comoros	+3		
Congo	+1		
Congo Democratic Republic of			
Kinshasa,Bandundu, Bas-Congo,Equateur	+1		
Kasai,Kivu,Maniema, Katanga,Oriental	+2		
Cook Islands	−10		
Costa Rica	−6		
Cote d'Ivoire	GMT		
Croatia	+1	+2	27 Mar 22– 30 Oct 22
Cuba	−5	−4	13 Mar 22– 06 Nov 22
Curacao	−4		
Cyprus	+2	+3	27 Mar 22– 30 Oct 22
Czech Republic	+1	+2	27 Mar 22– 30 Oct 22

D

	Hours ±GMT	DST ±GMT	Daylight saving time DST(period)
Denmark	+1	+2	27 Mar 22– 30 Oct 22
Djibouti	+3		
Dominica	−4		
Dominican Republic	−4		

E

	Hours ±GMT	DST ±GMT	Daylight saving time DST(period)
Ecuador			
Mainland	−5		
Galapagos Islands	−6		
Egypt	+2		
El Salvador	−6		
Equatorial Guinea	+1		
Eritrea	+3		
Estonia	+2	+3	27 Mar 22– 30 Oct 22
Ethiopia	+3		

F

	Hours ±GMT	DST ±GMT	Daylight saving time DST(period)
Falkland Islands	−3		
Faroe Islands	GMT	+1	27 Mar 22– 30 Oct 22
Fiji	+12		
Finland	+2	+3	27 Mar 22– 30 Oct 22
France	+1	+2	27 Mar 22– 30 Oct 22
French Guiana	−3		
French Polynesia			
Marquesas Island	−9.30		
French Polynesia except Marquesas Island and Gambier Island	−10		
Gambier Island	−9		

G

	Hours ±GMT	DST ±GMT	Daylight saving time DST(period)
Gabon	+1		
Gambia	GMT		
Georgia	+4		
Germany	+1	+2	27 Mar 22– 30 Oct 22
Ghana	GMT		
Gibraltar	+1	+2	27 Mar 22– 30 Oct 22
Greece	+2	+3	27 Mar 22– 30 Oct 22
Greenland			
Greenland except Pituffik, Ittoqqortoormiit,Nerlerit Inaat	−3	−2	26 Mar 22– 29 Oct 22
Pituffik	−4	−3	13 Mar 22– 06 Nov 22
Ittoqqortoormiit,Nerlerit Inaat	−1	GMT	27 Mar 22– 30 Oct 22
Grenada,Windward Islands	−4		
Guadeloupe	−4		
Guam	+10		
Guatemala	−6		
Guinea	GMT		
Guinea–Bissau	GMT		
Guyana	−4		

H

	Hours ±GMT	DST ±GMT	Daylight saving time DST(period)
Haiti	−5	−4	13 Mar 22– 06 Nov 22
Honduras	−6		
Hong Kong(SAR)China	+8		
Hungary	+1	+2	27 Mar 22– 30 Oct 22

I

	Hours ±GMT	DST ±GMT	Daylight saving time DST(period)
Iceland	GMT		
India	+5.30		
Indonesia			
Western,including Sumatera, Jawa,Kalimantan Barat and Kalimantan Tengah	+7		
Central including Sulawesi, Kalimantan Selatan, Kalimantan Timur and Nusa Tenggara	+8		
Eastern Including Maluku and Papua	+9		
Iran Islamic Republic of	+3.30	+4.30	22 Mar 22– 21 Sep 22
Iraq	+3		
Ireland Republic of	GMT	+1	27 Mar 22– 30 Oct 22
Israel	+2	+3	25 Mar 22– 30 Oct 22
Italy	+1	+2	27 Mar 22– 30 Oct 22

J

	Hours ±GMT	DST ±GMT	Daylight saving time DST(period)
Jamaica	−5		
Japan	+9		
Jordan	+2	+3	25 Mar 22– 28 Oct 22

K

	Hours ±GMT	DST ±GMT	Daylight saving time DST(period)
Kazakhstan			
Aktau,Atyrau,Aktyubinsk, Uralsk	+5		
Almaty,Astana,Karaganda, Kokshetau,Kostanay, Kyzl-Orda,Petropavlovsk, Semipalatinsk,Shimkent, Ust-Kamenogorsk,	+6		
Kenya	+3		
Kiribati			
Gilbert Islands	+12		
Line Islands	+14		
Phoenix Islands	+13		
Korea Democratic People's Republic of	+9		
Korea Republic of	+9		
Kuwait	+3		
Kyrgyzstan	+6		

L

	Hours ±GMT	DST ±GMT	Daylight saving time DST(period)
Lao People's Democratic Republic	+7		
Latvia	+2	+3	27 Mar 22– 30 Oct 22
Lebanon	+2	+3	27 Mar 22– 30 Oct 22
Lesotho	+2		
Liberia	GMT		
Libya	+2		
Liechtenstein	+1	+2	27 Mar 22– 30 Oct 22
Lithuania	+2	+3	27 Mar 22– 30 Oct 22
Luxembourg	+1	+2	27 Mar 22– 30 Oct 22

M

	Hours ±GMT	DST ±GMT	Daylight saving time DST(period)
Macao(SAR)China	+8		
Madagascar	+3		
Malawi	+2		
Malaysia	+8		
Maldives	+5		
Mali	GMT		
Malta	+1	+2	27 Mar 22– 30 Oct 22
Marshall Islands	+12		
Martinique	−4		
Mauritania	GMT		
Mauritius	+4		
Mayotte	+3		
Mexico			
Mexico,Rest	−6	−5	03 Apr 22– 30 Oct 22
Baja California Sur, Chihuahua,Nayarit,Sinaloa	−7	−6	03 Apr 22– 30 Oct 22
Baja California Norte	−8	−7	03 Apr 22– 30 Oct 22
Sonora	−7		
Piedras Negras,Nuevo Laredo, Reynosa,Matamoros, Ciudad Acuna	−6	−5	13 Mar 22– 06 Nov 22
Ciudad Juarez	−7	−6	13 Mar 22– 06 Nov 22
Tijuana,Mexicali	−8	−7	13 Mar 22– 06 Nov 22
Quintana Roo	−5		
Micronesia Federated States of			
except Kosrae,Pohnpei	+10		
Kosrae and Pohnpei	+11		
Moldova Republic of	+2	+3	27 Mar 22– 30 Oct 22
Monaco	+1	+2	27 Mar 22– 30 Oct 22
Mongolia	+8		
Montenegro	+1	+2	27 Mar 22– 30 Oct 22
Montserrat,Leeward Islands	−4		
Morocco	+1		
Mozambique	+2		
Myanmar	+6.30		

N

	Hours ±GMT	DST ±GMT	Daylight saving time DST(period)
Namibia	+2		
Nauru	+12		

International time calculator は国が英語で書かれているため、英語で何というかわかりにくい国や間違えやすい国については注意が必要である。また、後でくわしく述べるが、オーストラリア・カナダ・ロシア・アメリカ等、1つの国の中でいくつもの時間帯がある国や夏時間を導入している国・地域ではその日が夏時間かどうかにも注意して読みとることがポイントとなっている。

英語で気をつけておきたい国・地域は次の通り。

POINT 4-3-5

●英語でわかりにくい・間違えやすい国（地域）

英国・イギリス	United Kingdom	オランダ	Netherlands
ベルギー	Belgium	ドイツ	Germany
スイス	Switzerland	チェコ	Czech Republic
ギリシャ	Greece	トルコ	Turkey
エジプト	Egypt	ジンバブエ	Zimbabwe
インド	India	タイ	Thailand
ベトナム	Viet Nam	カンボジア	Cambodia
フィリピン	Philippines	中国	China
韓国	Korea	台湾	Chinese Taipei
サイパン	Northern Mariana Islands	オーストラリア	Australia
ロシア	Russian Federation	タヒチ	French Polynesia
米国・アメリカ	U. S. A.	キューバ	Cuba
チリ	Chile		

●都市

モスクワ(ロシア)	Moscow	サンクトペテルブルク	St.Petersburg

次の文章の誤りを指摘しなさい。
International time calculatorから読みとると、4月20日のベルギーの標準時はGMT＋1である。

4月20日は夏時間に入っているので GMT＋2である。

対策 2都市間の時差や現地時間を求めるときには、①その時期が夏時間かどうか、②複数の時間帯を持つ国についてはその都市がどの時間帯に属するのか、という2点に注意しよう。

複数の時間帯を持つ国

　経度15°で1時間時差が生じるという話をしたように、東西に広い国はそれだけ複数の時間帯を持つことになる。特に東西に広い国であるロシアは、Inter-national time calculator からわかるように11の時間帯に分かれている。

　ただし中国は例外で、あれだけ東西に広い国ですが、時差を設けず首都である北京の時間（GMT ＋ 8）に全土合わせているのよ。

●大陸および広い国の時差

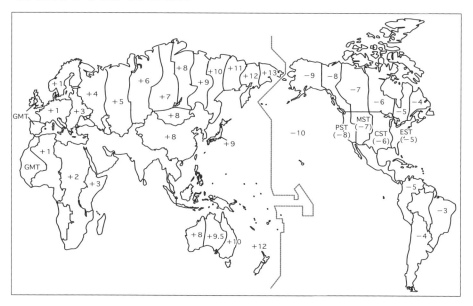

　次にアメリカやカナダ等、1つの国でいくつかの時間帯を持つ国の代表をあげておきましょう。主要都市がどの時間帯に属するのかしっかり覚えておくこと！
　また、同じ国でも州や地域によって夏時間を導入していないところもあるので、International time calculator をよく見るように！

●複数の時間帯を持つ国
アメリカ　U.S.A.

タイムゾーン		主要都市
東部標準時	Eastern Time	ボストン・ニューヨーク・ワシントン・アトランタ・マイアミ・オーランド
中部標準時	Central Time	シカゴ・ニューオーリンズ・ダラス
山岳標準時	Mountain Time	デンバー・ソルトレークシティー
太平洋標準時	Pacific Time	シアトル・ロサンゼルス・サンフランシスコ・ラスベガス
アラスカ標準時	Alaska	アンカレジ
ハワイ標準時	Hawaiian Islands	ホノルル・コナ

※夏時間を導入していない州　アリゾナ州・ハワイ州

カナダ　Canada

タイムゾーン		主要都市
大西洋標準時	Atlantic Area	ハリファクス
東部標準時	Eastern Time	ケベック・モントリオール・オタワ・トロント
中部標準時	Central Time	ウィニペグ
山岳標準時	Mountain Time	エドモントン・ジャスパー・カルガリー・バンフ
太平洋標準時	Pacific Time	バンクーバー・ヴィクトリア

オーストラリア　Australia

	州単位で区分	主要都市
西	Western Australia	パース
中央	Northern Territory South Australia	ダーウィン・アリススプリングス アデレード
東	Queensland Capital Territory NSW(New South Wales) Victoria Tasmania	ケアンズ・ブリスベン・ゴールドコースト キャンベラ シドニー メルボルン ホバート

※夏時間を導入していない州　ウェスタン　オーストラリア（西オーストラリア）州・ノーザンテリトリー・クインズランド州

ロシア　Russian Federation

			主要都市
Zone1		GMT＋2	
Zone2	Moscow、St.Petersburg	GMT＋3	モスクワ・ サンクトペテルブルク
～～			
︱ Zone11		GMT＋12	

インドネシア　Indonesia

			主要都市
西	West	GMT＋7	ジャカルタ
中央	Central	GMT＋8	デンパサール（バリ島）
東	East	GMT＋9	

2地点間の時差

2地点間の時差を求めるには、次の数式から簡単に求めることができる。

POINT 4-3-7

● 2地点間の時差の求め方

> GMTの大きい方　−　GMTの小さい方　＝　時差

例1 ローマ（GMT＋1）と東京（GMT＋9）の時差
　　　（＋9）−（＋1）＝　8時間
時差は8時間。GMTの数字が大きい方が時間が進んでいるので、東京の方がローマより8時間進んでいる。

例2 東京（GMT＋9）とワシントンDC（GMT−5）の時差
　　　（＋9）−（−5）＝　9＋5　＝　14時間
時差は14時間。東京の方がワシントンDCより14時間進んでいる。

東京が 20 時のとき、ワシントン DC は何時か？

 午前 6 時 ➡ POINT4-3-7〈例 2〉より、東京の方がワシントン DC より 14 時間
進んでいるので、東京の時刻より 14 時間引けばよい。

    20：00　−　14：00　=　6：00

対策 POINT4-3-7 の計算式は必ず覚えておこう。また、日付が指定されているときには、
その日が夏時間かどうかも必ずチェックすること。

所要時間

　航空時刻表や鉄道時刻表の発着時間は現地時刻で表示されているので、所要
時間を求める際には時差に注意して計算する必要がある。

 計算方法は 4 種類ほどありますが、ここでは一番簡単と思われる発着
　　時刻とともに GMT に直して計算する方法で説明しましょう。

▼

POINT 4-3-8

●所要時間の求め方

①出発時刻と到着時刻をともに GMT に直す。

②到着時刻から出発時刻を引く。

 GMT に直すということは GMT +（プラス）であれば GMT の標準
　　時より時間が進んでいるからその分マイナスし、GMT −（マイナス）
　　であれば逆に遅れているのでその分プラスするということよ。

例 東京 12：00 発　ニューヨーク 13：30 着の所要時間
東京は GMT ＋ 9　　ニューヨークは GMT － 5

　　　　　　　　　　　　　　　　　　　　　　　　GMT
到着時刻　ニューヨーク（GMT － 5）13：30 ＋ 5：00 ＝ 18：30
出発時刻　　東　　京　　（GMT ＋ 9）12：00 － 9：00 ＝　3：00
　　　　　　18：30　－　3：00　＝　15：30
　　　　　　東京～ニューヨーク間の所要時間は 15 時間 30 分。

 次の文章の誤りを指摘しなさい。
①6 月 2 日のシドニーとアムステルダムとの間の時差は 7 時間である。
②9 月 3 日に東京を13：30出発し、ロンドンに18：05到着する場合の航空機の所
　要時間は13時間35分である。

- -

 ①シドニーは Australia NSW（New South Wales）州で GMT ＋ 10、アムステル
　ダムはオランダ Netherlands で 6 月 2 日は夏時間で GMT ＋ 2
　　　（＋ 10）－（＋ 2）＝　8 時間
　よってシドニーとアムステルダムの時差は 8 時間である。
　シドニーの方が GMT ＋ 10 とアムステルダムの GMT ＋ 2 より数字が大きいた
　め、シドニーの方がアムステルダムより 8 時間進んでいるといえる。
②東京は GMT ＋ 9、ロンドンは夏時間で GMT ＋ 1
　到着時刻　ロンドン（GMT ＋ 1）18：05 － 1：00 ＝ 17：05
　出発時刻　東　京　（GMT ＋ 9）13：30 － 9：00 ＝　4：30
　　　　　　　　　17：05 － 4：30 ＝ 12：35
　東京～ロンドンの所要時間は 12 時間 35 分である。

04　ヨーロッパの主要な鉄道の知識

国家試験では、ヨーロッパの主な鉄道について名称や運行区間が問われることもあります。しっかり暗記して覚えておけば安心ね。

ヨーロッパの主な列車

列車名	列車の特徴	運転区間（代表）
ユーロスター Eurostar	イギリス・フランス間のドーバー海峡下のユーロトンネル開通により登場したヨーロッパを代表する高速列車	ロンドン〜パリ ロンドン〜ブリュッセル　他
TGV (Train à Grande Vitesse)	フランスの高速列車（新幹線）	フランスと他国の主要都市間 パリ〜ジュネーブ パリ〜チューリヒ　他
タリス THALYS	TGVをベースにしたワインレッド色の高速列車	パリ〜ブリュッセル〜アムステルダム パリ〜ブリュッセル〜ケルン　他
アヴェ AVE (Alta Velocidad Española)	スペインの高速新幹線	マドリード〜コルドバ〜セビリア
ユーロメッド Euromed	地中海線を走るスペインの高速列車	バルセロナ〜バレンシア〜アリカンテ
タルゴ Talgo	スペインの高速列車	マドリード〜マラガ　他
ICE Intercity Express	ドイツの高速新幹線	ドイツと他国の主要都市間 フランクフルト〜チューリヒ　他
SJ2000	スウェーデンの高速列車	ストックホルム〜コペンハーゲン　他
インターシティ Inter City	主に国内間を走る急行列車	

05 OAG航空時刻表

航空時刻表はOAGと呼ばれている時刻表から毎年出題されています。航空会社コード、都市・空港コード等がわからないと正確に読みとりができないから、しっかり覚えておきましょう。OAGの中の時刻表部分とFlight routings（飛行経路）やMinimum connecting times（最少乗継時間）等2つ以上の資料の組合せから読みとりをする問題が出題されることもあるから、どういうときにどの資料を見たらよいのか、すぐにわかるようにしておきましょう。

OAG航空時刻表の内容

　国家試験に出題されている航空時刻表は **OAG Flight Guide**（Worldwide版）という航空時刻表で、通称 **OAG** と呼ばれている。

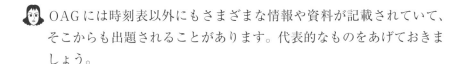 OAGには時刻表以外にもさまざまな情報や資料が記載されていて、そこからも出題されることがあります。代表的なものをあげておきましょう。

●OAGに載っている情報

① International time calculator（国際時差計算表）
② Airline codes（航空会社コード）
③ Flight routings（飛行経路）
④ Minimum connecting times（最少乗継時間）
⑤ Airport terminals（空港ターミナル）

OAG Flight Guide（Worldwide版）の引き方

OAG Flight Guide（Worldwide 版）は**出発都市から目的（到着）都市で引く。**
都市・国名は**英語表記**になっているので、試験本番で焦らないよう、しっかり慣れておく必要がある。

▼

POINT 4-3-9

● OAG の都市・国名表記
OAG航空時刻表 ─────── 英語（米語）表記

OAGの読み方

下の資料を参照しながら解説していきます。

▼

POINT 4-3-10

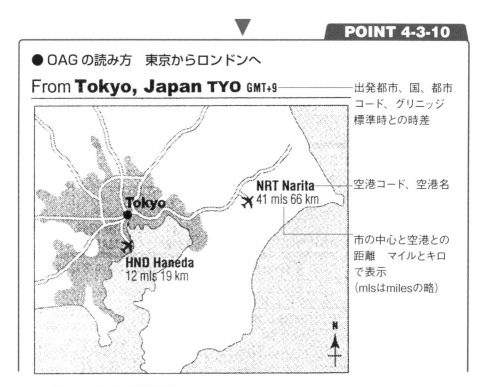

● OAG の読み方　東京からロンドンへ

From **Tokyo, Japan TYO** GMT+9 ─── 出発都市、国、都市コード、グリニッジ標準時との時差

NRT Narita ─── 空港コード、空港名
✈ 41 mls 66 km

Tokyo

HND Haneda
12 mls 19 km

市の中心と空港との距離　マイルとキロで表示
（mlsはmilesの略）

N

目的（到着）都市、国、都市コード、出発都市からの距離、グリニッジ標準時との時差

London, UK LON 5938mls/9554km GMT

LHR-Heathrow Apt ──────── 空港コード、空港名

•T••F••	**1015**	NRT₂	**1350**	LHR₃	**JL403**	- 787	CY	
••W••••	**1020**	NRT₂	**1355**	LHR₃	**JL403**	- 787	CY	
MTWTFSS	**1105**	NRT₁	**1435**	LHR₄	**BA006**	- 787	FCY	
MTWTFSS	**1130**	NRT₂	**1505**	LHR₃	**NH201**	- 787	FCY	
MTWTFSS	**1200**	NRT₂	**1535**	LHR₃	**JL401**	- 787	FCY	
MTWTFSS	**1200**	NRT₁	**1600**	LHR₃	**BA901**	- 346	FCY	
MTWTFSS	**1240**	NRT₁	**1610**	LHR₃	**BA008**	- 744	FCY	
M•••S•	**1300**	NRT₂	**1945**	LHR₂	**SU582**	1 310	FCY	
••••SS	**1430**	NRT₂	**1805**	LHR₃	**JL403**	- 787	CY	

直行便のスケジュール

connections	depart		arrive		flight			
M•W•FSS	**0920**	NRT₁	1200	ICN	**KE706**	- 787	CY	
	1315	ICN	**1615**	LHR₃	**KE907**	- 787	FCY	
MT•TFS•	**0920**	NRT₁	1200	ICN	**KE706**	- 787	CY	
	1330	ICN	1730	CDG₂C	**KE901**	- 787	FCY	
	1900	CDG₂F	**1920**	LHR₂	***BE5150**	- 320	CY	
•T•••••	**0920**	NRT₁	1200	ICN	**KE706**	- 787	CY	
	1300	ICN	1730	ZRH_B	**KE917**	- 332	CY	
	1840	ZRH_B	**1930**	LHR₁	**BA719**	- 320	CY	

乗継便のスケジュール

① ② ③ ④ ⑤ ⑥⑦ ⑧

●①～⑧の説明

①**運航曜日**：左からM-月曜日、T-火曜日、W-水曜日、T-木曜日、F-金曜日、S-土曜日、S-日曜日と英語の頭文字で表示。アルファベットではなく・は運航しない。

②**運航期間**：Until～　～まで運航、From～　～から運航　　この欄にUntil 15Oct と記載されていたら10月15日までの運航を意味する。

③**出発時刻、出発空港**

④**到着時刻、到着空港**

時刻は現地時刻、また時刻の後に＋1、＋2、－1とある場合は出発日の翌日、翌々日、前日を示す。空港コード後の数字等はターミナル名

⑤**便名**：便名の前の★はコードシェア（共同運航）便を示し、この航空会社でない会社による運航を意味する。

⑥**寄港地（経由地）数**

⑦**機種**：700番台はボーイング社、300番台はエアバス社。エアバス380は2階建ての機材。

⑧**クラス**：F－ファーストクラス、C－ビジネスクラス、Y－エコノミークラス

乗継便（connections）の読み方

下の乗継便の時刻表を具体的に読んでみましょう。

connections	depart		arrive		flight	
M•W•FSS	**0920**	NRT₁	1200	ICN	**KE706**	- 787 CY
	1315	ICN	**1615**	LHR₃	**KE907**	- 787 FCY

●**運航曜日**：月・水・金・土・日運航。
● **1行目に書かれていること**：コリアン・エアー（大韓航空）706便で09：20に成田空港・第1ターミナルから出発し、12：00にソウル・仁川（インチョン）空港に到着。
●**2行目に書かれていること**：乗り継いでコリアン・エアー（大韓航空）907便で13：15にソウル・仁川（インチョン）空港を出発し、16：15にロンドン・ヒースロー空港・ターミナル3に到着。
●**機種名とクラス**：機種は両便ともボーイング社の787型機（ジャンボ機）。コリアン・エアー（大韓航空）706便にはファーストクラスはなく、ビジネスクラスとエコノミークラスのみ。コリアン・エアー（大韓航空）907便には全クラスある。

Flight routings（飛行経路）

Flight routings（飛行経路）は、途中で航空機が経由する場合、どこを経由しているのかを調べるために使用する資料だ。

Flight routingsには、アルファベット順に航空会社コード、さらに数字の若い順に便名が書かれていて、3レターコードでその便の経路が記載されているのよ。

● Flight routings（飛行経路）の見方

SU	
AEROFLOT RUSSIAN	
INTERNATIONAL AIRLINES	
211	SVO-LED-OSL
212	OSL-LED-SVO
239	SVO-DUB-SNN
240	DUB-SNN-SVO
301	SVO-YYZ-YUL
302	YUL-YYZ-SVO
317	SVO-SNN-IAD
581	LHR-SVO-NRT
582	NRT-SVO-LHR
583	FCO-SVO-NRT

アエロフロートロシア航空
（SU）582便について
「582　NRT－SVO－LHR」
（資料より）
➡これは飛行経路を示している。SU582便は、東京・成田空港（NRT）を出発しモスクワ・シェレメチェボ空港（SVO）経由でロンドンヒースロー空港（LHR）に到着となっている。
時刻表の便名後の英文字は寄港地（経由地）を示しているので、このFright routingsを見ると、どこを経由しているかがわかる。

Minimum connecting times＝MCT（最少乗継時間）

　Minimum connecting times は、空港で航空機を乗り継ぐ際に必要な最低時間のことで、略して MCT と呼ばれている。資料から MCT を読みとっていく前に、まずは次の英単語の意味を理解しておこう。

Domestic Standard
（＝ Domestic to Domestic）　国内線同士の乗り継ぎ
Domestic to International　国内線から国際線への乗り継ぎ
International to Domestic　国際線から国内線への乗り継ぎ
International to International　国際線から国際線への乗り継ぎ

複数の空港を持つ都市や複数のターミナルを持つ空港の乗り継ぎには、特に注意しましょう。

▼ POINT 4-3-12

● Minimum connecting times（最少乗継時間）の見方

Tokyo, Japan

羽田空港内 乗り継ぎ	**HND (Haneda)** Domestic Standard ……… 30mins Domestic to International…… 2hr International to Domestic…… 2hr International to International …… 1hr	── 国内線同士の乗り継ぎ のMCTは30分

成田空港内 乗り継ぎ	**NRT (Narita)** **Terminal 1** Domestic to International …… 1hr 50mins International to Domestic…… 2hr 10mins International to International …… 1hr	── ターミナル1同士の乗 り継ぎ（第1旅客ターミ ナル）
	Terminal 2 Domestic Standard ……… 30mins Domestic to International …… 1hr 50mins International to Domestic …… 1hr 50mins International to International …… 1hr 50mins	── ターミナル2同士の乗 り継ぎ（第2旅客ターミ ナル）
	Terminal 1 to Terminal 2 Domestic to International …… 1hr 50mins International to Domestic …… 2hr 10mins International to International …… 1hr 50mins	── ターミナル1からターミ ナル2への乗り継ぎ
	Terminal 2 to Terminal 1 Domestic to International …… 1hr 50mins International to Domestic …… 1hr 50mins International to International …… 1hr 50mins	── ターミナル2からターミ ナル1への乗り継ぎ

空港間乗り 継ぎ	**Inter-airport HND to/from NRT** Domestic Standard ……… 3hr 30mins Domestic to International …… 3hr 30mins International to Domestic …… 3hr 30mins International to International …… 3hr 30mins	── 羽田空港から成田空港 への乗り継ぎ

 P429 の OAG 航空時刻表によると、アエロフロート・ロシア国際航空 582 便はノンストップ便である。これは正しいか？

- -

 誤り。アエロフロート・ロシア国際航空のコードは SU。OAG から SU582 便のところを読みとっていくと、便名の後に 1 と記載されているので、どこかで 1 回寄港（経由）していることがわかる。ノンストップ便とはどこも経由していない便のことを指すので、この便はノンストップ便ではない。

対策 どこで寄港（経由）しているのかを知りたい場合は、Flight routings（飛行経路）の資料から読み取ることができる。

06 海外のホテル

ホテルについては細かな専門知識までは必要ないわ。旅行会社として予約の際に必要と思われる専門用語を中心に、浅く覚えておきましょう。海外のホテルからは、料金や客室タイプがよく出題されているので、その項目は要注意。語学で予約確認書等ホテル関連の英文が出題されることもあるので、客室タイプのあたりは英語も含めて覚えておきましょう。

ホテルの種類

ホテルは立地条件・滞在目的・設備等の要素によりさまざまな種類に分類されます。代表的なものをあげておくわね。

種　類	英語表記	特　　徴
シティホテル	City Hotel	都市、街にあるホテル 宿泊者以外も利用できる宴会、レストラン、バー、結婚式場等の設備を持っている
リゾートホテル	Resort Hotel	観光地やリゾートにあるホテル 海山、夏冬の各種スポーツやレジャーを楽しむ設備がある
コンドミニアム	Condominium	ベッドルームにリビング、キッチンのついたマンション・スタイルのホテル 日本のリゾートマンションに近い感じ
モーテル	Motel	Moter Hotel の混成語で、車利用の旅行者を対象にしたホテル 町の中心から離れた場所やハイウェイ沿いに多いタイプ
ペンション	Pension	民宿の洋風版 もともとは宿泊と朝食のみというのが原則
B & B	Bed & Breakfast の略	英国が発祥の朝食付きの格安ホテル

種　　類	英語表記	特　　　　徴
シングルルーム	Single bedded room	1人用客室 シングルベッドまたは、セミダブルベッド1台
ツインルーム	Twin bedded room	2人用客室 シングルベッドまたは、セミダブルベッド2台
ダブルルーム	Double bedded room	2人用客室 ダブルベッド1台
トリプルルーム	Triple bedded room	3人用客室 シングルベッド3台または、ツインルームにエキストラベッドを入れたもの
スタジオルーム （ステューディオ）	Studio room	スタジオベッド（ソファー兼用ベッド）を備えた客室
スイートルーム	Suite room	ベッドルームの他、リビングルームを備えたデラックスな客室

スタジオルームには、シングルベッドとスタジオベッドを備えた Studio single、ツインベッドとスタジオベッドを備えた Studio twin があるのよ。

客室タイプ②　客室の設定による分類

種　　類	英語表記	特　　　　徴
アジョイニングルーム	Adjoining room	隣同士や廊下をはさんで向かい合わせの部屋
コネクティングルーム	Connecting room	中ドア（内側ドア）のある隣同士の部屋 わざわざ廊下に出なくても隣の部屋に行き来できるので、家族やグループ客に便利
デュプレックス	Duplex	内部階段で結ばれた上下階の部屋 日本ではフランス語からとり、メゾネットといっている
ペントハウス	Penthouse	最上階周辺にあるデラックスな部屋
ホスピタリティルーム コーティシィルーム	Hospitality room Courtesy room	客室の一部をホテルが料金をとらず、使わせてくれる部屋

通常、ホテルの部屋を使用できるのは、チェックインからチェックアウトまでとなっていますが、団体客で航空機が夜発等というときはホテル側と交渉して、そのうちの1部屋か2部屋をそのまま出発まで使わせてくれる場合があります。ホスピタリティルーム、コーティシィルームは、そのような部屋のことで、荷物置き場や着替え場所として利用できてとても便利。

ホテルの朝食

種　類	英語表記	特　徴
コンチネンタルブレックファースト	Continental Breakfast	パン・コーヒーまたは紅茶の簡単な朝食
アメリカンブレックファースト	American Breakfast	上記の他に卵料理、肉料理（ハム、ベーコン等）のついた朝食
イングリッシュブレックファースト	English Breakfast	アメリカン・ブレックファースト＋揚げ物、魚料理などがついた朝食
ビュッフェブレックファースト	Buffet Breakfast	ビュッフェスタイルの朝食

ホテルの料金①　食事の条件による分類

食事の条件	料　金
1泊3食付き（朝・昼・夕食）	①アメリカン・プラン　American Plan（AP） ②フルアメリカン・プラン　Full American Plan（FAP） ③フルペンション　Full Pension ④フルボード　Full Board
1泊2食付き（朝・昼食または夕食）	①モディファイド・アメリカン・プラン　Modified American Plan（MAP） ②ハーフペンション　Half Pension ③セミペンション　Semi Pension ④ハーフボード　Half Board
1泊朝食付き	①コンチネンタル・プラン　Continental Plan（CP） 　➡厳密にいうとコンチネンタルブレックファーストの朝食 ②　バミューダ・プラン　Bermuda Plan 　➡アメリカンブレックファーストの朝食 ③　B&B　　Bed & Breakfast
室料のみ	ヨーロピアン・プラン　European Plan（EP）

1泊3食付きのアメリカン・プランは、世界的にリゾートホテルで多く見られる方式。名称は「アメリカン」になっていますが、アメリカではほとんど見られません。

コンチネンタル・プランは、パンにコーヒーまたは紅茶という簡単な朝食、コンチネンタルブレックファーストが付いているプラン。ヨーロッパ各国のホテルで一般的な方式です。

ヨーロピアン・プランはヨーロッパだけでなく、アメリカやアジア等世界的に最も一般的なプランです。

ホテルの料金②　個人・グループ別分類

種　　類	英　表　記	特　　　　徴
ラックレート	Rack Rate	個人料金 あらかじめ設定された正規料金。個人で直接ホテルに予約して宿泊する際に適用される料金
グループレート	Group Rate	団体料金 通常10人または15人以上の団体客に対してホテルが定めている料金。個人客のラックレートより割安
プロモーショナルレート	Promotional Rate	パッケージ料金 旅行会社のツアー（パッケージツアー）等で利用される料金
コーポレートレート	Corporate Rate	企業向け料金 ビジネス目的の企業向けに適用される料金
ランオブザハウスレート	Run of the house Rate	客室タイプや階数、海側・山側等の部屋位置等を問わないという条件で適用される割引料金

次の空欄に入る言葉を選択肢の中から選びなさい。
友達とのグループ旅行で隣り合わせの部屋が欲しい場合にはホテルに対して（　　　　）と申し込めば予約状況によってはそのように手配をしてくれる。
　a）Adjoining room　　　　　　b）Suite room
　c）Studio　　　　　　　　　　d）Triple room

a）➡ アジョイニングルーム　隣り合わせ、もしくは向かい合わせの部屋のこと
をいう。もし、隣り合わせで中ドアのある部屋を希望する場合はコネクティング
ルームを手配する。

 空欄に入る言葉を選択肢の中から選びなさい。
ヨーロッパのホテルを予約する場合には、通常ハーフペンションあるいはハーフ
ボードと呼ばれる（　　　　　　　　　）の料金建てが多い。
a）宿泊料と朝食付き
b）宿泊料と夕食付き
c）宿泊料と朝食に、昼食または夕食付き
d）宿泊料に昼食と夕食付き

 c）➡ その他、Modified American Plan モディファイド・アメリカン・プラン
ともいう。

 ホテルの料金プランに関する次の記述のうち、正しいものはどれか。
a）アメリカン・プランとは、宿泊料金にアメリカンブレックファーストのみが
含まれた料金建てのことをいう。
b）コンチネンタル・プランとは、宿泊料金にコンチネンタルブレックファース
トのみが含まれた料金建てのことをいう。
c）ヨーロピアン・プランとは、宿泊料金に朝食、昼食、夕食が含まれた料金建
てのことをいう。
d）モディファイド・アメリカン・プランとは、宿泊料金に朝食と夕食が含まれ
た料金建てのことをいう。

 b）● a）アメリカン・プランとは宿泊料金に朝食、昼食、夕食が含まれた料金
建てのことをいう。その他フルペンションやフルボードともいう。 c）ヨーロピ
アン・プランとは食事の付かない室料だけの宿泊料金のことをいう。d）モディファ
イド・アメリカン・プランとは宿泊料金に朝食と昼食または夕食の含まれた料金
建てのことをいう。昼食または夕食という点に注意しよう。

 次の文章の誤りを指摘しなさい。
ホテルの料金分類のうち、コーポーレート・レートは観光を目的とした旅行者向
けに適用される割引料金である。

 観光目的でなくビジネス目的の企業向けに適用されるもの。

07　EU・ユーロ・シェンゲン協定一覧

欧州各国は、EU（欧州連合）、欧州の共通通貨であるユーロ、共通の出入国管理政策と国境システムを可能にする取り決め・シェンゲン協定に加盟しています。国家試験対策として、特に赤字で表記している国は注意しましょう。

○：加盟（2022 年 11 月現在）　※：加盟したが未実施の国

国　名	英文名	EU	ユーロ	シェンゲン
ノルウエー	Norway			○
デンマーク	Denmark	○		○
ルクセンブルグ	Luxembourg	○	○	○
フランス	France	○	○	○
スイス	Switzerland			○
イタリア	Italy	○	○	○
ポルトガル	Portugal	○	○	○
フィンランド	Finland	○	○	○
オランダ	Netherlands	○	○	○
ベルギー	Belgium	○	○	○
ドイツ	Germany	○	○	○
アイスランド	Iceland			○
アイルランド	Ireland	○	○	
イギリス	United Kingdom			
リヒテンシュタイン	Liechtenstein			○
スペイン	Spain	○	○	○
オーストリア	Austria	○	○	○
スウェーデン	Sweden	○		○
ギリシャ	Greece	○	○	○
エストニア	Estonia	○	○	○
ラトビア	Latvia	○	○	○
リトアニア	Lithuania	○	○	○
スロベニア	Slovenia	○	○	○
ポーランド	Poland	○		○
チェコ	Czech Republic	○		○
スロバキア	Slovakia	○	○	○
ハンガリー	Hungary	○		○
マルタ	Malta	○	○	○
キプロス	Cyprus	○	○	※
ルーマニア	Romania	○		※
ブルガリア	Bulgaria	○		※
クロアチア	Croatia	○		

 次の記述のうち、誤っているのはどれか。

　a）スイスはEU、ユーロ、シェンゲン協定いずれにも加盟していない。

　b）イギリスはEU、ユーロ、シェンゲン協定いずれにも加盟していない。

　c）スウェーデンはユーロには加盟していない。

　d）アイルランドはEU、ユーロのみ加盟している。

 a）➡ a）スイスはシェンゲン加盟。

08 クルーズの用語

近年の国家試験では、クルーズ用語の意味が問われることがあるわ。頻出の用語の意味はしっかりおさえておきましょう。

試験によく出題される用語と意味

①**ドレスコード（Dress Code）**

夕食やパーティなどでの服装規定

②**ショアエクスカーション（Shore Excursion）**

乗客のための寄港地でのオプショナルツアーのこと。オプションの内容は主に観光旅行

③**ライフボートドリル（Lifeboat Drill）**

非常時の避難訓練

④**クルーズディレクター（Cruise Director）**

船内のイベントなどの企画・実施の責任者

⑤**オールインクルーシブ（All Inclusive）**

クルーズ代金に宿泊代、食事代、エンターテイメント参加費用などのすべてを含むこと

⑥**デッキプラン（Deck Plan）**

船内の平面見取り図のこと

⑦**キャプテン（Captain）**

船長。コマンダー（Commander）ともいう。

⑧**オフィサー（Officer）**

航海士、通信士、事務長などの上級乗組員

⑨**テンダーボート（Tender Boat）**

小島や接岸できないときに船と陸の間を行き来する小型ボート

⑩**ポートチャージャー（Port Charger）**

入出港に要する費用で、入港料、岸壁使用料などがある。

⑪**バトラー（Butler）**

元来は「執事」の意味。クルーズでは乗客個人のリクエストに応じてきめ細やかなサービスを提供する。

01　世界の有名観光都市

海外観光地理の出題数は毎年20問。最近は比較的素直な問題が多いが、相当な知識を要求される教科の1つだ。日ごろの勉強が重要なので、普段から旅行会社のパンフレットを眺めたり、テレビの旅行番組を見たりするよう心がけよう。そして聞いたことのない地名・国名が出てきたら、すぐに地図帳を開いて確認。そんな日々の好奇心の積み重ねが高得点に結びつく。

世界各都市とその特徴・有名観光資源等を覚えよう。特に太字で示した用語は過去に何度も出題されている。

アジア（西アジア・南アジア）

①イスタンブール＜トルコ＞

ブルーモスク・アヤソフィア・トプカプ宮殿等、たくさんのイスラム寺院が並ぶ東西文明の十字路。かつては、東ローマ帝国の首都で、ビザンチウムまたはコンスタンティノープルと呼ばれていた。アジアとヨーロッパを分けるボスポラス海峡に面する海峡都市。

②アンカラ＜トルコ＞

トルコ革命の本拠地であったことから1923年に首都となった。アウグストゥス神殿、アタチュルク廟、アナトリア文明博物館等が名高い。

③トロイ＜トルコ＞

ホメロスの叙事詩『イリアス』の記述を信じたドイツ人・**シュリーマン**により発掘された都市遺跡。遺跡の入り口にはこの市の象徴でもある**木馬**がある。

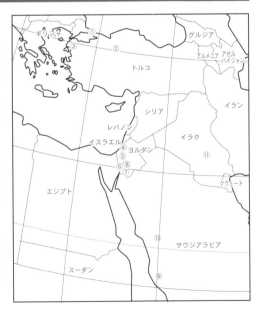

④**エルサレム＜イスラエル＞**

　ユダヤ教、イスラム教、キリスト教という３宗教の聖地。旧市街にイスラムの聖地「岩のドーム」、ユダヤの聖地「嘆きの壁」、キリストの聖地「聖墳墓教会」等がある。イエスが刑場に向かって歩んだ道「悲しみの道／ビア・ドロローサ」も。

⑤**ベツレヘム＜イスラエル＞**

　イエスの生誕地とされ、キリスト教徒にとって聖なる街。イエスはここで生まれてナザレで育った。

⑥**エラート＜イスラエル＞**

⑦**アカバ＜ヨルダン＞**

　⑥、⑦ともビザンチン時代や十字軍時代の遺跡が残る場所。紅海に面し、最近はリゾート地として開発された。

⑧**ペトラ＜ヨルダン＞**

　古代隊商都市遺跡。シクと呼ばれる狭い岩の裂け目を抜けると、突然巨大なバラ色の**「エル・カズネ神殿」**が現れる。映画『インディ・ジョーンズ／最後の聖戦』のロケで使われ有名に。

⑨**メッカ＜サウジアラビア＞**

　マッカともいい、ムハンマド（マホメット）生誕の地。イスラム教第１の聖地で、世界中のイスラム教徒はこの方角に向かって毎日礼拝をするとともに、生涯に一度はこの地に**ハッジ（巡礼）**する。

⑩**メディナ＜サウジアラビア＞**

　西暦622年、ムハンマドはこの地にヒジュラ（聖遷。移住の意。この年がイスラム暦の元年）した。イスラム教第２の聖地。

⑪**バビロン＜イラク＞**

　メソポタミア文明の古代都市遺跡。イシュタルの門、バビロンの空中庭園、バベルの塔等が有名。

⑫**アグラ＜インド＞**

　16世紀中ごろから約100年間イスラム王朝・ムガール帝国の首都として栄えた都市。**タージ・マハール**やアグラ城等その時代の建築物が多い。

⑬**ジャイプール＜インド＞**

　18世紀初めジャイプール王国の首都と

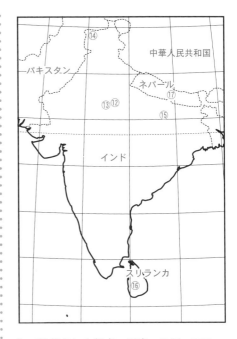

して建築された都市。王宮、**ハワ・マハール（風の宮殿）**、アンベール城等の歴史的建築物の多い異色の街。通称「ピンクシティー」とも。

⑭**スリナガル＜インド＞**

　高原避暑地。ボートハウス（船上ホテル）が名高い。

⑮**ヴァラナシ＜インド＞**

　英語名ベナレス。**ヒンズー教シバ派の最高の聖地**で、教徒はガンガー（ガンジス川）の**ガート**（沐浴場）で身を清めて祈る。

⑯**ポロンナルワ＜スリランカ＞**

　10〜12世紀のシンハラ王朝の王都。旧市街には巨大な石仏像が並ぶガル・ビハラや仏歯寺跡のクォードラングル等がある。

　この他スリランカではシギリア（シギリアロック・シギリアレディ）、キャンディ等も有名。

⑰**ポカラ＜ネパール＞**

　カトマンズの西約150kmに位置し、アンナプルナ連山の登山ならびにトレッキングの玄関都市。**ルクラ**（エベレストへの登山口）と並んで有名。

アジア（東南アジア）

①ヤンゴン＜ミャンマー＞

1989年に英語名ラングーンから改称した最大都市（現在はネーピードーが首都）、16世紀に建立された高さ100mの壮麗な**シュエダゴン・パゴダ**（仏塔）等が有名。この国の観光地はこの他、ペグー・マンダレー、3大仏教遺跡の1つ・**パガン**等。

②バンコク＜タイ＞

チャオプラヤ（メナム）河畔に王宮、**ワット・アルン（暁の寺院）**、**ワット・プラケオ（エメラルド寺院）**、**ワット・ポー（涅槃寺）**等があり、**水上マーケット**も有名。

③アユタヤ＜タイ＞

アユタヤ王朝の首都だった都市。山田長政が**日本人街**をつくったことでも知られている。＊関連：スコタイ（世界遺産・タイ人による最初の王朝が成立した古代都市遺跡）

④チェンマイ＜タイ＞

ビルマやアユタヤ王朝の影響を受けたタイの北方の部族国家の首都だった街。多くの寺院や王室の夏の離宮が存在する。ピン川に広がる街は「北方のバラ」と呼ばれる。チェンライやゴールンデントライアングル（黄金の三角地帯）への入り口。

⑤プーケット島＜タイ＞

タイのリゾートアイランド。世界有数のダイビングのメッカ。パトンビーチが人気。

⑥サムイ島＜タイ＞

タイ有数のリゾートアイランド。

⑦パタヤ＜タイ＞

東洋のハワイともいわれるタイのリゾート地。

⑧クアラルンプール＜マレーシア＞

イスラム建築の中央駅、マスジット・ジャメ、郊外にはヒンズー教の聖地「バツー洞窟」等。

⑨マラッカ＜マレーシア＞

マラッカ海峡に面する港町。2008年に世界遺産に登録された。**フランシスコ・ザビエル**ゆかりのセントポール寺院、サンチャゴ砦、キリスト教会等。

⑩ペナン島＜マレーシア＞

1786年にイギリスの植民地となり、中国貿易の中継点であった島。現在は東南アジア屈指の海浜リゾート地で「東洋の真珠」と呼ばれるほど。代表的ビーチは北岸のバツー・フェリンギ。中心の**ジョージタウン**にはセント・ジョージ教会、蛇寺等がある。2008年に世界遺産に登録された。

⑪ランカウイ＜マレーシア＞

ペナンに次ぐこの国有数のリゾート島。

⑫コタキナバル＜マレーシア＞

キナバル山、セビロック・オランウータン保護区への玄関都市。日本からの直行便が飛び、自然の宝庫である東マレーシアの中心都市として注目されている。ボルネオ島（カリマンタン島）観光はここから。

⑬シンガポール＜シンガポール＞

イギリス人**ラッフルズ**が建築した街。エリザベス・ウォーク、マーライオン、リゾートアイランドの**セントーサ島**等、見どころも多い東南アジア有数の観光地。マレーシアとの国境はジョホール海峡。

⑭シェムリアップ＜カンボジア＞

この国随一の観光資源であり3大仏教遺跡の1つでもある**アンコール・ワット**、アンコール・トムへの玄関都市で、バンテアイ・スレイのデバター（女神）、「東洋のモナリザ」も見どころ。近くにはトンレサップ湖も。

⑮ホーチミン＜ベトナム＞

メコン川下流のデルタ地帯に位置するベトナム南部の中心都市。旧名**サイゴン**。かつての大統領官邸である統一会堂、戦争証跡博物館等が見どころ。

⑯バリ島＜インドネシア＞

ジャワ島の東に位置する菱形の島。島南部のデンパサール市を中心にリゾート地が多く日本人にも人気。サヌールビーチ、**クタビーチ**、ブサキ寺院等の他、バリ芸術の村・**ウブド**も有名。バリ・ヒンズーの島。

⑰ジョグジャカルタ＜インドネシア＞

郊外にインドネシア随一の有名な仏教遺跡かつ3大仏教遺跡の1つでもある**ボロブドゥール**がある。

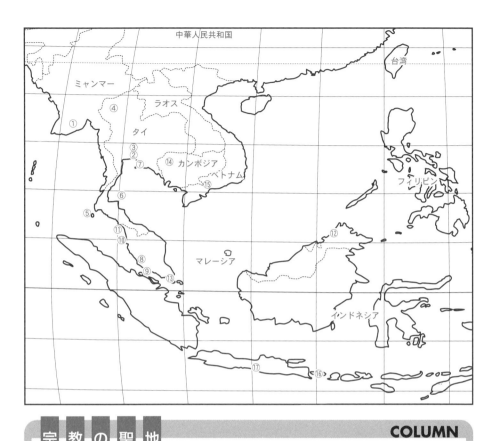

宗教の聖地　　　　　　　　　　　　　　　　　　COLUMN

ユダヤ教	①**エルサレム＜イスラエル＞**　嘆きの壁（かつてのソロモン神殿の遺構の一部）はユダヤ人統合のシンボル。
キリスト教	①**バチカン**　ローマ教皇の統治するローマ市内にある小独立国。 ②**エルサレム＜イスラエル＞**　イエス・キリストが十字架を背負って通った苦難の道（ビア・ドロローサ）、また、ゴルゴダの丘に建てられたといわれる聖墳墓教会が残る。 ③**ベツレヘム＜パレスティナのヨルダン川西岸地区＞**　イエス・キリストの生誕の地とされる。
イスラム教	①**メッカ＜サウジアラビア＞**　ムハンマド（モハメッド）の出生地でカーバ神殿があり、イスラム教第1の聖地として知られる。 ②**メディナ＜サウジアラビア＞**　ムハンマドが622年メッカから聖遷した地で、そのモスクと墓廟がある。 ③**エルサレム＜イスラエル＞**　ムハンマドが昇天したといわれる岩のドームがある。
仏教	①**ルンビニー＜ネパール＞**　釈尊生誕の地。 ②**ブッダガヤー＜インド＞**　仏陀が悟りを開いた地。 ③**サルナート＜インド＞**　鹿野苑とも。仏陀が最初に説法を行った地。 ④**クシナガラ＜インド＞**　仏陀入滅の地。
ヒンズー教	①**ヴァラナシ＜インド＞**　ベナレスとも。ガンジス川左岸にヒンズー教の聖地が連なり、毎年多くの巡礼者が訪れる。

アジア（東アジア）

①ソウル＜韓国＞

李王朝時代からの首都。景福宮、南大門（2008 年焼失、その後復元）、東大門市場、ウォーカーヒル等が有名。また市の北方40km に南北朝鮮国境の非武装地帯の中心地である**板門店（パンムンジョム）**があり、ここを観光するツアーも。

②慶州＜韓国＞

3 世紀ごろから 953 年までの新羅の首都で、韓国随一の史跡観光地。王城、古墳公園、天馬塚、また郊外には有名仏教遺跡・**仏国寺**等がある新羅芸術の宝庫。

③釜山＜韓国＞

日本に最も近い外国の都市で、韓国最大の国際貿易港。福岡・下関との間が航路で結ばれている。郊外にはリアス式海岸で有名なハルリョ海上国立公園も。

④済州島＜韓国＞

この国では有名な風光明媚な島。2007年に世界遺産登録。狩猟とゴルフが売り物で最近はリゾートとして開発もされている。韓国最高峰のハルラ山も。

⑤香港＜中国＞

1997 年 7 月 1 日にイギリスから中国に返還。九龍市のネイザン通り、香港島の**ヴィクトリア・ピーク、タイガーバーム・ガーデン**等は日本人にもおなじみの観光地。

⑥マカオ＜中国＞

1999 年 12 月 20 日にポルトガルから中国に返還。壁だけの建物セントポール天主堂跡、セナド広場、孫文記念館等の他、カジノやドッグレースでも有名。

⑦台北＜台湾＞

台湾の中心都市で表玄関。繁華街の中山北路、龍山寺、台湾民主記念館、**故宮博物院**等。郊外には温泉保養地の陽明山がある。近郊には少数民族の村・**烏来（ウーライ）**も。

⑧花蓮＜台湾＞

大理石産業の中心地であるとともに、**太魯閣（タロコ）渓谷**への玄関都市。郊外には阿美族の**阿美（アミ）文化村**もある。

⑨北京＜中国＞

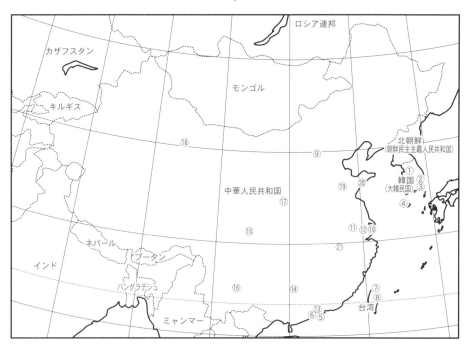

観光の中心は天安門、**故宮博物院**（旧紫禁城）、繁華街の王府井（ワンフーチン）。また郊外では**万里の長城**、明の十三陵、北京原人の化石が発掘された周口店等。

⑩**上海＜中国＞**

中国沿岸部最大の都市。清朝時代の外国租界地区の**外灘（ワイタン／バンド）**、豫園（よえん）、南京路等、見どころは多い。

⑪**南京＜中国＞**

孫文が建国した中華民国の首都。長江（揚子江）の南岸に位置し、明考陵（明の初代皇帝・朱元璋）、中山陵（孫文の墓）等が有名。

⑫**蘇州＜中国＞**

唐の詩人・張継の『楓橋夜泊』の碑で有名な**寒山寺**、留園等が有名。中国を代表する**水の都**で、杭州と並んで中国のベネチアとして知られる。

⑬**深圳（しんせん）＜中国＞**

香港から入植者を迎える中国の玄関都市。経済特区に指定されて以来、新興都市として発展を遂げている。＊関連：汕頭、厦門、海南島、珠海（以上経済特区）

⑭**桂林＜中国＞**

漓江に臨む都市。**カルスト地形**がもたらした独特の景観〜山水画の世界〜を持ち、**漓江下り**の起点になる都市。

⑮**成都＜中国＞**

三国時代の蜀の都。三国志でおなじみの諸葛亮（孔明）と劉備をまつった武候祠、漂泊の詩人・杜甫の住んでいた**杜甫草堂**等、歴史ファンに人気。＊関連：長江三峡、三峡下り、白帝城

⑯**石林＜中国＞**

昆明（クンミン）南東 120km に位置する。カルスト地形で柱状石が林立する景勝地で、少数民族のイ族、ミャオ族等が住んでいる。

⑰**西安＜中国＞**

前漢の時代から唐の時代までの間の首都。古名は長安で、唐の時代は人口 100 万人以上の世界的な大都市だったという。市内には三蔵法師（玄奘）がインドより持ち帰った経典を納めた**大雁塔**、街の東郊外には秦の始皇帝陵、**兵馬俑（へいばよう）博物館**、玄宗皇帝と楊貴妃のロマンスの舞台・**華清池**等がある。

⑱**敦煌（とんこう）＜中国＞**

シルクロードの中国側の門戸をなす要地で、大同の雲崗（ユンカン）の石窟、洛陽の龍門（ロンメン）の石窟とともに、中国**3大石窟**とされる**莫高窟**や、決して枯れない三日月形の月牙泉等がある。

⑲**曲阜（きょくふ）＜中国＞**

周の時代の魯の国の首都。孔子の生誕地であり、儒教の聖地。孔子の墓・孔子廟も。

⑳**青島＜中国＞**

1898 年から 1922 年まではドイツの租借地で、第 1 次世界大戦後は日本が占領。ヨーロッパ風の街並みが残り、ドイツの技術を受け継いだ、中国有数の**ビール（チンタオビール）**の生産地。

㉑**景徳鎮（けいとくちん）＜中国＞**

唐の時代以来の中国第一の**陶磁器の生産地**。ヨーロッパや日本の焼き物にも多くの影響を与えた。＊関連：デルフト（オランダ）、マイセン（ドイツ）、セーブル（フランス）、リモージュ（フランス）

その他覚えておきたい仏教遺跡 COLUMN

●**アジャンタ＜インド＞** 2 〜 7 世紀にかけて彫られた彫刻や絵画等で知られる、仏教洞窟寺院遺跡群がある。

●**エローラ＜インド＞** 3 〜 13 世紀にかけて彫られた仏教、ヒンズー教、ジャイナ教の洞窟寺院群で、インド最大規模を誇る。

●**アンコールワット＜カンボジア＞** 12 世紀前半に建てられたヒンズー教寺院。後世の仏教の興隆に伴い、仏教寺院に変更された。

アフリカ

①ギザ／ギーザ＜エジプト＞

　ナイル川に広がる文化遺産、古王朝時代のクフ王、カフラー王、メンカウラー王の**3大ピラミッド**とスフィンクスで有名。1979年に世界遺産に登録。

②サッカラ＜エジプト＞

　エジプト最古のジュセル王の**階段ピラミッド**や多くのマスタバ（墳墓）があり、近郊には統一エジプト王朝の最初の首都が置かれたメンフィスがある。

③ルクソール＜エジプト＞

　かつてテーベと呼ばれた都市。**ルクソール神殿**、**カルナック神殿**、ツタンカーメンの墓をはじめ王の岩窟墳墓がある王家の谷、メムノンの巨像等が観光のポイント。

④ラシード＜エジプト＞

　英語名ロゼッタ。ここでエジプト遠征途中のナポレオン軍により、ヒエログリフで書かれた**ロゼッタ・ストーン**が発見された。

⑤カサブランカ＜モロッコ＞

　15世紀後半にポルトガル人によって建設されたモロッコ最大の都市で、フランス人の手により発展した。市内のハッサン2世モスクはモロッコ最大。

⑥フェズ＜モロッコ＞

　8世紀にイスラム王朝により築かれた商業都市で、**世界最大の迷路**といわれる旧市街（メディナ）や**スーク（イスラム市場）**等で知られている。

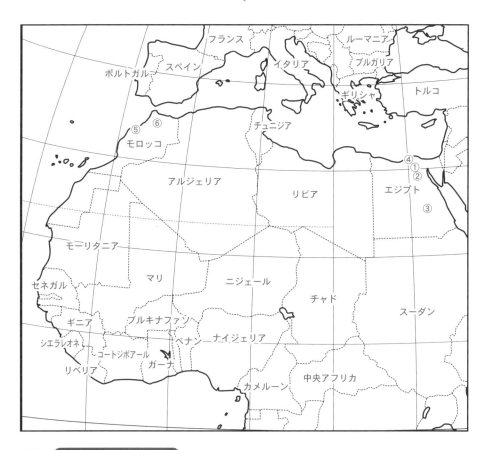

古代エジプト王朝と遺跡

エジプトには BC（紀元前）4000 年頃から BC332 年にアレクサンドロス大王に征服されるまで、約 4000 年の間に 31 の王朝が栄えた。その間、第 3 ～ 6 王朝を古王朝時代、第 11 ～ 12 王朝を中王朝時代、第 18 ～ 20 王朝を新王朝という。

- **古王朝時代**（BC2780 ～ BC2250）……ピラミッド時代ともいわれ、3 大ピラミッドはこの時代に建設された。首都メンフィスなどが栄え、太陽神ラーの信仰や王（ファラオ）の地位が確立した時代。サッカラにあるジュセル王の階段ピラミッドやマスタバもこの時代に建設された
- **中王朝時代**（BC2052 ～ BC1778）……首都テーベ（現ルクソール）のアメン神を最高神とし、ファラオは「正義の牧者」として平和的・福祉的事業に専念した。テーベ近郊にあるアメン神を祭るカルナック神殿はこの時代から代々、増改築が続けられた。
- **新王朝時代**（BC1567 ～ BC1085）……第 18 王朝の王アメンホテプ 3 世がアメン神、ムート神、コンス神をまつるルクソール神殿を建立。第 19 王朝のラムセス 2 世が最北部にあるピュロン（神殿入り口の両側に立つ石造の塔門）とそれに続く列柱のある中庭を増築した。ナセル湖畔にあるアブシンベル（岩窟神殿遺跡）もラムセス 2 世の造営によるもの。

ヨーロッパ（北欧）

①オスロ＜ノルウェー＞

市の中心はカール・ヨハンス通り。ビーゲランの彫刻群があるフログネル公園、ヴァイキング博物館、近郊にはムンク博物館等がある。＊関連：モノリッテン（フログネル公園にあるビーゲランの代表作）

②ベルゲン＜ノルウェー＞

ノルウェー第 2 の都市。フィヨルド観光ツアーの玄関都市でもありブリッゲン地区、グリークの家等も。世界一のフィヨルド・**ソグネフィヨルド**へはここから。

③ストックホルム＜スウェーデン＞

バルト海とそれに続くメーラレン湖に浮かぶ大小の島々からなり、「北方のベネチア」と呼ばれる。ノーベル賞授賞式が開催されるコンサート・ホール、スカンセン野外博物館等があり、郊外には現王室の居城でもあるドロットニングホルム宮殿も。

④コペンハーゲン＜デンマーク＞

水陸交通の要の都市として早くから栄えた都市。地名も「商業の港」の意。遊園地チボリ公園、市庁舎広場、王の居城アマリエンボー宮殿、市のシンボルは**「人魚の像」**。郊外のヘルシンゲルには戯曲『ハムレット』

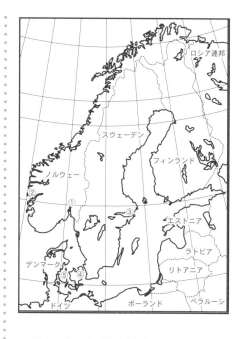

の舞台・**クロンボー城**がある。

⑤オーデンセ＜デンマーク＞

アンデルセンの生まれ故郷。田舎風景が続く酪農と農業の島・フュン島の中心地。アンデルセン博物館、アンデルセンの少年時代の家等。

ヨーロッパ（イギリス・オランダ・ベルギー）

①ロンドン＜イギリス＞

　テムズ川北岸に主要な建物が集中。ロンドン塔、タワーブリッジ、セントポール寺院、**ウエストミンスター寺院**、国会議事堂、大英博物館、衛兵の交代式で有名な**バッキンガム宮殿**等。

②ストラトフォード・アポン・エイボン
＜イギリス＞

　ロンドンの北西エイボン川に沿ったシェイクスピアが生まれた小さな街。**シェイクスピアの家**、シェイクスピア劇場等がある。

③バース＜イギリス＞

　古代ローマが温泉保養地として開いた街。英語の風呂の語源となっている。ローマ浴場跡、バース寺院等。

④エディンバラ＜イギリス＞

　スコットランドの首都。毎年夏にエディンバラ国際フェスティバルが開催される。エディンバラ城、エリザベス女王がスコットランド滞在中の公式の居城であるホリールード宮殿もある。

（＊イギリスはイングランド・**ウェールズ**・

スコットランド・北アイルランドからなる連合王国）

⑤**ベルファスト＜イギリス＞**

　アイルランド島の北東部に位置し、島の6分の1を占める北アイルランドの中心都市。現在もカトリック系住民とプロテスタント系住民の紛争が絶えない。

⑥**アムステルダム＜オランダ＞**

「北のベネチア」と呼ばれるオランダ最大の都市、首都。『**アンネの日記**』のアンネ・フランクの家、**レンブラント**の家、ゴッホ美術館、マヘレの跳ね橋等が有名。市の南近郊には花市と花祭りで有名なアールスメールの街も。

⑦**ハーグ＜オランダ＞**

　公式行事が行われるオランダの事実上の首都。騎士の館、平和館があり、北には高級リゾートの**スヘベニンゲン海岸**、ミニチュア・タウンのマドローダム等。チュー

リップで有名な**キューケンホフ公園**も。

⑧**ブリュッセル＜ベルギー＞**

　EU（欧州連合）、NATO（北大西洋条約機構）の本部が置かれるヨーロッパ有数の国際都市。中心広場の**グラン・プラス**、**小便小僧の像**も有名。郊外にはナポレオンの古戦場・ワーテルローも。

⑨**アントワープ＜ベルギー＞**

　アントウェルペンとも。ベルギー北部フランドル地方の都市で、名作『**フランダースの犬**』の舞台の聖母大聖堂（ルーベンス作**キリスト降架の絵**で有名）や、画家のルーベンスの家があることで有名。

⑩**ブルージュ＜ベルギー＞**

　9〜15世紀に毛織物産業で栄えた古い都市。中世のたたずまいをそのまま残す街並みと運河が残る水の都。都市名はオランダ語で「橋」の意味。

COLUMN

地方／都市の有名な呼称

● 「水の都」 ➡ ベネチア＜イタリア＞　　ブルージュ＜ベルギー＞
　　　　　　　　ハンブルグ＜ドイツ＞　　蘇州・杭州＜中国＞　　バンコク＜タイ＞
● 「花の都」 ➡ パリ＜フランス＞　フィレンツェ＜イタリア＞
● 「音楽の都」 ➡ ウィーン＜オーストリア＞

シェイクスピアに関連する地名

●生まれ故郷➡ ストラトフォード・アポン・エイボン＜イギリス＞
●墓（記念碑）がある寺院➡ ウエストミンスター寺院＜イギリス／ロンドン＞
　聖トリニティー教会＜ストラトフォード・アポン・エイボン＞
●ハムレットの舞台➡ クロンボー城＜デンマーク＞
●ロミオとジュリエットの舞台➡ ベローナ＜イタリア＞

コロンブスに関連する地名

●生まれ故郷➡ ジェノヴァ＜イタリア＞　　関連：リビエラ海岸

ナポレオンに関連する地名

●生まれ故郷➡ コルシカ島＜フランス＞
●ロシア遠征で負けて流された➡ エルバ島＜イタリア＞
●ここでウェリントンに負けた➡ ワーテルロー＜ベルギー＞
●終焉の地➡ セントヘレナ島＜イギリス領＞
●現在はここに眠る➡ アンバリッド＜フランス・パリ＞

ヨーロッパ（フランス・スイス）

①パリ＜フランス＞

セーヌ河畔に位置する都市。観光の中心は、**ルーブル美術館**、**コンコルド広場**、**シャンゼリゼ通り**、凱旋門、オペラ座。セーヌ川南岸には、オルセー美術館、エッフェル塔、シテ島には**ノートルダム寺院**がある。

②フォンテーヌブロー＜フランス＞

ナポレオンが好んで訪れたフォンテーヌブロー城と美しい森で有名。

③オルレアン＜フランス＞

パリの南 130km にあるロワール地方の中心都市。**ジャンヌ・ダルク**によって歴史の舞台に登場した。ロワール川の古城めぐり〔シャンボール城、**シノン城**、ブロア城、アンボワーズ城（ダビンチ終焉の地）〕もこのあたりから。

④ストラスブール＜フランス＞

アルザス地方の中心都市。ドイツとの国境近くにあるため、独仏の争奪の地として有名。現在は EU の議会の所在地。

⑤シャモニー＜フランス＞

アルプス山中の保養地で、ヨーロッパ最高峰の**モンブラン**への登山基地。第 1 回冬季オリンピックの開催地。展望台エギュ・ド・ミディまではロープウェイがある。

⑥カンヌ＜フランス＞

コート・ダジュール（紺碧海岸）の中心都市の 1 つ。毎年 5 月に開催される国際映画祭で有名。

⑦ニース＜フランス＞

コート・ダジュールの中心都市の 1 つ。香料、オリーブオイルの産地として知られる。カーニバル、カジノ、シャガール美術館、プロムナード・デ・ザングレ（イギリス人の散歩道）等が有名。

⑧アビニョン＜フランス＞

南仏のかつての法王都市（ローマ法王が一時期ここに避難していた）で、昆虫研究家ファーブルゆかりの地。民謡で有名な**アビニョン橋**（サン・ベネゼ橋）もある。
＊関連：♪「アビニョンの橋で輪になって踊ろう」♪

⑨ジュネーブ＜スイス＞

レマン湖に面した国際都市で、モンブランを見渡せるモンブラン橋、カルビンの宗教改革記念碑、国際連合の欧州本部の**パレ・**

ヨーロッパの橋　COLUMN

●リアルト橋（ベネチア／イタリア）

逆 S 字型のカナル・グランデ（大運河）に架かる白大理石の橋の上には、数々の商店が連なる。シェイクスピアの作品の舞台にも。

●ベッキオ橋（フィレンツェ／イタリア）

アルノ川に架かるロマネスク様式の橋。二層構造で、下は歩道、上はアーケードになっている。その昔は宮殿からメディチ家のオフィス（ウフィツィ）への渡り廊下だった。

●カペル橋（ルツェルン／スイス）

ヨーロッパ最長・最古の屋根付き木造橋。火災により一部消失したが現在は修復されている。

●カレル橋（プラハ／チェコ）

ヴルダバ川（モルダウ）に架かる東欧最古の石造橋。欄干上には 17 ～ 19 世紀に作られた聖像が 30 体並ぶ。2002 年に天皇陛下も訪れた。

●アビニョン橋（アビニョン／フランス）

フランス民謡で有名な橋。1669 年、洪水で大半が流出し、現在のような損壊したままの橋となった。一時期ここにローマ法王庁があった（1309 年～ 1377 年）。

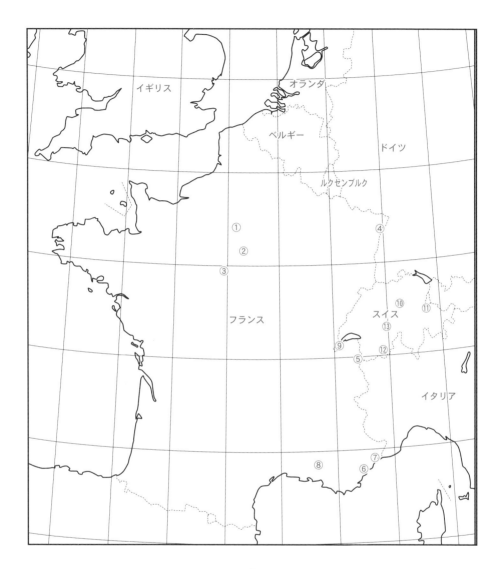

デ・ナシオン等が名高い。

⑩**ルツェルン＜スイス＞**

　夏に国際音楽祭が開かれることで有名。ロイス川に架かるカペル橋、ライオン記念碑等がよく知られる。

⑪**マイエンフェルト＜スイス＞**

　リヒテンシュタインとの国境近くにある山村で、ヨハンナ・スピリの小説『**アルプスの少女ハイジ**』の舞台として有名。

⑫**ツェルマット＜スイス＞**

　ヴァリス山塊（マッターホルン・モンテローザが中心）への登山基地として世界的に有名な保養地。排気ガス対策として、乗り物は電気自動車か馬車しか認めていないことでも知られる。

⑬**インターラーケン＜スイス＞**

　ベルナー・オーバーラント(ユングフラウを中心峰とするベルンの山々)への登山口。

ヨーロッパ（ドイツ・オーストリア）

①ベルリン＜ドイツ＞

　ブランデンブルク門、繁華街のクールフェールシュテンダム（クーダム）、ウンターデンリンデン、ペルガモン美術館、ベルリンの壁跡等が有名。

②ポツダム＜ドイツ＞

　第2次世界大戦の戦火を免れたフリードリッヒ大王の夏の離宮・**サン・スーシー宮殿**（無憂宮と呼ばれる）が有名。第2次世界大戦終了後の会談（ポツダム会談）が行

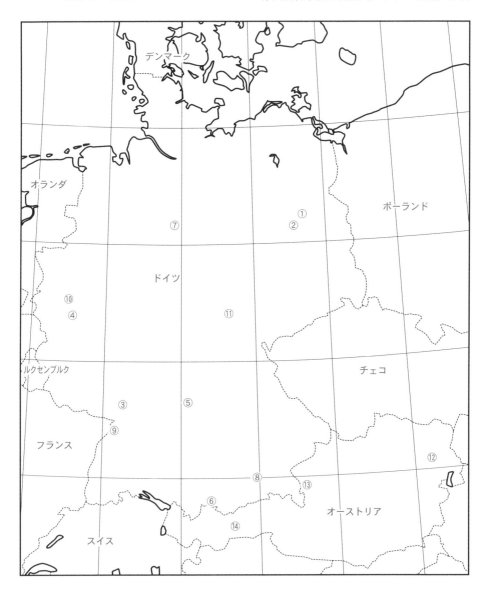

われたツェツィーリエンホーフ宮殿もある。

③ハイデルベルク＜ドイツ＞

マイヤー・フェルスターの小説・戯曲『アルト・ハイデルベルク』で知られる**ネッカー河畔**の同名の大学は、ドイツ最古の大学の1つ。ハイデルベルク城、騎士の家、哲学の道等。

④ボン＜ドイツ＞

西ドイツ時代の首都。音楽家**ベートーベン**の生地。国家議事堂、ミュンスター大聖堂、ボン大学等。

⑤ローテンブルク＜ドイツ＞

観光ルート**「ロマンチック街道」**（ヴュルツブルク～フュッセン間）の中心に位置する美しい街。議員会館の仕掛け時計・マイスタートゥルンクが有名。

⑥フュッセン＜ドイツ＞

南ドイツ・バイエルン地方観光の中心の1つ。ルードヴィッヒⅡ世の**ノイシュバンシュタイン城**、ヴィース巡礼教会、リンダーホーフ城等がある。

⑦ハーメルン＜ドイツ＞

童話『ハーメルンの笛吹き男』で知られる街。**グリム兄弟**ゆかりの街を結ぶ観光ルート**「メルヘン街道」**（ブレーメン～ハーナウ間）の中心に位置する。

⑧ミュンヘン＜ドイツ＞

バイエルン州の州都、かつて同名の国（バイエルン）があった。アルテ・ピナコテーク（古美術館）、ノイエ・ピナコテーク（新美術館）、ホーフブロイ・ハウス等。世界最大のビール祭り「オクトーバーフェスト」は有名。

⑨バーデンバーデン＜ドイツ＞

ドイツ南西部・**シュバルツバルト（黒い森）**の中心都市で、古代ローマ時代から知られる国際的な温泉保養地。

⑩ケルン＜ドイツ＞

ローマ時代の軍事要衝の地で、大司教区、商業都市として発展。ドイツ最大のゴシック建築ドーム・**ケルン大聖堂**はこの都市の象徴。

⑪ワイマール＜ドイツ＞

1547年以来ザクセン・ワイマール公国の首都。ドイツ革命後の1918年にこの地で国民会議が開かれ、ワイマール憲法が制定された。「ドイツ精神文化の中心地」「芸術の都」としても知られ、文豪ゲーテ、詩人シラー、音楽家リストの家等の見どころがある。

⑫ウィーン＜オーストリア＞

パプスブルク家の栄光が残る「音楽の都」。市の象徴・シュテファン寺院、繁華街・ケルントナー通り、国立オペラ劇場、ベルベデーレ宮殿、ホーフブルク、郊外にある**シェーンブルーン宮殿**やプラター遊園地等が有名。

⑬ザルツブルク＜オーストリア＞

モーツァルト生誕の地であると同時に、毎年行われる音楽祭の開催地。映画『サウンド・オブ・ミュージック』のロケ地でもあるミラベル庭園（市内）が有名で、市の東には湖水地方のザルツカンマーグート地方が広がる。

⑭インスブルック＜オーストリア＞

山に囲まれたチロル地方の州都で、ドイツとイタリアを結ぶ要衝の地。1964年と1975年の冬季オリンピック開催地でもある。

名作の舞台　COLUMN

- ●『**フランダースの犬**』の舞台
  ➡ アントワープ＜ベルギー＞
  関連：ルーベンス（作中に出てくる絵画の作者）
- ●『**アルプスの少女ハイジ**』の舞台
  ➡ マイエンフェルト＜スイス＞
  関連：ヨハンナ・スピリ（作者）
- ●『**赤毛のアン**』の舞台
  ➡ プリンスエドワード島＜カナダ＞
  関連：モンゴメリー（作者）
- ●『**風と共に去りぬ**』の舞台
  ➡ アトランタ＜アメリカ＞
  関連：マーガレット・ミッチェル（作者）

ヨーロッパ（南欧）

①ローマ＜イタリア＞

ローマ帝国時代の首都で、遺跡に恵まれた大都市。市内にはカトリックの総本山・バチカン市国があり、観光の中心はフォロ・ロマーノの遺跡群、**コロッセオ**、トレビの泉、**スペイン広場**（階段）、**カラカラ浴場**跡等。

②ナポリ＜イタリア＞

風光明媚な湾に面した観光都市で、ナポリ民謡で有名。近くには**ポンペイ遺跡**やソレント、**カプリ島**（青の洞窟で有名）等の有名観光地をかかえる。風光明媚なところから、ヨーロッパには「ナポリを見てから死ね」ということわざも。

③フィレンツェ＜イタリア＞

大富豪メディチ家の援助のもと開花したイタリア・ルネッサンス発祥の地。観光の中心はドゥオモ（サンタ・マリア・デル・フィオーレ教会）、**ウフィツィ美術館**、**アカデミヤ美術館**、ベッキオ橋等。

④ラベンナ＜イタリア＞

西ローマ帝国の首都として栄えた都市。モザイク芸術で有名。サン・ヴィターレ教会、叙事詩『神曲』を残したダンテの墓等がある。

⑤アッシジ＜イタリア＞

フランシスコ修道会の創始者で、小鳥と話したというフランチェスコが生まれた宗教の街。聖フランチェスコ大寺院、マッジョーレ城塞等。

⑥シエナ＜イタリア＞

イタリア中部にある、12〜14世紀の中世イタリアで栄えていた都市国家の１つ。多くの芸術家を輩出したことでも知られる。裸馬レースで有名な祭り「パリオ・デレ・コントラーデ」は、街の中心に位置する貝殻の形をした**カンポ広場**で行われる。

⑦ベネチア＜イタリア＞

市内に陸上交通はなく、ゴンドラやヴァポレット（水上バス）、モストカフィ（水上タクシー）が交通手段という「水の都」。

観光の中心は、ヨーロッパ最高のサロン、サンマルコ広場、サンマルコ寺院、ドゥカーレ宮殿、リアルト橋、沖にあるベネチアングラスの島・**ムラノ島**等。

⑧ミラノ＜イタリア＞

イタリア第２の都市で、ファッションの中心地。ゴシック建築のドゥオモ（ミラノ大聖堂）、スカラ座、名画『最後の晩餐』が残る**サンタマリア・デレ・グラッツィエ教会**。郊外には氷河湖で有名なコモ湖も。

⑨ベローナ＜イタリア＞

「大理石の街」とも呼ばれる。『**ロミオとジュリエット**』の舞台としても知られ、ローマ時代の円形劇場、ジュリエッタの家等が有名。

⑩ピサ＜イタリア＞

フィレンツェの西80kmに位置する中世に栄えた都市。ガリレオ・ガリレイが落下実験をした場所として有名な**ピサの斜塔**や、振り子の原理を発見した大聖堂がある。

⑪リスボン＜ポルトガル＞

ティージョ（タホ）河口に開けた港町で、古代カルタゴの植民地として栄えた。**バスコ・ダ・ガマの発見記念碑**、ベレンの塔が有名。郊外にはヨーロッパ大陸の最西端の**ロカ岬**。

⑫マドリード＜スペイン＞

国土回復運動（レコンキスタ）の間に発展した現在の首都。プラド美術館、ピカソの名画『**ゲルニカ**』を所蔵するソフィア王妃芸術センター、ドンキホーテ像のあるスペイン広場、マヨール広場等がある。

⑬トレド＜スペイン＞

マドリードに遷都されるまでの首都。スペイン・カトリックの総本山のトレド大寺院、ここで活躍した画家の**エル・グレコ**の家、サントトメ教会等が有名。

⑭セゴビア＜スペイン＞

マドリードの北西にある旧カスティリア王国の首都。『白雪姫』の舞台のモデルとなったアルカサールや、ローマ時代建造の水道橋等。

⑮セビリア＜スペイン＞

アンダルシア地方の河港都市。江戸時代に支倉常長（はせくら・つねなが）使節団が滞在。市の象徴はヒラルダの塔。オペラ『セビリアの理髪師』『カルメン』の舞台で、画家・ベラスケスの生地。

⑯グラナダ＜スペイン＞

アンダルシア地方シエラネバダ山脈の麓に位置する、イスラム帝国支配最後の王国。イスラム建築の粋を集めた**アルハンブラ宮殿**がいちばんの見どころで、なかでも噴水のあるライオンのパティオが有名。

⑰バルセロナ＜スペイン＞

カタルーニャ地方の中心都市。ビヤーが着工し、ガウディに、さらに後継者に引き継がれて、今なお建築中の**聖家族教会（サグラダ・ファミリア）**が名高い。「青の時代」の作品が多いピカソ美術館、グエル公園（ガ

ウディ設計）も有名。

⑱アテネ＜ギリシャ＞

ギリシャ文化の一大中心地。市の象徴はアクロポリスの丘の**パルテノン神殿**、**シンタグマ（憲法広場）**、国立考古学博物館等。郊外のポセイドン神殿のあるスニオン岬も名高い。

⑲ミケーネ＜ギリシャ＞

エーゲ文明の半島側の中心地。H・シュリーマン（トロイの遺跡発掘で有名）の発掘でも知られる獅子門、王城、アトレウスの宝庫等。

⑳クレタ島＜ギリシャ＞

初期のエーゲ文明が栄えたギリシャ最大の島。迷宮で名高い**クノッソス遺跡**、フェストス遺跡等があり、スペインで活躍した画家のエル・グレコの生地でもある。

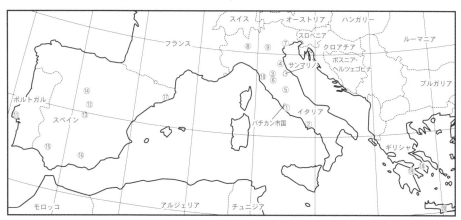

COLUMN

ギリシャ神話に関連した地域

●**オリンピア**　エリス地方南部にあるゼウス信仰の中心地。古代オリンピックの開催地。
●**デルフィ**　デルフォイとも。アテネから 163km 離れたフォキス地方にある。オリンピアと並ぶ古代ギリシャ最大の聖地。神話の『アポロンの神託』で有名なアポロン神殿がある。

ローマ帝国に関連した遺跡

●**フォロ・ロマーノ（フォルム・ロマヌム）**　4つの丘に囲まれた低地に設けられた広場（フォルム）。周囲に古代ローマ最大の遺跡群がある。当時の政治・宗教・商業の中心地。
●**アッピア街道**　ローマ最古の軍用舗装道路。ローマ〜カプア間。全長 540km にも及んだ。
●**凱旋門**　戦勝を記念して建てられた門のことで、コロッセオのそばにあるコンスタンティヌスの門などが名高い。

ヨーロッパ（東欧・ロシア）

①プラハ＜チェコ＞
「中世の宝石」と呼ばれる、ヴルダバ（モルダウ）河畔の古都。チェコ共和国の首都。東欧最古の石橋**カレル橋**、フラッチャーニ城等。ヨーロッパ最古かつ最大規模のユダヤ人墓地がある。

②ワルシャワ＜ポーランド＞
　ビスワ川を挟んで、東西に広がる街。市内にはキュリー夫人の生家、郊外には**ショパンの生家**があり、毎年ピアノ・コンサートが開催される。

③オシフィエンチム＜ポーランド＞
　第2次世界大戦中、ドイツ軍のユダヤ人強制収容所**「アウシュビッツ」**があった場所。

④ブダペスト＜ハンガリー＞

デンマーク

ラトビア

リトアニア

ロシア

ベラルーシ

ポーランド　②

ドイツ

ウクライナ

①

チェコ

③

スロバキア

モルドバ

オーストリア

④
ハンガリー

ルーマニア

スロベニア

クロアチア

ボスニア
ヘルツェゴビナ

セルビア

ブルガリア

⑥

モンテネグロ
⑤

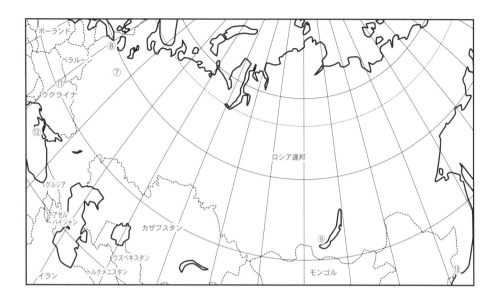

「ドナウの真珠」とも呼ばれ、ドナウ川の右岸のブダと左岸のペストが合併してできた古都。13世紀に建設され、現在では歴史博物館や国立図書館等に改造されているブダの王宮、漁夫の砦等が有名。

⑤ **ドブロヴニク<クロアチア>**

サッカーで有名になったクロアチアの都市。「アドリア海の真珠」と呼ばれ、中世の面影を残す城塞都市。保養地としても名高い。

⑥ **サラエボ<ボスニアヘルツェゴビナ>**

第1次世界大戦勃発の原因となったオーストリア皇太子暗殺事件のあった都市として有名。1984年の冬季オリンピックの開催会場のスタジアムは、ボスニア戦争の犠牲者の墓地となっている。

⑦ **モスクワ<ロシア>**

市の中心はモスクワ河畔にあり、ロシア革命以降政府の主要機関が設けられ、旧ソ連政府の代名詞として使用された**クレムリン**（現在も政治の中枢）、赤の広場、レーニン廟、**聖ワシリー寺院**、ゴーリキー通り、ボリショイ劇場等が有名。

⑧ **サンクトペテルブルク<ロシア>**

ペテルブルク〜ペトログラート〜レニン

グラードと名称が変遷。観光の中心は、ロシア革命の舞台であるネヴァ河畔の冬宮、エカテリーナⅡ世の収集品で知られる**エルミタージュ美術館**、聖イサク寺院、デカプリスト広場等。

⑨ **イルクーツク<ロシア>**

東シベリアの中心都市で、世界最深・最高の透明度を誇る**バイカル湖**から流れるアンガラ川のほとりにある。

⑩ **ウラジオストク<ロシア>**

シベリア鉄道の終点。都市の名前は「東方を征服せよ」の意。極東の主要工業都市。

⑪ **キーウ<ウクライナ>**

古代国家・キーウ公国の中心都市で**「ロシアの都市の母」**とも呼ばれる。聖ソフィア寺院、ウラジミールの丘等。

⑫ **ヤルタ<ウクライナ>**

クリミア半島南部の港町で、ウクライナの一大保養地。第2次世界大戦終了のヤルタ会談が行われた場所としても有名。小説家チェーホフのゆかりの地。

北アメリカ

①サンフランシスコ

金鉱の発見により発展したアメリカ西部の玄関口。フィッシャーマンズワーフ、チャイナ・タウン、**ゴールデンゲートブリッジ**、ユニオンスクエア、ツインピークス等。市の南200kmにはジャズ・フェスティバルで有名なモントレーがある。

②ロサンゼルス

映画の都・ハリウッド、高級住宅街・**ビバリーヒルズ**、同市発祥の地・オルベラ街、ユニバーサルスタジオ、高級リゾート地の**サンタモニカ**、郊外**アナハイムのディズニーランド**等が有名。

③サンディエゴ

メキシコ領・**ティファナ**への観光の基地として知られる。

④ラスベガス

ショーとカジノとテーマパークの街。郊外にあるフーバーダム建設のための街として発展。**グランドキャニオン**観光の基地。

⑤ソルトレークシティー

グレートソルトレークの湖畔に発展したユタ州の州都。**モルモン教の総本山**の街。

⑥デンバー

ロッキー山脈の東麓、コロラド州の州都。標高が1609mあるので「マイル・ハイ・シティ」とも呼ばれる高原都市。

⑦ボストン

アメリカの文化、教育、歴史の象徴でもある街。独立戦争はここで勃発した。コモン公園、浮世絵の収集で有名なボストン美術館、郊外には名門・ハーバード大学がある。ボストン茶会事件、観光ルート・**フリーダムトレイル**等でも知られる。

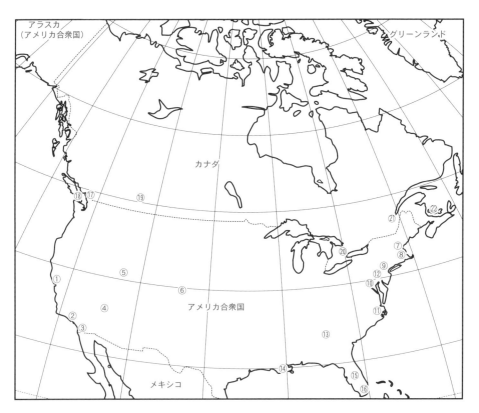

⑧**プリマス**

　1620年12月21日、絶対王政下のイギリスを逃れ、信仰の自由を求めた102名の清教徒（ピルグリム・ファーザーズ）が、**メイフラワー号**で上陸した場所。

⑨**ニューヨーク**

　ハドソン川とイースト川に囲まれた**マンハッタン島**、五番街、エンパイア・ステートビル、ブロードウェイ、金融の街・**ウォール街**、セントラルパーク、メトロポリタン美術館、自由の女神等、見どころは満載。

⑩**ワシントンD.C.**

　桜で名高いポトマック河畔の都市。合衆国の首都。ホワイトハウス、キャピトル（国会議事堂）、**リンカーン記念堂**、**スミソニアン博物館**等があり、郊外にはJ.F.ケネディも眠るアーリントン墓地も。

⑪**ウィリアムズバーグ**

　植民地時代の建築物を移転・再建して復元したアメリカ版明治村。

⑫**フィラデルフィア**

　1776年に独立宣言文が採択され、1787年に合衆国憲法が起草された独立当時の中心都市。合衆国最初の首都。

⑬**アトランタ**

　南部の商工業・交通の中心都市。小説・映画『**風と共に去りぬ**』の舞台として知られ、郊外にある南軍の3人の英雄騎馬像が刻まれた岩山・ストーンマウンテンも有名。

⑭**ニューオーリンズ**

　フランス・スペイン領だったころの面影を残すフレンチクォーター、デキシーランドジャズの発祥地でもあるバーボンストリート等が有名。

⑮**オーランド**

　フロリダ半島のほぼ中心に位置するアメリカ有数のリゾート地。**ディズニーワールド**、ユニバーサルスタジオがあり、東海岸ケープカナベラルにあるケネディ宇宙センターへの玄関都市。

⑯**マイアミ**

　フロリダ半島南部海岸。アメリカ随一・最大のリゾート地。**セブンマイルブリッジ**で結ばれた島々（フロリダキーズ）の先端には、文豪ヘミングウェイがノーベル賞受賞作『**老人と海**』を執筆した**キーウェスト**の街がある。

⑰**バンクーバー＜カナダ＞**

　カナダ西部の玄関都市。スタンレーパーク、ライオンズゲートブリッジ、ギャスタウンといった観光地がある。

⑱**ビクトリア＜カナダ＞**

　バンクーバーの対岸にあるブリティッシュ・コロンビア州の州都。

⑲**カルガリー＜カナダ＞**

　カナディアン・ロッキーの東麓に位置し、**バンフ国立公園**の玄関都市。スタンピード（ロデオ大会）の開催地として有名。

⑳**トロント＜カナダ＞**

　オンタリオ州の州都。**ナイアガラ**へのカナダ側の玄関都市。＊関連：アメリカ側はバッファロー

㉑**ケベック＜カナダ＞**

　ケベック州の州都。近年は**フランス語系住民**による独立問題が叫ばれており、内政問題になっている。

㉒**プリンスエドワード島＜カナダ＞**

　セントローレンス湾に浮かぶ小島。モンゴメリーの小説『**赤毛のアン**』の舞台としても知られる。

ア メ リ カ の 主 な 国 立 公 園　　COLUMN

●**イエローストーン＜ワイオミング州＞**　世界で一番最初に指定された国立公園。日本の四国の半分ほどの規模がある。高さ50mにまで噴き上げるオールド・フェイスフルが有名。

●**ヨセミテ＜カリフォルニア州＞**　中心をなす大渓谷、落差740mのヨセミテ滝、樹齢2000年以上のアメリカ杉等、壮大な景観を誇っている。

●**アーチーズ＜ユタ州＞**　200以上の岩石でできた自然の「アーチ」がある。

中央アメリカ・南アメリカ

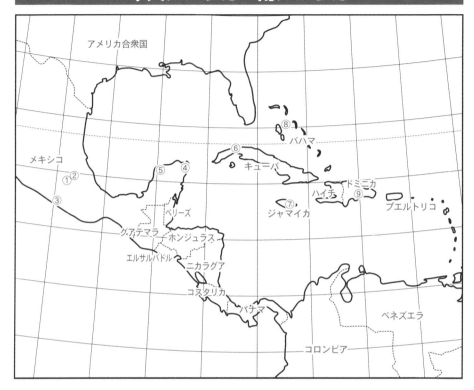

① **メキシコシティー<メキシコ>**

14世紀の**アステカ王国**時代からの首都で、標高2280mの高原都市。**ソカロ（中央広場）**を中心として、アラメダ公園、グアダルーペ寺院等。郊外には市民の憩いの水郷・**ソチミルコ**がある。

② **テオティワカン<メキシコ>**

メキシコシティー郊外にある遺跡。太陽のピラミッド、月のピラミッドが名高い。

③ **アカプルコ／太平洋側**

④ **カンクン／カリブ海側**

③、④のいずれも、メキシコ有数の世界的リゾート地。

⑤ **メリダ<メキシコ>**

ユカタン半島の中心都市。マヤ遺跡（チチェンイッツァ、ウシュマル）へのゲートウェイ。

●西インド諸島の国々とそれぞれの首都

⑥ **ハバナ<キューバ>**

⑦ **キングストン<ジャマイカ>**

⑧ **ナッソー<バハマ>**

⑨ **サントドミンゴ<ドミニカ>**

⑩ **リマ<ペルー>**

この地を征服したF・ピサロの建設した街。ペルーの首都。

⑪ **クスコ<ペルー>**

標高3500mの高原に位置し、かつてのこの地に栄えた**インカ帝国**の首都だった。

⑫ **マチュピチュ<ペルー>**

インカの代表的な都市遺跡。**「幻の空中都市」**として知られる。またペルーでは、この他世界一の標高にあるといわれる**チチカカ湖**等が有名。

⑬ **リオデジャネイロ<ブラジル>**

世界３大美港の１つ。市の中心のリオ・ブランコ通り、キリストの像のあるコルコバードの丘、**ポン・デ・アスカール（砂糖パンの意）**、**コパカバーナ海岸**等が見どころ。毎年２月ごろに開催される**カーニバル**は世界的に有名。

⑭**ブエノスアイレス＜アルゼンチン＞**

ラ・プラタ川の河口に位置する貿易都市。市内にはタンゴの発祥の地・ボカ地区が残っている。

オセアニア・ハワイ

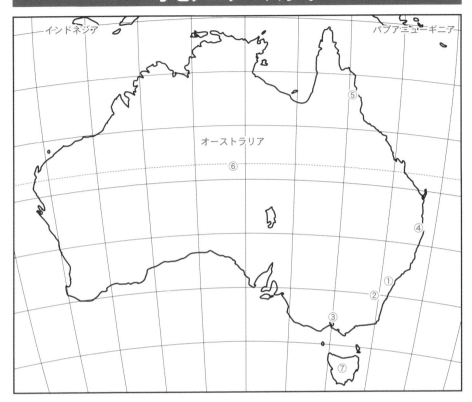

①シドニー＜オーストラリア＞

　オーストラリア最大・最古の都市で、世界３大美港の１つ。**オペラハウス**、ハーバーブリッジ等が有名。

②キャンベラ＜オーストラリア＞

　オーストラリアの首都。行政区、住宅区、工場区などに分かれ人工湖を公園に配置するなど、完全に計画設計された都市。1927年にメルボルンから首都が移された。

③メルボルン＜オーストラリア＞

　1901〜27年のオーストラリアの首都。南東海上には、フェアリーペンギンのパレードで有名な**フィリップ島**がある。

④ゴールドコースト＜オーストラリア＞

　日本人にも人気が高いリゾート都市。ブリスベーンが玄関都市で、**サーファーズパ**

ラダイス、国内最大の海洋総合パーク・シーワールド、カランビン野鳥園等が有名。

⑤ケアンズ＜オーストラリア＞

　世界最大のサンゴ礁**グレート・バリア・リーフ**への玄関都市。クインズランド州北東岸に位置する。

⑥アリススプリングス＜オーストラリア＞

　ノーザンテリトリー南部の中心都市。アデレード〜ダーウィン間を走る特急列車「ザ・ガン」の重要中継都市で、世界最大の一枚岩**エアーズロック**への観光拠点でもある。

⑦タスマニア島＜オーストラリア＞

　オーストラリア最大の島で、同名の州を構成している。州都はホバート。温帯降雨林を残した自然と石灰岩の洞窟遺跡が世界

遺産に登録された。

⑧オークランド＜ニュージーランド＞

北島にある1865年までの首都。ニュージーランド最大の都市で、戦争博物館が有名。

⑨ウェリントン＜ニュージーランド＞

北島にあるニュージーランドの首都。世界第2の大きさの木造建築物の旧政府庁舎が有名。

⑩ロトルア＜ニュージーランド＞

北島の地熱地帯のある観光保養地。**マオリ族**の生活・文化の中心地でもあるワカレワレワ（マオリ民族村）、**ポフツ間欠泉**が名高い。郊外にはツチボタルで有名な**ワイトモ洞窟**。

⑪クインズタウン＜ニュージーランド＞

南島にあり、Ｓ字形のワカティプ湖の北岸に位置する高級リゾート地。**フィヨルドランド国立公園**（ソグネフィヨルドと並んで世界的に有名なフィヨルド、**ミルフォードサウンド**がある）への玄関都市でもある。

⑫クライストチャーチ＜ニュージーランド＞

南島最大の都市で、大聖堂やイギリス式公園があり、「イギリス以外で最もイギリス的」といわれる。

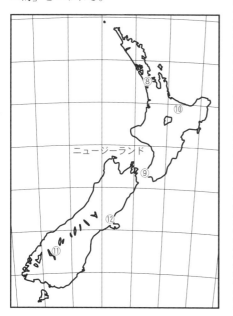

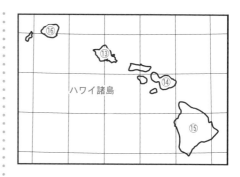

⑬オアフ島＜アメリカ＞

ハワイの州都・ホノルルのある島で、アロハの島とも呼ばれる。真珠湾、ポリネシア文化センター、ワイキキビーチ、**ダイヤモンドヘッド**等。

⑭マウイ島＜アメリカ＞

渓谷の島（バレーアイランド）といわれ、ハワイ王朝時代の首都があった島。サトウキビ観光列車や、**世界最大といわれるクレーターを持つハレアカラ山**が名高い。

⑮ハワイ島＜アメリカ＞

ハワイ諸島最大の島で、火山の島、蘭の島、ビックアイランドとも呼ばれる。観光の中心は、**キラウエア火山**、**マウナ・ケア山**（ハワイ諸島最高峰）、マウナ・ロア山等。

⑯カウアイ島＜アメリカ＞

庭園の島（ガーデンアイランド）と呼ばれる。よく結婚式等が行われる**シダの洞窟**と、リトルグランドキャニオンと呼ばれる**ワイメア渓谷**が観光の中心。

○グアム島

アメリカ領で、島の中心はアガニア市。タモンビーチにはホテルが林立している。ラッテ・ストーン公園等も有名。

○サイパン

アメリカの自治領で、北マリアナ連邦ともいう。マイクロビーチ、バンザイクリフ、**マニャガハ島（軍艦島）**等が有名。

○ヌーメア

小説『天国に一番近い島』で有名になったニューカレドニア島（フランス領）の主都。「太平洋の小パリ」と呼ばれる。

01 旅行業務関連の英単語

国家試験では「本邦外の旅行業務に必要な語学」というようになっていますが、中心になるのは「英語」ということから、今まで英語以外の語学については出題されていません。また英語を学習していく中で単語は必要不可欠ですが、現行の4科目の試験形式になってからは、単語の発音やアクセント問題は出題されていません。また、スペルを書かせる問題等もないから、意味をしっかり覚えておけばいいわ。

航空・運輸・交通

access	交通機関、交通手段	cancellation charge	取消料
accident	事故	cargo	貨物
adult	大人	carrier	航空会社
aircraft	航空機、機種、機材	charter	貸切
airline	航空	check in	チェックイン、搭乗手続き
airport	空港		
airport tax	空港税	checked baggage	受託手荷物
aisle	通路	child	小児
arrival	到着	claim tag	クレームタグ、受託手荷物引換証
arrive	到着する		
air ticket	航空券	coach	大型バス、客車
baggage	手荷物	compartment	コンパートメント（列車の個室）
baggage allowance	無料手荷物許容量		
baggage claim tag	受託手荷物引換証	connecting flight	乗継便、接続便
berth	列車や船の寝台	connection	接続、連絡
Boarding Card/Pass	搭乗券	couchette	クシェット（簡易寝台）
boarding on	船、航空機に乗って		
booking	座席の予約	depart	出発する、離れる
cabin	船、航空機の客室	departure	出発
cancel	取消、取り消す	destination	目的地、到着地
		discount	割引

economy class	エコノミークラス、普通席		railway	鉄道
express	急行		refund	払い戻し
fare	運賃		rerouting	経路変更
ferry	フェリー		reservation	予約
first class	ファーストクラス、1等席		reserve	予約する
			reserved seat	予約席
frontier station	国境駅		Round Trip（RT）	往復旅行
free	無料		Sleeper, Sleeping car	寝台車
hand baggage	機内持込手荷物		smoking seat	喫煙席
hand carry baggage	機内持込手荷物			
harbor	ハーバー、港		steamer, steam boat	汽船
infant	幼児		stopover	ストップオーバー、途中降機
landing	上陸、着陸			
limited express	特急		take off	離陸する
local train	普通列車、各駅列車		terminal	ターミナル、終点
lost and found	遺失物取扱所		Timetable	時刻表
luggage	手荷物		toll	通行料
No Show	航空券等の予約をしたにもかかわらず、旅客が当日現れないこと		touch down	着陸する
			train	列車
			transfer	乗り換え
non-reserved seat	自由席		transit	乗り継ぎ、通過
non smoking seat	禁煙席			
One Way Trip（OW）	片道旅行		transportation	運送、輸送
origin	出発地、始発地		unaccompanied baggage	別送手荷物
over booking	予約オーバー、予約超過		underground	地下鉄 英国では tube
pass	通行、通過		void	無効、廃札
passenger	乗客、旅客		voyage	旅行、航海
port	港		waiting	キャンセル待ち（航空機、ツアー等の予約がすでに満席になっている場合のキャンセル待ち）
porter	ポーター、荷物を運ぶ人			
porterage	ポーター代、荷物運搬料			

旅行・観光

accident insurance	傷害保険		advance ticket	前売券
admission fee	入場料		advertized tour（AT）	主催旅行

application	申請書、申込書、適用	land operator	地上手配業者　その他、tour operatorともいう
archipelago	群島、諸島、多島海		
architecture	建築、建築様式	local time	現地時刻
arrange	手配する、用意する	meeting service	送迎サービス
avenue	大通り、中心街	museum	博物館、美術館
botanical garden	植物園	national park	国立公園
box-office	切符売場	national treasure	国宝
budget	予算、経費	No show	旅行の予約をしたが、当日、集合時刻・場所に現れないこと。ホテル、航空の場合も同様
climate	気候、風土		
commission	手数料		
coral reef	サンゴ礁		
currency	通貨	on schedule	予定通り、時間通り
deposit	予約金、内金	optional tour	オプショナルツアー（通常のツアーに含まれていない任意で参加するツアー）
document	書類、文書		
downtown	中心街、繁華街		
Eastern Hemisphere	東半球		
endorse（endorsement）	裏書する（裏書）	orientation	オリエンテーション、説明会
entertainment	エンターテインメント、もてなし、娯楽、宴会		
		package tour	パッケージツアー、パック旅行
equator	赤道	palace	宮殿
estimation	見積もり	passport	パスポート、旅券
extend	延長する、延ばす	period	時期、期間
flat rate	均一料金	places of interest	名所、観光地
formalities	正式の手続	quotation	見積もり
foreign exchange	外国為替	reconfirm	リコンファーム（予約の再確認）
Go Show	予約なしで当日、集合場所等に行くこと。ホテル、航空の場合も同様		
		registration	登録
history	歴史	resort	リゾート、行楽地
hot spring	温泉	seacoast	海岸、海浜
inbound	インバウンド（訪日外国人を扱う旅行業務）	sidewalk	歩道
		sightseeing	観光、見物
		spot	地点、場所、見どころ
inclusive tour（IT）	包括旅行	statue	像、彫像
insurance	保険	time difference	時差
interpreter	通訳	tour conductor	添乗員
issue	発行する	tourist	観光客、旅行者
itinerary	日程表、行程表	tourist bureau	観光案内所
jet lag	時差ボケ	tour price/fee	ツアー価格
		travel agent	旅行代理店、旅行業者

traveler's check	トラベラーズチェック（旅行用小切手）	voucher	バウチャー（ホテル、食事等のツアーサービスの内容が記入されたサービス依頼書・クーポン）
via	～経由		
visa application form	査証申請用紙		
visit	訪問する、滞在する、見物	Western Hemisphere	西半球

出入国関係

customs	税関、税関手続き	import	輸入する、持ち込む
declare	（税の）申告をする、宣誓する	landing	上陸、着陸
		nationality	国籍
disembark	入国する、下船する	personal effects	身の回り品、所持品
duty	税、義務	quarantine	検疫
duty-free	免税	re-entry	再入国
embark	出国する、乗船する	transient	一時的な、短期滞在の
entry	入国、入場		
exit	出口、出国	vaccination certificate	予防接種証明書
export	輸出する、持ち出す	visa	ビザ、査証
health	健康、検疫	Yellow fever	黄熱

宿泊・ホテル

accommodations	宿泊設備・宿泊	annex	別館
adjoining room	隣り合わせの部屋	baby cot/crib	乳児用ベッド
American Breakfast	アメリカンブレックファースト（パン・目玉焼きやスクランブルエッグ等の卵料理・ハムやソーセージ等の肉料理・コーヒーまたは紅茶・ジュースの付いた朝食）	banquet	宴会
		bath	風呂
		Bed & Breakfast	朝食付きのホテル料金
		bellboy	ベルボーイ（ホテルの職種の1つで客の手荷物を運ぶ人）。bellman ともいう
American Plan (AP)	アメリカン・プラン（3食付きのホテル料金）Full American Plan (FAP)、Full Pension, Full Board ともいう	bell captain	ベルボーイの中の長
		check in	チェックイン（宿泊手続き）
		check out	チェックアウト（宿泊の精算をすること）

cloak	クローク（手荷物の一時預かり所）
concierge	コンシェルジュ（ヨーロッパ系ホテルの職種の1つで、宿泊客の相談係。チケットの手配、観光案内等なんでもする人）
Continental Breakfast	コンチネンタルブレックファースト（コーヒーまたは紅茶に、パンという簡単な朝食）
Continental Plan(CP)	コンチネンタル・プラン（コンチネンタルブレックファーストの朝食の付いた1泊朝食付きのホテル料金プラン）
Double Bedded Room	ダブルルーム（ダブルベッドが1台ある2人用の部屋）
Emergency exit	非常口
European Plan(EP)	ヨーロピアン・プラン（食事を含まないルームチャージのみのホテル料金プラン）
extra bed	エキストラベッド（通常、客室に備えられているベッドの他に追加で入れるベッド）
first floor	（アメリカ等では）1階（ヨーロッパ系のホテルでは2階）
ground floor	1階（ヨーロッパ系のホテルの1階をいい、その上から First Floor、Second Floor とつながっていく）
Half Pension (HP)	ハーフペンション（朝食に昼食または夕食の付いた1泊2食付きのホテル料金プラン）、Modified American Plan(MAP)、Half Board、Semi Pension ともいう
housekeeper	ハウスキーパー（客室の掃除をする人）
house phone	館内の電話

lift/elevator	エレベーター 英国では lift を使用
Motel	モーテル（自動車で来る人を対象にしたホテル）
overnight	1泊、夜通し、前の晩の
Parking Lot	駐車場
Pension	ペンション（洋風の民宿のようなもの）
penthouse	最上階周辺の特別客室
public space	ホテルのロビー等、客室以外の公共の場所
reception	受付
rooming list	ルーミングリスト（部屋割表）
Safety Box	セーフティー・ボックス（フロント周辺にある貴重品を預ける金庫のこと）
Semi Pension	Half Pension と同じ
Single Bedded Room	シングルルーム（1人用の部屋）
Single with bath	バス付きシングルルーム
stay	滞在する
Suite Room	スイートルーム（ベッドルームの他にリビング等のある特別客室）
Triple Bedded Room	トリプルルーム（3人用の部屋）
Twin Bedded Room	ツインルーム（ベッドが2台ある2人用の部屋）
wake up call	モーニングコール morning call は和製英語

食事・レストラン

account	勘定	hashed	細切りにした
à la carte	アラカルト、一品料理	head waiter	給仕長
alcoholic beverage	アルコール飲料	lamb	ラム　仔羊
aperitif	アペリティフ、食前酒	liqueur	リキュール
appetizer	前菜	mashed	すりつぶした
bill	勘定、お札（米語では check ともいう）	price	値段、価格
		raw	生の、未加工の
brunch	ブランチ（朝昼兼用 の食事）	refreshment	軽食、菓子
		restaurant	レストラン、食堂
buffet	ビュッフェ、バイキ ング	signature	サイン、署名
		smoked	燻製にした
cafeteria	カフェテリア（セル フサービス形式の食 堂）	sommelier	ソムリエ（ワイン専 門の係、料理にあう ワインをすすめたり、 ワインの管理等を行 う）
cashier	キャッシャー、会計		
caviar	キャビア（世界3大 珍味の1つ、チョウ ザメの卵）	sour	すっぱい
		steamed	蒸した
check	勘定、請求伝票、小 切手	stewed	煮込んだ
		table d'hote	定食
chef	シェフ、料理長	taste	味わう、味、味覚、 嗜好
delicious	おいしい、美味な		
draft beer	生ビール	vegetables	野菜
entrè	アントレ（肉料理）	vodka	ウオッカ（ロシアの 非常にアルコール度 数の強い酒）
garnish	付け合せ		
goose-liver	フォアグラ（世界3 大珍味の1つ、がちょ うの肥大した肝臓）	whipped	泡立てた

Section 5　語　学

02　文章読解

短文を読んで、それに該当する都市、国名等地名を選択させる問題が過去に出題されています。英文読解だけでなく、観光地理の知識がないと正しく答えられないという問題です。他の科目もそうですが、この試験は地理と深いかかわりがあるわ。また、旅行に関する長文が必ず出題され、その内容を問う問題となっています。なかでも、「英文の内容に合致するものを選びなさい」という問題は、よく出題されているわ。旅行業で使用されている独特の用語には気をつけましょう。

語学（英語）の学習方法

　語学は、一夜漬けのきく科目ではない。地道に日々学習していくしか方法はないと思った方がいい。次のような手順で語学を学習してみよう。

語学対策
①基本単語・業界用語を覚えること
②簡単な短い英文から慣れていくこと
③徐々に長い英文を読んでいくこと

英語は、国際航空運賃や旅行実務の資料を読みとる際にも必要。どうも英語が苦手、という人は、毎日少しでもいいから英語に触れ、苦手意識を減らしていきましょう。

短文問題の対策

👩 実際の過去問題から英文を読み、問題に答えてみましょう。必要な都市については旅行実務で学習する都市コード（3レターコード）も記載しているから、それもあわせて覚えること！

例題 次の英文の内容に該当する都市名・国名を、それぞれの選択肢から1つ選びなさい。

1．It is the only major city located on two continents. It lies at the south end of the Bosporus, a strait in northwestern Turkey.
 a）Ankara　　b）Antalya　　c）Istanbul　　d）Izmir

単語 is located/ 位置する、ある　 continent/ 大陸　 lie/(位置に)ある
　　　strait/ 海峡

全訳 その都市は、2つの大陸に位置する唯一の主要都市である。トルコ北西の海峡、ボスポラス（海峡）の南端に位置している。

解答 c）イスタンブール（IST）
　●a）アンカラ（ANK）は、トルコの首都でトルコ中央部に位置している。b）アンタルヤは、トルコ南の地中海沿いのリゾート地。d）イズミールは、トルコ第3の都市でエーゲ海沿いの都市。

2．It is the capital of the largest country in South America in both area and population.
 a）Brasilia　　b）Buenos Aires　　c）Lima　　d）Rio de Janeiro

単語 capital/ 首都　 area/ 面積　 population/ 人口

全訳 その都市は、面積および人口の両方で、南米最大の国の首都である。

解答 a）ブラジリア（BSB）
　➡南米最大の国はブラジル。その首都なのでブラジリアとなる。●b）ブエノスアイレス（BUE）は、アルゼンチンの首都。c）リマ（LIM）は、ペルーの首都。d）リオデジャネイロ（RIO）は、ブラジルの観光都市。

単語 Southeast Asia/ 東南アジア　consist of　〜 / 〜からなる

　　　 more than　〜 / 〜を超える　tip/ 先、先端　peninsula/ 半島

全訳 その国は、大きな島と 50 を超える小さな島からなる東南アジアの小さな島国である。マレー半島の南端近くに位置している。

解答 c）シンガポール

➡首都はシンガポール（SIN）。●a）マレーシアは、マレー半島とカリマンタン（ボルネオ）島の一部からなる国。首都はクアラルンプール（KUL）b）フィリピンは、アジア東の約 7,000 の島からなる島国。首都はマニラ（MNL）d）スリランカは、インド南のインド洋に浮かぶ島国。首都はスリジャヤワルダナプラコッテ。

単語 huge/ 巨大な　rank/ 順位　industry/ 産業　famous/ 有名な

全訳 その都市は、南カリフォルニアの大都市で、ニューヨークに次いで、人口が米国で 2 番目に多い都市。映画・テレビ産業は世界的に有名。

解答 a）ロサンゼルス（LAX）

●b）サクラメントは、カリフォルニア州の州都。c）サンディエゴ（SAN）は、メキシコ国境近く、カリフォルニア州南の都市。d）サンフランシスコ（SFO）は、ロサンゼルスに次ぐカリフォルニア州第 2 位の都市。

5． It is located at the mouth of the Never River, which flows to the Baltic Sea. It is Russia's most European city, created by Peter the Great as his "Window on the West."

a）Kiev　　b）Moscow　　c）St.Petersburg　　d）Vladivostok

単語 flow/ 流れる、注ぐ　the Baltic Sea/ バルト海
create/ つくる、創造する

全訳 その都市は、バルト海に注ぐネバ川の河口に位置している。ピョートル大帝によって"西の窓口"としてつくられた、ロシアで最もヨーロッパ的な都市である。

解答 c）サンクトペテルブルク（LED）

➡旧レニングラード。●a）キーウ（IEV）は、ウクライナの首都。b）モスクワ（MOW）は、ロシアの首都。d）ウラジオストク（VVO）は、ロシア南東端の都市でシベリア鉄道の終点。

6． The oldest and largest settlement in the country is a vibrant city built around one of the most spectacular harbors in the world. It has been selected to host the 2000 Olympic Games.

a）Brisbane　　b）Melbourne　　c）Perth　　d）Sydney

単語 settlement/ 居住地、定住（地）、定着（地）　vibrant/ 活気に満ちた
built/build の過去(分詞)。建てる、つくる　spectacular/ 壮観な
harbor/ 港。英国では harbour　select/ 選ぶ　host/ 主催、開催

全訳 この国で最古かつ最大の居住地は、世界で最も壮観な港の周辺につくられた活気に満ちた都市である。その都市は、2000 年のオリンピック開催地に選ばれた。

解答 d）シドニー（SYD）

➡ニュー・サウス・ウェールズ州の州都。●a）ブリスベーン（BNE）は、クインズランド州の州都。b）メルボルン（MEL）は、ビクトリア州の州都。c）パース（PER）は、西オーストリア州の州都。

単語 divide/ 分ける、分離する　dismantle/ 取り除く、取り壊す
reunify/ 再統一する

全訳 その都市は、1990 年 6 月に壁が最終的に取り壊されるまで 165 キロの壁で分断されていた。この国最大の都市で、再度、統一国家の首都となった。

解答 a）ベルリン（BER）
➡ 東西が統一されたドイツの首都。●b）ブダペスト（BUD）は、ハンガリーの首都。c）プラハ（PRG）は、チェコの首都。d）ワルシャワ（WAW）は、ポーランドの首都。

単語 human/ 人類の、人の　origin/ 起源、発祥
be traced back to ～ / ～までさかのぼる　The Forbidden City/ 禁制（禁断）の都市。「紫禁城」のこと
splendid/ 素晴らしい、輝かしい　crystallization/ 結晶（体）
ancient/ 古代の　architectural/ 建築の

全訳 その都市は、人類発祥地の 1 つである。都市としての歴史は 3000 年以上前までにさかのぼる。紫禁城は古代建築芸術の素晴らしい結晶体である。

解答 a）北京（BJS）
●b）南京。　c）上海（SHA）。　d）西安（SIA）。

長文を読んでいく際には、できるだけ観光や旅行に関係する題材のものがいいので、英文の観光ガイドブック等がおすすめよ。いきなり、海外のものだと大変だから、最初は日本のものでもいいわ。最近は、日本の観光案内所にも英文の案内等が置いてあるところがあるから、それを活用するのも１つの手ね。

例題 次の英文は、香港～マカオ間の交通手段に関する案内文である。各設問について該当するものを、それぞれの選択肢から選びなさい。

TURBOJET — One-way fares start at HK＄130 in daytime from Hong Kong's Shun Tak terminal to Macau. Between Macau and Hong Kong, fares start at 131 patacas. Reductions for over 60s and under 12s. Tickets for night services (starting at 6:15p.m.) and weekend fares are more expensive. A reduced fare is available on services between Kowloon and Macau. In Hong Kong fares can be paid only in HK＄, in Macau in HK＄or patacas. There are two classes - Super and Economy. VIP cabins available on some ① vessels. From Shun Tak, there is 24hour service, with quarter-hourly sailings from 7a.m. After midnight, sailings are less frequent. One piece of hand-carried luggage weighting up to 10 kilos and not exceeding 600mm × 200mm × 250mm travels free. Additional pieces and the luggage exceeding the above size or weight are chargeable. The Turbojet reserves the ② right to reject luggage exceeding 760mm × 560mm × 320mm, or over 40kg. Porter service available. Left-luggage lockers can be rented.
（＊pataca＝マカオの通貨単位）

問１ 次のうち、英文の内容に合致していないものはどれか。
　　a）夜間と週末の便の運賃は、平日の日中の便の運賃より高い。
　　b）60歳以上と12歳未満の旅客には割引がある。
　　c）シュン・タク・ターミナルから15分おきに24時間運行されている。
　　d）ポーターサービスや手荷物預かり用の貸ロッカーが利用できる。
問２ 次のうち、英文の内容に合致しているものはどれか。
　　a）手荷物の大きさにかかわらず10キロ以内であれば、１個は無料で持ち込める。

b）九龍とマカオ間を利用する場合には割引運賃が適用される。

　　c）すべての便にスーパークラス、エコノミークラス、VIPキャビンがある。

　　d）香港での運賃の支払いは香港ドルまたはパタカのいずれでも可能である。

問3　下線①の単語の意味とまったく異なる意味をもつ単語はどれか。

　　a）boat　　　　　b）coach　　　　　c）craft　　　　　d）ship

問4　下線②の単語の意味と次の英文中のrightが同じ意味で使われているものはどれか。

　　a）Is this the right bus for the airport ?

　　b）The bank is to the right of the post office.

　　c）We have a right to know the truth.

　　d）A little tram goes right up to the peak.

単語 one-way fare/ 片道運賃　daytime/ 日中　reduction/ 割引、値下げ
expensive/（値段が）高い　reduce/ 割引した
available/ 利用できる　Kowloon/ 九龍
pay/ 支払う　vessel/（大型の）船　quarter-hourly/15 分ごとに
midnight/ 真夜中　less 〜 / より少ない　frequent/ 頻繁の、度々の
piece/ 1 個　hand-carried luggage/ 船内持込手荷物（機内持込手荷物）
exceed/ 超える、超過する　free/ 無料　additional/ 付加の、追加の
above/ 〜以上で、〜より上　weight/ 重量、重さ
chargeable/ 課せられる、（代金を）請求される
reject/ 拒絶する、拒否する　left-luggage/ 手荷物一時預かり
rent/ 借りる、賃貸する

全訳 ターボジェット－香港のシュン・タク・ターミナルからマカオへの日中の片道運賃は、130香港ドルから。マカオと香港間では、運賃は131パタカから。60歳を超える人と12歳未満の人は割引。夜行便（午後6時15分より）と週末の運賃は（平日の日中より）高くなっている。割引運賃は九龍とマカオ間で適用でき、香港では運賃は香港ドルのみで、マカオでは香港ドルかパタカで支払える。スーパーとエコノミーの2クラスがあり、いくつかの船にはVIPキャビンもある。シュン・タク（・ターミナル）からは、午前7時より

15分毎に運行、24時間サービスで、夜の12時過ぎからは頻度が低くなる。10kgまでの重量で、600mm×200mm×250mmを超えない手荷物1個は無料、それ以上の個数や上記のサイズと重量を超える手荷物は料金がかかる。ターボジェットでは、760mm×560mm×250mmもしくは、40kgを超える手荷物を拒否する権利がある。ポーターサービスを利用することができる。手荷物一時預かりのロッカーを借りることもできる。

解答

問1　c）　●b）も厳密にいえば、60歳以上でなく60歳を超える旅客が正しい。

問2　b）

問3　b）➡coachは、大型バスや鉄道の客車の意味。それ以外は船の意味がある。vesselはあまり見慣れないかもしれないが、選択肢の単語を見ただけでも判断できる。

問4　c）➡　権利の意味。●a）は正しい、b）は右、d）はまっすぐに、の意味。

■本書の内容に関するお問い合わせ

本書の内容に関するお問い合わせは、書名、発行年月日を明記の上、下記の宛先までファックスまたはメールにてお願いいたします。

トラベル＆コンダクターカレッジ新宿校

東京都新宿区西新宿 1-22-2 サンエービル 1 階

FAX：03-6276-8562　　メール：shikaku@tc-college.co.jp

トラベル＆コンダクターカレッジ大阪校

大阪府大阪市中央区西心斎橋 2-2-7 ジュンアシダビル 10 階

FAX：06-6214-5607

| トラベル＆コンダクターカレッジ
トップページ | 旅行業務取扱管理者
講座のページ |

本書刊行後の加筆変更等につきましては、下記ホームページの刊行物案内ページに掲載しますのでご参照ください。

URL　https://www.tc-college.jp

■本書購入の皆様への特典

トラベル＆コンダクターカレッジのホームページにて実施の e ラーニング（模擬試験・問題演習等）に無料で参加が可能です。

トラベル＆コンダクターカレッジのメールマガジンと模擬テスト

| 携帯メール
地理博士ウェブ
（携帯電話用） | メルマガ・
毎日一問「地理博士」
携帯電話登録サイト |

■監修者紹介■

塚越　公明

トラベル＆コンダクターカレッジ学院長

今までの資格取得専門校にあきたらず平成7年、旅行業務取扱管理者資格取得のみが目的という本カレッジを設立。毎年の合格率は都内随一を誇る。

■執筆担当■

岡野　貢　　明治大学政治経済学部卒業。運輸省（現国土交通省）入省後、国際運輸、観光局（現観光庁）、国際観光振興会（JNTO）（現日本政府観光局）に勤務し退官。一般社団法人日本旅行業協会（JATA/総合旅行業務取扱管理者試験実施機関）研修試験部長として8年間勤務の後退職。現在は旅行管理者試験関係の参考書・問題集の執筆活動に勤しんでいる。

山田　正芳　神奈川大学工学部卒業。海外ツアーコンダクターとして勤務後、旅行専門学校講師を経て、現在、明海大学ホスピタリティツーリズム学部講師、トラベルアンドコンダクターカレッジ講師を務める。

福原　美穂　獨協大学経済学部卒業。旅行会社勤務後、現在、トラベルアンドコンダクターカレッジ旅行業務取扱管理者講座チーム長を務める。都内の大学でも観光学科等で専任講師を務めている。

鹿沼　歩　　中央大学法学部卒業。旅行会社勤務後、現在、トラベルアンドコンダクターカレッジ専任講師。新宿校内、大学内での講座を担当。

国内・総合旅行業務取扱管理者　一挙合格ゼミ

2023 年 4 月 15 日　改訂九版第 1 刷発行

編 著 者	トラベル&コンダクターカレッジ
発 行 者	富　永　靖　弘
印 刷 所	今 家 印 刷 株 式 会 社

発行所　東京都台東区　株式　新星出版社
　　　　台東 2 丁目24　会社
　　　　〒 110-0016　☎ 03(3831)0743

Ⓒ Travel & Conductor College　　　Printed in Japan

ISBN978-4-405-03242-2